JN411829

피와 불 속에서 피어난 라틴아메리카

BORN IN BLOOD AND FIRE : A CONCISE HISTORY OF LATIN AMERICA

| 지은이 |

John Charles Chasteen

존 찰스 채스틴은 채플 힐 노스캐롤라이나대학교 사학과 교수이다. 그는 툴리오 알페린 동기의 책『라틴아메리카 현대사』를 번역해 번역가로 호평을 받은 바 있으며, 앙헬 라마의『교양도시』, 에르마노 비안나의『삼바의 신비: 대중음악과 브라질의 민족 정체성』, 페데리코 감보아의『산타: 멕시코시의 소설』도 번역하였다. 저서로는『아메리카노: 라틴아메리카의 독립 투쟁』,『말을 탄 영웅들: 마지막 가우초 카우디요들의 시대와 그들의 삶』,『민족의 리듬, 아프리카적 기원: 라틴아메리카 춤의 역사』가 있고, 편저로는『상상의 공동체를 넘어서: 19세기 라틴아메리카의 민족』(사라 카스트로-클라렌 공편),『라틴아메리카의 독립: 자료 선집』(세러 C. 체임버스 공편)이 있다.

| 옮긴이 |

황보영조

경북대학교 사학과 교수. 서울대학교 서양사학과를 졸업했다. 같은 학교 대학원에서 석사학위를 받고 박사과정을 수료한 뒤, 마드리드 콤플루텐세대학교에서 역사학 박사학위를 받았다. 서양 현대사를 가르치며 에스파냐 근현대사, 특히 에스파냐 내전과 프랑코 체제 연구에 몰두하고 있다.
지은 책으로『토지와 자유: 에스파냐 아나키즘 운동의 역사』(2020),『기억의 정치와 역사』(2017),『토지, 정치, 전쟁』(2014),『세계 각국의 역사 논쟁』(2014, 공저),『세계화 시대의 서양현대사』(2010, 공저),『꿈은 소멸하지 않는다』(2007, 공저),『대중독재』(2004, 공저) 등이 있고, 옮긴 책으로『현대 라틴아메리카』(2014, 공역),『인류의 발자국』(2013),『아메리카노』(2012, 공역),『세계사 특강』(2010),『스페인사』(2006, 공역),『대중의 반역』(2005) 등이 있다.

강동조

경북대학교 대학원 박사과정 수료. 경북대학교에서 전자공학과 사학을 복수 전공했다. 같은 학교 대학원 사학과에서 석사학위를 받았다. 라틴아메리카 현대사를 연구하고 있으며, 포스트콜로니얼리즘에 관심을 쏟고 있다. 연구 논문으로「종속이론: 라틴아메리카 지식인들의 자기발견」(2014)이 있다.

피와 불 속에서 피어난 라틴아메리카
BORN in BLOOD and FIRE : A Concise History of Latin America

찍은 날 2020년 8월 13일 · **펴낸 날** 2020년 8월 21일
지은이 John Charles Chasteen · **옮긴이** 황보영조·강동조
펴낸이 김상동 · **펴낸 곳** 경북대학교출판부 · **출판등록** 1973년 10월 10일 ㉣97호
주소 대구광역시 북구 대학로 80 · **전화** 053-950-6741~3 · **팩스** 053-953-4692
이메일 press@knu.ac.kr · **홈페이지** http://knupress.com
ISBN 978-89-7180-427-8 93950
정가는 뒤표지에 있습니다. 파본은 바꾸어 드립니다.

피와 불 속에서 피어난 라틴아메리카

BORN IN BLOOD AND FIRE : A CONCISE HISTORY OF LATIN AMERICA

John Charles Chasteen 지음

황보영조 · 강동조 옮김

경북대학교출판부

일러두기

1. 이 책은 John Charles Chasteen의 *BORN in BLOOD and FIRE: A CONCISE HISTORY of LATIN AMERICA*를 완역한 것이다. 다만 저작권 문제를 해결하지 못한 일부 도판과 캡션은 제외하였다.
2. 인명·지명 등과 같은 외국어 고유명사는 해당 국가 언어의 발음을 따라 표기하였다.
3. 대부분의 인명·지명 등의 원어는 〈인명 및 지명 원어 병기〉(413쪽)와 〈용어 사전〉(406쪽)에서 확인할 수 있다. 본문에서는 꼭 필요한 경우가 아니면 원어를 병기하지 않았다. 원어 역시 가급적 해당 국가의 언어로 표기하였다.

새로운 천년기에
미국을 살기 좋은 나라로 만들어 나갈
라틴아메리카 이주민들 가운데
두 사람인 나의 자녀,

아나와 어윈에게

목차

감사의 말

백 명이 넘는 노스캐롤라이나대학교 학생들이 이 책을 읽어 주었다. 책을 읽어 준 학생들에게 진심으로 감사한다. 딱딱하지 않고 생생하며 짤막한 이야기책을 쓰게 된 것은 다 학생들 덕분이다. 한 학생이 "쉽게 이해되는 책이 되기를 바랍니다."라고 말했다.

초판이 나왔을 때 교수들과 대학원생들이 잘못된 사실들을 바로잡아 주었다. 정말 고마웠다! 대학원생들로부터 "선생님 책이 정말 좋아요."라는 이메일을 받았고 지금도 받고 있다. 이메일을 보내 준 대학원생들에게 감사한다. 이 책은 바로 여러분의 책이다.

연대표

접촉
1492~1600년

멕시코
에스파냐인들이 아스테카 제국을 건설한 멕시카족 정착민들을 정복하고 그들의 제국을 탈취했다. 하지만 멕시코인들의 혈관에는 멕시카족의 피가 여전히 흐르고 있다.

브라질
브라질 삼림의 투피족 준정착민들이 말살되고 포르투갈인들이 사탕수수를 재배하기 위해 들여온 아프리카인 노예들이 투피족의 노동력을 대신했다.

아르헨티나
팜파스 평원에 거주하는 비정착민들이 말살되고 나중에 유럽인 이주민들이 평원을 차지했다.

⇒

식민지의 시련
1600~1810년

멕시코
원주민 인구도 많고 은광도 풍부하여 멕시코가 에스파냐 식민화의 중심 지역이 되었다.

브라질
사탕수수 플랜테이션의 수익성 때문에 북동부 연안이 포르투갈 식민화의 중심 지역으로 떠올랐지만 나머지 방대한 지역은 가난한 변두리 지역으로 남아있었다.

아르헨티나
1776년에 부에노스아이레스가 새로운 부왕령의 수도가 될 때까지는 아르헨티나 대부분의 지역이 에스파냐 식민화의 변두리 지역이었다.

⇒

⇐

혁명
1945~1960년

멕시코
다른 나라에서는 급진적 변화가 가속화될 때 멕시코에서는 혁명이 보수화되고 제도혁명당으로 제도화되었다.

브라질
처음에는 바르가스가 이끌고 나중에는 그 후계자들이 지도한 조직 노동자들의 선거영향력과 포퓰리즘이 2차 세계대전 이후 브라질의 정치에 활력을 불어넣었다.

아르헨티나
후안과 에비타 페론(1946~1955년)이 노동계급을 아르헨티나 정치의 주역으로 삼았다. 페론의 추종자들은 그가 망명한 이후에도 오랫동안 그에게 충성했다.

⇐

반동
1960~1990년

멕시코
좌파의 도전들을 흡수하기 위하여 제도혁명당이 혁명적 이미지를 사용했다. 하지만 1968년 틀라텔롤코 학살에서처럼 무력을 사용하기도 했다.

브라질
브라질 군부가 1964년에 포퓰리즘 대통령 굴라르를 몰아내고 효율과 반공의 이름으로 20년을 지배했다.

아르헨티나
1966년에 주도권을 잡은 아르헨티나 군부가 페론주의 게릴라 대원들을 상대로 '더러운 전쟁'을 벌였지만 1983년에 포클랜드 전쟁에서 영국에 패한 이후 정계에서 물러났다.

독립

1810~1825년

멕시코

이달고와 모렐로스가 이끈 대규모 농민봉기에 놀란 나머지 멕시코 크리오요들은 독립에 대해 보수적 입장을 취했으며 1821년에야 독립을 받아들였다.

브라질

다른 나라에서 전쟁이 벌어질 때도 포르투갈 왕실이 그곳에 있었기 때문에 브라질은 상대적으로 평온했다. 1822년에는 페드루 왕자가 직접 브라질의 독립을 선포했다.

아르헨티나

원주민들이나 노예들의 위협이 거세지 않았는데도 부에노스아이레스의 크리오요들은 1810년에 5월 혁명을 재빨리 수용했다.

⇒

탈식민의 블루스

1825~1850년

멕시코

자유주의자들과 보수주의자들의 권력 다툼으로 국민정부가 무너졌다. 카우디요 산타 안나의 이력이 이러한 격동기를 잘 보여준다.

브라질

불안정한 페드루 1세 치세(1822~1831년)의 뒤를 이은 섭정 시대(1831~1840년)는 더욱 혼란스러웠다. 하지만 1840년대에 커피 수출이 늘어나면서 브라질 제국은 안정을 회복했다.

아르헨티나

보수주의 독재자 로사스가 자유주의 반대파를 몰아내고 이 시기 대부분 동안 부에노스아이레스를 비롯한 아르헨티나의 상당 지역을 지배했다.

⇓

진보

1850~1880년

멕시코

1850년대의 위대한 자유주의 개혁에 반발하여 보수주의자들이 외국인 군주 막시밀리안을 지지했다. 하지만 후아레스가 이끄는 자유주의자들이 1860년대 말에 승리를 거두게 된다.

브라질

페드루 2세(1840~1889년)가 뿌리 깊은 신분제를 여전히 유지한 가운데 조심스럽게 자유주의 양식의 진보 정책을 추진했다. 1888년에 이르러서야 노예제가 종식되었다.

아르헨티나

1852년에 로사스가 몰락하고 자유주의자들이 집권했다. 하지만 1860년대에 이르러서야 단일한 국민정부 하에 아르헨티나 전체를 통일하는 데 성공했다.

⇐

신식민주의

1880~1930년

멕시코

포르피리아토라고 불리는 포르피리오 디아스 독재(1876~1911년)가 멕시코에 신식민주의를 구현했다. 디아스는 대외 투자를 유치하고 그 자금을 부국강병에 사용했다.

브라질

브라질의 제1공화국(1889~1930년)은 커피 수출을 바탕으로 이루어진 지방분권적 과두제였다. 그 가운데 주요 커피 산지인 상파울루 주의 힘이 제일 셌다.

아르헨티나

부에노스아이레스와 그 주변 지역이 농업과 이주민의 호황을 엄청나게 누렸다. 1916년 선거 때까지는 지역의 여러 과두세력이 지배했다.

⇐

민족주의

1910~1945년

멕시코

1910년에 발발한 멕시코 혁명으로 라틴아메리카에 민족주의 운동이 생겨났다. 라사로 카르데나스 대통령 시절(1934~1940년)에 최고의 성과를 거두었다.

브라질

이 시기에 제툴리우 바르가스 대통령(1930~1935년)이 브라질 민족주의를 명확히 했다. 1937년에는 바르가스가 의회를 해산하고 권위주의적 신국가를 건설했다.

아르헨티나

급진당이 선거의 지원을 받아 지주 과두세력을 몰아냈다. 하지만 여전히 전통적인 후견 정치의 수렁에 빠져 있었다.

Introduction

서장

라틴아메리카는 화염과 유혈, 정복과 노예제 속에서 태어났다. 따라서 우리가 라틴아메리카의 역사를 살펴보기 시작할 곳도 바로 이 지점이다. 이곳은 라틴아메리카가 지닌 문제들의 핵심이 들어 있는 곳이고, 가장 중요한 갈등의 기원을 밝혀 주는 곳이다. 정확히 말하자면 라틴아메리카 역사에서 발생한 중요한 갈등들은 정복과 정복의 산물인 식민화에서 비롯되었다. 그러므로 이 정복과 식민화가 지금부터 여러 개별 국가들의 실례를 들어 가며 설명할 이야기의 출발점이 되는 것이다. 이야기는 단 하나여야 한다. 20개 국가의 역사를 주마간산식으로 훑을 경우 혼란만 가중될 뿐이다. 그래도 이 이야기를 시작하기에 앞서 이 많은 나라들이 정말로 하나의 역사를 공유하고 있는지 물어보아야 한다. 언뜻 보면 누구라도 이런 의문을 품게 될 것이다. 우선 이 이야기에 담겨야 할 내용들을 생각해 보자. 그리고 오늘날의 라틴아메리카가 지니고 있는 대조적이고 역설적인 상황들도 생각해 보자.

라틴아메리카는 젊다. 국민의 평균 연령이 10대인 나라들이 많고, 따라서 젊음에 내포된 혁신적 활기가 흘러넘친다. 하지만 라틴아메리카는 역사가 유구한 곳이기도 하다. 이곳은 하얀 벽과 붉은 타일 지붕의 집들이 천 년 동안 이어져 온 고대 유적의 땅이다. 일부 라틴아메리카인들은 여전히 바나나 나무 사이에 숨어 있는 작은 땅뙈기에서 옥수수나 카사바를 재배하며 매우 전통적인 시골생활 방식을 영위하고 있다. 하지만 오늘날 대부분의 라틴아메리카인들은 아시아나 아프리카의 개발도상국 사회보다 훨씬 더 산업화된, 시끄럽고 혼란스러운 도시에서 살고 있다. 부에노스아이레스, 상파울루, 멕시코시와 같은 거대 도시들의 인구는 천만 명을 훌쩍 넘어섰고, 다른 도시들의 인구 또한 그에 못지않다. 거의 모든 라틴아메리카 국가들이 개발도상국이지만, 국민 열 명 중 아홉 명 이상이 유럽어로 소통하고 유럽의 종교를 믿고 있는 서구 세계의 일원이기도 하다. 현재 세계의 로마 가톨릭 신도 대부분이 라틴아메리카에 살고 있다. 물론 라틴아메리카 사회는 원주민 문화에 깊이 뿌리를 내리고 있기도 하다. 현재 아메리카 대륙의 원주민 대부분은 멕시코의 리오그란데강 남쪽에 살고 있다.

오늘날 많은 라틴아메리카인들은 미국 중산층 사람들과 비슷한 환경에서 일하며 살고 있다. 라틴아메리카 정부들이 점차 무역 자유화 정책을 추진하며 자동차·비디오카세트리코더·팩스 등의 수입을 허용함에 따라, 근년에는 이러한 유사성이 점점 커지고 있는 것처럼 보인다. 하지만 라틴아메리카인 대다수는 이런 상품을 구입할 형편이 못 된다. 어떤 종류의 차라도 한 대 가지고 있는 가정은 그렇지 못한 가정들보다 훨씬 부유한 축에 속한다. 그렇지만 대다수의 사람들은 이웃집에 가서라도 텔레비전을 시청할 수는 있다. 이런 이유로 브라질인, 칠레인, 콜롬비아인들은—비록 자동차는 없어도—밤마다 미국 중산층의 삶을 모방하도록 만들어진 번쩍거리는 텔레비전 광고를 보면서 서구의 소비 문화에 파묻혀 살고 있다. 많은 라틴아메리카인들이 미국으로 가는 까닭은 바로 이런 이유들 때문이지, 미국과 거리가 가까워서나 가난해서가 아니다.

다음으로 라틴아메리카 국가들 간의 차이에 대해 생각해 보자. 브라질의 국토 면적은 남아메리카 대륙의 절반에 달하고, 인구는 2억 명을 향해 질주하고 있다. 하지만 대부분의 라틴아메리카 국가들은 인구가 상당히 적다. 파나마, 푸에르토리코, 파라과이, 니카라과, 온두라스, 엘살바도르의 인구를 다 합쳐도 멕시코시나 상파울루의 인구 정도밖에 안 된다. 다른 사회 지표에서도 차이가 크다. 과테말라의 성인 식자율은 70퍼센트 정도인 반면, 아르헨티나와 우루과이의 성인 식자율은 미국이나 캐나다와 거의 비슷한 수준이다. 또 코스타리카인들의 평균수명은 77세지만, 볼리비아인들의 평균수명은 63세에 불과하다.

이제 정말 믿기 어려울 정도로 복잡한 라틴아메리카의 인종에 대해 생각해 보자. 대부분의 멕시코인들은 아메리카 원주민과 멕시코를 식민지로 삼은 에스파냐인의 후손이다. 멕시코의 '죽은 자들의 날Día de los Muertos 축제'—이 축제 때 사람들은 '자신의 시체'를 상징하는 해골 사탕을 다른 사람에게 나눠 준다—가 미국인들에게는 매우 낯설게 다가오는 것도 이 축제의 분위기가 전혀 서구적이지 않기 때문이다. 한편 인구 구성 면에서 보면, 미국의 수도 워싱턴보다는 아르헨티나의 수도가 유럽에 더 가깝다. 부에노스아이레스에 사는 사람들 상당수가 유럽 이민자들의 후손일 뿐 아니라, 유럽인들과의 접촉도 더 잦다. 이들은 아르헨티나와 에스파냐 국적을 둘 다 가지고 있거나, 유럽에서 태어났거나 아직 그곳에 사는 친척들이 있기 때문이다. 근대적인 부에노스아이레스의 도시 외관은 파리를 본뜬 것이고, 미국에서는 인기 없는 프랑스 영화도 이곳에서는 인기를 누리고 있다.

인종적 다양성은 라틴아메리카 역사에 중요한 영향을 미쳤고, 지금도 그러하다. 라틴아메리카는 1500년에서 1850년 사이에 아프리카에서 이송된 수백만 명의 노예들이 도착한 종착지였다. 미국이 52만 3000명가량의 노예 이주민들을 받아들였지만, 라틴아메리카에서는 쿠바 한 나라만 해도 그 이상의 노예를 수입했다. 에스파냐령 아메리카를 모두 합하면 약 150만 명의 노예를 사들였고, 브라질도 최소한 350만 명의 노예를 수입했다. 아프리카 노예들은 카리브해와 남아메리카 대륙 양쪽 해안에서 온갖 일에 투입되었는데, 이들이 주로 했던 일은 사탕수수 재배였다. 오늘날 이들의 후손이 과거에 세계 최대 설탕 생산지였던 브라질과 카리브해 지역 인구의 상당 부분—전체적으로 보아 50퍼센트 정도—을 차지하고 있다.

라틴아메리카 국가들은 매우 복잡한 다인종 사회이며, 온갖 종류의 인종 혼합이 일어나는 현장이다. 아르헨티나와 마찬가지로 코스타리카, 우루과이, 브라질 남부 지역은 대부분의 인구가 유럽인의 혈통을 지니고 있다. 반면 멕시코, 파라과이, 엘살바도르, 칠레 같은 나라에서는 원주민과 유럽인의 혈통이 섞인 메스티소mestizo가 다수를 차지한다. 또 페루, 과테말라, 에콰도르, 볼리비아 같은 나라에서는 메스티소와 다른 원주민들이 인구의 다수를 차지하고 있다. 이 원주민들은 케추아Quechua어나 아이마라Aymara어를 사용하며, 의복 문화와 식생활에서도 자신들만의 고유한 양식을 갖고 있다. 흑인과 백인은 주로 해안가 저지대에 거주하고, 원주민과 혼혈인은 내지의 산악지대에 산다. 이는 여러 나라에서 비슷하게 나타나는 현상이다. 쿠바, 푸에르토리코, 니카라과, 코스타리카, 온두라스, 콜롬비아, 에콰도르, 페루, 베네수엘라가 모두 이와 같은 경향을 보인다. 세계에서 다섯 번째로 국토 면적이 넓은 나라인 브라질은 지역에 따라 인구 구성이 매우 다르다. 남부에 거주하는 사람들은 피부색이 더 하얗고, 북쪽 해변에 거주하는 사람들은 피부색이 더 짙다. 이 나라에서도 아마존 유역에서는 아직 원주민의 영향을 느낄 수 있지만, 이들은 광대한 지역 여기저기에 흩어져 살고 있다.

다시 처음의 질문으로 돌아가 보자. 이렇게 매우 다양한 20개 국가들이 정말로 단일한 역사를 가지고 있을까? 그 대답은 '아니오'이다. 한 가지 이야기로는 이 다양성들을 모두 아우를 수 없다는 점에서 그렇다. 하지만 '예'라고 말할 수도 있다. 모든 나라가 공통점을 갖고 있다는 점에서 그렇다. 이들은 유럽인에 의한 정복과 식민화라는 비슷한 과정을 겪었고, 거의 비슷한 시기에 독립했다. 이들은 비슷한 문제에 대해 유사한 방식으로 싸웠다. 또 독립 후에는 명확히 다른 정치적 조류가 라틴아메리카 전역을 휩쓸고 지나가며 밀물과 썰물을 만들어 냈다.

1980년에는 대부분의 라틴아메리카 국가에 여러 형태의 독재 체제가 들어섰지만, 2010년에는 선거를 통해 선출된 문민정부가 라틴아메리카 지역 대부분에 들어섰다. 또 1990년대에 등장한 세계화의 동력 덕분에 라틴아메리카는 부채, 인플레이션, 경기 침체를 특징으로 하는 1980년대의 '잃어버린 10년La Década Perdida'에서 벗어날 수 있었다. 경제가 회복되면서 라틴아메리카 정부들이 실질적으로 추진한 '신자유주의'(기본적으로는 자유시장) 정책이 지지를 받았다. 그러나 자유시장이 성장하면서—세계 대부분의 지역에서와 마찬가지로 이곳에서도—부자들은 더욱 부자가 되고 중산층은 중산층에 머무르며, 가난한 이들은 상대적으로 더욱 빈곤해지는 양상이 나타났다. 물론 빈곤층이 대다수인 라틴아메리카에서 이런 경제 성장은 승자보다는 패자를 양산해 냈고, 그 결과 자유시장에 대한 반발이 강하게 제기되었다.

승자와 패자, 부유한 자와 가난한 자, 정복한 자와 정복된 자, 주인과 노예. 이들 간의 갈등은 라틴아메리카 역사의 핵심을 이루는 해묵은 것이며, 지금도 여전하다. 1990년대에는 미국과 멕시코가 체결한 북미자유무역협정NAFTA에 대한 항의로 마야인들이 봉기를 일으켰는데, 이 봉기는 그 후 몇 년간 지속되었다. 주로 원주민들로 구성된 이 마야인들은 1900년대 초에 토지 개혁을 위해 싸웠던 어느 혁명가를 추모하는 의미에서 자신들의 이름을 '사파티스타Zapatista'로 정했다. 멕시코의 중산층은 북미자유무역협정으로 인해 도시 소비재의 가격은 낮아지고 상품의 구매력은 높아진다는 사실을 알게 되었다. 사파티스타들은 계속 저항했지만, 멕시코 정부는 북미자유무역협정을 폐기하지 않았다. 한편 볼리비아인들은 2006년 선거를 통해 사상 처음으로 원주민 출신 대통령을 선출했다. 그러나 원주민 세력이 약한 지역에서는 원주민 대통령에 대한 분노가 터져 나왔다.

사실 이러한 대립의 역사는 1492년으로까지 거슬러 올라가는데, 이것이 바로 이 책에서 다루고자 하는 내용이다. 간단하게 이야기하자면 다음과 같다. 16세기에 에스파냐와 포르투갈에서 온 식민지 정착민들은 아메리카 원주민들—이들은 광산과 농장에서 그들을 위해 일했고, 침실과 식탁에서도 그들의 시중을 들었다—에게는 물론이고, 노예가 된 아프리카인들에게도 자신들의 언어와 종교와 사회 제도를 강요했다. 하지만 300년에 걸쳐 이런 흐름이 이어진 후에는 두 가지 새로운 정치적 요인들이 유입되면서 라틴아메리카의 상황이 적어도 부분적으로는 바뀌기 시작했다.

첫 번째 요인은 '자유주의liberalism'였다. 여기서 우리는 보편적 의미의 자유주의와 미국에서 통용되는 좁은 의미의 자유주의를 구분해야 한다. 보편적 의미의 자유주의는 미국 헌법의 핵심 원칙들, 곧 공화당과 민주당 모두가 공유하는 원칙들을 포괄하는 것이다. 역사적으로 자유주의는 주로 17세기와 18세기에 프랑스와 영국에서 발달한 가치와 관습을 아우르는 말이다. 미국 혁명과 프랑스 혁명이 일어난 1776년과 1789년은 자유주의 역사에서 기념비적인 해였다. 자유주의는 전통보다는 진보를, 신앙보다는 이성을, 지역적 가치보다는 보편적 가치를, 정부의 통제보다는 시장의 자유를 우선한다. 또한 자유주의는 고착화된 특권보다는 평등한 시민권을 옹호하며, 다른 어떤 형태의 정부보다도 더 강력하게 대의민주제를 옹호한다. 그러나 불행하게도 평등한 시민권과 대의민주제는 지금 당장에는 필요하지 않은, 가능한 한 미루어 두었다가 맨 마지막에 가서 다루어야 할 것으로 여겨져 왔다. 대체적으로 보아 미국이 경험한 자유주의는 번영을 가져다주었다. 반면 라틴아메리카인들이 경험한 자유주의에는 좋은 결과와 나쁜 결과가 혼재되어 있었다.

두 번째 요인은 '민족주의nationalism'였는데, 이는 결과적으로 자유주의와 대립하였다. 자유주의와 민족주의는 라틴아메리카 독립 투쟁의 와중에 등장했다. 라틴아메리카의 민족주의—나라마다 차이가 있기는 하지만, 문제의식은 비슷했다—는 지역의 역사적 경험 속에 깊숙이 새겨져 있다. 이 책에서는 이 민족주의를 좀 더 자세하게 다룰 예정이다. 미국인들은 종종 다른 지역의 민족주의를 부정적인 것으로 여기는 경향이 있다. 그러나 라틴아메리카의 민족주의는 제국주의와 맞서 싸우기 위한 이념적 자기방어 수단이었고, 사회적 평등을 실현하기 위한 적극적 동력이었으며, 백인 우월주의의 폐해를 치료하는 해독제였다.

21세기 전환기의 라틴아메리카 백인들은 원주민 짐꾼을 이용하거나, 아프리카인 노예가 들어 주는 가마를 타지 않는다. 그렇게 하는 사람은 이제 더 이상 없다. 하지만 어느 지역이든 부유할수록 피부색이 더 희고, 가난할수록 피부색이 더 짙다. 이것은 슬프게도 광범위하게 적용되는 아주 정확한 일반화이며, 대부분은 이 법칙대로다. 가끔 예외가 있기는 하지만, 이러한 예외조차도 대부분은 이러한 법칙이 있다는 것을 입증해 줄 뿐이다. 결론은 분명하다. 에스파냐인과 포르투갈인의 후손들, 그리고 나중에 라틴아메리카로 이주해 온 유럽인의 후손들이 여전히 권력을 장악하고 있고, 노예와 정복된 원주민의 후손들이 여전히 권력을 쥔 사람들을 위해 일하고 있다. 이는 한꺼번에 버스 정류장으로 몰려든 보행자들이 종종 그런 것처럼 아프리카인·유럽인·아메리카 원주민들이 동등한 조건으로 어울리지 못했기 때문인데, 이러한 역사적 유산은 500여 년이 흐른 지금까지도 계속 영향을 미치고 있다. 그렇다면 이들은 어떻게 함께 모이게 된 것일까? 이것이 다음 장에서 우리가 다룰 내용이다. ('화염과 유혈의 이야기'를 기대하시라.)

이상으로 라틴아메리카의 역사를 처음 접하는 독자들을 위한 간략한 소개를 마쳤다. 그런데 이런 독자라면 미국인들이 과거에 라틴아메리카를 어떻게 생각했는지를 알아 둘 필요가 있다. 그런 생각들이 오늘날에도 미국 대중문화의 여기저기에 담겨 있고, 미국인의 관념에도 여전히 영향을 미치고 있기 때문이다.

라틴아메리카를 외부에 소개한 사람들은 대략 1930년대까지는 주로 인종과 문화에 관심을 기울였다. 이들은 라틴아메리카의 다양성을 결함으로 여겼다. '백인의 피가 아닌 피'가 너무 많이 섞인 '다혈질적인 라틴아메리카인'들은 지능과 자기절제력이 부족하여 안정적이고 민주적인 사회, 번영하는 사회를 만들 수 없었다고 생각했다. 또 가톨릭교도인 라틴아메리카인들에게는 노동을 당위가 아니라 미덕으로 여기는 '프로테스탄티즘의 노동 윤리'가 결여되어 있다고 보았다. 게다가 사람을 지치게 하는 더위뿐만 아니라 오감을 만족시키는 망고, 파파야, 패션푸르트passion fruit를 무한정 공급해 주는 열대 기후도 그들의 경제 활동을 더욱 저하시킨다고 생각했다. 이런 관점에서 보면, 라틴아메리카의 역사는 인종적·문화적·환경적으로 이미 '결정된' 것이었고, 정도의 차이가 있을지는 몰라도 그렇게 될 수밖에 없는 것이었다. 하지만 이는 오늘날의 관점에서는 시대에 뒤떨어진 생각이다.

그런데 1940년 이후부터 1970년까지는 이러한 인종결정론과 환경결정론이 한풀 꺾이게 되었다. 라틴아메리카를 연구하는 미국 역사학자들이 라틴아메리카 역사에서 이전의 악한(원주민 혹은 아프리카인의 유전자)을 새로운 악한으로 대체했기 때문이다. 이들에 따르면 새로운 악한은 '근대화'되어야 할 후진적 사고방식과 전통적 사회구조였다. 라틴아메리카가 다른 나라들이 새로 연 발전 경로를 따라 전진할 수 있다는 것이 당시 미국 역사학자들의 생각이었다. '근대화론'이 인종결정론이나 환경결정론

현대의 라틴아메리카
멕시코
멕시코시
벨리즈
과테말라
엘살바도르
과테말라시
테구시갈파
산살바도르
온두라스
마나과
니카라과
산호세
코스타리카
파나마시
파나마
아바나
쿠바
자메이카
아이티
도미니카
공화국
푸에르토리코
산토도밍고
카라카스
베네수엘라
가이아나
수리남
프랑스령 기아나
보고타
콜롬비아
키토
에콰도르
아마존강
페루
리마
쿠스코
라파스
볼리비아
브라질
헤시피
사우바도르(바이아)
히우지
자네이루
상파울루
칠레
파라과이
아순시온
아르헨티나
산티아고
우루과이
부에노스아이레스
몬테비데오

보다 낫기는 하지만 이것 역시 기존의 고정관념에서 벗어나지 못한 것이었다. 근대화론을 주장하는 이들은 라틴아메리카의 문제가 열대 기후와 타고난 게으름에 있는 것이 아니라, 탐욕스러운 지주들과 후진적 통치자에게 있다고 설명했다. 모든 문제가 라틴아메리카 자체에 내재해 있다고 설명한다는 점에서는 이전 이론들과 다를 바가 없었다.

하지만 1960년대가 되면서 라틴아메리카 안팎에서 라틴아메리카를 연구하던 역사가들 대부분은 종전의 해석 방식이 책임을 희생자들에게 전가하고 있다고 확신하게 되었다. 그들은 라틴아메리카 경제가 언제나 라틴아메리카보다 한발 앞서 있던 세계의 산업 열강에 종속되어 있었다고 주장했다. 따라서 '종속이론dependency theory'은 라틴아메리카가 가진 문제의 원인을 라틴아메리카 외부의 세계, 즉 라틴아메리카를 식민지로 만든 열강과 경제적 세계화의 영향에서 찾았다. 아직 '세계화'에 대한 합의된 정의가 없었을 때였는데도 말이다.

종속이론은 지금도 여전히 유용한 통찰력을 제공하고 있기는 하지만, 라틴아메리카 연구의 핵심이라는 이전의 지위는 상실했다. 오늘날 라틴아메리카에 대한 미국의 관심은 주로 미국과 관련된 문제에 집중되어 있다. 예를 들어 보자. 인종에 대한 새로운 사고방식을 알게 된 미국 시민들은 라틴아메리카인들이 오래전부터 다인종적 정체성을 포용해 왔다는 데서 뭔가를 배우려 한다. 다문화주의와 '정체성 정치'(집단 정체성을 기반으로 배타적인 정치 동맹을 추구하는 정치—옮긴이)에 관심을 가진 미국인들은 라틴아메리카에서 유용한 관점을 발견한다. 1990년대에는 인문학과 사회과학 모두 문화 연구를, 구체적으로는 인종·성별·계층·국가의 정체성이 사람들의 인식 속에서 '형성되는' 방식을 중시하기 시작했다. 남성 혹은 여성이 되는 것은 유전자의 문제, 즉 생물학적 문제지만, '진정한 남자' 혹은 '진정한 여자'에 대한 정의는 문화권마다 매우 상이하다. 문화적·인종적 다양성이라는 측면에서는 라틴아메리카인들의 경험에서 배워야 할 것들이 많다. 그럼, 이제 우리의 이야기를 시작해 보자.

제1장

접촉

접 촉
1492
~
1600년
1400년
아스테카 제국과
잉카 제국의 등장
1492~
1500년
콜럼버스와
카브랄의 항해
1500~
1520년
노예무역의
진행
1520~
1530년
아스테카 제국과
잉카 제국의 패배
1548년
브라질,
군주제 정부 수립
LATIN AMERICA

Encounter

접촉

유럽인들과 아프리카인들이 라틴아메리카에 도착했을 때, 그곳에는 원주민들이 살고 있었다. 사막과 숲에 사는 사람들이 비옥한 하천 유역에 사는 사람들보다 더 적긴 했지만, 사람이 살지 않는 곳은 없었다. 그들은 땅에 의지해 살아가며, 자신들도 땅의 일부라 생각했다. 이러한 라틴아메리카 원주민들과 유럽인들 간의 접촉은 세계사에서 결정적인 순간이 된다. 유럽인들의 '구세계'도, 아메리카를 가리키는 '신세계'도 이날 이후에는 종전과 다른 모습을 띠게 되기 때문이다. 라틴아메리카의 입장에서 보면, 에스파냐인들과 포르투갈인들의 정복과 식민화로 인해 향후 오랫동안 이어지게 될 여러 형태의 사회적 지배가 생겨났는데, 그것은 몸속 깊이 새겨진 원죄*의 낙인과도 같은 것이었다.

하지만 아메리카를 정복한 이베리아반도의 침략자들이 다른 이들보다 더 많은 죄를 지은 것은 아니었다. 이 침략자들은 당시 사회가 지향했

* 기독교 신앙에 따르면 아담과 이브가 에덴 동산에서 원죄를 저질렀고, 그들의 후손은 모두 이 원죄를 물려받게 되었다.

던 의미에서의 성공, 곧 재물과 다른 사람들을 부리는 특권을 찾아서, 그리고 종교적 교리에 따라서 아메리카로 향했을 뿐이었다. 이들은 오늘날 우리가 그런 것처럼, 자신들이 이해한 세상의 논리에 따라 살았다. 따라서 이런 이유로 우리가 그들의 도덕적 자질을 평가하는 것은 이치에 맞지 않다. 원죄는 정복과 식민화를 당연한 것으로 여겼던 논리와, 그것을 종교적인 용어로 정당화한 데 있을 뿐이다. 어찌되었건 정복과 식민화의 논리를 앞세운 유럽인들은 라틴아메리카 도처에서 이러한 접촉을 강행해 나갔다. 이러한 접촉은 유럽인들이 침략할 당시의 자연환경과 원주민들의 생활양식에 따라 다양한 방식으로 전개되었다.

원주민들의 생활양식

아메리카 대륙의 원주민들은 다양한 방식으로 대지에 적응하며 살아갔다. 이들 중 일부는 비정착민들로서, 치치메카Chichimecas족의 거주지였던 멕시코 북부 사막지대 같은 가혹한 환경에 적응해 살아갔다. 수렵과 채취를 위해 계속 이동하다 보니 집단의 규모는 작았고, 사회조직 또한 비교적 단순했다. 광활한 평원을 떠도는 방랑자와도 같았던 이들은 주로 남아메리카 대륙 내부에 드넓게 펼쳐진 건조한 평원 지대에서 살았다. 접촉이 일어날 당시 이 지역은 숲도, 초원도 아니었다. '세르탕sertão'이라 불리는 브라질 북동부 지역과 마찬가지로 이 지역에도 가시가 많고 건기가 되면 잎을 떨구는 여러 종류의 관목들이 들어차 있었다. 아르헨티나 초원 지대의 이름을 낳은 팜파스Pampas족도 비정착민이었다.

삼림 지대에 살고 있던 원주민들도 있었다. 이들에게도 수렵은 중요한 일이었다. 하지만 이들은 삼림 지대의 풍부한 강우량 덕분에 농사를 지을 수 있었다. 따라서 삼림 지대에 거주한 사람들은 대개 준정착민이었다. 이들은 열대 토양의 메마른 땅에 적합한 농사를 지었다. 메마른 땅이라고? 그렇다. 무성하게 자란 열대우림의 식물들 때문에 사람들은 종종 오해를 한다. 잘 모르는 사람들은 이 삼림 지대를 땅이 매우 비옥한 '정글'이라고 생각할 것이다. 1949년에 출간된 어느 지리학 책에도 "생명력 충만한 원시 그대로의 정글"*이라는 표현이 쓰이고 있다. 하지만 열대우림의 왕성한 생명력은 토양이 아니라, 생물에게나 있을 뿐이다. 벌레, 나무, 땅에 뿌리를 내리지 않고 나무에 빌붙어 사는 기생식물 같은 것들 말이다. 아마존 열대우림 지역의 토질은 삼림 지대 중에서도 특히 불량했다. 열대우림 지역에서는 개간을 해서 농사를 지어도 몇 년만 지나면 수확량이 크게 줄어든다. 따라서 삼림 지대에 거주하던 원주민들은 '이동 경작'—개간 방식에 따라 '화전'이라고 부르기도 한다—을 하였다. 준정착민은 마을을 이루어 살다가도 새로운 경작지를 찾아 자주 이동했다. 그러는 사이에 종전의 경작지는 다시 숲으로 바뀌었다. 이런 식으로 지구에서 가장 열악한 자연환경에 이동 경작이 자리를 잡게 되었다. 브라질 역사를 이야기할 때 빼놓을 수 없는 원주민 부족인 투피Tupi족 같은 준정착민들은 사회 계급이 아니라, 부족과 성별에 따라 사회를 조직했다. 그러므로 제국을 건설한 것은 이들이 아니었다.

마지막으로, 완전히 정착하여 살던 원주민들도 있었다. 숲이 아니라 주로 고원지대에 형성된 영구취락 덕분에 이들 정착민은 보다 복잡한 사회를 이루고 살았는데, 이들 중 일부는 아스테카·잉카·마야와 같은 전

---

* William Lytle Schurz, *Latin America: A Descriptive Survey*(New York: E. P. Dutton, 1949), p. 28.

설적인 대제국을 건설했다. 하지만 모든 정착민이 제국을 건설했던 것은 아니다. 모든 정착민이 공유했던 것은 장기간 지속할 수 있는 정주농업이다. 예를 들어 마드리드나 리스본보다 인구가 더 많았던 아스테카 제국의 수도 테노치티틀란에서는 매우 독창적인 방법으로 식량을 확보했다. 사방이 호수로 둘러싸인 테노치티틀란의 주민들은 호수 위에 치남파스chinampas라는 수경 농지를 만들었는데, 여기에 충적토를 주기적으로 투입하여 농지의 비옥도를 유지했다. 잉카 제국을 건설한 사람들 역시 계단식 논과 관개시설, 구아노guano(비료로 사용한 새의 배설물)를 활용하여 정교하면서도 지속 가능한 농업방식을 개발했다. 그러자 이를 기반으로 보다 크고 조밀한 인구 집단이 생겨났고, 도시가 건설되었으며, 온갖 종류의 노동 분화가 일어났다. 물론 모든 것이 다 좋았던 것은 아니다. 비정착민이나 준정착민 사회는 자질이 뛰어난 개인이 지도자가 되는 매우 평등한 사회를 지향하는 경향이 있었던 반면, 정착민 사회에서는 계급 구분이 매우 엄격했다. 아스테카, 잉카, 마야에는 공히 전쟁을 전담하는 세습귀족 계급이 있었다.

엄밀하게 말하면, '아스테카'나 '잉카'라는 이름은 제국을 가리키는 명칭이지, 제국의 주민들을 지칭하는 용어는 아니다. 예를 들어 아스테카 제국의 통치자들은 멕시카족이었다. 멕시코라는 국명은 바로 이 부족의 이름에서 비롯된 것이다. 거대한 화산들의 그림자가 드리운 호수 위에 '테노치티틀란'이라는 도시를 건설한 이 호전적인 부족은 오늘날 멕시코의 영토가 된 이 비옥한 계곡으로 비교적 늦게 이주해 왔다. 하지만 이들은 멕시코 중부 고원지대에서 수천 년간 발전을 거듭해 온 문명을 상속받았다. 예를 들어, 세계에서 가장 거대한 피라미드 가운데 하나인 '태양의 피라미드'는 멕시카족이 이 지역에 정착하기 훨씬 전에 건설된 것이다. 아무튼 멕시카족은 15세기 초까지만 해도 이 지역 도시국가들의 공용어(나와틀어)를 쓰는 여러 부족들 중 하나에 불과했지만, 이후 단 100여 년 만에 멕시코 중부지방 대부분을 아우르는 대제국으로 성장했다. 제국의 수도 테노치티틀란에는 탑과 궁전, 피라미드가 빼곡히 들어차 있었다. 에스파냐의 탐험가 베르날 디아스에 따르면 이 도시는 마치 신기루처럼 호수 위에 우뚝 서 있었고, 호숫가 육지와는 곧고 평평한 둑방길들로 연결되어 있었다. 에스파냐인들이 테노치티틀란을 처음 보았을 때를 베르날 디아스는 이렇게 기술하고 있다. "모두가 깜짝 놀랐다. 기사도 문학서에나 등장할 법한 마법의 풍경이 펼쳐진 것 같았다."

아스테카 제국과 마찬가지로 잉카 제국 역시 급속도로 팽창했다. 인상적인 수도가 있는 안데스 고지대에서 대륙의 남단으로 이어졌던 잉카 제국의 영토는 아스테카 제국보다도 더 컸다. 잉카 제국의 수도는 '우주의 배꼽'이라는 의미를 지닌 '쿠스코'였다. 오늘날 우리는 '잉카족'이라는 말을 사용하지만, 당시 '잉카'라는 이름은 황제와 그의 제국을 지칭하는 것이었다. 쿠스코 주민들은 케추아어를 사용했고, 안데스 산지에서 오랫동안 발전해 온 문화를 이어받았다. 지진에 대비해 돌을 맞물리게 쌓은 석벽 축조 기술이 잉카 건축 기술의 백미인데, 이 기술은 안데스 산지의 건축가들이 오랫동안 사용해 온 기술이었다. 아스테카 제국과 잉카 제국은 공히 지역의 고대문명을 상속받아 급성장하였으나, 생각보다는 뒤늦게 세워졌고 약점도 많았다. 이와는 달리 마야인들은 제국을 건설하겠다는 의지가 크지 않았다. 인상적인 종교 시설들을 갖춘 마야의 도시국가들은 테노치티틀란이나 쿠스코보다 훨씬 먼저 건설되었으며, 티칼·코판·툴룸·욱스말과 같은 중앙아메리카 지역에도 영향을 미쳤다. 예술·건축·천문학과 같은 문화 분야에서도 아메리카 대륙에서 둘째가라면 서러워할 정도로 뛰어난 성과를 올린 마야인들이었지만, 잉카 제국이나 아스테카 제국에 필적할 만한 제국을 건설하지는 않았다. 게다가 마야 제국—이 용어를 사용해도 좋을지 모르겠다—의 전성기는 유럽인들이 라틴아메리카 땅을 밟기 훨씬 전이었다. 따라서 여기서 다룰 이야기는 아니다.

유럽인들과 아메리카 원주민들이 접촉할 당시, 라틴아메리카 대부분의 지역에는 아르헨티나의 팜파스족이나 브라질의 투피족 같은 비정착민들과 준정착민들이 살고 있었다. 하지만 오늘날에는 그들의 후손을 거의 찾아볼 수가 없다. 현재 라틴아메리카에 살고 있는 원주민들 대다수는 주로 아스테카 제국과 잉카 제국 혹은 마야 제국의 통치를 받던 정착농민들의 후손이다. 비정착민과 준정착민이 사라져 갈 때, 이들 정착농민들은 어떻게 살아남을 수 있었을까? 이것은 복잡한 문제이다. 하지만 이 문제가 라틴아메리카의 역사에 대해 많은 것을 얘기해 줄 것이다. 우선 '이베리아반도'라는 지명으로 묶을 수 있는 에스파냐와 포르투갈의 이야기로 거슬러 올라가 보자.

십자군 정신의 기원

유럽인들이 갑갑한 배에서 내려 아메리카 원주민들을 처음 만난 것은 1490년대였다. 우리의 마음을 사로잡는 한 가지 의문은, 그때 그들이 서로에게 어떤 반응을 보였을까 하는 것이다. 그것은 문화 간의 접촉이었고, 가치와 관습의 충돌이었다. 에스파냐인들과 포르투갈인들의 세계관이나 십자군 운동에 관한 그들의 논리는 이베리아반도의 역사를 통해 형성되어 온 것이다. 그러므로 먼저 이베리아반도의 역사를 간략히 살펴보도록 하자.

이베리아반도는 굴곡이 많은 산지이다. 일부 지역은 아일랜드와 마찬가지로 초록색을 띠지만, 대부분의 지역은 건조하다. 항공사진을 보면, 에스파냐 남부 지방은 북아프리카와 거의 같은 색으로 보인다. 예로부터 이베리아반도는 유럽과 아프리카를 이어 주는 교량 역할을 했기에, 이주민과 침략자들은 양 대륙을 갈라놓은 좁은 지브롤터 해협을 부지런히 넘나들었다. 서기 711년 무어인이라 불린 북아프리카 지역 무슬림들이 지브롤터 해협을 건너, 기독교 군주들이 지배하던 이베리아반도 대부분을 점령했다. 이곳의 전 주인은 카르타고로부터 이 땅을 빼앗은 로마인들이었다. 이베리아반도에서는 그때부터 800여 년간 무슬림과 기독교도들이 서로 싸우기도 하고 뒤섞이기도 하는 과정을 반복했는데, 이 과정에서 다민족사회가 만들어졌다. 물론 이렇게 뒤섞이고 싸우는 행위는, 둘 다 고유한 흔적을 남겼다.

무어인들은 유럽의 암흑기 동안 중동 지역에 비교적 잘 보존되어 있던 그리스와 로마의 저작물들을 이베리아반도로 들여왔다. 물론 이슬람 세계의 실용적 기술과 함께였다. 무어인들의 지배하에 있던 기독교인들이나, 이웃한 기독교 왕국에 살면서 무어인들과 교역을 했던 기독교인들은 이슬람의 문화적 업적에 대해서만큼은 진심으로 존경을 표했다. 무어인들은 이베리아반도의 기독교인들보다 더 뛰어난 의사였고, 기술자였으며, 농사꾼이었다. 바질과 돼지감자, 아몬드 같은 새로운 작물과 관련된 아랍어 단어들은 물론이고, 증류와 알코올 같은 새로운 가공 절차나 물질과 관련된 아랍어 단어들이 반도에 거주하는 기독교인들의 언어에 추가되었다. 융단과 같은 새로운 세간과 관련된 단어들, 대수학이나 화학과 같은 새로운 학문과 관련된 단어들도 마찬가지였다. 그 결과, 현대 에스파냐어와 포르투갈어 단어의 25퍼센트 정도가 아랍계 단어들로 채워지게 되었다. 무어인들은 아랍어를 사용했지만, 아랍인들보다는 피부색이 더 검었다. 예를 들어 셰익스피어의 작품에 '흑인'으로 등장하는 오셀로가 바로 무어인이다. 이베리아반도의 기독교인들은—자신들과 외모가 다르기는 하지만—지적이면서도 건장한 이 사람들과 오랫동안 접촉해 왔다. 게다가 아메리카 사람들과 접촉할 무렵의 이베리아반도는 유럽에서 유대인들이 가장 많이 살고 있던 곳 중 하나였다. 또 리스본과 세비야에는 아프리카인 노예들도 수천 명이나 살고 있었다. 이베리아 사람들은 이러한 문화적·인종적 차이에 특별히 더 호의적이지는 않았지만, 이런 차이에 잘 적응했다. 에스파냐 사람들과 포르투갈 사람들은 타자들을 경멸하거나 마지못해 칭송하기도 했으며, 성적 호기심을 갖기도 했다. 이베리아반도의 민담에는 검은 피부의 무어인 처녀가 야릇한 이미지로 등장하기도 한다. 법전을 만든 것으로 잘 알려진 현왕賢王 알폰소의 치세기(1252~1284년)는 이베리아반도에서 다문화주의가 절정에 다다른 시기였다. 그러나 800여 년에 걸친 이러한 다문화 경험은 결국 종교적 순수성만을 고집하는 편협한 움직임 속에서 소멸하고 만다.

이베리아반도의 기독교인들이 추진했던 '재정복 운동Reconquista'은 에스파냐와 포르투갈 사람들의 심성과 제도에 큰 영향을 미쳤다. 기독교인들은 아직 무어인들에게 정복당한 적이 없는 이베리아반도의 북서쪽 구석에서 사도 야고보의 무덤을 발견했다고 믿었다. 성인 야고보를 재

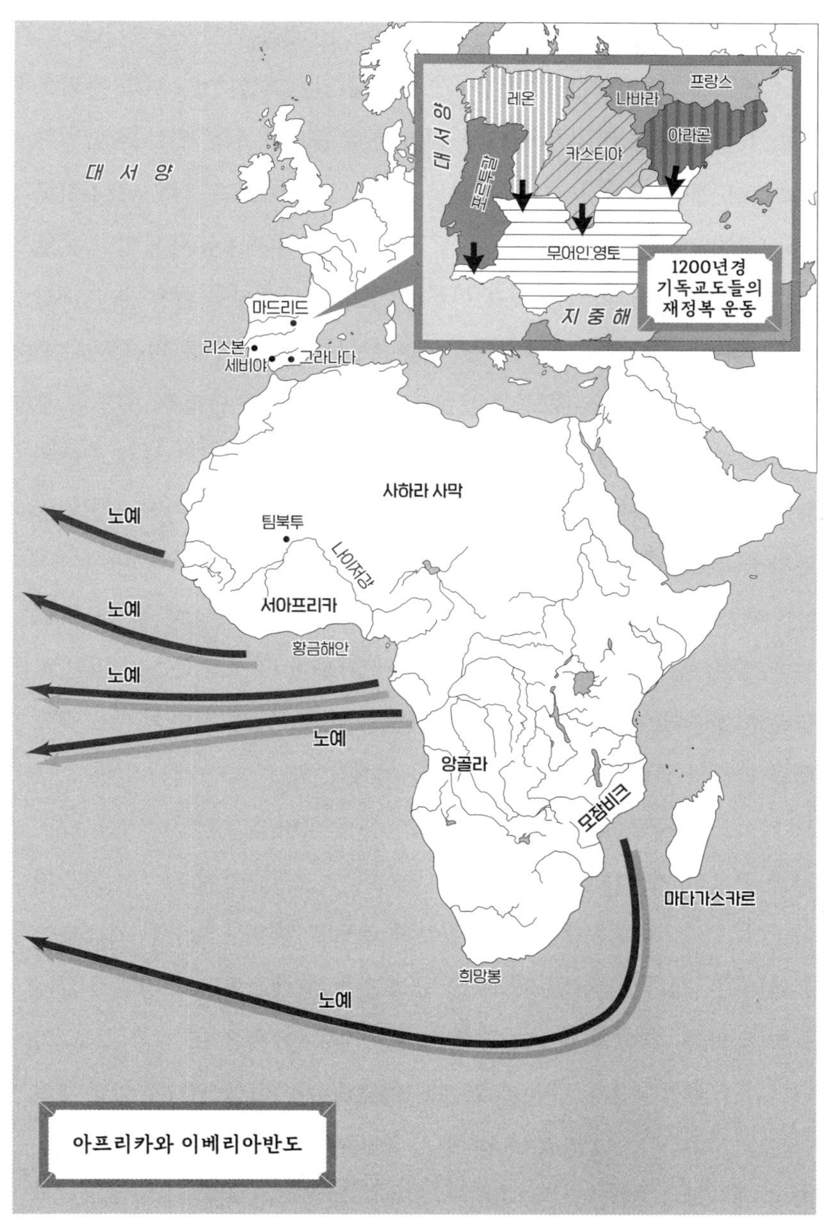
대 서 양
레온
나바라
프랑스
대 서 양
아라곤
포르투갈
카스티야
무어인 영토
1200년경
기독교도들의
재정복 운동
지 중 해
마드리드
리스본
세비야
그라나다
사하라 사막
노예
팀북투
니이저강
노예
서아프리카
황금해안
노예
노예
앙골라
모잠비크
마다가스카르
희망봉
노예
아프리카와 이베리아반도

정복 운동의 수호성인으로 모신 기독교인들은 검을 휘두르는 기사로 그를 형상화했다. 산티아고 데 콤포스텔라에 있는 성인 야고보의 무덤은 후일 유럽 최대의 성지가 되었다. 재정복 운동은 새로운 영토를 합병하고 이교도들을 복종시키는 끊임없는 도전의 과정이었고, 서른 세대 정도에 걸쳐 진행되었다. 기독교인들은 무어인들을 남쪽으로 내몰면서 새로운 도시를 건설했고, 그 도시를 영토 확장의 전진 기지로 활용했다. 군사지휘관들은 정복한 무어인들을 기독교로 개종시킬 의무를 지닌 동시에, 그들에게 조공을 받을 권리와 그들을 부역에 동원할 권리를 가졌다. 훗날 라틴아메리카에서도 이와 동일한 도전이 동일한 과정과 함께 반복된다. 재정복 운동이 낳은 또 다른 결과는 기독교인 귀족이 기사로서의 명예와 영향력을 지속할 수 있게 되었다는 것이다. 귀족들이 추구하는 가치(용맹, 여유, 부의 과시)가 중산층이 지향하던 상업적 가치(돈벌이, 근면, 절약)로 바뀌는 과정이 매우 더뎠던 이유가 바로 여기에 있다. 재정복 운동이 미친 영향은 이것만이 아니었다. 전쟁을 치르면서 일사불란한 지휘 체계가 필요했기에 정치 권력이 집중되었다. 당시 이베리아반도에 산재해 있던 소규모 기독교 왕국들 중 두 왕국이 재정복 운동의 리더로 서서히 부상했다. 가장 중요한 역할을 했던 왕국은 이베리아반도의 중앙에 위치한 카스티야였다. 이베리아반도 대부분을 아우를 정도로 영토를 확장한 카스티야는 아라곤·레온·나바라 왕국과 통합하면서 현 에스파냐의 정치적 토대를 만들었다. 그러나 재정복 운동을 먼저 완수한 쪽은 또 다른 독립 국가인 포르투갈이었다. 대서양 쪽에서 카스티야와 나란히 남쪽으로 진격한 포르투갈은 13세기 중반 마침내 이베리아반도의 남단에 도달한다. 반면 에스파냐 쪽에서는 무어인들이 세운 그라나다 왕국이 그로부터 2

백 년 이상 더 버티다가 1492년에야 카스티야 군대에 무릎을 꿇었다.

한편 1490년대 초반 카스티야의 여왕 이사벨은 크리스토퍼 콜럼버스의 탐험 자금을 지원하기로 결정한다. 그런 결정을 내린 것은 필시 왕국의 부를 축적하기 위해서였을 것이다. 당시 콜럼버스는 베네치아와 아라비아가 수익성 높은 아시아 교역로를 독점하는 상황을 깨기 위해 서쪽으로 항해할 것을 제안했다. 그러나 우리는 에스파냐와 포르투갈 군주들을 감싸고 있던 종교적 분위기를 과소평가해서는 안 될 것이다. 무엇보다도 이사벨은 가톨릭 군주였다. 수 세기 동안 재정복 운동이 진행되면서 이베리아반도에는 진정한 십자군 정신이 생겨났는데, 군주들은 이러한 열정을 자신들의 권력 강화에 이용하려 했다. 기독교인들의 통치를 받고 있는 무어인들과 이베리아반도에서 근 천 년을 살아온 유대인들은 물론이고, 종교적 신앙이 의심되는 사람들은 누구나 숙청의 대상이 될 수 있었다. 무어인과 유대인들은 개종하거나 도피해야 했다. 그라나다를 함락한 바로 그해에 이사벨은, 신앙을 포기하지 않았다는 구실로 유대인 수만 명을 추방했다. 개종한 무어인들과 유대인들 역시 '새로운 기독교도'라는 차별을 받았다. 널리 알려져 있는 에스파냐의 종교재판소는 종교적 순수성을 강요할 목적으로 마련된 기관이었다.

16세기 서유럽에서는 가톨릭교도와 개신교도들이 치열한 전쟁을 벌이고 있었는데, 통일을 이룬 에스파냐의 군주들은 가톨릭 진영을 이끌며 이 전쟁에 막대한 비용을 쏟아부었다. 1588년 에스파냐의 무적함대가 개신교 국가인 영국을 침공하려 했던 것도 이러한 맥락에서 이해할 수 있겠다. 그러므로 해양 탐험 역시 종교적인 의미를 지니고 있었다. 에스파냐보다 먼저 재정복 운동을 완수한 포르투갈은 자신들의 십자군 운동을 아프리카로 확대하는 것도 에스파냐보다 빨랐다. 15세기에 아프리카 연안을 따라 황금과 노예를 실어 나르던 포르투갈 선단은 잃어버린 기독교 왕국에 대한 이야기에서 자신들의 활동을 정당화할 명분을 찾았다. 사하라 사막 너머에 있는 것으로 알려진 어느 기독교 왕국이 나머지 기독교 세계와 다시 통합하기를 바라고 있다는 이야기에서 말이다. 그러므로 이사벨 여왕이 콜럼버스의 탐험에 자금을 대기로 한 것은 포르투갈을 따라잡기 위한 승부수였다. 아무튼 재정복 운동으로 권력을 강화한 이베리아반도의 두 군주는 유럽 최초로 대규모 해양 탐험에 자금을 지원하게 된다. 그리고 그들이 지원한 탐험대는 비슷한 시기에 아메리카 대륙에 도착했다.

에스파냐의 후원을 받은 콜럼버스의 탐험대가 아메리카에 먼저 도착하기는 했지만, 그로부터 채 10년도 되지 않아 포르투갈 탐험대도 그곳에 당도했다. 우선 아메리카 항해에 필요한 항해술과 조선 기술을 개발한 포르투갈의 탐험부터 살펴보자. 포르투갈이 브라질을 식민지로 삼는 과정은 유럽인들이 비정착 또는 준정착 원주민들과 접촉할 때의 상황을 잘 보여 준다. 이를 먼저 살펴보는 것이, 이와는 매우 다르지만, 보다 널리 알려져 있는 다른 사례—에스파냐 사람들과 멕시코 및 페루 정착 원주민들 간의 접촉—에 어떤 고유한 특징이 있는지를 이해하는 데 도움을 줄 것이다.

브라질의 사례

페드루 알바레스 카브랄을 총사령관으로 한 포르투갈 함대가 브라질에 처음 도착한 때는 서기 1500년이었다. 몇 해 전 콜럼버스가 그랬던 것처럼, 포르투갈 함대의 행선지도 인도였다. 그런데 콜럼버스와는 달리 그는 진짜로 인도에 도착했다. 그는 아프리카 서해안을 따라 내려가다가 아프리카의 남단을 돌아 인도양으로 진입할 계획이었으며, 망망대해를 항해할 생각은 전혀 없었다. 아프리카 서해안을 따라 남쪽으로 항해하던 그는 순풍을 타기 위해 남대서양 먼바다로 잠시 진로를 바꾸었는데, 말 그대로 너무 멀리 가 버렸다. 다시 동쪽으로 방향을 돌릴 새도 없이 브라질에 도착해 버린 것이었다. 카브랄 역시 자신이 도착한 곳이 정확히 어디인지는 몰랐지만, 그곳이 인도가 아니라는 사실은 알고 있었다. 그는 그곳을 '거룩한 십자가의 섬Ilha de Vera Cruz'으로 명명한 다음, 서둘러 원래의 목적지를 향해 출항했다.

당시 포르투갈 사람들은 브라질을 그다지 중요하게 생각하지 않았다. 그 몇 해 전에 남아시아에 있다는 전설상의 부자 나라로 가는 항로를 찾아냈기 때문이다. 콜럼버스가 찾으려 했지만, 결국 찾지 못했던 바로 그 항로였다. 포르투갈인들은 16세기 내내 극동 무역을 경략하는 데 몰두했다. 그들은 금과 은, 비단과 도자기, 향신료(후추·육두구·정향·계피)와 페르시아산 말 같은 것들을 가득 싣고 유럽으로 돌아왔다. 이 무역을 독점한 포르투갈은 한때나마 세계사의 주역으로 떠올랐다. 이런 인도에 비하면, 브라질에는 가져올 만한 게 없다는 것이 카브랄이나 그와 함께 항해한 연대기 작가 페루 바스 지 카밍냐의 입장이었다. 브라질 해변에서 본 것에 대한 카밍냐의 호기심 어린 묘사는 마치 에덴동산에 대한 새로운 비전을 제시하는 듯하다. 원주민들이 옷을 입지 않고 다닌다는 사실에 특히 주목하면서 그는 이렇게 쓰고 있다. "그들은 벌거벗은 몸으로 돌아다닌다. 아무것도 걸치지 않았다. 그들은 은밀한 곳이 드러나도 전혀 개의치 않는다." 포르투갈 선원들에게는 이런 원주민 여성들이 매력적이었을 것이다. 하지만 유럽에서 팔릴 만한 물건이라고는 브라질나무 brazilwood에서 채취한 붉은색 염료밖에 없었다.

브라질나무라는 수출품 이름이 '거룩한 십자가의 섬'이라는 브라질의 본래 지명을 대체하는 데는 그리 오래 걸리지 않았다. 브라질과 에스파냐령 아메리카를 식민화하는 과정에서 경제가 종교보다 더 중요해졌기 때문이다. 하지만 그렇다고 해도 종교적 신념을 완전히 무시할 수는 없을 것 같다. 포르투갈의 왕자 세바스티앙이 자신의 스승인 예수회 신부들에게 더없이 신실한 마음으로 이렇게 간청했던 것을 보면 말이다. "신부님, 제가 열성적으로, 그리고 순수한 마음으로 우리의 신앙을 전 세계에 전파할 수 있도록 하느님께 기도해 주세요." 16세기 유럽 사람들은 자신들이 믿는 종교의 가르침을 당연한 것으로 받아들였다. 당시 일부 포르투갈인들과 에스파냐인들, 특히 예수회 같은 수도회에 속한 사람들이 항해의 위험을 무릅쓰고 전 세계를 누비고 다닌 것은 무엇보다도 사람들의 영혼을 구원하겠다는 목표가 있었기 때문이다. 하지만 다른 많은 사람들의 동기는 세속적인 데 있었다. 그들은 언제나 세속적인 성공의 유혹에 따라 행동했다. 그리고 기독교를 전파한다는 이념은 서서히 광활한 '미지' 세계의 토지에 대한 소유권을 주장하는 강력한 근거가 되었다. 정복을 공식적으로 합리화해야 할 때면, 이런 종교적 믿음이 큰 영향력을 발휘하기 시작했다. 라틴아메리카를 침략한 자들은 침략을 변명하거나 정당화해야 할 때마다 종교적인 목적을 들먹였다. 물론 그들의 그런 태도가 자신을 가급적 그럴듯하게 포장하고 싶어 하는 보통 사람들의 바람보다 더 사악했던 것은 아니다.

불멸의 영혼을 제외하면, 투피족 같은 삼림 지대 거주민들이 가진 것 중에서 유럽인들이 탐낼 만한 것은 별로 없었다. 따라서 처음에는 별다른 문제가 일어나지 않았다. 브라질 해안을 따라 서로에게 유익한 교역이 전개되자, 투피족들은 브라질나무를 베어 통나무로 만든 다음 교역소로 띄워 보냈고, 그 대가로 철제 도끼와 같은 유용한 물품들을 들여왔다. 이따금씩 포르투갈인 조난자나 망명자들이 원주민이 되기를 자처하는 경우도 있었다. 이는 물론 원주민과 더불어 살기 위해서였다. 이들은 또 다른 세속적 성공을 찾아 지역사회의 유지가 되었고, 페루 바스 지 카밍냐가 그의 연대기에서 암시한 대로 수많은 아이들의 아버지가 되었다. 브라질 역사의 특징인 인종 혼합의 서막은 이렇게 올랐다. 포르투갈 국왕 역시 아시아 제국에 몰두하느라 바빴던 관계로, 브라질에 대해서는 신경을 쓸 겨를이 없었다. 그가 브라질에 관심을 갖게 된 것은 프랑스 함선들이 브라질 해안에 출몰하며 브라질에 대한 포르투갈의 영유권을 위협하기 시작한 1530년대부터였다. 그는 자국의 영유권을 지키기 위해 포르투갈 국민들을 브라질로 보내 정착시켰다. 그러자 브라질에 정착한 포르투갈 사람들이 갑자기 투피족의 땅을 탐내기 시작했다. 이제 모든 것이 바뀌게 된다.

포르투갈 사람들이 생각하는 정착은 숲을 개간해 작물을 재배하는 것이었다. 당시 수출 가능성이 높았던 작물은 사탕수수였다. 사탕수수는 그리 크지 않았던 당대의 선박에 싣기 쉽도록 가루로 빻아 끓인 다음, 내구성 강한 농축 덩어리로 만들어 나무상자에 담아 운반했다. 사탕수수는 이후 수 세기 동안 유럽에서 고가에 거래되는 환금작물이 되었다. 유럽에서는 재배되지 않았기 때문이다. 브라질에서 처음 시작된 사탕수수 재배는 점차 카리브해와 열대 아메리카의 저지대 전역으로 확대되었다. 유럽에서 무엇을 사들일 수 있는지가 성공을 평가하는 척도라고 생각하는 지주가 있는 곳이라면 어디에서나 사탕수수가 재배되었다. 사탕수수는 큰 자본과 많은 노동력을 필요로 하는 플랜테이션 작물이었기에, 수익을 올리려면 기본적으로 인건비가 싸야 했다. 그러나 값싼 노동력을 제공하려는 포르투갈인 정착민은 없었다. 아메리카 대륙으로 이주해 온 이베리아반도 사람들은 손에 흙을 묻히는 일을 싫어하는 경향이 있었기 때문이다. 그런 일은 그들이 생각하는 세속적인 성공의 길이 아니었다. 투피족 남성들 역시 마찬가지였다. 그들은 전통적으로 사냥과 어로에 종사하였으며, 농사는 여성들이나 하는 일로 치부했다. 원하는 것을 숲에서 얼마든지 구할 수 있는 그들이 쥐꼬리만 한 임금을 바라고 땡볕 아래에서 잡초를 뽑거나, 사탕수수를 베려 했겠는가? 어찌 됐건 주기적으로 이동하는 원주민들의 준정착 생활과 플랜테이션에 꼭 필요한 상주 노동력은 병립할 수 없는 것이었다.

투피족처럼 숲속에 거주하는 원주민들의 토지와 노동력을 얻기 위해 포르투갈인들은 결국 무력에 호소했다. 이는 수백 명으로 이루어진 부족 집단을 하나씩 공격해, 그들을 노예로 삼는다는 것을 의미했다. 피비린내 나는 전투 속에서 말이다. 하지만 수적인 한계가 있었던 포르투갈인들에게 이는 실로 힘겨운 일이었다. 게다가 많은 포로를 사로잡은 결정적인 전투도 없었다. 일을 어렵게 만드는 요인은 또 있었다. 우선 숲속 원주민들은 치명상을 가할 수도 있는 활과 취관(불어서 화살을 쏘는 중남미 원주민의 무기—옮긴이)을 잘 사용했다. 다른 곳에서는 유럽인들의 비밀병기처럼 쓰였던 말—유럽인들이 들이닥치기 전에는 아메리카에 말이 없었다—또한 뒤얽힌 뿌리들과 쓰러져 있는 나무들, 거치적거리는 정글 속에서는 속수무책이었다. 이런 사실을 잘 알고 있었던 원주민들은 늘 숲을 이용해 몸을 숨기거나, 도망을 치거나, 매복을 했다. 포로로 잡힌 원주민들 역시 감시가 조금만 소홀해지면, 플랜테이션 농장 너머 끝없이 펼쳐진 숲으로 도망가곤 했다. 결국 숲속에 거주하는 준정착 원주민들에게서 토지와 노동력을 빼앗는다는 것은 그 사회를 완전히 파괴하고, 그들을 노예로 삼는 것을 의미했다. 이 과정에서 원주민들 대다수가 죽었을 것이다.

이것이 포르투갈인들이 브라질 해안을 따라 설탕 플랜테이션 농장을 경영하기 시작했을 때 일어난 일이다. 물론 포르투갈 국왕은 이런 대규모 학살을 승인하지 않았다. 그의 입장에서 보면 원주민들은 자신에게 충성을 다할 잠재적 신민이었기 때문이다. 하지만 당시 브라질에서는 포르투갈 국왕의 권력이 매우 제한적이었다. 결국 국왕은 3,000킬로미터에 달하는 해안에 사람들을 정착시키기 위해 '카피탄Capitán'이라 불리던 부유한 지휘관들에게 광대한 땅을 분할해 주었고, 이들은 왕의 이름으로 그곳을 식민화하고 통치할 것을 서약했다. 그런데 여기서 원주민들과의 갈등을 최소화한 이들이 가장 큰 성공을 거두었다는 사실은 의미심장하다. 브라질 북동부 끝에 위치한 페르남부쿠가 모범적인 설탕 카피타니아Capitania(지휘관 행정 구역—옮긴이)로 떠올랐는데, 이는 이곳의 카피탄이 현지 부족장과 결혼 동맹을 맺은 덕분이기도 했다. 그러나 다른 카피타니아들은 대체로 실패했다. 1540년대 중반 무렵에는 해안 여기저기서 원주민들의 반란이 일어났다. 아름다운 토두스우스산투스만灣에서는 투피족의 일파인 투피남바Tupinambá족이 매우 전도유망했던 정착지 중 한 곳을 파괴했다. 이에 포르투갈 국왕은 왕족 출신의 총독을 임명한 후, 바로 그곳에 수도 사우바도르—'바이아'라고도 불린다—를 건설하여 브라질 식민화에 박차를 가했다. 1548년의 일이었다.

투피남바족을 노예로 삼으려는 지주들과 이를 막으려는 투피남바족 사이의 처절한 대립은 그 후 반세기 넘게 계속되었고, 투피남바족은 결국 사탕수수 플랜테이션 지대에서 자취를 감추게 된다. 무엇보다도 유럽의 질병이 치명적이었다. 원주민들에게는 이 질병에 대한 자연 내성이 없었기에, 투피남바족 노예들이 살고 있던 후덥지근한 플랜테이션 막사에는 전염병이 걷잡을 수 없을 정도로 확산되었다. 당시 원주민들이 모여 있는 곳이라면 어디에서나 이러한 '인구 재앙'이 일어났다. 최초의 식민지 총독이 부임할 당시, 그가 타고 온 배에는 검정색 로브를 걸친 예수회 선교사 일행도 있었다. 영민한 데다 열정이 넘치는 것으로 알려진 예수회 선교사들은 서둘러 마을을 건설하고는 원주민들을 불러 모았다. 원주민들에게 기독교를 전하고, 그들이 노예가 되는 것을 막기 위해서였다. 그러나 이런 좋은 의도에도 불구하고 예수회 마을의 원주민들은 유럽의 전염병에 속수무책으로 죽어 나갔다. 플랜테이션 농장도 상황은 마찬가지여서, 원주민 노예들은 질병과 자포자기 속에 속절없이 죽어 갔다. 이 문제를 해결해야 했던 포르투갈인들은 이제 아프리카에서 노예를 사서 브라질행 선박 화물칸에 실어 보내기 시작했다. 그 결과 1600년 무렵에는 원주민들을 대신하여 아프리카인들이 사탕수수 플랜테이션의 노예 노동력으로 급부상했다. 반면 겨우 살아남았던 투피남바족은 내륙으로 도망치거나, 자기 부족이 아닌 사람과 결혼했다. 그 결과 이제 투피남바족은 더 이상 찾아보기 어렵게 되었다. 사탕수수 경작지가 늘어나면서 이러한 양상은 브라질 전역으로 확대되었다.

아프리카와 노예무역

17세기가 되면 라틴아메리카 몇몇 지역에서는 아프리카인들이 원주민 노동자들을 완전히 대체하게 된다. 어떻게 이 많은 아프리카인들이 노예로 그곳까지 이송되었을까? 투피족들은 죽어 나갔는데, 이들은 어떻게 살아남아 브라질과 카리브해에 거주하게 되었을까? 이제 우리의 이야기에 아프리카인들이 등장했으므로, 유럽인들과 아메리카인들의 접촉에서 아프리카인들이 어떤 역할을 했는지 살펴보기로 하자.

유럽과 아메리카의 접촉은 세 대륙 출신의 사람들을 불러 모아 새로운 사회를 만들어 냈다. 그러나 앞서 살펴보았듯이, 아프리카인들과 이베리아인들은 완전히 낯선 사이는 아니었다. 사실 아메리카에 처음 도착했던 노예들은 이베리아반도에서 이미 노예 생활을 하고 있던 아프리카인들이었다. 유럽인들과 아프리카인들이 공유하고 있던 것이 유럽인들과 아메리카 원주민들이 공유하고 있던 것보다 많았다. 아프리카는 유럽, 아시아와 더불어 유럽인들이 '구세계'라 부르던 지역을 이루고 있었다. 신세계에 거주한 원주민들은 구세계에서 유행하던 질병과 수만 년 동안 격리되어 살아왔고, 따라서 유럽의 질병에 매우 취약했다. 하지만 아프리카인들은 그렇지가 않았다. 이들은 구세계 간의 교역과 이주를 통해 질병을 유발하는 수많은 미생물에 대한 면역력을 이미 가지고 있었다. 이베리아인들이 들여온 말, 소, 양, 돼지, 닭 등의 가축들도 마찬가지였다. 아메리카 원주민들은 이런 가축들을 이전에는 한 번도 본 적이 없었지만, 아프리카인들은 이러한 동물들을 사육하고 있었다. 일부 아프리카인들은 말을 다루는 솜씨가 정말 빼어났다. 금속 가공은 또 어떠한가. 아메리카 원주민들은 손으로 아주 정교한 금은 장신구를 가공

했지만, 철로는 아무것도 만들지 않았다. 반면 아프리카인들은 노련한 제철공이었고, 품질이 우수한 강철을 생산하기도 했다. 게다가 대부분의 아프리카인들은 정착농민이어서, 준정착민인 투피족보다는 이베리아인들의 농촌생활에 더 익숙해져 있었다. 마지막으로 하나만 더 언급한다면, 노예를 제물로 바치기 일쑤였고, 심지어 노예를 먹기도 했던 투피족 같은 원주민들은 자신이 포로나 노예가 되면 자연스럽게 최악의 경우를 상정하는 경우가 많았다. 하지만 아프리카인들의 노예 경험은 이와 달랐다.

아프리카에서는 어느 곳에서나 노예 제도가 존재했다. 아프리카에서 노예 제도는 경제생활의 기반이 되는 사회 제도였다. 이베리아반도나 아메리카 원주민 사회에서처럼, 아프리카에서도 노예의 주종을 이루는 것은 전쟁포로들이었다. 하지만 이들 사이에는 중대한 차이가 있었다. 아프리카에서는 전쟁 포로가 되었다고 해서 모두 영구 노예가 되는 것은 아니었고, 노예들 사이에서 태어난 자녀라고 해도 자동으로 노예가 되는 것은 아니었다. 요컨대 아프리카의 노예 제도하에서는 노예의 후손들이 사회에 통합될 여지가 있었다. 심지어 일부 아프리카 사회에서는 노예들이 높은 지위에 오르거나 행정 관료가 되어 사회 지도층의 특권을 누리기도 했다. 그러므로 시장에서 노예를 사고파는 것은 아프리카가 아니라 유럽의 전통이라고 볼 수 있겠다. 아프리카에서 대규모 노예 거래가 시작된 것은 포르투갈인들이 아프리카에 등장한 15세기 이후부터였다.

아프리카 해안을 따라 집산지를 세운 포르투갈인들은 처음에는 비단, 리넨, 청동 주전자 같은 것들을 판매하였다. 그러나 시간이 흐르면서 점차 럼주, 담배, 총, 화약 같은 것도 판매하게 되었다. 물론 이 중에서 제일 중요한 상품은 금속 가공에 필요한 철괴였다. 이를 얻기 위해 아프리카 상인들은 쇠사슬로 목을 매어 엮은 긴 노예 행렬을 부두로 끌고 왔다. 노예들 대부분은 아프리카 국가들끼리 싸운 전쟁에서 잡힌 포로들이었다. 이제 전쟁포로 교역에서 얻는 이익이 전쟁을 부추기는 새로운 자극제가 되었다. 당시 포르투갈 노예무역선들은 지역상인들로부터 포로를 사들일 수 있는 곳이라면 해안가 어디에라도 정박하였을 것이다. 하지만 이런 와중에도 그들은 자신들의 행위에 이념적 정당성을 부여하려 애썼다. 자신들은 포로들을 기독교로 개종시키기 위해 구매하는 것이므로, 오히려 그들에게 은총을 베풀고 있다는 식으로 말이다. 리스본의 양심위원회는 포르투갈의 노예상인들이 식인종에게 사로잡힌 포로들을 '구출'하는 경우이거나, 인신공희의식 집행관을 노예로 삼는 경우, 또는 공인된 몇몇 '정의로운 전쟁'에 참전하기 위한 경우라면 언제나 노예 구입을 승인해 주었다. 하지만 노예상인들은 이러한 법률적 구분에 별로 신경 쓰지 않았다. 그들은 매물로 나온 사람은 누구나 닥치는 대로 사들였는데, 특히 신체 건장한 젊은 남자를 선호했다. 노예상인들은 이렇게 사들인 노예를 노예무역선 화물칸에 빽빽하게 실었다. 그러나 이렇게 배에 실린 노예들 중 15~20퍼센트가량은 항해 도중에 죽었다. 대서양을 건너는 과정에서만 백만 명 이상이 죽었을 것이다. 누구보다도 먼저 아프리카 연안을 탐험했던 포르투갈은 이후에도 백여 년간 아프리카 노예무역을 주도했다. 이들은 브라질의 구매자들뿐 아니라 에스파냐령 아메리카의 구매자들에게도 노예를 공급했다.

400년이 넘는 기간 동안 약 1,200만 명이 인간 화물 취급을 당했지만, 이들이 당한 실제 상황을 얘기해 주는 체험 기록은 딱 하나만 남아 있을 뿐이다. 노예무역이 시작된 지 200년도 더 지난 18세기에 올라우다 에퀴아노가 쓴 기록이 바로 그것이다. 그의 기록에는 어둡고 불결하고 비좁은 화물칸 밀실에서 그가 느낀 혼란과 절망이 잘 묘사되어 있다. 기록에 따르면 그가 백인의 농장에서 일하게 되리라는 사실을 알게 된 것은 자신과 같은 언어를 사용하는 사람들 몇 명을 만나고 나서였다. 라틴아메리카로 이송된 아프리카 출신 노예들의 언어는 각양각색이었지만, 출신 지역은 크게 보면 딱 세 곳이었다.

노예무역의 영향을 받은 첫 번째 지역은 세네갈에서 나이지리아에 이르는 서아프리카였다. 이곳 해안은 열대우림 지역이지만, 내륙으로는 사바나 지대가 펼쳐져 있다. 물론 이 사바나 지대의 끝은 사하라 사막이다. 사실 나이저강이 커다란 호를 그리며 흐르는 이 지역은 아프리카에서도 매우 특별한 곳이다. 아프리카의 다양한 문화가 바로 이 지역에서 생성·발전했기 때문이다. 약 5천 년 전 반투Bantu어를 사용하는 부족이 나이저강 어귀에서 동쪽과 남쪽으로 대규모 이주를 시작했고, 그들의 문화는 곧 아프리카 대륙 각지로 퍼졌다. 또 약 천 년 전에는 나이저강 줄기를 따라 일련의 왕국들이 등장하기 시작하는데, 황금을 기반으로 한 이곳의 부는 유럽인들에게도 잘 알려져 있을 정도였다. 이 황금 가운데 상당 부분이 대상隊商을 통해 사하라 사막 북쪽으로 흘러들어 갔고, 이내 중세 유럽인들의 흥미를 끌었다. 사실 포르투갈인들이 아프리카 연안을 탐험하기 시작한 것도 바로 이 황금 때문이었다. 그들은 이 귀금속의 원산지를 찾고 싶었던 것이다. 한편 사하라 사막을 가로지르는 교역 과정에서 서아프리카에 이슬람교가 전래되었고, 곧이어 아프리카에서 가장 강력한 왕국들이 등장하기 시작했다. 노예무역이 시작되기 전, 나이저강 상류의 내륙 지역에서였다. 붐비는 시장과 대학을 갖춘 성곽 도시 '팀북투'도 바로 이 지역에 있었다. 생전에 적어도 한 번은 성지를 순례하려는 다른 경건한 무슬림처럼 이 지역 말리 왕국의 국왕 만사 무사 역시 1324년 메카로 순례를 떠났는데, 당시 그가 싣고 간 어마어마한 금 때문에 그가 지나가는 곳마다 화폐 가치가 요동쳤다고 한다. 포르투갈인들은 귀금속의 매력 때문에 '황금해안'(오늘날의 가나)에 몰려들었지만, 곧 인간 화물의 가치가 황금의 가치를 훨씬 능가한다는 사실을 알게 되었다. 후일 영국인들과 프랑스인들, 네덜란드인들까지 이곳에 교역소를 설치하면서, 서아프리카 연안에서 포르투갈이 누리던 독점은 무너지게 되었다.

그러나 나머지 두 곳, 즉 앙골라와 모잠비크는 여전히 포르투갈이 독점하였다. 무역 활동을 하기에는 상대적으로 제약이 컸던 서아프리카 해안 일대에서와 달리, 이곳에서 포르투갈인들은 탁 트인 해안 초지를 넘어 내륙까지 들어가 적극적인 식민 활동을 펼칠 수 있었다. 그 결과, 앙골라와 모잠비크에서는 오늘날까지도 포르투갈어를 공용어로 쓰고 있다. 이 두 나라가 포르투갈 노예무역의 중심지로 떠오른 것은 포르투갈이 서아프리카에서 다른 유럽 국가들과 벌인 경쟁에서 밀려난 직후부터였다. 하지만 이에 관해서는 아직 이야기할 단계가 아니다.

지금까지 우리는 포르투갈인들이 아프리카 연안을 탐험하고, 준정착민인 투피족과 충돌하면서 흑백이 뒤섞인 브라질의 인종적·인구학적 기초를 마련해 나간 과정을 살펴보았다. 이제 아스테카와 잉카의 통치자들이 엄청난 황금과 보물들을 과시했던 멕시코와 페루 정착민 사회 이야기로 넘어가 보자.

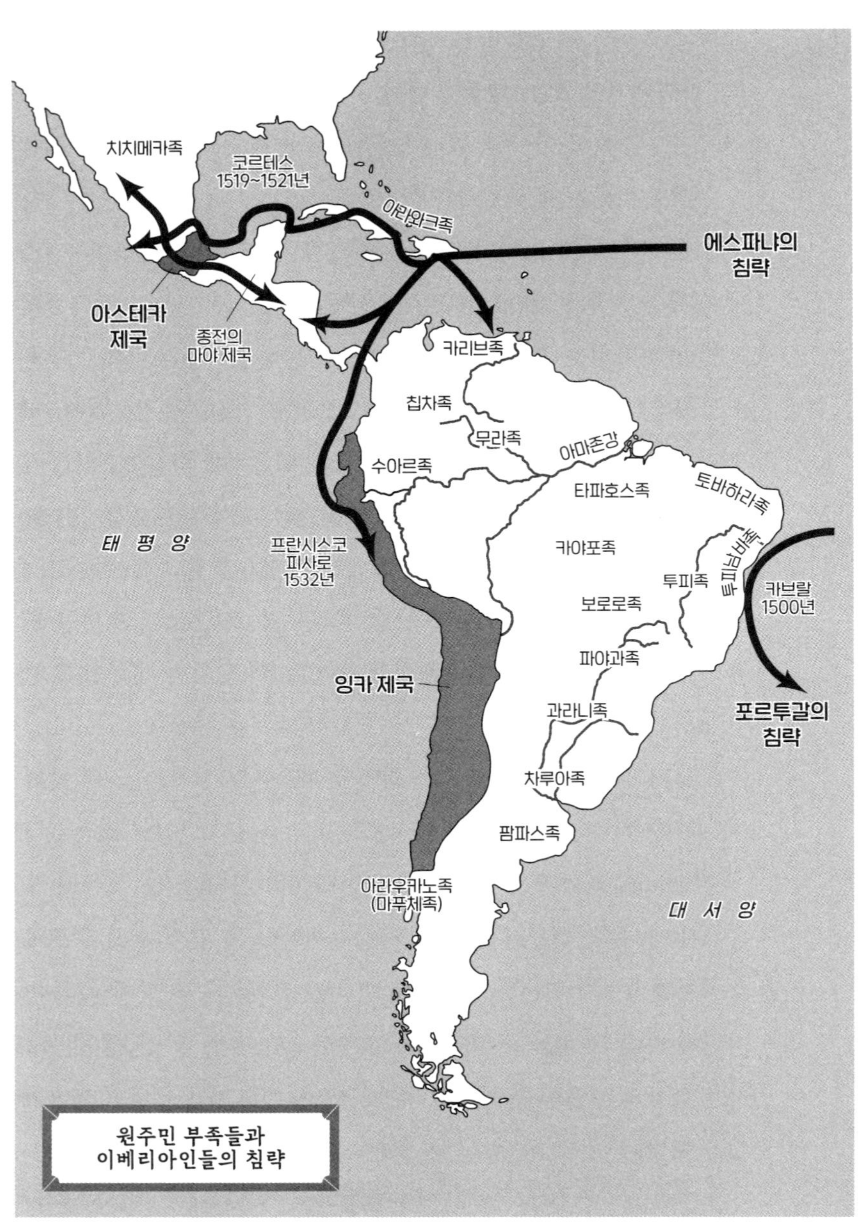
치치메카족
코르테스
1519~1521년
아라와크족
에스파냐의
침략
아스테카
제국
종전의
마야 제국
카리브족
칩차족
무라족
아마존강
수아르족
타파호스족
토바하라족
태 평 양
프란시스코
피사로
1532년
카야포족
투피족
카브랄
1500년
보로로족
파야과족
잉카 제국
과라니족
포르투갈의
침략
차루아족
팜파스족
아라우카노족
(마푸체족)
대 서 양
원주민 부족들과
이베리아인들의 침략

아스테카 제국과 잉카 제국의 몰락

16세기에도 브라질은 여전히 후미진 곳이었던 반면, 멕시코와 페루는 자성 강한 자석처럼 에스파냐인들을 끌어당겼고, 곧 에스파냐 식민화 사업의 양대 거점으로 떠올랐다. 멕시코와 페루는 이후 300년 동안 대륙에서 가장 부유하고, 인구도 제일 많은 지역이 된다. 하지만 이곳의 원주민 통치자들은 패배의 쓴맛을 보아야 했다. 수만 명의 전사들과 엄청난 물적 자원을 보유하고 있던 아스테카와 잉카의 황제들이 수백 명에 불과한 에스파냐 모험가들에게 당한 황망한 패배는 세계사에도 그 유례가 없는 것이었다. 하지만 이를 가능하게 만든 몇 가지 특수한 상황이 있었다.

1519년 멕시코에 첫발을 내디뎠을 때, 에스파냐인들은 아메리카에 대해 이미 많은 것을 알고 있었다. 콜럼버스가 처음 상륙한 섬인 히스파니올라(오늘날 아이티와 도미니카 공화국으로 분리되었다.)와 쿠바에 에스파냐인들이 정착한 지 족히 한 세대는 지난 후였기 때문이다. 투피족과 별 다를 것 없는 준정착민인 아라와크Arawak족과 접촉했던 에스파냐인들은 처음에는 그들과 교역을 했지만, 이내 그들을 노예로 삼기 시작했다. 그 결과, 브라질 해안에서와 비슷한 상황이 벌어졌다. 카리브해의 원주민들은 한 세대가 지나기도 전에 질병과 학대로 전멸하다시피 했다. 에스파냐인들과 아라와크족의 공존은 결국 이렇게 막을 내리게 되었고, 곧 아프리카 노예들이 원주민들의 빈자리를 메우게 된다.

에스파냐의 침략자들은 군인이 아니었다. 이들은 부를 찾아 나선 어중이떠중이 모험가들일 뿐이었다. 맨 먼저 도착한 자들이 원주민들과 토지에 대한 권리를 독점했기에, 한발이라도 늦게 도착한 모험가들은 챙길 것이 없었다. 따라서 뒤늦게 도착한 모험가들은 다른 지역을 정복해야만

했다. 카리브해를 거점으로 작전을 펼쳐 나간 에스파냐인들은 중앙아메리카와 남아메리카 연안을 탐험하기 시작했고, 파나마 지협을 건너 태평양을 발견했다. 여러 원주민 부족과 접촉하는 과정에서 이들은, 카리브해 너머의 산지에 화려하고 신비로운 제국이 있다는 소문을 들었다. 결국 에스파냐의 정복자 에르난 코르테스가 아메리카 원주민들을 상대한 지 15년 만에 아스테카 제국을 찾아내게 된다.

멕시코를 정복할 때 코르테스는 상황을 대충이라도 파악하고 있었지만, 아스테카 제국의 황제 목테수마와 멕시카족 지도자들은 에스파냐인들에 대해 아는 게 전혀 없었다. 사실 에스파냐의 멕시코 정복에서 이보다 더 유리하게 작용한 요소는 없을 것이다. 지난 수 세기에 걸쳐 전해 내려오는 이야기에 따르면, 목테수마는 이 에스파냐인들이 아스테카의 신화에 등장하는 신들이고, 코르테스는 곧 강림할 것으로 예언되어 있는 백색 피부의 신 케찰코아틀Quetzalcoatl일 것으로 추정했다고 한다. 하지만 이 이야기는 사실이 아닌 것 같다. 에스파냐인들이 도착하고도 몇십 년이 지나서야 생겨난 이야기이기 때문이다. 이미 수없이 되풀이되기는 했지만, 이제라도 바로잡을 필요가 있다. 한편 에스파냐인들이 가져간 물건 중에는 돛이 큰 범선, 사나운 전투견, 괴물같이 큰 말, 화염과 폭음을 뿜어 대는 대포, 강철 검, 갑옷처럼 원주민들이 생전 처음 보는 무시무시한 물건들이 많았다. 멕시카족은 유럽인들이나 정복자들을 따라온 아프리카인을 본 적이 없었고, 그런 사람들이 존재할 것이라고 생각해 본 적도 없었다. 따라서 멕시카족은 이 낯선 침입자들을 그들이 알고 있던 세상 밖에서 온 존재로 여겼다. 멕시카족은 에스파냐인들을 가리킬 용어를 찾다가 나와틀Nahuatl어로 '테울Teul'이라고 불렀다. 당시 '테울'

이라는 단어는 에스파냐어로는 통상 '디오스', 즉 '신'이라고 번역되었다. 물론 '테울'이라는 단어에는 '혼령'이나 '악령'이라는 뜻도 있었으므로, 이 단어에 숭배의 의미가 함축되어 있지는 않았다. 하지만 '초자연적 힘'이라는 뜻을 가지고 있었음은 틀림없다. 코르테스 원정대가 테노치티틀란으로 들어올 때 멕시카족은 그들을 대대적으로 환영했다. 하지만 코르테스 원정대가 목테수마를 인질로 잡은 후에는 에스파냐인들이 사람에 불과하고, 단점이 있으며, 적대적인 의도를 지니고 있다는 사실을 분명히 깨닫게 되었다. 원주민 동맹 세력의 지원과 때마침 퍼진 천연두의 도움을 받은 코르테스는 1521년 중반 테노치티틀란을 함락했고, 아스테카 제국은 송두리째 무너지고 말았다.

에스파냐가 잉카 제국을 정복하는 과정은 좀 더 힘이 들었다. 하지만 이 경우에도 에스파냐는 놀라우리만치 완벽하고 신속하게 잉카 제국을 정복했는데, 에스파냐의 이러한 승리에 대해서도 설명이 필요할 듯하다. 우선 이번에도 경험은 에스파냐인들의 편이었다. 페루 원정대의 지휘관 프란시스코 피사로는 경험이 풍부한 정복자였다. 그는 자신의 먼 친척 코르테스처럼 이미 실효성이 입증된 전략을 폈다. 1532년 모략을 써서 잉카 제국의 통치자 아타왈파를 인질로 사로잡았던 것이다. 이는 에스파냐인들이 카리브해에서 원주민들과 처음 접촉했을 때부터 사용해 온 전략이기도 하다. 이 밖에 군사기술 측면에서도 에스파냐가 앞서 있었음을 기억해야 한다. 말과 강철, 화약으로 무장한 침략자들이 용맹과 석촉 무기로 무장한 원주민 전사들에 대해 누린 무력의 우위는 압도적이었다. 에스파냐의 무기에 엄청난 수의 원주민이 죽어 나갔다. 코르테스가 이끄는 에스파냐 군대는 아스테카 제국의 속주 도시 촐룰라에서 불과 몇 시간 만에 자신들보다 열 배나 많은 적들을 살육했다. 에스파냐 군대가 누린 군사적 우위는 구세계로부터 물려받은 유산이었다. 중국에서 온 화약과 아시아에서 들여온 말이 여기에 속한다. 구세계의 병원균 또한 에스파냐의 동맹 세력이었다.

이제 잉카 제국의 황제 아타왈파가 피사로에게 인질로 잡혔을 때 잉카인들이 느낀 공포를 상상해 보자. 아타왈파가 이끌고 온 군대는 수만 명에 달했던 반면 피사로 일행은 168명에 불과했으므로, 아타왈파가 에스파냐인들이 매복하고 있는 곳으로 자신만만하게 걸어 들어갈 만했다. 피사로가 바란 것은 딱 한 가지, 상대를 심리적으로 압도하는 것이었다. 이를 위해 피사로는 멕시코에서 여러 차례 사용하며 실효성을 확신하게 된 작전을 폈다. 폐쇄된 공간에 원주민 귀족들을 몰아넣고, 기습·학살하는 전술이었다. 피사로의 초대를 받은 아타왈파와 그를 수행한 신하들이 광장에 진입해 사정거리 안으로 들어오는 순간, 숨겨져 있던 대포들이 불을 뿜었고, 엄청난 사상자가 발생했다. 곧이어 말을 타고 뛰어든 에스파냐인들이 철제 장검을 휘두르자, 피가 아치 모양으로 솟구쳤고 머리와 팔이 공중으로 날아올랐다. 아메리카 원주민들의 무기로는 상상할 수도 없는 살육이었다. 그날 피사로의 부하들은 기습의 이점을 톡톡히 누렸고, 갑옷의 덕도 단단히 보았다. 이 기습으로 아타왈파가 포로로 잡혔고, 사상자도 수천 명이나 발생했지만, 에스파냐 쪽에서는 단 한 명의 전사자도 발생하지 않았다. 황제를 석방시키기 위해 아타왈파의 신하들은 엄청난 양의 황금을 피사로에게 갖다 바쳤다. 하지만 피사로는 아타왈파를 처형해 버렸다. 원주민들의 지도자를 처형하는 것은 '분할하여 정복한다'는 전략의 일환이었다.

그런데 에스파냐인들을 지원한 원주민 동맹 세력이 없었더라면, 잉카 제국이나 아스테카 제국이 패배하지 않았을지도 모른다. 당시 아스테카 제국이 요구한 세금과 조공은 나와틀어를 사용하는 도시국가들로서는 엄청난 부담이었다. 조공을 바쳐야 했던 도시국가들은 아스테카 제국의 종교의례에 바쳐질 희생 제물(인신공양물)도 공급해 왔다. 아스테카 제국은 이 희생 제물을 바쳐 제국의 팽창을 찬미했고, 테노치티틀란의 피라미드는 수십만 명의 피로 물들었다. 이런 까닭에 코르테스는 준비된 동맹 세력을 얻을 수 있었던 것이다. 테노치티틀란의 오랜 숙적이었던 원주민 도시 틀락스칼라가 대표적인 동맹 세력이었다. 테노치티틀란과 적대 관계에 있던 도시들은 아스테카의 지배를 끝장내기 위해 수천 명의 지원병을 코르테스에게 보냈다.

피사로 또한 잉카 제국을 무너뜨리기 위해 원주민 동맹을 이용했다. 아스테카 제국과는 달리 잉카 제국은 중앙집권적 권력체제를 만들었고, 적대 관계에 있는 도시국가들을 해체한 후, 주민들을 흩어 버렸다. 아스테카 제국은 단순히 조공만 부과했지만, 잉카 제국은 도로를 건설하고 창고를 짓고 군 주둔지를 만드는 데 이들을 투입했다. 에스파냐와 포르투갈, 아스테카 제국과 마찬가지로 잉카 제국 또한 제국에 이념적 정당성을 제공해 주는 국가종교를 가지고 있었다. 하지만 불행하게도 피사로보다 앞서 교역로를 따라 진격해 온 전염병으로 잉카 제국의 황제와 황위 계승자가 갑자기 죽고 말았다. 에스파냐군이 몰려오기 직전에 지배 가문을 휩쓴 전염병으로 잉카 제국에서는 황위 계승을 둘러싼 위기 상황이 발생하였고, 곧 동족상잔의 내전에 휩쓸리게 되었다. 한쪽에는 아타왈파가 있었고, 다른 한쪽에는 그의 이복형인 와스카르가 있었다. 교활한 피사로는 최종 승리를 얻기 위해 양측을 이간질했고, 양 진영은 서로를 가장 큰 위협 세력으로 간주했다. 피사로가 이끄는 소수의 원정대가 대서양 건너편에 있는 대규모 식민군의 선봉대에 불과하다는 사실을 그들이 어떻게 알 수 있었겠는가?

곧 아스테카와 잉카 제국의 보물을 노리고 수천 명의 에스파냐인들이 달려들었다. 아스테카 제국과 잉카 제국의 정복은 에스파냐가 아메리카 대륙에 대한 지배권을 확립하는 첫 단계였을 뿐이다. 이제 에스파냐인들은 아스테카와 잉카 제국 붕괴 후에도 여전히 건재를 과시하고 있는 문명들과 수많은 인구, 그리고 나날이 늘어나는 영토를 보다 효과적으로 통치하기 위해 식민화 작업에 박차를 가해야 했다. 그런데 여러 세대에 걸쳐 점진적으로 진행된 이 과정은 브라질 해안에서 진행된 식민화 양상과는 매우 대조적이었다.

에스파냐령 아메리카의 탄생

멕시코와 페루에서는 제국의 붕괴 때 흩날린 먼지가 채 가라앉기도 전에 에스파냐인들의 전리품 쟁탈전이 시작되었다. 원주민 왕족에게서 빼앗은 보물도 있었지만, 대부분의 전리품은 이른바 엔코미엔다 encomienda라는 형태로 하사받은 원주민들이었다. 정복자들은 이 엔코미엔다를 통해 원주민들을 '위탁'받았다.('엔코미엔다'는 '위탁'을 의미한다.) 다시 말해 그들은 원주민들을 기독교로 개종시킬 책임과 함께, 그들을 마음대로 부릴 수 있는 특권도 부여받았다. 이들은 이베리아반도 재정복 운동 당시에도 정복지의 무어인들을 엔코미엔다로 하사받은 적이 있었으므로 이 제도에 익숙했다. 엔코미엔다를 하사받은 정복자들의 상황은 경작물

일부를 정기적으로 갖다 바치는 농노들의 노동에 기대어 살아갔던 유럽 귀족들과 비슷했다. 또한 제국의 지배자들에게 공납을 바치는 데 이골이 나 있던 원주민들에게도 이 상황은 그리 낯설지 않았다. 한때는 아스테카 제국이나 잉카 제국에 공물을 바쳤던 도시국가·마을·씨족들 대부분이 이제는 에스파냐의 지배자들에게 공물을 바쳤다. 1500년대에는 중세 유럽의 흑사병에 비견될 정도로 치명적인 전염병이 자주 발생하는 바람에 원주민 인구가 대폭 줄어들었다. 하지만 카리브해 지역이나 브라질 해안에서와는 달리, 멕시코와 페루의 원주민 마을은 사라지지 않았다.

유럽의 전염병으로 초토화된 후 곧 사탕수수 플랜테이션으로 대체된 브라질 투피족 사회와는 달리, 멕시코 중부와 안데스산맥의 정착 농경 사회는 끈질기게 살아남았다. 에스파냐인들의 정복으로 사회가 흔들리기는 했지만, 치명적인 손상을 입지는 않았다. 에스파냐인들은 기존의 원주민 공동체를 그대로 둔 채 엔코미엔다를 실시했다. 원주민 공동체에는 에스파냐인들이 '카시케cacique'*라고 부른 귀족들이 있었는데, 에스파냐 정복자들은 이 귀족들과 돈독한 관계를 유지했고, 때로는 그들 가문과 통혼하기도 했다. 하지만 에스파냐의 정복이 계속되면서 아스테카와 잉카 제국 시대의 전사 귀족들은 그 세력이 점차 약화되었고, 원주민들도 에스파냐식 마을 통치를 받아들이기 시작했다. 이제 멕시코에서는 에스파냐식 직함을 가진 마을 관리들이 업무를 보았고, 나와틀어로 문서를 기록했다. 이런 상황 속에서 수백 개의 에스파냐어 단어가 나와틀어에 유입되었는데, 이는 정복의 영향이 그만큼 컸음을 의미한다. 하지만

* '카시케'는 사실 아라와크 말이다. 에스파냐인들이 카리브해 지역에서 차용한 단어인데, 나중에 다른 지역에서도 널리 쓰이게 되었다.

나와틀어의 기본 구조는 살아남아 원주민들 고유의 세계관을 보존하게 되었다.

멕시코는 공식적으로는 '누에바에스파냐Nueva España', 즉 '새로운 에스파냐'가 되었다. 하지만 실제로는 에스파냐 남성 사회와 원주민 여성 사회가 합쳐진 사회였다. 브라질에 포르투갈 여성이 매우 적었던 것처럼, 이곳에도 에스파냐 여성은 거의 없었다. 접촉이 일어났던 초창기에는 아메리카에 거주하고 있던 에스파냐 남성이 에스파냐 여성보다 아홉 배나 더 많았다. 결국 몇 년이 지나지 않아, 원주민 여성과 에스파냐 남성 사이에서 수많은 메스티소 아이들이 태어났다. 페루 바스 지 카밍냐가 브라질에서 보낸 서신에서 예측했던 대로였다. 말린체가 코르테스의 아이를 가진 것도 테노치티틀란이 함락되고 얼마 지나지 않아서였다.

말린체의 인생은 매우 흥미롭다. 말린체는 '말린친'이라는 원래 이름을 에스파냐어로 발음한 것이다. 그녀는 1519년 코르테스가 아스테카 제국을 찾아 멕시코 해안을 항해할 때 선물로 받은 20명의 여성 노예 중 한 명이었다. 마야어와 나와틀어를 사용하고 있던 말린체는 몇 달이 되지 않아 에스파냐어도 배웠다. 영민하고 침착한 16세의 소녀 말린체는 코르테스와 매우 친하게 지냈고, 목테수마를 포로로 잡는 데도 중요한 역할을 했다. 말린체는 로맨틱 소설의 주인공처럼 다루어지기도 했고, 멕시코를 배신한 여인으로 그려지기도 했다. 그럴 만도 하다. 하지만 그 어느 쪽도 사실이 아니다. 먼저 로맨스에 대해 말하자면, 코르테스는 쿠바에서 자신을 기다리고 있던 에스파냐인 아내를 불러들였고, 말린체에게는 약간의 재산을 쥐어 준 다음 내쫓아 버렸다. 그녀가 멕시코를 배신했다는 주장 역시 허구이다. 당시 멕시코는 아직 존재하지도 않는 나라였기 때문이다. 물론 그녀가 아스테카 제국을 배신한 것이라고 주장할 수는 있겠다. 하지만 말린체는 아스테카 제국을 증오했다. 나와틀어가 모국어였던 말린체는 가족에 의해 마야족 노예로 팔렸다. 그녀는 이런 사정으로 마야어를 배웠던 것이다. 그러므로 말린체는 배신을 했다기보다는 배신을 당한 인물이었다. 코르테스는 말린체를 자신의 부하와 결혼시켰고, 이 결혼으로 말린체는 두 번째 아이를 가졌다. 그러나 그로부터 불과 몇 년도 지나지 않아 그녀는 죽고 말았다. 스물다섯 살이 채 되기도 전이었다.

반면 세례를 받고 '이사벨 목테수마'가 된 목테수마의 딸 테키치포친은 자신의 부를 바탕으로 에스파냐인 남편을 맞이할 수 있었던 원주민 귀족 여성의 전형이라 하겠다. 아버지 목테수마의 개인 재산을 물려받게 될 합법적 상속자이자 방대한 엔코미엔다 소유자였기에, 이사벨은 관례보다 더 많은 남편을 둘 수 있었다. 그녀는 에스파냐인 남편을 무려 세 명이나 두었다. 그에 앞서 테노치티틀란이 함락되기 전에도 그녀는 두 명의 남편을 두고 있었는데, 그들은 아스테카 제국을 위해 싸우던 지도자들이었다. 다섯 명의 배우자들 중 이사벨보다 더 오래 산 사람은 한 명뿐이었다. 총 일곱 명의 메스티소 자녀를 낳으며 새로운 삶에 잘 적응한 그녀는 경건한 가톨릭교도의 모범이 되었고, 종교적 자선도 많이 베풀었다. 그녀는 40세까지 살았다. 그 당시 기준에서 보면 장수한 셈이었다.

그러나 아스테카와 잉카의 귀족 수가 점차 줄어들고 에스파냐 여성들이 늘어나면서, 에스파냐 남성이 원주민 여성과 결혼하는 경우는 갈수록 줄어들었다. 에스파냐인을 아버지로 둔 메스티소들이 부지기수였지만 그들 대부분은 사생아였고, 에스파냐인 아버지로부터 거의 아무런 상속도 받지 못했다. 이 아이들은 유럽인도 아프리카인도 아니었고, 그렇다고 해서 아메리카 원주민인 것도 아니었다. 이들은 '혼혈인'이었다. 메스티소들은 에스파냐 세계에서 이류였다. 그들은 설사 자식으로 인정받는다 해도, 제대로 된 대우는 못 받는 천덕꾸러기 신세였다. 예를 들어 보자. 말린체는 코르테스와 결혼하여 마르틴이라는 아들을 낳았고, 코르테스의 두 번째 에스파냐인 부인도 코르테스와의 사이에서 아들을 한 명 낳았다. 이 둘은 이름이 같았지만, 대접은 완전히 달랐다. 말린체의 아들 마르틴은 평생 자신의 이복형제 마르틴의 종노릇을 하며 살아야 했다.

에스파냐 여성들 대부분은 정복 전쟁이 끝난 후에 아메리카로 왔다. 하지만 항상 그랬던 것은 아니다. 이사벨 데 게바라라는 여성은 1530년대와 1540년대에 아르헨티나와 파라과이 정복을 도왔다. 그로부터 몇 년이 흐른 후 그녀는 에스파냐 국왕에게 편지를 썼다. 정복 사업에 참여한 대가로 엔코미엔다를 하사받으려는 의도에서였다. 이 편지에는 당시 원정대의 3분의 2가 기근으로 죽어 나갈 때, 여성들이 어떤 일을 수행했는지가 잘 기록되어 있다. 이 편지에 따르면 남성들이 배가 고파 쓰러지자, 여성들은 "보초를 서고 화재 예방 순찰을 돌았으며, 석궁을 장전했다. (……) 싸울 힘이 남은 병사들을 격려했고, 위급 상황을 알렸으며, 선임하사관의 역할을 수행하였고, 전열을 정비하는 등의 일"을 맡았다.

가장 유명한 '여성 정복자'는 이네스 수아레스였다. 1537년, 당시 30세였던 그녀는 단신으로 베네수엘라와 페루를 떠돌며 남편을 찾아다녔다. 그러나 페루에서 남편이 이미 죽었다는 사실을 알게 된 수아레스는 결국 어느 칠레 정복자의 정부情婦가 된다. 공격해 오는 원주민들과 맞서 싸울 때 그녀가 보여 주었던 활약은 지금도 전설로 남아 있다. 당시 수아레스의 작전은 포로로 잡은 원주민 추장 일곱 명의 머리를 벤 후 쳐들어오는 원주민들에게 내던져, 그들을 공포에 사로잡히게 만드는 것이었다. 맨 먼저 나서서 포로로 잡힌 추장의 목을 직접 벤 그녀의 행동은 모르는 사람이 없을 정도였다. 이네스 수아레스는 이처럼 영웅적인 활약을 벌였지만, 에스파냐에 부인을 둔 칠레의 정복자는 다른 부임지로 떠나면서 그녀를 외면했다.

당시 여성들은 비범한 능력을 갖추기보다는 결혼을 잘하는 것이 훨씬 더 중요했다. 결혼 계약은 에스파냐 사회 구조의 한 축을 이루고 있었고, 재산을 분배할 때도 중요한 역할을 했다. 결혼은 종교적 성사였고, 에스파냐 제국에서는 종교의 일치 여부가 매우 중요한 사안이었다.

에스파냐인들에게 정복 사업이란 세속적인 것인 동시에, 원주민들이 모시는 신들을 물리치는 영적인 것이기도 했다. 많은 에스파냐의 성직자들이 가톨릭 교리를 가르치기 위해 아메리카로 건너갔다. 그들은 원주민들이 감추고 보존하려는 성물—물론 가톨릭교도들의 눈에는 '우상'으로 보였을 것이다—을 열심히 찾아냈다. 성직자와 엔코미엔다 소유자는 사실상 에스파냐의 공권력을 대표하는 유일한 세력이었으므로 많은 분야에서 서로 협력관계를 유지했다. 수 세기 전 유럽이 기독교화될 때 그랬던 것처럼 왕(아메리카에서는 '추장')들의 개종은 사회 전체의 개종으로 이어졌다. 세례를 베푸는 데 안달이 난 선교사들은 기독교 교리를 가르치기보다는, 대중 집회를 열어 원주민들의 머리에 형식적으로 성수를 뿌려 대느라 바빴다. 세례를 받은 원주민들은 이들의 종교 강제에 무덤덤한 반응을 보였다. 종교에 대한 강제는 에스파냐인들을 만나기 전부터 겪어온 익숙한 것이었다. 에스파냐인들은 원주민들이 신성시하는 장소에다 교회를 세웠는데, 이는 거의 상습적이었다. 아스테카의 신전을 헐고 바로 그곳에다 대성당을 건립하는 에스파냐 정복자들의 무엄한 모습에 테노치티틀란 주민들은 놀라움을 금치 못했다.

투피족 같은 준정착민들보다는 멕시코 중부와 페루에 살던 완전 정착민들이 유럽인과의 접촉을 훨씬 잘 견뎌 냈다. 하지만 유럽인들과의 접촉은 이곳 정주 농경사회에도 심각한 악영향을 끼쳤다. 에스파냐인들은 원주민 지배자들보다 훨씬 더 가혹한 부역을 요구하기 일쑤였다. 예를 들어 보자. 잉카 제국 시절에도 안데스 산지의 주민들은 '미타mita'라고 불리는 노동 징발에 응해야 했다. 하지만 에스파냐인들은 이렇게 징발한 노동자들을 지금까지와는 전혀 다른 종류의 일, 즉 채굴작업에 동원했다. 원주민 노동자들은 땅속 깊은 곳에 있는 은광 갱도에서 강제노역에 시달렸고, 때로는 여러 날 동안 갱도에 갇히기도 했다. 이 밖에도 유럽에서 건너온 전염병들이 만연하면서 수많은 원주민들이 목숨을 잃었다.

대략 16세기 말이 되면 라틴아메리카 인종의 기본 윤곽이 드러난다. 아메리카인, 유럽인, 아프리카인들의 유전자와 문화가 뒤섞이기 시작하면서 다양한 인종이 생겨날 환경이 조성된 것이다. 하지만 상호 접촉이 폭력과 착취로 얼룩지면서, 이들은 향후 수백 년간 상처를 입게 된다. 브라질과 카리브해 지역에서는 원주민들이 거의 자취를 감췄고, 유럽인들과 아프리카인들이 그들의 빈자리를 차지했다. 하지만 이와는 달리 멕시코와 페루에서는 나와틀어와 케추아어를 쓰는 사회가 살아남아 서서히 변화하기 시작했다. 어찌 되었건 간에 라틴아메리카의 역사가 남긴 원죄—그 근저에는 뿌리 깊은 사회적 불평등이 흐르고 있다—는 오랫동안 사라지지 않을 상처를 남겼다. 연기 자욱한 정복의 폐허 속에서 어떻게 보다 평등하고 포용적인 사회가 등장할 수 있겠는가? 다음 단계에서 진행된 조직적인 식민화 작업, 즉 멀리 유럽에 있는 지배자들의 배를 불리는 데 최적화된 사회 체제의 건설은 상황을 더욱 악화시켰을 뿐이다.

반대 흐름

바르톨로메 델라스 카사스 수사

지금까지의 이야기를 통해 분명해진 것처럼, 유럽인들이 주도한 노동과 공물의 착취는 라틴아메리카의 식민화 과정에 대해 많은 것을 설명해 준다. 그렇다면 이런 흐름과는 다른 일들은 벌어지지 않았을까? 정복은 언제나 착취로 이어지기 마련이다. 하지만 정복자들과 식민지 개척자들은 이러한 사실을 인정하지 않았을뿐더러, 마음속으로도 그렇게 생각하지 않았다. 그들은 이상주의적인 다른 동기들로 자신들의 활동을 정당화했다. 1500년대에 아메리카 대륙으로 건너간 에스파냐인들과 포르투갈인들 대다수는, 심지어 무력을 동원해서라도, '진정한 종교'를 전파해야 한다고 생각했다. 그들은 여느 사람들과 마찬가지로 자신들의 행동을 과대포장하려는 경향이 있었던 것이다. 하지만 종교적 이상주의에 정말로 심취했던 사람들도 일부 있었다. 당연한 일이겠지만, 이런 사람들 대부분은 성직자였다. 노골적인 착취의 시대에 종교재판을 일삼던 가톨릭교회에서 가장 중요한 반대 흐름인 인도주의가 탄생한 것이다.

이를테면, 1524년에 멕시코로 건너간 프란체스코회 수도사들 중 일부는 원주민들을 진심으로 존중했다. 몇몇 수도사들은 아스테카 제국의 역사와 종교, 일상생활에 관한 정보를 수집하고 보존하는 일에 정성을 쏟았다. 가장 널리 알려진 수도사는 베르나르도 데 사아군이었다. 그는 아스테카 제국의 가계 조직과 보육 방식이 에스파냐의 것보다 낫다고 썼다. 사아군은 원주민 제자들의 도움을 받아 자신이 수집한 아스테카의 사상과 문학, 관습에 관한 자료를 나와틀어로 정리했다. 원주민 양식의 화려한 삽화가 들어 있는 그의 책—오늘날에는 '피렌체 사본'으로 알려져 있다—은 아스테카 문명을 이해하기 위한 필수 자료이다. 또 토리비오 데 모톨리니아라는 수도사도 있다. 에스파냐인들이 요구한 공물과 강제노역, 그리고 그들이 가한 고문은 원주민들을 괴롭히는 '열병' 같은 것이라고 비난했던 그는 멕시코에서 오늘날까지도 피정복민들의 수호자로 칭송받고 있다.

식민지 개척 초기에 브라질에 도착한 예수회 수도사들 역시 식민지 개척자들의 약탈에 맞서 원주민들을 보호했다. 그들은 먼저 여러 종류의 투피어 변이형들—이 변이형들은 프랑스어·에스파냐어·이탈리아어처럼 서로 뚜렷이 구분되기는 하지만, 실제로는 하나의 동족 어군에 속한다—을 배웠다. 이어서 그들은 선교지에서 사용할 목적으로 간략한 투피어 문법과 표준 어휘를 만들었는데, 기존의 투피어 방언을 쓰는 사람들은 이렇게 만들어진 링구아 제라우(Lingua Geral), 즉 '공통어'를 쉽게 익힐 수 있었다. 수도사들은 이제 이 공통어를 사용하여 전도할 수 있게 되었을 뿐만 아니라, 원주민들을 노예로 삼으려는 식민지 개척자들과 원주민들을 서로 떼어 놓을 수도 있게 되었다.

하지만 원주민들을 위해 헌신했던 가장 위대한 종교인은 단언컨대 바르톨로메 델라스 카사스이다. 그는 후일 라틴아메리카가 배출한 수많은 급진적인 사제들의 원형으로 인정받고 있지만, 1502년 라틴아메리카로 건너갈 당시에는 급진적인 것과 거리가 먼 인물이었다. 당시 그는 대학 교육을 마친 후, 부를 찾아 떠나 온 젊은 신사일 뿐이었다. 그는 엔코미엔다를 하사받은 후 12년간 전형적인 카리브해의 초창기 정복자들처럼 살았고, 그 과정에서 착취와 질병으로 죽어 가는 수많은 원주민들을 목격했다. 그러나 마흔 살쯤 되었을 때인 1514년에 그는 돌연 생각을 바꾸게 된다. 엔코미엔다를 통한 착취를 비난하기 시작한 어느 도미니쿠스회 수도사의 열정적인 설교에 감화를 받았기 때문이다. 1515년 도미니쿠스회의 수도사가 된 델라스 카사스는 에스파냐로 돌아가서 아메리카 원주민을 보호하기 위한 다양한 방안들을 제시했다. 델라스 카사스는 '기독교인들이 많은 영혼을 죽이고 파멸시키는 것'은 탐욕, 즉 '황금을 얻어 벼락부자가 되고자 하는 욕망' 때문이라고 보았다. 원주민들을 보호하기 위해 그가 제시한 여러 대안들 중 하나는 아프리카 노예를 활용하는 것이었다. 그러나 후일 그는 더 나은 방안을 제시했는데, 그것은 라틴아메리카로 가서 일할 에스파냐 자영농 가족을 모집하는 것이었다. 그는 에스파냐인 사회와 원주민 사회가 분리되는 아메리카, 원주민의 노동력 사용을 엄격히 제한하고 감독하는 아메리카를 꿈꿨다. 하지만 그가 베네수엘라에서 실험하려던 식민 사업은 시도조차 해 보지 못하고 끝이 났다.

1520년대와 1530년대에 델라스 카사스는 엔코미엔다의 폐해를 비판하는 일련의 저작을 집필하였고, 카리브해 지역과 중앙아메리카 지역 일대를 두루 다니며 원주민 보호 운동을 펼쳤다. 1537년에는 교황의 성명서가 발표되었는데, 일부에서 주장하는 것과는 달리 원주민들은 인간 이하의 존재가 아니라 온전한 인간이라는 내용이었다. 이 성명서는 일정 부분 델라스 카사스에게서 영감을 받은 것이다. 또 1542년에는 델라스 카사스의 노력에 힘입어 '원주민 보호와 처우 개선에 관한 새로운 식민지 법'이 만들어졌다. 에스파냐 국왕이 공포한 이 법은 엔코미엔다에 대한 규제를 즉각 강화하되, 궁극적으로는 그것을 폐지한다는 내용을 담고 있었다. 당시 승승장구하던 엔코미엔다 보유자들은 델라스 카사스를 증오하고 비난했다. 새로운 식민지 법이 자신들의 날개를 잘라 버렸기 때문이다. 하지만 60대 후반의 나이에 접어든 노령의 십자군 전사는 여기서 멈추지 않았다.

1550~1551년에 아메리카 정복의 도덕적 성격을 규명하기 위한 대토론회가 에스파냐의 바야돌리드에서 열렸는데, 델라스 카사스는 원주민 대표로 이 토론회에 참석하였다. 이 자리에서 그는 원주민들이 유럽인들보다 열등한 존재이고, 따라서 그들을 노예로 삼는 것이 마땅하다는 주장을 강하게 반박했다. 바야돌리드 토론회에서 공식 결론이 도출되지는 않았지만, 델라스 카사스는 제국 정부에 강한 인상을 남겼다. 1552년에는 델라스 카사스의 저작물 중에서도 가장 유명한 『서인도 제도의 파괴』가 출판되었다. 이 소책자에서 그는 현실에서 벌어졌던 매우 끔찍한 학살을 수사학적으로 좀 더 강하게 묘사하면서, 에스파냐인들의 잔인함을 소름끼치도록 자세하게 묘사했다. 유럽에서 이보다 더 많이 읽힌 소책자는 아직 없다. 이 작은 책자를 가장 열심히 탐독했던 사람들은 종교 전쟁이 휘몰아치던 유럽에서 가톨릭교도의 적으로 고통받았던 프로테스탄트들이었다. 이 책자는 그다음 두 세기 동안 라틴어로 3판, 이탈리아어로 3판, 영어로 4판, 프랑스어로 6판, 독일어로 8판, 네덜란드어로 18판이나 출판되었다. 에스파냐어로는 물론 훨씬 더 많은 판이 나왔다.

델라스 카사스는 89세까지 살았다. 16세기 기준으로 보면 엄청난 장수였다. 그는 아프리카 노예들을 아메리카에 들여오자고 주장하여 자신의 이력에 오점을 남겼지만, 이내 자신의 생각이 잘못되었음을 공개적으로 시인하고 뉘우쳤다. 델라스 카사스의 자세와 투쟁 정신은 그로부터 400년도 더 지난 오늘날까지도 이상을 꿈꾸는 라틴아메리카 기독교인들에게 영감을 불러일으키고 있다.

제2장

식민지의 시련

식민지의
시련
1600
~
1810년
1600년
본격적인
식민지 시대의 시작
1651년
후아나 이네스 델라
크루스 출생
1690년
반제이란치들
(무장 개척단),
금광 발견
1776년
리오델라플라타
부왕령 설치
1790년
프랑스 혁명,
유럽에 전쟁을 촉발
LATIN AMERICA

Colonial Crucible

식민지의 시련

에스파냐와 포르투갈의 라틴아메리카 지배는 3백 년 동안이나 이어졌다. 종교에서 영감을 얻은 이들이 유토피아를 꿈꾸며 끊임없이 착취에 저항하기도 했지만, 정복과 노예제의 쓰라린 유산은 라틴아메리카의 독립 전야인 1800년까지도 여전히 강하게 남아 있었다. 라틴아메리카 사람들은 정복과 노예제에 의해 강요된 인종적 위계 질서에 저항하면서도, 그 질서에 순응해 나갔다. 나무의 뿌리가 땅속의 바위를 감싸며 자라듯, 라틴아메리카 사회도 식민 지배의 단단한 칼날을 감싸고 발전해 나갔다. 순응은 식민화를 견딜 수 있게 해 주었지만, 동시에 식민화가 라틴아메리카 사람들의 일상 속에 단단히 뿌리내리게 만들었다. 원주민들·아프리카인들·유럽인들은 서로 어울리기도 하고 뒤섞이기도 했고, 서로 싸우기도 하고 잠자리를 같이하기도 했다. 또 서로를 오해하기도 하고 서로에게서 배우기도 했으며, 서로 경멸하거나 치켜세우기도 했다. 그러나 식민 지배가 수백 년간 계속되자, 라틴아메리카 사람들 대부분은 에스파냐나 포르투갈 국왕의 지배와 가톨릭교를 진심으로 받아들이기 시작했다. 이리하여 식민화는 외부인들에 의한 지배라는 단순한 개념을 넘어선 그 무엇이 되었다. 이제 식민화는 사회적·문화적 과정이었고, 심지어는 심리적 과정이었다. 그 결과 여기저기서 복잡한 지배 유형들이 등장하여 가슴 아픈 식민지의 시련을 낳았다.

식민지 라틴아메리카 사회의 윤곽을 살펴보면 이베리아인 침략자들의 우선적인 관심사가 무엇이었는지를 알 수 있다. 또 식민지들을 주마간산식으로라도 살펴보고 나면, 기본적인 경제 유형들과 지리적인 배치들을 이해할 수 있게 될 것이다. 식민지 초기에 대서양을 횡단하는 데 드는 막대한 수송비를 감당할 수 있었던 것은 설탕과 사치품 같은 고가의 물품들과 귀금속뿐이었다. 그러므로 초창기 라틴아메리카 역사에서 광산과 사탕수수 플랜테이션은 매우 중요한 의미를 지닌다.

식민지 경제

맨 처음 유럽인들의 마음을 사로잡았던 귀금속은 금이었다. 그들은 아스테카와 잉카의 보물창고에서 금을 탈취하거나, 강바닥에 쌓인 모래에서 금을 채취할 수 있었다. 하지만 쉽게 얻었던 만큼, 빨리 고갈되었다. 식민지 건설에 참여한 첫 에스파냐인 세대가 활동할 당시 카리브해 지역에 불어닥친 골드러시는 원주민인 아라와크족을 전멸시키는 데 일조하기도 했다. 하지만 에스파냐령 아메리카 경제의 근간은 금이 아니라 은이었다. 멕시코의 사카테카스와 페루의 포토시에서 은광이 개발되기 시작한 것은 1540년대부터였다. 사카테카스는 사람들이 살지 않던 곳이었기에 멕시코 중부 지방에 살던 원주민들이 그곳으로 끌려왔다. 포토시에서 일한 광부들도 다른 지역에 살던 사람들이었다. 포토시는 바람이 휘몰아치는 해발 3,600미터의 고원지대였으므로, 이곳에서는 풀무를 이용하는 에스파냐의 제련 기술이 아니라, 안데스 산지의 바람을 이용하는 현지의 제련 기술이 사용되었다. 이 은광들은 갱도가 지하 수 킬로미터에 이르는 심부광산이었고, 각양각색의 사람들을 끌어들이는 일종의 거대기업이었다. 채광으로 인해 멕시코와 페루 사회는 급격히 변화하기 시작했다.

아메리카의 에스파냐인들은 유럽과 식민지를 경제적으로 이어 주는 광산을 중심으로 활동했다. 17세기에 포토시는 아메리카에서 가장 인구가 많은 도시가 되었다. 포토시는 농사를 지을 수 없는 고지대에 위치해 있었으므로, 은을 제외한 거의 모든 물품을 외부에서 공급받아야 했다. 운반 수단은 노새였다. 아르헨티나 평원에서 자란 야무진 노새가 안데스 산지의 오솔길을 오르내리며 물건을 실어 날랐다. 안데스 산지의 원주민 여성 대부분은 광부들이 입을 옷을 만들었고, 그보다 더 낮은 지대에 거주하는 농부들은 광부들이 먹을 곡물을 재배했다. 경제적 용어로 말하자면, '1차' 수출 경제 덕분에 '2차' 공급 경제가 활성화되었다. 물품을 고지로 올려 보낸 노새는 그곳의 은을 싣고 해안으로 돌아왔다. 중앙 안데스 산지의 고지대가 해안에서 멀리 떨어져 있었기 때문에, 페루의 수도는 근처에 좋은 항구를 끼고 있는 리마로 결정되었다. 식민지 멕시코도 마찬가지였다. 북부의 광산들을 멕시코시나 베라크루스 항구로 연결해 주는 지역들이 번성했다. 멕시코 북부의 광산 지대로 각양각색의 사람들이 모여들었지만, 남부 지역과 과테말라는 여전히 원주민 중심의 사회였다. 남부 지역의 대표적인 원주민 부족으로는 사포테카Zapoteca족과 믹스테카Mixteca족, 마야족을 들 수 있겠다. 앞서 언급했던 말린체가 바로 마야족 사람들 속에서 성장했다. 이제 멕시코 남부 전 지역과 중앙아메리카, 그리고 카리브해 지역이 멕시코 북부의 은광에 물자를 공급하는 관계망의 일원이 되었다.

식민지의 정치 조직은 에스파냐 왕실의 경제적 관심사에 따라 결정되었다. 에스파냐의 주 수입원은 에스파냐 왕실이 식민지 광산업에 물리는 5분의 1세, 곧 '킨토 레알Quinto real'이었다. 에스파냐 왕실은 이 '킨토 레알'을 거둬들이기 위해 누에바에스파냐(오늘날의 멕시코와 중앙아메리카, 카리브해를 아우르는 지역)와 페루(오늘날 남아메리카의 상당 부분을 포괄하는 지역)에 식민지 정부들을 세웠는데, 이때가 1540년대 말경이었다. 이런 지역에는 에스파냐 국왕을 대신해 통치할 부왕virrey이 파견되었기 때문에 그 지역을 통상 부왕령virreinato이라고 불렀다. 부왕령에는 고등법원과 대주교구도 설치되었다. 부왕령의 수도였던 멕시코시와 리마에서는 도매업에 종사하던 상인들이 조직한 길드가 성장하여, 상업과 정치 분야에 강력한 영향력을 행사했다. 에스파냐 왕실은 더 많은 수입을 거두기 위해 새로운 부왕령을 설치했고, 그 결과 고등법원과 그에 따른 하위 행정 기관들도 점점 늘어났다. 1717년에는 세 번째 부왕령인 누에바그라나다 부왕령이 오늘날의 콜롬비아 일대에 설치되었다. 이 지역에서 금이 생산되었기 때문이다. 그리고 1776년에는 네 번째 부왕령인 리오델라플라타 부왕령이 설치되었다. 포토시 광산의 은이 불법 유출되는 것을 막기 위해 설치된 이 부왕령의 수도는 대서양에 항구를 두고 있는 부에노스아이레스였다. 이렇듯 두 지역에 새로운 부왕령을 설치하였지만, 에스파냐인들의 식민지 건설은 여전히 페루와 멕시코를 중심으로 전개되었다.

반면 브라질에서는 설탕이 은의 역할을 대신했고, 플랜테이션이 광산의 역할을 맡아 수출 경제를 움직였다. 브라질 동북부에는 사탕수수 재배에 최적이라 할 수 있는 비옥한 적토지대가 해안을 따라 펼쳐져 있었다. 사탕수수 플랜테이션 농장들은 바로 이곳에 자리를 잡고 있었다. 따라서 페르남부쿠와 토두스우스산투스만의 주요 거점들과 함께 브라질 동북부 지역이 식민지 브라질의 중심으로 떠올랐다. 포르투갈 왕실은 설탕 수출에 세금을 부과했을 뿐 아니라, 농장주들이 설탕을 판매하여 벌어들인 돈으로 구매한 유럽산 물품에도 세금을 부과했다. 포르투갈 왕실이 식민지 브라질에서 거둬들이는 수입에서 이 세금이 차지하는 비중이 매우 높았기에, 설탕은 17세기 식민지 브라질에서 '왕' 같은 대접을 받았다. 은광이 에스파냐령 아메리카의 식민지 구조를 결정지었다면, 설탕은 식민지 브라질의 구조를 결정지었다.

사탕수수를 수출하려면 먼저 제분과 제당 과정을 거쳐야 한다. 사탕수수 경작자들 중에서 제분소(포르투갈어로는 '엥제뉴engenho')를 세울 정도로 부유한 사람을 '제분소 영주'라 불렀는데, 설탕 경제의 핵심에 있었던 이들은 사회사적으로도 브라질에서 매우 중요한 의미를 지니고 있다. 해안에 위치한 사탕수수 재배 지역에서는 각기 수백 명의 노예를 거느린 소수의 제분소 영주들이 지역 주민들 위에 군림했다. 물론 지역 주민들 상당수도 사탕수수를 재배하고 있었다. 하지만 이들은 사탕수수 제분을 제분소 영주에게 의존하는 처지였다. 제분업은 은광과 마찬가지로 많은 비용이 투입되는 사업이었다. 규모가 큰 제분소는 일종의 거대한 복합단지였고, 노예 숙소·예배당·외양간·창고 시설·작업장을 두루 갖춘 작은 도시나 진배없었다. 미국 체서피크만灣에 건설된 초창기 플랜테이션 식민지들이 그랬던 것처럼, 이미 하나의 작은 도시가 되어 버린 식민지 브라질

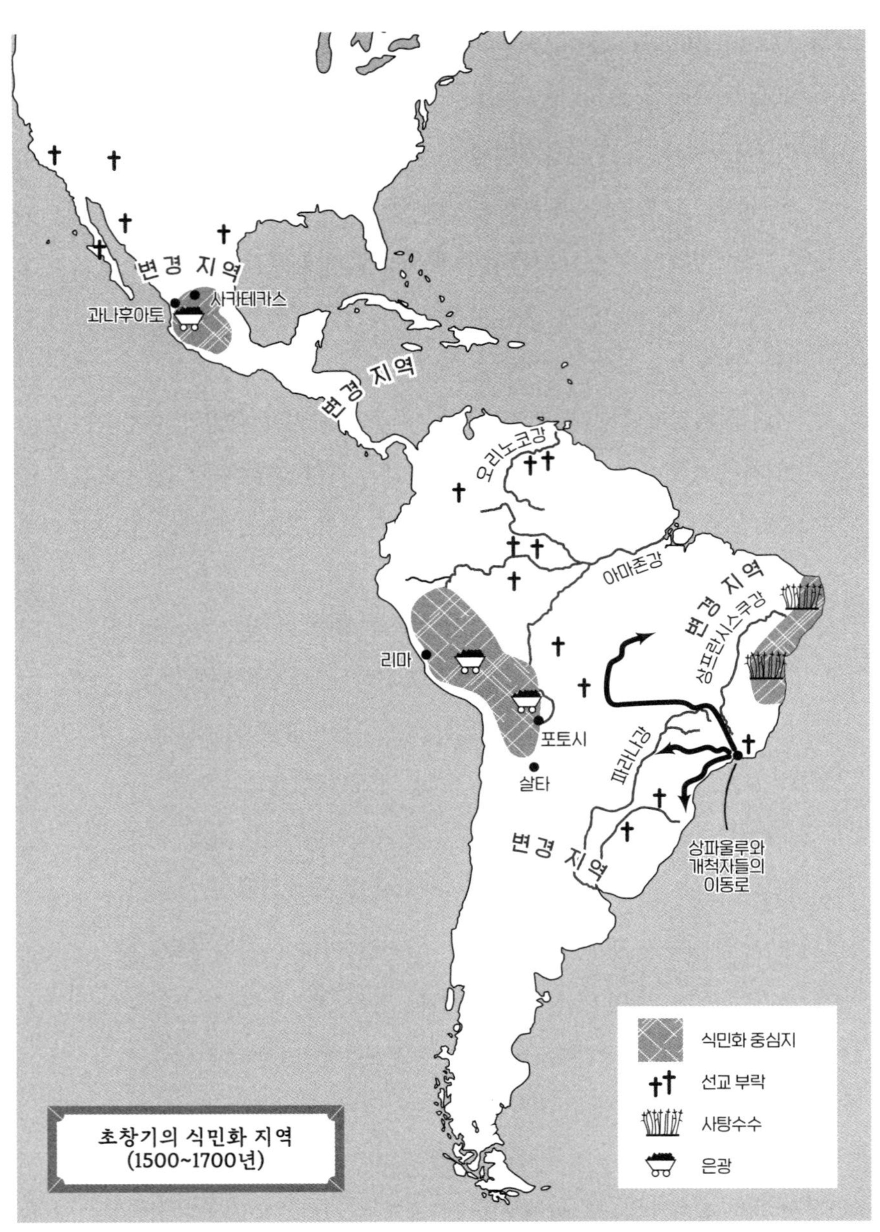
변경 지역
사카테카스
과나후아토
변경 지역
오리노코강
아마존강
변경 지역
상프란시스쿠강
리마
포토시
살타
파라나강
변경 지역
상파울루와
개척자들의
이동로
식민화 중심지
선교 부락
사탕수수
은광
초창기의 식민화 지역
(1500~1700년)

의 플랜테이션들은 도심지의 성장을 가로막는 경향이 있었다. 식민지 브라질은—에스파냐령 아메리카에 비하면—핵심 지역이라고 할 수 있는 곳에서조차 도시가 많지 않은 편이었다.

식민지 브라질에서는 동북부를 제외하면 대부분 인적이 드물었다. 이를테면 광활한 적도 우림 지대인 브라질 북서쪽의 아마존강 유역에는 주로 준정착민 부족들이 거주하고 있었고, 강둑을 따라 포르투갈인 마을과 예수회 선교 부락이 드문드문 들어서 있었을 뿐이다. 사탕수수 플랜테이션 배후의 오지인 세르탕에는 찢어지게 가난한 목축 지대가 펼쳐졌다. 다른 내륙 지역들은 카누를 타고 1,600킬로미터를 더 들어가야 했고, 그 과정에서 하천과 하천 사이의 고된 육로 여정도 거쳐야 했다. 게다가 이러한 내륙 이동은 우기에나 가능한 일이었다. 포르투갈인들은 우기의 카누 원정을 '몬순Monsoon'이라고 불렀다. '몬순'은 포르투갈인들이 인도에서 배운 말이었다. 상파울루 남쪽의 상록수림 지대에는 예수회 선교 부락이 좀 더 많았다. 이 상록수림 지대 너머로는 탁 트인 초원 지대가 리오델라플라타까지 펼쳐졌는데, 이곳에는 선교 부락에서 달아난 소와 말들이 떼를 지어 이리저리 돌아다니고 있었다.

전체적으로 볼 때, 식민지 브라질은 에스파냐령 아메리카와 경쟁이 되지 않았다. 설탕이 은만큼 귀중한 것도 아니었고, 포르투갈이라는 작은 나라가 에스파냐가 가진 자원을 상대할 수 있는 것도 아니었다. 게다가 해상제국이었던 포르투갈은 아시아와 아프리카의 무역 전초 기지에서도 재미를 보고 있었다. 따라서 포르투갈이 브라질에 본격적으로 관심을 기울이게 된 것은 시간이 한참 흐른 후부터였다. 이처럼 식민지 브라질은 모든 면에서 부족했다. 에스파냐령 아메리카보다 더 가난했고, 통치도 더 느슨했으며, 인구도 더 적었다.(식민지 브라질의 인구는 에스파냐령 아메리카 인구의 10퍼센트에 불과했다.) 또 여기저기 흩어져 있는 플랜테이션 경제 때문에 도시화가 제대로 진행되지 못했고, 행정권도 분산되었다. 결국 두 곳에 부왕령이 설치되기는 했지만, 브라질의 부왕들은 전쟁을 치러야 할 때가 아니라면 에스파냐령 아메리카의 부왕들이 누렸던 정도의 권력을 행사하지 못했다. 에스파냐와는 달리 포르투갈은 식민지에서 일을 벌이려 하지 않았다. 예를 들어 에스파냐령 아메리카 식민지에서는 100년간 열두 개의 대학이 설립되었지만, 같은 기간 동안 식민지 브라질에서는 단 하나의 대학도 설립되지 않았다. 이쯤 되면, 포르투갈이 3백 년 동안이나 브라질을 지배할 수 있었던 비결이 무엇인지 궁금해질 것이다.

헤게모니의 힘

에스파냐 왕실과 포르투갈 왕실은 식민 사업에 투입할 재원이 충분하지 않았다. 또 아메리카 식민지에 대규모 군대가 주둔한 것도 아니었다. 이베리아반도에서 건너온 식민지 정착민들과 아메리카에서 태어난 그들의 후손을 모두 합해 봐도, 그 수는 얼마 되지 않았다. 이는 식민지 중심지역에서도 마찬가지였다. 그렇다면 이들은 어떻게 3세기 동안이나 남아메리카 대부분을 지배할 수 있었을까?

이 질문에 답하기 위해 1695년 세상을 떠난 멕시코 수녀 후아나 이네스 델라 크루스의 생애를 살펴보자. 그녀는 7세가 되던 해에 멕시코 대학교—이 학교는 하버드 대학교보다 100년 빠른 1553년에 개교했다—에 입학하겠다고 선언하여 주변 사람들을 깜짝 놀라게 했다. 그녀는 남장을 하고서라도 대학에 다니겠다고 고집했지만, 부질없는 일이었다. 대학 교육을 받는다는 것과 그녀의 능력은 별개의 문제였기 때문이다. 그녀가 3세에 글을 깨우쳤다는 사실이나, 취미 삼아 라틴어를 배웠다는 사실은 전혀 중요하지 않았다. 또 17세 때 한 모임에서 40명의 대학교수들을 곤혹스럽게 만들었다는 사실이나, 시를 잘 써서 큰 명성을 얻었다는 사실도 중요하지 않았다. 그녀에게는 그녀가 속한 계층의 여성들과 마찬가지로 두 갈래 길이 놓여 있었다. 하나는 결혼하여 남편과 자녀에게 헌신하는 길이었고, 다른 하나는 수녀가 되는 길이었다. 후아나는 후자의 길을 선택했다. 당시에는 결혼생활보다 수녀의 삶이 좀 더 자유로웠기 때문이다. 그녀는 수녀가 되었고, 지금도 후아나 수녀로 불리고 있다. 그녀는 수백 권의 책을 구해 읽었고, 수학을 공부했다. 또 곡을 만들어 연주했으며, 심지어 악보를 기록하는 방법을 창안하기도 했다. 그녀가 쓴 시집이 유럽에서 출판되었는데, 이 시집에는 여성들의 성도덕을 비난하는 남성들의 위선을 비판한 시도 있었다. 그중 한 시에서 그녀는 "왜 여성들이 정숙하기를 바라는가?/당신들이 그들의 타락을 부추기면서"라고 되묻고 있다. 매춘부를 경멸하는 태도에 대해서도 그녀는 누구의 죄가 더 큰지 모르겠다고 말한다. "돈을 벌기 위해 죄를 짓는 여자인가?/아니면 죄를 짓는 데 돈을 쓰는 남자인가?" 부엌에서도 재미 삼아 과학 실험을 했던 그녀는 "아리스토텔레스가 뭐라도 요리를 좀 했더라면 더 많은 사실을 밝혀냈을 텐데."라고 말하기도 했다. 한번은 당대의 가장 저명한 성서학자의 주장을 반박하는 탁월한 글을 출판하여 교회 신부들의 우려를 자아냈다. 교회 신부들은 좀 더 여성답게 행동하라고 권고했고, 후아나는 결국 그 권고를 받아들였다. 학문에 관심을 가진다거나, 종교적 헌신과 관련이 없는 것들에 관심을 보이는 것은 여성에게 어울리지 않는다는 것이 신부들의 충고였다. 그리고 그것이 그녀가 살던 시대의 지혜였다. 그녀 혼자 이 지혜에 도전하는 것은 불가능한 일이었고, 그녀는 결국 그 지혜를 받아들였다. 그녀는 책과 악기 같은 것들을 모두 내다 팔았고, 호기심이라는 죄를 속죄하는 데 전념했다. 실의에 빠진 그녀는 자신이 "여자들 중에서 가장 나쁜 여자"라고 고백했다고 한다. 그리고 얼마 후 전염병이 돌았을 때, 그녀는 동료 수녀들을 돌보다가 세상을 떠났다.

교회 신부들이 그녀를 물리적인 힘으로 제압한 것은 아니었다. 그럴 필요조차 없었다. 신부들은 종교적 권위를 지니고 있었고, 후아나는 종교에 귀의한 여성이었다. 그런 상황에서 저항이나 거역은 상상할 수도 없는 일이었다. 정복당한 라틴아메리카 원주민들과 아프리카 노예들 역시 이와 비슷했다. 이들은 이베리아 당국이 내세운 식민 생활과 식민지 규범의 기본 전제들을 점차 받아들이기 시작했다. 그들이 이 전제들을 받아들이지 않았다면, 강력한 점령군을 보유하지 못했던 에스파냐와 포르투갈은 거대한 아메리카 대륙을 통치할 수 없었을 것이다.

역사가들은 '헤게모니hegemony'라는 개념으로 라틴아메리카 식민 지배를 설명한다. 헤게모니란 일정 부분 피지배층의 동의를 전제로 하는 지배 유형으로, 폭력에 의한 지배와는 대조를 이룬다. 헤게모니는 철권통치가 아니라, 점진적으로 우세를 확보해 나가는 방식이다. 이런 방식이 온건한 것으로 보일지도 모르겠다. 하지만 이런 형태의 정치 권력은 회복력이 강하고, 피지배층에게도 막대한 피해를 끼친다. 피지배층 스스로 자신들이 열등하다는 주장을 받아들이고, "네 분수를 알라."라는 옛 구절에 수긍하면서 자신들의 예속 상태를 인정하게 되는 것이다.

문화적 헤게모니를 가장 분명하게 보여 주는 것은 종교다. 아프리카 노예들과 아메리카 원주민들은 유럽인들의 "진정한 종교"를 수용하면서, 자신들이 뒤늦게 진실을 마주하게 된 신참자의 위치에 있다는 사실도 함께 받아들였다. 가톨릭교는 원주민들이 살던 아메리카 대륙으로부터 멀리 떨어진 곳에서 탄생하고 발전했다. "진정한 교회"의 역사는 유럽의 역사였고, 이 세상의 종교 중심지는 로마였다. 주교를 비롯한 기독교 고위층은 물론이고, 사제와 수녀 대부분도 유럽인이었다. 에스파냐와 포르투갈의 군주들은 모두 신에게서 하사받은 권리로 통치했으며, 여기에 의문을 제기하는 사람은 이단자들뿐이었다. 군주들은 마치 왕실 관리를 임명하고 해임하듯 사제와 주교를 임명하고 해임할 권리를 누렸다. 왕실은 교회를 건립할 장소를 결정하고 십일조(특히 농산물에 부과한 10퍼센트의 교회세)를 거둬들였으며, 가톨릭교의 교리를 어긴 경우에는 대개 형법으로 다스렸다.

모든 교육기관은 종교기관이었다. 따라서 아는 것이 힘이라고 한다면, 교회가 그 힘을 독점하고 있는 셈이었다. 종교재판소는 사람들이 읽어서는 안 될 금서 목록을 작성했다. 교회는 심지어 시간도 관리했다. 교회는 종을 울려 노동 시간과 휴식 시간 그리고 기도 시간을 알려 주었다. 일요일은 7일로 이루어지는 한 주간의 시작을 의미했다. 원주민들에게는 이러한 주간 개념도 새로운 것이었다. 축일과 휴일이 들어 있는 가톨릭의 달력은 연중행사를 알려 주는 이정표 역할을 했다. 이 달력을 통해 모든 사람들이 똑같은 감정의 기복을 느끼게 되었다. 이를테면 공현대축일과 사육제 같은 날에는 떠들썩하게 축하했고, 사순절·성주간·부활절과 같은 날에는 엄숙한 분위기에 젖어들었다. 세례에서 결혼과 죽음에 이르는 인생의 대사大事에 대해서도 교회는 성례聖禮를 베풀어 이를 인증해 주었고, 그 내용을 교구기록부에 기록했다. 지명도 대개 종교와 관련이 있었다. 도시마다 공식 수호성인을 모시고 있었기에, 도시 이름에 수호성인의 이름을 넣는 경우도 많았다. 상세바스티앙두히우지자네이루, 산프란시스코데키토 등이 그런 사례에 속한다.

어디에나 있고, 그 누구도 피해 갈 수 없는 또 다른 헤게모니 권력은 '가부장제'였다. 이것은 아버지가 통치한다는 원리이다. 아버지가 하늘과 땅을 통치하고, 도시와 가족을 다스렸다. 에스파냐와 포르투갈 사회는 아메리카나 아프리카 원주민 사회보다 훨씬 더 가부장적이었다. 따라서 가부장의 헤게모니는 어느 정도까지는 식민주의의 유산으로 봐야 한다. 식민지의 모든 제도들은 가부장제의 원리에 따라 만들어졌다. 로마 교황을 정점으로 하는 남성 중심의 교회 위계 질서도 마찬가지였다. 이베리아반도의 법률 또한 가부장제 원칙에 토대를 두고 있어서, 자녀뿐 아니라 아내에 대한 법적 지배권까지 모두 남편에게 있었다. 부유한 가문의 여성들은 집 안에 틀어박혀 철저히 보호받는 삶을 살았고, 가족 이외의 남성과는 만날 수 없었다. 에스파냐와 포르투갈 사회의 전통적 성 윤리에서 보면 이것은 '명예'의 문제였다.

명예는 남성과 여성이 각자에게 규정된, 서로 매우 상이한 사회적 역할을 잘 수행하고 있는지를 재는 일종의 측정장치 같은 것이었다. 이런 사고방식에 따르면, 혼외정사를 하지 않는 것은 여성이 지켜야 할 인생 최고의 덕목 같은 것이었다. 반면에 남성의 순결은 그렇게 중시되지 않았다. 실제로 한 남성이 여러 명의 여성을 부양할 수 있다면, 이는 그 남성의 사회적 명성을 높여 주었다. 그러므로 많은 남성들이 정부情婦를 거느리고 있었다. 한편 남성은 피를 보게 되더라도 아내의 외도를 막고 딸의 순결을 지켜야 했다. 결투 제도나 독립심 강한 여성을 폭력적으로 처벌하는 관습은 바로 이러한 명예의식에서 비롯되었다. 물론 기독교 탄생 이전의 지중해 세계에 그 기원을 두고 있는 이러한 문화 양식은 재산과 관련하여 나름대로 설득력 있는 기본 논리를 갖추고 있다. 통상 부모가 사망하면 가산은 상속자들에게 분배되는데, 바람피운 여성이 낳은 사생아도 가족의 일원이므로 소중한 재산을 상속받게 된다. 반면 남성이 바람피운 결과로 다른 집에서 태어나게 되는 아이는 그 집안의 재산을 축내게 될 것이다. 따라서 남성의 바람은 집안에 어떠한 손실도 끼치지 않으며, 오히려 재산을 늘리는 결과를 가져오게 된다는 것이다.

물론 여성들은 자신들을 목적이 아니라 수단으로 대우하는 것에 저항했다. 당시 여성들은 남성을 유혹하거나 조종하기 위해, 남성에게서 도망치거나 남성을 처벌하기 위해 아프리카·아메리카·이베리아의 민속 전통에서 유래한 마법을 상당히 자주 이용했던 것처럼 보인다. 물론 에스파냐 종교재판소는 이런 여성들에 대한 주의를 게을리하지 않았다. 1592년 이 종교재판소는 리마에 살던 어느 가난한 여성을 처벌했다. "남자들이 나에게 욕정을 느끼게 해 주세요."라고 작은 목소리로 반복하여 기도했다는 것이 이유였다. 이것은 가톨릭 예배의 힘을 다른 목적으로 전용하기 위해 기도 내용을 일부러 반대로 말하는 유럽의 민속 마법이었다. 17세기의 종교재판소 문서에는 카탈리나 과카이야노와 같은 안데스 원주민 '마녀'들도 등장한다. 카탈리나 과카이야노는 코카잎을 씹으면서 "불에 타 돌아가시고 관개수로와 용수를 내리시는 아버지시여, 제게 음식을 내려 주소서!"라고 기도하면서 신성한 바위에 기니피그(햄스터와 비슷하게 생긴 가축—옮긴이)의 피를 뿌린 일로 기소되었다. 토착적인 색채가 강하게 남아 있는 것으로 보이는 그녀의 신관은 자신의 백성들이 에스파냐의 종교에서 벗어나 영적으로 독립할 수 있도록 해 주기 위한 것이었다. 또 페루의 한 신부가 여성 세 명에게 채찍질을 가한 일이 있었는데, 신부는 자신이 그들을 채찍질한 이유를 이렇게 해명했다. “이 마녀들은 미사를 드리지 않았고, 교리 수업도 받지 않았다.” 그들은 오히려 공개적으로 신부에게 불복종하였으며, 온 마을 사람들에게 자신들의 불복종에 동참해 달라고 호소했다는 것이다.

남성의 통제를 받지 않고 살아온 여성이나 심지어는 과부에게까지 혐의를 두다 보니, 식민지 시대 라틴아메리카의 ‘명예 제도honor system’에 대한 여성들의 만족도는 남성들보다 당연히 훨씬 더 낮았다. 그럼에도 불구하고 여성들의 저항은 대개 좋은 부양자이자 양심적인 아버지와 남편으로서 가장의 책임을 다하며 살라는 요구 수준을 넘지 못했다. 이런 가치관만 배워 왔기에, 여성들은 그 가치관을 받아들이는 수밖에 없었다. 하지만 이것도 부유한 여성들에게나 해당되는 것이었다. 재산이 없으면 명예도 얻기 힘들었기 때문이다. 가난한 여성들은 바깥일—고귀한 여인이라면 손도 대지 않을 행상이나 세탁, 요리 같은 일—을 해야 했다. 아무리 잘한다고 해도, 모든 역할이 다 명예로운 것은 아니었다. 누군가의 재산일 뿐인 노예들은 명예라는 것을 꿈도 꾸지 못했다. 오직 엔히크 디아스와 같이 매우 비범한 노예만이 명예를 얻을 수 있었다. 엔히크 디아스는 17세기에 브라질 군대를 이끌고 네덜란드인 침략자들에 맞서 싸운 타고난 전사였다. 성 역할이 유럽 사회의 그것과 매우 달랐던 원주민 사회의 여성들은 이러한 불행한 명예 제도에 상대적으로 덜 시달렸다.

식민화 사업의 무대이자 지휘 본부가 된 도시들은 식민지 명예 제도의 심장이기도 했다. 명예를 하사할 수 있는 부왕과 명예로운 행동의 귀감이 될 만한 교양 있는 유럽인 신사·숙녀들이 도시에 살고 있었기 때문이다.

문화 변용

멕시코에서 칠레까지 그리고 안데스 고지에서 아마존강 하구까지, 다양한 풍경을 간직한 식민지 라틴아메리카 전역에 하나의 권위 체계가 들어섰다. 도시의 기관들로부터 생겨난 이 권위 체계는 지배적 성격이 아니라 패권적 성격을 지녔다. 어떤 의미에서 도시는 광활한 아메리카 대륙 여기저기에 흩어져서 유럽의 생활과 건축을 보여 주는 작은 섬처럼 보였다. 에스파냐와 포르투갈에서 온 식민지 개척자들은 대개 도시에 거주했다. 라틴아메리카에서 도시는 백인들이 서로 사회적인 관계를 맺으며 유럽의 문화를 보존할 수 있었던 유일한 공간이었다. 지시나 보고 또는 거래를 통해 식민지 도시와 유럽을 연결하는 사람들, 곧 행정 관료·주교·판사·공증인·상인·대부업자들은 모두 도시에 삶의 기반을 두고 있다. 도시는 제국의 위력을 과시하는 대규모 공연이 열리는 무대이기도 했다. 부활절 직전에 열리는 엄숙한 성주간 행렬과 신임 부왕을 맞이하는 환영 의례, 왕실 결혼을 기념하는 떠들썩한 축하연이 모두 도시에서 열렸다.

특히 에스파냐령 아메리카에서는 도시가 제국의 지시에 따라 설계되었다. 직각으로 교차하는 도로와 정방형의 건물단지를 만들라는 제국의 지시는 오늘날에는 낯설게 느껴지지 않지만, 당시로서는 혁신적인 것이었다. 중앙 광장 주변에는 시장 공관, 대성당, 주교와 부유한 가문들의 저택들, 그리고 시의회(에스파냐어로는 '카빌도cabildo', 포르투갈어로는 '카마라câmara') 건물이 들어섰다. 중요한 부왕령의 수도 몇 곳을 제외하면, 도시에서 가장 중요한 통치 기구는 시의회였다. 도심지들은 법률에 따라 마을이나 소도시, 도시의 지위를 부여받았고 인근 상급 도시의 관리감독을 받았다. 그리고 이 도시들은 다시 리마와 멕시코시, 보고타, 부에노스아이레스와 같은 수도에다 업무 보고를 올렸다. 식민지 주민들과 마찬가지로 식민지 도시들도 제국의 질서에 편입되었다.

그러나 라틴아메리카에 통일성을 부여하려는 시도는 힘에 부치는 일이었다. 이는 라틴아메리카의 문화가 새롭고 독특했기 때문이기도 했다. 라틴아메리카 문화는 에스파냐 문화도 아니었고, 포르투갈 문화도 아니었다. 또 원주민 문화도, 아프리카 문화도 아니었다. 라틴아메리카의 문화는 다양한 문화들이 뒤섞인 혼합문화였고, 그 조합 방식도 지역에 따라 매우 다양했다. 라틴아메리카의 문화는 이른바 문화 변용transculturation을 낳는 상호 접촉의 과정을 통해 서서히 형성되었다. 수많은 갈등과 무언의 절충을 거쳐 사람들의 일상생활에 나타나는 문화 변용을 상상해 보라. 물론 이러한 문화 변용은 위계와 지배의 힘이 미치는 범위를 넘어서지는 못했다. 종교의 경우처럼, 큰 틀은 대개 상층부의 지도자들이 만들고, 윗사람들이 관여하기 어려운 세세한 분야, 곧 유행과 리듬, 질감과 분위기 같은 것들은 나머지 사람들에 의해 채워지는 식이었다.

종교는 문화 변용이 실제로 어떻게 일어나는지를 보여 주는 좋은 사례이다. 사람들, 심지어 원주민과 노예들까지도 외면적으로는 교회 풍습을 중심으로 이루어지는 사회생활의 대강大綱을 따르는 듯했지만, 내면적으로는 식민지의 표준화 작업에 저항했다. 이를테면 종교 축일에 노예들은 가톨릭 성인들의 옷을 입고 춤을 추었지만, 마음속에는 아프리카의 종교를 간직하고 있었다. 원주민 종교, 아프리카 종교, 유럽 종교가 뒤섞이는 경우도 많았다. 원주민 예술가들은 가톨릭교회의 회랑 벽화에 자신들이 신성하게 여기는 식물과 동물의 문양을 그려 넣었고, 안데스 산지의 원주민들은 무지개 문양을 그려 넣었다. 이런 경우에는 종교의 습합이 눈에 잘 띄지 않는다. 하지만 멕시코의 수호성인인 과달루페 성모Virgen de Guadalupe의 경우처럼 종교의 습합이 분명하게 보이는 경우도 있다. 사람들은 아스테카 제국이 신성시했던 장소에서 발현한 것으로 추정되는 과달루페 성모의 얼굴을 이따금씩 검은색으로 표현하기도 했다. 나와틀어를 사용하는 멕시코인들은 원주민들이 숭배한 대지의 여신의 이름을 따서 과달루페 성모를 '토난친Tonantzin'이라고 불렀다. 라틴아메리카 원주민들의 종교와 아프리카의 종교는 이런 방식으로 라틴아메리카 기독교에 스며들었다. 예를 들어 보자. 식민지 멕시코에서는 생명을 불어넣는 피의 힘을 환기시키기 위해 십자가에 못 박힌 예수의 형상 위로 피가 철철 흘러내리는 모습을 즐겨 표현했는데, 이는 아스테카 종교에서 볼 수 있는 특징이다. 반면 카리브해와 브라질에서는 가톨릭 신앙에 좀 더 부드럽고 떠들썩한 아프리카의 분위기를 가미하였다. 쿠바에서는 1580년대 초반부터 아프리카적 감수성이 음악에 스며들기 시작했다. 이로 인해 쿠바 교회의 성가대에서 흑인 여성들이 불렀던 찬양이 찬반 논란에 휩싸이기도 했다. 또 브라질 토두스우스산투스만에 위치한 항구도시 사우바도르에서도 아프리카의 종교의식이 18세기 내내 많은 가톨릭 의례에 스며들었다. 매우 비유럽적인 리듬에 맞추어 춤을 추는 것도 그런 경우에 속한다.

문화 변용은 주로 도시에서 일어났다. 많은 원주민들과 메스티소들

그리고 흑인들이 도시에 살고 있었다.(흑인들 중에는 자유민도 있었고 노예도 있었다.) 식민화의 영향으로 일부 원주민들은 자신들이 살던 공동체를 떠나 다른 곳으로 이주해야 했다. 어떤 사람들은 광산이나 에스파냐인이 운영하는 대농장으로 갔고, 또 다른 사람들은 에스파냐의 식민지 도시 외곽에 허름한 집을 짓고 정착했다. 이것이 라틴아메리카 최초의 판자촌이었다. 문화의 뿌리가 잘려 나간 이주 원주민들은 이제 새로운 환경에서 자신들의 문화를 다시 만들어야 했다. 강제 이주를 당한 아프리카 노예들의 처지도 마찬가지였다. 서로 어울릴 자유는 플랜테이션 노예들보다는 도시 노예들에게 더 많이 주어졌다. 도시 노예들은 아프리카 동향인들과 모여 살며 어울릴 수 있었고, 가톨릭교회의 평신도 형제단에서 흑인 자유민들과 교류할 수도 있었다.(사회사업을 펼치는 평신도 형제단은 자발적인 참여가 가능한 곳이었다.) 흑인 자유민들이나 흑인 노예들은 제빵사나 목수 같은 장인이 되기도 했다. 장인 세계에는 실제로 온갖 피부색의 사람들이 다 모여 있었다. 이렇듯 도시에서는 새로운 형태의 독특한 문화가 생겨났다. 메스티소들·흑인 자유민들·가난한 백인들이 구두를 만드는 작업장이나 대장간에서 서로 어깨를 부대끼며 일했고, 그 속에서 라틴아메리카의 대중문화가 만들어지기 시작했다.

시골에서는 도시에서와는 다른 모습으로 문화 변용이 일어났다. 우선 플랜테이션 노예들은 무리를 지어 일했고, 밤에는 대개 감금을 당했다. 시골 원주민들은 케추아어·키체어·아이마라어·나와틀어 같은 자신들의 부족어를 사용했고, 자신들의 전통을 따르며 따로 무리 지어 사는 경우가 많았다. 시골에 거주하고 있던 백인들도 상황은 마찬가지였다. 그 수가 매우 적은 데다, 서로 멀리 떨어져 있었던 관계로 백인들끼리 사회 관계를 맺거나 결혼할 수가 없었다. 이런 사정으로 시골에 거주하고 있던 에스파냐인들과 포르투갈인들은—심지어 소도시에 집을 가지고 있는 경우에도—대도시에 거주하고 있는 자기 동포들보다는 훨씬 빠른 속도로 원주민의 관습과 아프리카의 기호에 동화되어 갔다. 수출로 벌어들인 돈으로 유럽산 의복·포도주·식품을 구입할 능력이 있었던 브라질 사탕수수 플랜테이션 농장에서 문화 변용이 일어났다면, 에스파냐령 아메리카에서 흔히 볼 수 있는 대농장 아시엔다hacienda에서는 훨씬 더 많은 문화 변용이 일어났다. 아시엔다에서는 노예 노동력에 대규모로 투자하기보다는, 원주민 노동자들을 고용하고 그들에게 쥐꼬리만 한 급료나 수확물의 일부를 지불하는 방식을 취했다. 아시엔다에서는 수출용 작물보다는 지역에서 소비할 작물을 주로 재배했고, 그러다 보니 수익이 크지 않았다. 유럽에 내다 팔 상품이 거의 없다 보니, 유럽 상품을 사들일 능력을 가진 아시엔다 소유자들도 별로 없었다. 그들이 어쩌다 한번 인근 소도시를 방문할 때면, 원주민이나 아프리카인들의 영향이 역력한 그들의 행동거지·말투·옷차림은 심지어 도시에 거주하는 친척들의 눈에도 촌스럽게 보였다.

대부분의 라틴아메리카 피정복민들에게 이러한 문화 변용은 축복인 동시에 저주였다. 이를테면 나와틀어를 사용하는 사람들은 갈색 피부의 과달루페 성모를 숭배하게 되었는데, 이는 과달루페 성모를 토난친과 동일시하여 자신들의 성모로 받아들인 결과였다. 식민지의 주인과 하인은 이런 식으로 서로 조금씩 닮아 갔고, 겉보기에는 긍정적인 결과를 낳았다. 원주민들은 식민지 개척자들의 종교를 자신들의 기호에 맞게 변형하였고, 식민화의 기본 이데올로기를 큰 무리 없이 받아들였으며, 에스

누에바에스파냐
부왕령
(멕시코)
베라크루스
멕시코시
과테말라
왕국
카라카스
보고타
누에바그라나다
부왕령
(1717년)
키토
헤시피(페르남부쿠)
브라질
리마
페루
부왕령
사우바도르(바이아)
상파울루
히우지자네이루
리오델라플라타
부왕령
(1776년)
산티아고
부에노스아이레스
에스파냐령
아메리카
식민지 시대의 행정 구역

파냐의 통제를 보다 확실히 따랐다. 페루 원주민들의 대변자였던 잉카 가르실라소 델라 베가와 과만 포마는 식민화에 대한 원주민들의 입장을 보여 주는 책을 썼다. 그러나 이들의 저술 역시 기독교와 에스파냐의 지배를 강력히 지지하는 기조 위에서 집필된 것이었다. 이렇듯 문화 변용과 헤게모니는 서로 영향을 주고받는 경우가 많았다.

'브라질의 바로톨로메 델라스 카사스'라 불렸던 예수회 수사 안토니우 비에이라 역시 동일한 역설을 보여 준다. 비에이라는 17세기를 대표하는 지식인 중 한 명이었다. 앞서 언급한 후아나 수녀가 자신의 생각대로 어느 성서학자의 주장을 가감 없이 반박하는 실수를 범했을 때, 그 반박의 대상이 되었던 것이 바로 비에이라의 저작물이었다. 비에이라는 브라질과 포르투갈을 오가며 열정적으로 강론했다. 그는 투피어와 앙골라어를 공부했고, 포르투갈 정착민들로부터 원주민들을 보호하기 위해 노력했다. 무엇보다도 그는 아프리카 노예들의 인권을 옹호했고, "브라질이 몸은 비록 아메리카에 있어도 영혼은 앙골라에 있다."라고 강론했다. 하지만 노예들에게 선한 마음으로 잘 견디면 천국에서 보답받게 될 것이라고 말하는 것도 빼놓지 않았다. 비에이라도 할머니를 통해 아프리카의 유산을 물려받았으므로 강론을 들은 노예들은 그의 말을 더욱 굳게 믿었을 것이다.

식민화의 변두리

식민지 개척자들이 은광 개발과 사탕수수 재배에 열을 올릴 때, 브라질과 에스파냐령 아메리카의 광활한 지역 대부분은 여전히 식민화의 '변두리'에 불과했다. 변두리 지역은 수출할 상품이 거의 없었기 때문에 중심 지역과는 매우 달랐다. 식민지 개척자들은 이렇다 할 부富를 낳지 못하는 변두리 지역에 별다른 매력을 느끼지 못했다. 설탕과 귀금속이 나지 않는다는 것은 원주민들의 노동력을 징발할 필요도, 자본을 들여 아프리카 노예를 살 필요도 없다는 것을 의미했다. 또 호화로운 생활과 비참한 생활이 극명한 대조를 보이는 곳도 찾아보기 어려웠다. 화폐 경제가 발달하지 않은 까닭에 사람들은 생계 활동에, 특히 자신들이 먹을 곡물을 재배하는 데 온 힘을 쏟았다. 인구가 적은 곳에서는 사회 하층민들도 다른 곳에서보다 더 나은 대우를 받게 되는 법이다. 이곳의 혼혈인들은 다른 지역의 혼혈인들보다 좀 더 존중받았다. 심지어 노예들도 더 나은 대우를 받았다. 그들을 대체하는 데 드는 비용을 감당하는 것이 더 어려웠기 때문이다.

에스파냐의 식민지였던 파라과이는 남아메리카 대륙 한가운데에 위치해 있지만, 사회적으로는 식민지 제국의 변두리 중에서도 변두리였다. 변두리 지역이 흔히 그러하듯, 파라과이에서도 선교단체인 예수회가 식민화의 형태를 결정지었다. 예수회는 원주민들을 모아 놓고, 그들에게 기독교 교리를 가르쳤다. 내륙에 위치해 있고, 광산 지역과도 멀리 떨어져 있었던 식민지 파라과이에는 과라니Guaraní족의 영향이 사회 전반에 스며 있었다. 결국 과라니어는 그 지역 모든 계층의 사람들이 사용하는 생활어로 발전했다. 심지어 이주민들까지도 과라니어를 사용했다. 변두리 사회의 또 다른 특징인 인종 혼합으로 파라과이는 메스티소 비율이 상당히 높았다. 파라과이의 주요 수출품은 아메리카 토산품, 곧 남아메리카 사람들이 차로 즐겨 마시는 상록수 마테mate의 잎이었다.

파라과이 남쪽 라플라타강 어귀에도 에스파냐령 아메리카의 정착지가 있었다. 부에노스아이레스와 몬테비데오에 항구들이 있어서 파라과이보다는 고립이 덜했지만, 그렇다고 해도 변두리이기는 마찬가지였다. 라플라타강으로 흘러드는 큰 하천들은 라틴아메리카에서 아마존강 다음으로 규모가 큰 해운망을 이루고 있었다. 포토시에서 채굴된 은이 이곳을 거쳐 유럽으로 흘러나갔기 때문에 이곳을 '은의 강', 즉 '리오델라플라타'라고 부르게 되었다. 라플라타강 주변의 초지에는 소 떼가 번성했다. 식민지 시대 말기에는 소가죽이 에스파냐령 아메리카 변두리 지역의 번영에 이바지하는 또 다른 사치품으로 떠올랐다. 부에노스아이레스는 1776년 신설된 부왕령의 수도가 되었지만, 세련되고 화려하며 인상적인 건물들을 자랑하는 멕시코시나 리마에 비하면 보잘것없는 도시였다. 부에노스아이레스에서 그리 멀지 않은 남쪽에서는 기동성을 뽐내는 원주민들이 외진 곳에 있는 목장 가옥을 습격하여 그곳 주민들을 포로로 잡아가기도 했다. 한편 라플라타강을 끼고 있는 이 사회에도 풍부한 것이 있었다. 물론 오래된 식민지 중심지들이 자랑하던 것과는 다른 것이었는데, 그것은 바로 소였다. 이곳에는 사람에 비해 소가 너무 많아 노예조차 소고기를 마음껏 먹을 수 있었다. 또 이곳에는 말도 많았다. 극빈자라 하더라도 말을 타고 구걸을 다닐 정도였다고 하니, 유럽인들로서는 기절초풍할 일이었다.

아르헨티나에서 안데스산맥을 넘어가면 에스파냐의 또 다른 변두리 정착지, 칠레가 나타난다. 칠레는 3,000여 킬로미터나 되는 태평양 해안을 끼고 있지만, 고립되어 있는 지역이었다. 에스파냐 국왕은 광산 지대로 보낼 물품의 경유지로 활용하기 위해 칠레를 페루 부왕령에 편입시켰다. 게다가 밀수를 막고 아메리카와 유럽 사이의 해로를 보호하기 위해 1

년에 단 하나의 선단만 대서양을 횡단할 수 있도록 제한했다. 선단은 아바나에 집결해 에스파냐로 출항했다가, 다시 아바나로 되돌아왔다. 따라서 칠레와 마드리드를 연결하는 길은 딱 하나뿐이었다. 먼저 배편으로 리마로 간 다음에 노새에 짐을 싣고 수풀이 우거진 파나마 지협의 산맥을 넘어서 파나마에 당도한다. 파나마 지협의 산맥을 넘는 두 번째 단계는 험난하기 그지없었다. 세 번째 단계로는 해적이 우글거리는 카리브해를 지나 아바나에 이른다. 잠시 머문 아바나를 떠나 위험한 대서양을 건너는 것이 마지막 단계였다. 칠레는 식민지 정착민들에게 공물을 바칠 원주민들도 많이 제공할 수 없었다. 사실 칠레의 남쪽 변경 지역에는 에스파냐인들이 도착하기 전부터 식민화에 저항해 온 사람들이 있었는데, 잉카 제국의 군대조차 정복할 수 없었던 아라우카노Araucano족이 바로 그들이다.(이네스 수아레스가 목을 베었던 원주민들이 바로 이 부족이었다.) 에스파냐인들과 아라우카노족 간의 싸움은 수 세기 동안 계속되었다. 그러나 18세기가 되면 우뚝 솟은 안데스산맥과 태평양 사이로 길게 난 중부 계곡을 포함한 칠레 대부분을 에스파냐 군대가 지배했다. 이 계곡은 비옥했지만, 열대 지방보다 더 남쪽에 위치해 있어서 사탕수수를 재배하기에는 적합하지 않았다. 따라서 칠레의 농장주들은 페루의 광산 지대에 판매할 밀을 재배했다.

에스파냐령 아메리카의 변두리 지역에서는 대개 소를 사육했다. 이 지역은 여기저기 흩어져 고립되어 있는 선교 부락을 제외하면, 사람을 찾아보기 힘든 '카우보이와 인디언'의 세계였다. 카우보이를 부르는 명칭은 지역마다 달랐다. 라플라타강 유역에서는 '가우초gaucho'라 불렀고, 칠레에서는 '과소guaso', 멕시코에서는 '바케로vaquero'라고 불렀다. 사실 미국 남서부의 목축 지대도 한때는 멕시코의 광산 지역에 딸린 변두리였다.

나중에 그곳에 살게 된 백인 정착민들은 그들보다 앞서 그곳에 살고 있던 '바케로들'로부터 카우보이 생활을 배웠다. 다시 말해, 에스파냐령 아메리카의 변두리는 개척되기 이전의 황량한 미국 서부와 비슷했다. 소를 사육하는 라틴아메리카의 변경 목축 지대에서는 소고기를 말려 육포 형태로 보존했다. 하지만 유럽인들이 육포를 즐겨 먹지 않았기에, 이곳 사람들은 가난에서 벗어날 수 없었다.

콜럼버스가 들른 적이 있는 카리브해 일대는 식민화가 시작된 지 10년 만에 변두리로 전락하고 말았다. 쿠바는 앤틸리스 제도에서 가장 큰 섬으로, 카리브해 섬들을 모두 합한 면적의 절반 정도다. 이 섬에서는 18세기 후반까지 주로 소를 길렀다. 히스파니올라와 자메이카도 식민지 초·중반까지는 미개발 상태여서, 프랑스인들과 영국인들이 영유권을 주장하고 나서기도 했다. 카리브해 남쪽 해안에 위치한 베네수엘라는 소를 사육하던 변경지대였고, 중앙아메리카의 카리브해안 역시 인구밀도가 매우 낮은 식민지 변방이었다. 영국인들이 중앙아메리카의 카리브해안, 특히 벨리즈에 거점을 마련한 것도 바로 이 때문이었다. 멕시코, 과테말라, 온두라스와 국경을 맞대고 있는 벨리즈는 영어를 사용하는 나라로, 비非라틴아메리카 국가다.

오늘날의 콜롬비아에 해당하는 누에바그라나다 부왕령은 지금도 그렇지만, 과거에도 정말 복잡한 곳이었다. 콜롬비아의 안데스 고지대에는 정착 원주민들이 밀집해 살고 있었지만, 페루에서 볼 수 있는 그런 규모가 큰 은광 같은 것은 없었고, 오히려 수많은 변두리 지역들뿐이었다. 광활한 열대림 지대나 드넓은 목축 지대 같은 것들 말이다. 또 행정 구역상 누에바그라나다 부왕령에 속하는 에콰도르의 안데스 고지대에도 정착 원주민들이 살고 있었다. 정착 원주민들이 살고 있지만 은광은 없는 이런 지역들은 경제적 측면에서 중심과 변두리의 중간에 해당하는 지역이다. 과테말라와 유카탄반도 역시 마찬가지였다.

일부 변두리 지역들은 식민지 시대가 끝날 무렵에 경제 호황을 누렸다. 라플라타강 유역에서는 소가죽을 유럽으로 수출하였고, 쿠바와 베네수엘라에서는 수익성이 좋은 플랜테이션 작물을 재배했다. 쿠바에서는 커피와, 특히 설탕이 그런 작물이었다. 반면 베네수엘라 해안의 비탈진 산기슭에서는 영어로 '코코아'라고 발음하는 카카오가 사탕수수보다 더 나은 플랜테이션 작물이었다. 카리브해 일대에서는 플랜테이션 농업이 높은 수익을 보장했다. 하지만 높은 수익과 함께 도처에서 암울한 사회 문제가 초래되기도 했다. 아프리카 노예들의 대규모 강제 이주가 바로 그것이었다.

브라질의 변두리도 에스파냐령 아메리카의 변두리와 비슷했다. 이베리아인들은 주로 선교 부락에 거주했다. 브라질 오지에서는 왕실 대리인은 고사하고, 어떤 계층의 포르투갈인도 찾아볼 수 없었다. 내륙(사탕수수를 재배하는 해안에서 건조한 세르탕까지, 특히 상프란시스쿠강의 긴 계곡 위쪽)에는 목장주들이 여기저기 흩어져 살고 있었다. 이들은 해안에 위치한 플랜테이션과 도시에 도축하지 않은 소를 공급했는데, 포르투갈 관리들은 이들에게 거의 신경을 쓰지 않았다. 포르투갈의 식민화는 대개 해안 지역을 중심으로 전개되었다. 내륙의 오지는 목축업자들과 가까스로 살아남은 원주민들, 예수회 선교사들 그리고 '반제이란치bandeirante'라고 불렸던 무장 개척자들의 무대였다. 무장 개척자들의 본거지는 상파울루 선교 부락이었다.

오늘날 브라질에서 산업이 가장 발달한 도시인 상파울루도 17세기에는 벽촌僻村에 불과했다. 상파울루는 예수회 선교사들이 대서양 해변에서 멀지 않은 내륙에서 가파르게 치솟은 급경사지 정상에 세운, 브라질에서 몇 안 되는 내륙 소도시였다. 상파울루의 식민지 사회는 브라질 남부의 삼림으로 이어지는 내륙과 마주하고 있었고, 원주민의 영향을 크게 받았다. 상파울루의 농장들은 해안 지역에 위치한 사탕수수 플랜테이션과는 경쟁이 되지 못했다. 상파울루에 거주하는 포르투갈 정착민들은 수출로 벌어들이는 것이 없었으므로 아프리카 노예들을 제대로 사들일 수 없었고, 결과적으로 원주민들의 노동력에 의존할 수밖에 없었다. 이들은 또 포르투갈 여자들이 좋아할 만한 사치품을 구입할 능력도 없었으므로, 대개 투피족 여성과 동거를 했다. 그 결과 상파울루는 사탕수수를 재배하는 해안 지역에서와 같은 흑인-백인의 인구 패턴을 보이지 못하고, 메스티소의 비중이 높았다. 아마존강 유역과 브라질 동북부의 건조한 세르탕 지역에서도 비슷한 상황이 벌어졌다. 달콤한 설탕 경제권에 속하지 않는 지역에서는 대개 사정이 비슷했다.

상파울루와 브라질의 변두리 지역에서는 원주민들을 노예로 삼는 일이—사탕수수를 재배하는 해안 지역에서와는 달리—오랫동안 계속되었다. 상파울루의 개척자들은 노예를 사냥하기 위해 카누를 타고 광활한 내륙을 누비고 다녔는데, 그들이 다시 상파울루로 돌아오는 데는 수개월에서 수년이 걸렸다. 개척자들은 선교 부락을 기습해 그곳 원주민들을 사로잡기도 했다. 얄궂게도 이 노예사냥꾼들은 포르투갈어가 아니라, 예수회 선교사들이 선교를 위해 만든 '링구아 제라우'라는 투피어로 대화를 나누었다. 링구아 제라우는 17세기까지 브라질 내륙에서 가장 흔히 사용된 언어였다. 이 언어는 그 후 점차 사라지기 시작하여 지금은 아마존 오지에서만 겨우 그 명맥을 유지하고 있다. 도밍구스 조르지 벨류같이 악명 자자한 일부 무장 개척단은 포르투갈어를 전혀 하지 못해, 포르투갈인 관리를 만날 때 통역관이 필요할 정도였다. 이들은 왕이 고시한 노예화에 관한 법률 지침을 제대로 따른 적이 없었지만, 그래도 자신들이 포르투갈 왕에게 충성을 다하고 있고, 자신들도 쓸모가 있다고 주장했다. 무장 개척단이 정착지를 만든 것은 아니었다. 하지만 포르투갈인들이 내륙 깊은 곳으로 진출할 수 있었던 것은 그들의 원정 덕분이었다. 벨류가 이끈 무장 개척단은 포르투갈 군대도 할 수 없었던 일을 해냈다. 브라질에서는 '킬롱부quilombo'라고 불리던 도망 노예들의 부락 '파우마레스Palmares'를 파괴한 것이다. 당시 파우마레스에는 도망 노예 수백 명이 살고 있었다. 파우마레스는 킬롱부들 중에서도 규모가 가장 큰 축에 속했고, 또 가장 널리 알려져 있었다. 사탕수수를 재배하던 해안 배후지의 언덕에 자리 잡은 몇 개의 마을들로 이루어진 파우마레스는 17세기에 들어 성장을 거듭했다. 무장 개척단에 맞서 마지막 항전을 이끈 사람은 파우마레스의 위대한 전사 줌비였다. 1695년에 벌어진 전투에서 그가 사망하자, 무장 개척단은 그의 머리를 창에 꽂아 광장에 세워 두었다. 그가 불멸의 존재라는 소문을 가라앉히기 위해서였다. 하지만 그는 그 소문대로 불멸의 존재가 되었다. 300년이 지난 오늘날에도 줌비는 참혹한 노예제에 항거한 저항의 상징이자, 가장 사랑받는 아프리카계 브라질인 영웅으로 우뚝 서 있다.

무장 개척단은 17세기 말 내륙 오지에서 금을 발견했는데, 그제야 포르투갈 정착민들이 브라질 내륙으로 몰려들었다. 이때 사탕수수가 재배되는 해안 지역에서 금광 지대로 이주민들을 실어 나르는 고속도로 역할을 한 것은 상프란시스쿠강이었다. 금은 곧 설탕을 제치고 식민지 브라질의 가장 중요한 수입원으로 떠올랐다. 이주민들은 이 금광 지대를 미나스제라이스('드넓은 광산'이라는 뜻—옮긴이)라고 불렀다. 무장 개척단은 이렇게 몰려든 이주민들을 자신들의 광구 선취특권을 횡령하려는 사람들로 간주했고, 그들이 입은 유럽풍 복장을 비웃으며 그들을 '임보아바emboaba', 즉 '암사내'라고 불렀다. 그러나 골드러시가 진행되면서 뒤로 밀려나게 된 쪽은 무장 개척단이었다. 해안 지역에서 이주해 온 정착민들은 자신들이 소유하고 있던 아프리카 노예들을 데리고 와서 채광 일에 투입했다. 이제 대규모 광산 근처에 도시가 들어섰고, 왕실 관리들은 킨토 레알(5분의 1세)을 징수하기 시작했다. 브라질 내륙에 처음으로 상당한 규모의 정착지가 생겨났던 것이다. 미나스제라이스의 주도 빌라히카지오우루프레투('검은 황금이 풍부한 도시'라는 뜻)는 18세기 브라질에서 인구가 가장 많은 도시로 번성했다. 당시 이곳에는 호화로운 교회가 세워졌고, 2층 집들도 구불구불한 도로를 따라 빽빽하게 들어섰다. 알레이자징유의 종교 예술이 가능했던 것도 이곳에서 나는 황금 덕분이었다. 알레이자징유는 사실 그의 애칭으로, '장애인'이란 뜻이다. 나병에 걸려 두 손을 쓸 수 없게 된 알레이자징유는 손으로 도구를 잡을 수 없었기 때문에 끌을 손에 묶고 작업해야 했다. 그는 성경에 등장하는 인물을 살아 있는 듯 생생한 조각상으로 만들어 교회를 장식했다. 백인과 흑인 사이에서 태어난 물라토mulatto인 알레이자징유는 오늘날 가장 위대한 라틴아메리카 출신 조각가로 추앙받고 있다.

이곳저곳을 다시 한번 누비고 다녔던 무장 개척단 덕분에 브라질 내륙의 오지에서 더 많은 황금과 다이아몬드가 발견되자, 상파울루보다 더 깊숙한 내륙의 고이아스와 마투그로수에도 정착지가 만들어졌다. 상파울루의 변경 개척자들이 남부 평원 지대에서 노새를 길러 북부의 광산으로 몰고 갔고, 브라질은 경제적으로 좀 더 통합되었다. 그러나 브라질의 황금 열풍은 금세 끝나 버렸다. 골드러시라는 것이 대체로 그러하듯이, 브라질에서도 매장된 황금이 이내 고갈되었던 것이다. 새로운 정착민들 일부가 소를 키우며 그곳에 머무르기도 했지만, 상당수는 미나스제라이스를 떠났다. 그럼에도 불구하고 이 황금 때문에 인구와 경제의 중심지가 남쪽으로 이동했고, 그에 따라 식민지 브라질의 외형도 바뀌었다. 1763년에는 브라질의 수도가 사우바도르에서 미나스제라이스 인근의 항구 도시 히우지자네이루로 바뀌었다. 변두리로 출발한 미나스제라이스와 히우지자네이루가 이제 브라질의 중심지로 떠오른 것이다.

물론 중심 지역과 변두리 지역을 물리적으로 명확하게 구분할 수는 없다. 이러한 구분은 개념적인 모형이자 대강의 지침일 뿐이다. 사실 18세기 말 라틴아메리카의 지역문화는 그 다양성이나 분포를 두서너 문단으로는 설명할 수 없을 정도로 복잡해졌다. 그럼에도 불구하고 중심 지역과 변두리 지역의 구분과 같은 기본 원칙들은 여러 가지 변형을 이해하는 데 도움이 된다.

식민지 시대 말기의 변화

식민지 시대의 여러 양상들 가운데 마지막으로 다루어야 할 것은 시간에 따른 변화이다. 접촉이 시작된 16세기가 지나면서 원주민 인구는 점차 회복되었고, 아프리카 노예들도 점점 더 대규모로 유입되었다. 17세기에는 정복자의 후손들과 피정복자들 사이에 일종의 타협이 이루어졌고, 그러면서 에스파냐령 아메리카와 브라질 사회의 기본 윤곽이 잡혔다. 유럽과의 접촉은 상당히 제한되었고, 신대륙 사회는 폭넓은 자치를 누렸다. 각 지역의 정치적 통제 또한 매우 안정적이었다. 18세기에는 브라질의 골드러시 같은 경제적 요인들 덕분에 이베리아인 정착 지역이 점차 늘어났다. 그 결과, 앞서 이야기한 것처럼 새로운 부왕령들이 생겨났다. 1750년경에는 다른 종류의 변화가 생겼는데, 이 변화로 인해 결국 에스파냐와 포르투갈의 식민 지배가 흔들리게 된다.

이러한 변화는 에스파냐와 포르투갈의 왕실 관리들이 신세계 점령지에 대한 지배를 강화하고, 그곳에서 보다 많은 수익을 거둬들이려는 계획을 세우면서 시작되었다. 에스파냐를 통치하고 있던 부르봉 왕실과 포르투갈의 유력한 재상 퐁발 후작이 이러한 정책 변화를 주도했기에, 이 변화를 각각 '부르봉 개혁'과 '퐁발 개혁'이라고 부른다. 이 개혁의 취지는 해외 영토에 대한 지배를 합리화하고 근대화하는 데 있었다. 그런데 그렇게 하려면 해외 영토를 더욱 식민지답게 만들어야 했다. 정복자의 후손들은 영웅적인 선조들이 자신들의 군주를 위해 건설한 신세계 왕국이 중요성이나 위엄에 있어서 구세계의 왕국과 비등하다고 생각했다. 그러나 부르봉 왕가와 퐁발의 개혁가들에게는 이런 생각이 이미 구식으로 여겨졌다. 유럽의 근대 국가라면 모국의 경제적 이익에 도움이 되는 식민지를 가지고 있어야 한다는 것이 그들의 생각이었다. 개혁가들은 자기들끼리 얘기할 때는 신대륙을 '왕국'이 아니라 '식민지'라고 불렀지만, 공론의 장에서는 '식민지'라는 공격적 용어 사용을 자제했다. 그러나 그들이 추진한 개혁은 이미 충분히 공격적이었다.

개혁가들의 주된 관심은 식민지의 수익성을 높이는 데 있었다. 이를 위해 이들은 전면적인 세금 인상을 단행했고, 보다 확실한 세금 징수를 위해 온갖 종류의 규정을 도입했다. 이는 물론 식민지 행정 체계를 개편함으로써 가능했다. 식민지에서 창출되는 세입을 극대화하기 위해 흔히 사용된 방법은 담배나 술 같은 기본 필수품의 생산과 판매 혹은 무역을 관리할 독점 국영기업을 설립하는 것이었다. 물론 에스파냐령 아메리카와 브라질에서는 여러 식민지 경제 부문 중 수익성이 가장 높았던 광업에 대한 관심이 지대하여, 광업 부문의 기술 개선을 촉진하거나 금과 은의 밀수를 근절하는 데 특히 애를 썼다. 식민지 아메리카에서 직물이나 포도주 같은 몇몇 상품의 생산을 엄격하게 제한한 것도 비슷한 이유에서였다. 개혁가들은 식민지 주민들이 이런 상품들을 직접 생산하여 경쟁하기보다는, 에스파냐와 포르투갈에서 구입해 가기를 바랐다. 식민지 모국에 유리한 방향으로 대서양 경제를 통합하고자 했던 이들 개혁가들은 해운과 관련된 규제도 풀었다. 물론 아메리카 식민지가 에스파냐와 포르투갈과만 교역한다는 조건하에서였다.

부르봉 왕실과 퐁발의 개혁은 유럽의 이익을 위해 식민지 통제를 강화하는 것이었으므로, 에스파냐령 아메리카와 브라질에 사는 주민들에게는 손해를 끼쳤다. 증세는 원주민들처럼 지불 능력이 거의 없는 사람들에게 직격탄을 날렸고, 교역과 생산에 가해진 각종 규제는 실업을 야기했다. 또 독점 기업이 등장하면서 물가가 치솟았다. 1750년 이후 경제적인 이유로 폭동과 시위가 만연하게 된 것도 전혀 놀랄 일이 아니다. 이는 물론 종전에는 없었던, 새로운 형태의 불만이었다. 이런 상황에서 가장 심각한 위기에 처하게 된 사람들은 여러 이유로 기존의 영향력을 상실하게 된 신대륙 태생의 에스파냐계 아메리카인과 브라질 지배 계층이었다. 유럽 태생의 식민지 관료라면 유럽의 이익을 최우선시할 것이고, 아메리카에서 태어난 엘리트라면 식민지의 이익을 앞세울 것이라는 게 당시 부르봉 왕실과 퐁발 개혁가들의 추론이었다. 이는 논리적으로는 틀린 말이 아니었다. 유럽에서 태어난 에스파냐인들과 포르투갈인들은 제국 통치의 상급 대리인으로 간주되었으므로, 민간 및 교회 권력 구조에서도 승승장구했다. 반면 정복자들의 자랑스러운 후손들은 행정과 사법 분야에서 자신들이 종전에 누려 온 지위를 상실하기 시작했다. 이로써 이들은 자존심에 큰 타격을 받았을 뿐만 아니라, 사회적 출셋길도 막막해지게 되었다. 한편 개혁가들은 식민지 통제를 강화하며 브라질(1759년)과 에스파냐령 아메리카(1767년)에서 예수회를 추방하였는데, 이로 인해 아메리카에서 태어난 엘리트들은 또 다른 피해를 입게 되었다. 신세계의 유능한 젊은이들에게는 명예로운 출셋길을, 그리고 지배 계층에게는 매우 드문 교육의 기회를 제공해 왔던 곳이 바로 예수회였기 때문이다. 하지만 개혁가들은 지속적으로 왕권에 저항했던 예수회를 끝내 용납하지 않았다.

보다 미천한 가문의 젊은이들이 신분 상승을 꿈꾸며 자신들을 향해 치고 올라왔던 것처럼 식민지 엘리트 가문의 젊은이들 역시 신분 상승을 위해 애썼지만, 눈에 보이지 않는 장벽에 계속 부딪칠 뿐이었다. 결국 식민지 시대 말기에는 백인도 아니고 원주민도 아니며 아프리카인도 아닌 사람들, 곧 문화적으로뿐만 아니라 인종적으로도 뒤섞인 사람들의 비율이 눈에 띄게 늘어났다. 이들은 경계인들이었다. 사회 계층상 이들은 위쪽의 백인들과 아래쪽의 아프리카인·원주민들 사이에 낀 중간 계층에 속했다. 여러 언어를 구사하며 식민지 내의 다양한 사회 집단들과 협상을 벌일 능력을 갖추고 있었고, 자신들을 둘러싼 복잡한 사회 환경에서 성공을 거둘 정도로 완벽하게 적응하였던 이 경계인들은 수 세기에 걸친 문화 변용이 만들어 낸 산물이었다. 이들이 문화적으로뿐만 아니라 인종적으로도 뒤섞이게 된 것은 결코 우연이 아니었다.

문화 변용은 대개 인종 혼합과 더불어 나타났다. 물론 유전자 혼합 없이도 문화 변용이 일어날 수 있고, 문화 변용 없이도 인종 혼합이 일어날 수 있다. 하지만 라틴아메리카 역사에서는 문화 변용과 인종 혼합이 동시에 일어났다.

여기서 인종 혼합은 여러 가지를 의미할 수 있다. 인종 혼합은 사회적 상호작용을 의미할 수도 있고, 경험의 공유를 의미할 수도 있다. 물론 이것이 평등한 관계에서 일어나는 경우는 드물었다. 하지만 피부색이 서로 다른 견습공들이 함께 일을 하거나 술을 마시고 흥청거릴 때처럼, 또 농촌에 거주하는 백인이 자신의 집에서 흑인 노예나 원주민 혹은 혼혈인 자유민들과 더불어 일생(유년기나 평범한 일상, 인생에서 중요한 순간들)을 살아갈 때처럼 인간적인 분위기 속에서 일어나는 문화 변용은 의미가 있었다. 다른 한편으로 인종 혼합은 종종 성적 접촉을 의미하기도 했다. 이 당시에는 가난한 백인들·원주민들·흑인들이 자신과 다른 인종과 결혼하는 경우가 많았는데, 이는 합의된 동반자 관계와도 같은 것이라 하겠다. 물론 "신사들"이 매춘부를 사거나 여성 노예를 겁탈할 때처럼, 사회적으로 불평등한 관계에 있는 서로 다른 인종들 사이에서도 성적 접촉이 일어났다. 하지만 이러한 접촉은 대개 일방적으로 이루어졌고, 합의라는 것이 있었다 하더라도 피상적인 것에 불과한 경우가 많았다.

이런 상황에 비추어 볼 때 시카 다 실바라는 여성에 관한 이야기는 전형적인 이야기라기보다는 극단적인 이야기이고, 밋밋한 이야기라기보다는 기억에 남는 이야기이다. 그녀는 브라질의 다이아몬드 산지에서 명성을 얻었지만, 악명 또한 자자했던 인물이다. 그녀는 아프리카인 어머니와 포르투갈인 아버지 사이에서 태어난 혼혈인이었다. 그 당시 다이아몬드 산지의 부는 왕실 다이아몬드 도급업자가 독차지하고 있었는데, 원하는 것은 무엇이든 살 수 있었던 그는 시카 다 실바를 정부情婦로 두고 싶어 했다. 하지만 그녀는 손쉽게 품에 안을 수 있는 여자가 아니었다. 그녀를 얻기 위해 그는 값비싼 옷과 교회의 상석上席, 시중을 들 십여 명의 하녀, 인공 폭포가 딸린 정원, 작은 배가 떠 있는 인공호수(그녀는 늘 바다를 보고 싶어 했다.)를 선물했다고 한다. 결국 시카 다 실바는 이 남자를 받아들였고, 사람들은 그녀의 정부情夫에게 접근하기 위해 그녀를 찾았다. 그녀의 아들 중 하나는—도급업자와의 사이에서 난 아들이 아니었는데도—유럽의 여러 대학에서 공부를 했다. 특정 포르투갈인 방문객들을 대할 때 드러나는 그녀의 무시하는 듯한 언사를 사람들은 생생하게 기억했다. 그녀는 브라질 땅에 갓 도착한 포르투갈 이주민들에게 모욕적인 브라질 속어로 "집사, 저 햇병아리 선원들 좀 잘 돌봐 줘."라고 말하는 것으로 유명했다. 포르투갈인들을 '햇병아리 선원들'이라고 불렀을 때, 브라질 혼혈 여성이었던 시카 다 실바는 분명 카스트 제도caste system를 무시하고 유럽인 남성들을 얕잡아 보았던 것이다.

이베리아반도의 군주들은 식민지 라틴아메리카 사회를 관리하기 위해 인도에서처럼 카스트라는 고정된 범주로 사람들을 분류했다. 카스트 제도에서는 무엇보다도 혈통이 중요했다. 따라서 카스트 제도는 오늘날 우리가 '인종'이라고 부르는 것과 관련이 많았다. 하지만 실제로는 교육 수준이나 옷차림, 재산 같은 것들도 중요했다. 당시 라틴아메리카에는 "돈이 피부를 희게 만든다."는 말이 유행하였는데, 이는 신분 제도에서 재산이 얼마나 중요하였는지를 잘 보여 준다. 사람의 신분은 세례식 때 세례 명부에 기록되었는데, 신분이 낮은 사람은 사제가 될 수 없었고, 대학에 입학할 수도 없었다. 또 비단옷을 입을 수도, 무기를 소지할 수도 없었다. 이들에게는 이 밖에도 많은 것들이 법적으로 금지되어 있었다. 이 제도에서는 부모 모두가 유럽인인 사람들이 한 범주를 이루었고, 부모 모두가 아프리카인인 사람들이 또 다른 범주를 이루었다. 이런 분류는 미국의 인종 분류와 매우 유사하다. 유럽인과 아프리카인 사이에서 태어난 자녀는 세 번째 범주에 속했다. 논리상으로는 절반이 유럽인이고 절반이 아프리카인일 경우가 이 범주에 속했다. 또 유럽인 아버지와 원주민 어머니를 둔 아이들은 네 번째 범주에 속했고, 원주민과 아프리카인 사이에서 태어난 아이들은 다섯 번째 범주에 속했다. 그리고 원주민들은 독자적으로 하나의 범주, 곧 여섯 번째 범주를 이루었다. 그러나 이것은 시작일 뿐이었다.

규정상 금지된 일이기는 했지만, 이들 여섯 개 범주에 속한 사람들이 계속해서 다른 범주에 속한 사람들과 만나 자녀를 낳았다. 그 결과 이제 어느 범주에도 속하지 않는 새로운 '경계인들'이 생겨났고, 이로 인해 범주의 구분이 혼란스러워지면서 제도 자체가 흔들리게 되었다. 신분 범주의 수는 계속 늘어나 식민 지배의 마지막 세기에는—이리나 코요테 같은 동물 이름을 붙인 몇몇 범주를 포함하여 적어도 이론상으로는—열여섯 개 혹은 그 이상의 범주가 만들어졌다. 이러한 신분 범주의 명칭은 18세기에 멕시코에서 신분 제도를 설명하기 위한 일련의 그림들을 제작

의뢰하면서 생겨났다. 이런 그림에는 각각 제목이 붙어 있었다. 예를 들어 "에스파냐인과 물라토의 자녀는 모리스코이다"라는 제목이 붙어 있는 그림에는 집 안을 배경으로 피부색과 옷차림, 몸가짐이 각기 다른 아버지와 어머니, 아이가 등장한다. 이러한 신분 제도에 관한 그림은 에스파냐로 보내졌고, 에스파냐 제국의 관리들은 이 그림들을 자연사에서 말하는 종種 분류 같은 것으로 이해했다. 그러나 이러한 이상한 그림들은 다루기 어려운 인종 혼합이란 현실에 질서를 부여하기 위해 만들어진 것이므로, 십여 개의 새로운 신분 명칭은 실제로는 사용되지 않았다. 따라서 이러한 새로운 명칭들은 18세기 말의 급격한 인종 혼합이 신분 제도에 가한 압박감을 보여 주는 징후들 중 하나로 이해하면 좋겠다.

18세기 말에는 낮은 신분의 사람들, 이를테면 노새 몰이꾼과 장인들이 성공을 거두게 되면서 신분 제도에 또 다른 도전이 제기되었다. 끊임없이 돈이 필요했던 에스파냐 국왕은 이들에게 명망과 권위가 있는 지위에 오를 수 있는 백인 자격을 법적으로 보장해 주는 면제증서를 살 수 있도록 허락했다. 이 면제증서의 이름은 '그라시아스 알 사카르Gracias al sacar'('꺼내 줘서 고맙다'는 의미—옮긴이)였다. 신분상의 특권을 제외하면 이들과 별반 다를 것이 없던 백인들은 면제증서의 판매가 신분 제도의 기반을 약화시킨다고 주장하며 신랄하게 비난했다. 하지만 면제증서의 판매는 라틴아메리카인들이 인종을 협상 가능한 하나의 영역으로, 즉 한 집안이 밟고 오를 수 있는 사다리로 생각하는 경향이 있었음을 보여 주는 좋은 사례다. 이 당시에는 심지어 법적 면제증서가 없어도 가족 전체가 신분 상승의 사다리에 오를 방법이 있었다. 이는 딸이나 아들이 자신보다 피부색이 더 하얀 사람과 결혼하게 되면 가능한 일이었다. 여기서 우리는 피부색이 더 하얀 사람과의 결혼을 통해 신분 '상승'을 꾀한다는 것이 백인의 우월성을 전제로 한 신분 제도의 논리를 받아들인다는 것이나 마찬가지라는 사실에 주목해야 한다. 이렇듯 인종 혼합은 당시에 일어났던 문화 변용과 문화적 헤게모니를 추적해 볼 수 있는 실마리를 제공해 준다.

인종 혼합을 가치 있는 일로 보는 사람도 있을 것이고, 혐오스런 일 또는 그저 눈감아 줘야 할 일로 보는 사람들도 있을 것이다. 하지만 어찌 되었든 간에, 인종 혼합은 라틴아메리카의 식민지 생활에서 실제로 일어났던 사실이다. 식민지 시대가 끝나 갈 무렵인 1800년, 라틴아메리카 인구 중 25퍼센트 정도는 이미 혼혈인이었다. 가장 빠른 속도로 늘어난 집단이 바로 이 '경계인들'이었다. 아프리카인들과 원주민들 대다수는 에스파냐인들과 포르투갈인들로부터 많은 것을 받아들였지만, 동시에 자신들의 고유한 문화로 영향을 주기도 했다. 온갖 갈등 속에서도 다양한 출신의 사람들이 함께 어울려 살며 공동의 정체성과 단일한 충성 체계를 만들어 냈다. 1800년 무렵, 라틴아메리카 인구의 25퍼센트 정도를 차지했던 에스파냐령 아메리카와 브라질의 백인들조차 음악적 취향 같은 자신들의 기호나 습관 상당 부분이 유럽에 사는 친척들과는 다르다는 것을, 어떤 면에서는 오히려 자신들 아래 계층에 속한 식민지인들과 다소 비슷하다는 사실을 알게 되었다. 그런데도 1800년에는 이런 아메리카의 독특한 정체성에 중요한 의미를 부여하는 식민지인이 거의 없었다.

이런 관점에 변화를 가져다준 것이 바로 독립전쟁이었다.

반대 흐름

식민지의 반란

라틴아메리카 식민 지배의 가장 놀라운 특성은 지속성과 안정성이었다. 하지만 식민지 시대가 끝나 갈 무렵에는 소규모 반란이 여러 차례 일어났고, 규모가 꽤 큰 반란도 몇 차례 있었다. 이 반란들 중 일부는 이베리아인들이 정권을 탈취한 이후 발생한 여진이었다. 그 이후에 일어난 다른 반란들은 갈등이 고조되고 있다는 징후이자 독립의 전조라고 볼 수 있겠다.

곤살로 피사로의 반란(1544~1549년)

초창기 반란들 중 가장 중요한 반란은 페루 정복자들의 반란이었다. 이 반란은 에스파냐 국왕이 파견한 초대 총독이 엔코미엔다를 제한하는 신법(1542년)을 갖고 페루에 당도하였을 때 일어났다. 반란을 이끌었던 이는 페루의 정복자 프란시스코 피사로의 동생 곤살로 피사로였다. 피사로를 따르는 추종자들은 신법으로 인해 자신들이 하사받은 엔코미엔다를 송두리째 잃어버리게 될까 봐 두려워했다. 그들은 결국 폭동을 일으켰고, 1547년에는 총독을 사로잡아 처형했다. 하지만 3년이 지나자 반란은 수그러들었다. 곤살로 피사로는 반란죄로 참수되었고, 새로 부임한 총독이 페루를 통치하기 시작했다.

원주민들의 봉기(1500~1800년)

원주민들은 정복을 당한 초창기의 충격이 사라진 후 자주 봉기했다. 특별히 흥미로운 사례는 '타키 온코이(Taki Onqoy)'라고 불리는, 1560년대 안데스 원주민들의 운동이었다.

원주민들은 이 운동을 벌이면서 자신들을 부르는 옛 신들의 음성을 들었다고 한다. 그들은 14세기 유럽에서 유행했던 성 비투스의 춤을 추듯 몸을 흔들며 춤을 추었다. 그러나 수백 건에 달하는 원주민 봉기들은 대부분 소규모로 그리고 산발적으로 일어났기 때문에, 에스파냐와 포르투갈의 지배에는 아무런 위협이 되지 않았다. 다만 1680년 누에보메히코(Nuevo México)에서 일어난 푸에블로 봉기(Rebelión de los indios)는 예외였다. 1680년에 봉기를 일으킨 푸에블로족은 10년 넘게 에스파냐와 관련된 모든 것들을 자신들의 땅에서 몰아냈다. 누에보메히코의 반대편 끝에 위치한 유카탄반도에서도 봉기가 끊이지 않았다. 1761년에는 유카탄반도의 한 마야인이 전설적인 원주민 지도자 카넥(Canek)의 이름을 내걸고 봉기를 일으켰는데, 단기간에 상당한 성과를 거두었다. 하지만 그는 그해를 넘기지 못하고 체포되었고, 능지처참을 당했다. 원주민 봉기에 대한 처벌은 대개 매우 잔인했다.

부르봉 개혁에 맞선 반란(1740년대~1780년대)

아메리카 식민지에 대한 왕실의 지배력을 강화하고 그곳에서 더 많은 이익을 뽑아내려 했던 부르봉 왕실의 시도에 맞선 반란은 여러 곳에서 일어났다. 1749년에는 카카오를 재배하는 베네수엘라 농민들이 정부의 카카오 독점 관리에 반대하는 봉기를 일으켰다. 1765년에서 1766년 사이에는 에콰도르 키토에서 도시 군중이 세금 인상에 항의하는 봉기를 일으켰다. 1781년의 코무네로 봉기(Rebelión de los Comuneros)는 오늘날 콜롬비아 영토에 속하는 소도시 주민들이 세금 인상과 담배 경작 독점 조치에 반발하여 일으킨 것이다. 이러한 반란 도중에는 대부분의 사람들이 신분의 벽을 넘어 하나로 단결했다. 하지만 그들의 연대는 몇 주 지나지 않아 신분에 따라 해체되고 말았다. 게다가 이러한 반란들은 부르봉 왕가의 개혁 조치를 겨냥한 것이었을 뿐, 에스파냐의 지배 자체를 겨냥한 것은 아니었다. 실제로 반란에 가담한 사람들은 반란의 와중에도 “국왕 폐하 만세! 악독한 정부는 물러가라!”라고 외치며 국왕에 대한 충성심을 드러냈다.

킬롱부와 팔렝케(1500~1888년)

브라질에서 가장 큰 킬롱부(도망 노예들의 피난 마을)였던 파우마레스 마을에 대해서는 앞서 이미 살펴본 바 있다. 이런 피난 마을은 에스파냐가 지배하던 카리브해 지역에도 있었는데, 그곳에서는 이러한 피난 마을을 '팔렝케(palenque)'라고 불렀다. 에스파냐어로 '팔렝케'는 도망 노예들이 그들의 마을 주변에 만들어 놓은 나무 울타리를 가리킨다. 노예들이 반란을 일으켜 주인에게 보복하는 경우는 흔치 않았지만, 전혀 없었던 것도 아니다.

브라질에서 일어난 '프랑스식' 모의(1789년, 1798년)

프랑스 혁명 사상은 브라질에서 한두 차례 여진을 불러일으켰다. 일부 도시에서는 진보 인사들이 프랑스와 미국에서 넘어온 새로운 정치 철학에 대해 토론하기 시작했다. 군주제를 폐지하고 공화제를 도입하자는 내용이었다. 브라질 광산 지대에 자리 잡은 오우루프레투가 그런 도시 가운데 하나였다. 하지만 모의가 시작되자마자 누군가가 모의 사실을 밀고했고, 모의 가담자들은 곧바로 체포되었다. 백인인 데다가 부자였던 가담자들 대부분은 국외로 추방되는 정도의 가벼운 처분을 받았다. 하지만 한 사람은 공개 처형을 당했다. 물라토로서 군대 장교였던 그는 부업으로 치과 진료를 했기 때문에 별명이 치라덴치스(Tiradentes), 곧 '이를 뽑는 사람'이었다. 치라덴치스는 오늘날 브라질에서 가장 존경받는 애국자이자 순교자이다. 이와 유사한 '프랑스식' 모의가 9년 뒤 바이아에서도 발각되었다. 공모자들 가운데 일부가 재봉업에 종사했기 때문에 이 사건은 '재봉사들의 반란'으로 불렸다. 모의 가담자들 대부분이 흑인과 물라토여서, 모의 발각 당시 많은 백인 엘리트들이 두려움에 떨었다.

투팍 아마루 2세의 반란(1780~1783년)

식민지의 반란 중 가장 중요한 반란이었던 이것은 안데스 고지대를 뒤흔든 후, 에스파냐령 아메리카 전역에 파장을 불러일으켰다. 자신의 이름을 투팍 아마루 2세라고 밝힌 이 메스티소는 자신이 잉카 황실의 후손이라고 주장했다. 그의 주장이 사실인지 아닌지는 알 수 없지만, 중요한 것은 그가 말한 잉카 이름이었다. 그는 투팍 아마루 1세를 기리는 차원에서 투팍 아마루 2세라는 이름을 사용했다. 투팍 아마루 1세는 16세기에 정복자들에 맞서 승산 없는 싸움을 벌인 잉카 저항 운동의 지도자이자 민중의 영웅이었다. 반란 초기

투팍 아마루 2세는 자신이 '페닌술라르(Peninsular)'(이베리아반도 태생의 에스파냐인)들에 맞선 것이라고 밝히며, 아메리카 태생의 백인·메스티소·원주민들에게 단결할 것을 주문했다. 하지만 반란 가담자 대부분은 원주민들이었다. 반란은 원주민 인구가 밀집된 남쪽의 고원지대를 지나, 오늘날 볼리비아에 해당하는 알토 페루(Alto Perú)까지 걷잡을 수 없는 들불처럼 확산되었다. (당시 알토 페루에서는 자신의 이름을 투팍 카타리라고 밝힌 지도자가 더욱 거센 반란을 일으키고 있었다.) 투팍 아마루 2세의 반란은 결국 10만여 명의 사망자를 내고 끝이 났지만, 반란을 경험한 페루의 엘리트들은 이루 말할 수 없는 두려움에 사로잡혔다. 이 반란은 뒤이어 벌어진 독립전쟁 때 엘리트들의 행동에 큰 영향을 미쳤다.

제3장

독립

독 립
1810
~
1825년
1807~
1808년
나폴레옹,
이베리아반도 침략
1810~
1814년
에스파냐령
아메리카의
반란 시작
1815년
브라질,
왕국의 지위로 격상
1820년
에스파냐와
포르투갈에서
자유주의 혁명 발발
1824년
아야쿠초 전투
LATIN AMERICA

Independence

독립

라틴아메리카의 독립 투쟁은 예기치 못한 순간에 갑자기 시작되었다. 1800년 이전에도 이미 몇 가지 조짐이 보이긴 했다. 하지만 식민 통치의 가장 두드러진 특징이라 할 수 있는 전체적인 안정성은 변함없이 유지되고 있었으므로 그 누구도 제국의 붕괴를 예견하지 못했다. 따라서 제국이 갑자기 붕괴되기 시작하자 모두가 허둥거리게 되었다. 혹자는 유럽의 지배가 약화되었을 때, 하층민들이 폭동을 일으켰을 것이라고 생각할지도 모르겠다. 몇몇 지역에서는, 특히 아이티에서는 실제로 그런 일이 발생했다. 그곳에서는 말 그대로 노예들이 정권을 넘겨받았다. 하지만 에스파냐령 아메리카와 브라질에서는 독립 투쟁으로 인한 변화가 생각보다 작았다. 사회 최상층에 있던 백인들은 여전히 자신들의 자리를 유지하고 있었고, 흑인들과 원주민들도 종전과 다름없이 사회 계층의 바닥에 머물러 있는 경우가 많았다. 그렇지만 라틴아메리카의 독립으로 10여 개의 입헌공화제 정부가 세계 최초로 생겨났다. 또 독립 투쟁의 과정에서 라틴아메리카의 신분제가 치명타를 맞았고, 많은 혼혈인들은 일찍이 누리지 못했던 영예를 얻게 되었다.

독립 투쟁은 그 자체만으로도 라틴아메리카에 상당한 변화를 가져왔다. 전투에서 용맹을 발휘한 덕분에 많은 유색인들이 전쟁 영웅이라는 영예를 얻었다. 하지만 독립전쟁에서 승리를 쟁취하기 위해서는 단순히 피 흘리는 것 외에, 소속감이나 공동의 목표 같은 것도 필요했다. 전쟁이 시작되었을 때 라틴아메리카에는 근대 국가라는 것이—심지어 공상의 형태로도—존재하지 않았다. 아무리 같은 곳에서—예를 들어 페루 부왕령에서—태어났다고 해도, 아프리카 노예, 케추아어를 사용하는 원주민, 순수 에스파냐 혈통의 지주, 메스티소 장인이 과연 무엇을 얼마나 공유하고 있었겠는가? 자신들을 서로 다른 종의 인간으로 취급하는 에스파냐 국왕의 신민이라는 사실을 제외하면, 그들이 공유한 것은 그다지 많지 않았다. 따라서 독립 운동을 이끈 지도자들은 커다란 어려움에 직면했다. 우선 그들은 완전히 새로운 나라를 상상해야 했다. 또 공통점이라고는 눈곱만큼도 없는 사람들이 그런 새로운 나라를 상상하도록 만들어야 했다. 게다가 그런 새로운 나라의 모습은 생생해야만 했다. 새로운 나라를 위해서라면 기꺼이 죽음을 무릅쓰고 국왕을 죽이는 배신자가 될 수 있을 정도로 말이다. 독립전쟁에 뛰어든 지도자들은 두 개의 위대한 사상을 받아들였는데, 그것은 바로 자유주의와 민족주의였다. 향후 라틴아메리카의 정치는 바로 이 두 사상에 의해 좌지우지된다.

1808년에서 1825년에 걸친 위기의 시대를 살아간 사람들의 행동을 이해하려면, 또 독립이 어떻게 그렇게 예상보다 빨리 달성되었으며, 독립으로 어떠한 변화가 얼마나 일어났는지를 알려면 우리는 먼저 유럽에서 일어난 폭력적인 사건들이 기존의 식민지 통치를 어떻게 이리도 급격히 뒤흔들어 놓았는지를 직시해야 한다. 따라서 이를 먼저 고찰한 다음, 몇 가지 서로 다른 양상으로 전개된 라틴아메리카인들의 대응방식을 살펴보기로 하자. 참고로 멕시코나 페루 같은 중심 지역은 베네수엘라나 아르헨티나 같은 변두리 지역과는 다른 방식으로 변화에 대응했다. 브라질은 이와 또 달라서, 그 나름대로 매우 독특한 독립의 길을 걸었다. 꼬불꼬불해서 다소 복잡해 보이겠지만, 이 길들을 이해하는 것은 중요하다. 독립전쟁이 라틴아메리카의 역사에 길고도 어두운 그림자를 드리워 놓았기 때문이다.

유럽의 혁명과 전쟁

에스파냐령 아메리카인들은 1788년 이후 무능한 에스파냐 국왕 카를로스 4세의 치하에서 매우 힘든 20년을 보냈다. 정사를 돌보는 데는 관심이 없었던 카를로스 4세는 국민들의 원성이 자자했던 총리에게 국사를 떠넘겨 놓았는데, 이 사람은 왕비의 정부라는 소문이 나돌던 인물이었다. 이러한 실정失政은 곧 일련의 전쟁과 겹쳐졌다. 엄청난 전쟁 비용으로 인해 에스파냐를 18세기 내내 거의 파산 상태로 몰아넣었던 전쟁들 말이다. 그 결과 정부의 재정난으로 세금이 인상되었고, 많은 사람들의 원망을 샀던 장기대출금의 정부 압류나 매관매직 같은 분통 터질 관행들이 횡행하게 되었다. 더욱 심각한 것은 영국과의 전쟁이었다. 에스파냐가 세계에서 가장 강력한 해군을 보유한 나라와 벌인 이 전쟁은 1796년에 시작되어 10년간 간헐적으로 이어졌다. 당시는 '영국이 바다를 지배했던' 시기였다. 에스파냐 해군이 영국 해군에 제압당한 후, 대서양을 오가는 에스파냐 선박의 수가 급격히 줄어들었고, 식민지 무역은 거의 끊기다시피 되었다. 에스파냐령 아메리카인들은 경악 속에서 이 모든 사태를 지켜보았지만, 이것이 반란의 시작을 알리는 신호라는 생각은 하지 못했다. 외국과의 전쟁은 통상 국왕과 조국에 대한 충성심을 불러일으키기 마련인 데다가, 어쨌든 영국은 틈만 나면 에스파냐령 아메리카의 항구와 배를 공격해 온 조상 대대의 원수였기 때문이다. 하지만 유럽 전역을 휩쓴 프랑스 혁명(1789~1799년)과 나폴레옹 전쟁(1799~1815년)은 에스파냐와 포르투갈에도 영향을 끼쳤고, 양국은 이 영향에서 벗어날 수 없게 되었다. 실제로는 나폴레옹이 에스파냐 국왕을 감금한 1808년에 에스파냐령 아메리카의 독립이 사실상 시작되었다고 말할 수 있겠다.

브라질에서는 이와는 좀 다른 방향으로 상황이 전개되었다. 포르투갈은 14세기부터 영국과 우호 관계를 유지해 왔다. 특히 1386년에 체결된 윈저 조약the Treaty of Windsor으로 양국은 '어떤 이유로도 침범할 수 없는, 굳건하면서도 항구적·영속적인 우방 관계'로 발전했다. 물론 양국 관계를 주도한 것은 영국이었다. 포르투갈 입장에서 영국은 중요하긴 하지만, 다소 부담스럽기도 한 동맹국이었다. 하지만 브라질에서도 독립 운동의 시동을 건 것은 프랑스 혁명과 나폴레옹 전쟁이었다. 동맹국 영국의 존재 여부는 여기에 별 영향을 주지 못했다.

1790년대의 프랑스 혁명가들은 왕권신수설에 입각한 군주제 이념에 도전하였고, 심지어 루이 16세와 왕비 마리 앙투아네트를 처형하기도 했다. 이 혁명가들은 계몽사상이라는 지적 각성 운동에서 영감을 받았다. 그들은 '자유, 평등, 우애'를 선언하였고, 전통적 권위에 의문을 품었으며, 정치 질서를 재편했다. 또한 능력은 턱없이 부족하지만 단지 왕족 혈통이란 이유만으로 권력을 누리는 백치 왕들을 비웃었다. 혁명가들이 이러한 상황에 대한 대안으로 주장한 것은 국민주권설이었다. 이것이 의미하는 바는 성문 헌법에 의거하여 통치자를 결정할 권리가 국민에게 있다는 것이다. 물론 이 당시까지도 여성은 국민에 포함되지 않았다. 이제 프랑스의 혁명가들은 유럽의 군주들을 타도하고 공화국을 수립하는 일에 착수했다. 하지만 장군에서 출발해 제1통령을 거쳐 황제가 된 나폴레옹 보나파르트가 이끄는 프랑스 군대가 유럽의 다른 나라들을 '해방시켜' 프랑스의 지배하에 두기 시작하면서, 혁명의 신조는 군사적 침략을 정당화하는 이념으로 다소 변질되었다. 이런 상황 속에서 에스파냐와 포르투갈 역시 프랑스의 지배를 받게 되었다.

자유와 해방, 즉 자유주의라는 새로운 정치 이념의 기원은 영국에서도 찾을 수 있다. 영국은 17세기에 내전과 혁명을 겪으면서 국민주권의 원리를 관습헌법의 내용으로 받아들였다. 영국은 오늘날까지도 군주제를 유지하고 있는 나라이다. 하지만 영국의 군주제는 일종의 제한군주제이다. 국왕의 권한이 선거로 의원을 선출하는 하원에 종속되기 때문이다.(영국의 자유주의자들은 하원이 '국민'의 목소리를 대변한다고 생각했다.) 영국은 프랑스 혁명의 급진주의를 반대하였으며, 나폴레옹의 팽창주의와도 맞서 싸웠다. 앞으로 살펴보겠지만, 라틴아메리카 독립 운동기에 나폴레옹에 반대했던 에스파냐와 포르투갈의 애국자들이 영국과 연대한 것도 바로 이런 이유 때문이다. 요컨대 자유주의는—그 기원이 프랑스와 영국 중 어느 쪽에 있는지와는 상관없이—모두가 나폴레옹 전쟁에 뛰어들도록 만들었다. 그리고 이 전쟁으로 인한 충격과 그에 따른 여파로 라틴아메리카의 독립이 촉발되었다. 모든 것은 국민주권이라는 깃발 아래 진행되었다.

프랑스 군대는 1807년 말 포르투갈을 침략했다. 영국 선박의 기항을 금지시키고 영국에 선전포고를 하라는 나폴레옹의 요구를 포르투갈이 거절했기 때문이다. 포르투갈 왕실은 나폴레옹의 군대가 포르투갈의 수도에 당도하기 불과 며칠 전에 왕실 금고를 챙긴 다음, 리스본 항구를 떠났다. 귀족·정부 관료·시종·궁정인 등 무려 1만 명이 넘는 수행단과 함께였다. 이때 영국의 군함들이 소함대를 이끌고 떠난 포르투갈 왕실을, 특히 주앙 왕자를 브라질까지 호위하였다. 당시 주앙 왕자는 정신 질환을 앓고 있는 여왕, 즉 자신의 어머니를 대신해 권력을 행사하고 있었다. 주앙은 나폴레옹의 영향이 미치지 않는 히우지자네이루에 궁궐을 지은 후, 십 년 넘게 그곳에 머물렀다. 한편 에스파냐에서는 국왕 카를로스 4세와 그의 후계자인 페르난도 왕자가 나폴레옹에게 사로잡혔고, 압력에 못 이겨 왕위를 양도했다. 나폴레옹은 자신의 친형 조제프를 에스파냐 왕으로 옹립했지만, 에스파냐인들과 에스파냐령 아메리카인들 대다수는 이 조치를 받아들이지 않았다.

식민지 헤게모니의 특징 중 하나는 거의 모든 식민지인들이 에스파냐와 포르투갈의 군주를 점차 자신들의 정당한 통치자로 받아들이게 되었다는 점이다. 왕위는 복종하게 만드는 권위, 즉 강력한 정통성을 지니고 있었다. 하지만 1810년이 되면 포르투갈과 에스파냐 양국의 왕위에는 커다란 차이가 발생한다. 포르투갈의 왕위는 과거 그 어느 때보다도 브라질에 더욱 가까이 다가간 반면, 외국인에게 찬탈당한 에스파냐의 왕위는 과거 그 어느 때보다도 에스파냐령 아메리카에서 멀어져 있었다. 브라질의 역사를 보면 왕의 존재가 얼마나 큰 차이를 만들어 내는지 알 수 있다.

히우지자네이루에 자리 잡은 주앙의 궁정은 포르투갈어권의 정치 중심지로 떠올랐다. 화려함을 좋아하는 히우지자네이루 주민들은 궁정이 자신들의 도시에 있다는 사실에 즐거워했다. 부유한 유럽 궁정인들 수천 명이 히우지자네이루로 몰려들었다. 그 결과 건설업은 물론이고, 말 대여소에서 이발소에 이르기까지 돈 될 만한 서비스 업종은 모두 호황을 누렸다. 브라질의 엘리트들도 궁정의 혜택을 누렸다. 궁정을 방문해 왕에게 직접 진언할 기회를 얻을 수 있었기 때문이다. 그들에게는 정말 소중한 기회였다. 식민지 무역 독점 체제의 종식도 브라질에 유리한 방향으로 작용했다. 종전에는 모든 교역이 반드시 포르투갈을 먼저 거치도록 되어 있었다. 그러나 주앙이 이러한 규제를 폐지한 덕분에, 브라질은 이제 누구와도 교역할 수 있게 되었다. 물론 주 교역 대상은 이러한 무역 개방을 강력하게 요구해 온 영국인들이었다. 이 조치로 수입 상품의 가격도 다소 저렴해졌다. 주앙은 히우지자네이루를 좋아했다. 유럽과 에스파냐령 아메리카를 오가는 배들이 이런저런 동란의 소식을 전할 때에도 그는 자신의 식물원에서 느긋하게 낮잠을 즐겼다.

한편 포르투갈에서는 주앙이 포르투갈을 떠난 직후인 1808년, 나폴레옹 지배에 반기를 든 애국자들이 봉기를 일으켰다. 영국군의 지원을 받은 포르투갈과 에스파냐의 게릴라들이 프랑스군을 상대로 치고 빠지는 작전을 펼치면서, 이베리아반도에서는 수년간 전투가 계속되었다. 전투는 에스파냐령 아메리카에서도 끊임없이 벌어졌고, 여기저기서 독립을 선포했다. 이런 와중에도 히우지자네이루는 사람들로 북적였고, 브라질은 평화로웠다. 식민지 시대에 어떤 사회적·경제적 중압감이 축적되었든지 간에, 또 포르투갈인과 브라질인 사이에 어떤 갈등이 있었든지 간에 아직은 그런 것들이 터져 나오지 않을 때였다. 주앙은 히우지자네이루에 만족한 나머지 워털루 전투(1815년)에서 나폴레옹이 패한 후에도 리스본행을 서두르지 않았다.

1808년에서 1815년 사이에 에스파냐령 아메리카에서도 여러 사건들이 발생했지만, 그 전개 양상이 브라질에서와는 판이하게 달랐다. 우선 에스파냐령 아메리카인들은 정통성을 가진 에스파냐의 군주가 왕권을 양위한 사실에 큰 충격을 받았다. 하지만 지방의 저항 운동 세력들이 '중앙위원회Junta Central'라 불리는 민족저항위원회에 대표자를 보내고 있었으므로, 에스파냐 정부가 완전히 사라진 것은 아니었다. 중앙위원회는 식민지의 지원을 기대했지만, 에스파냐령 아메리카인들은 생각이 좀 달랐다. 에스파냐 내에서 선출된 위원들로만 구성되어 있는 중앙위원회는 에스파냐인들을 대표할 뿐, 에스파냐령 아메리카인들까지 대표하는 것은 아니므로 중앙위원회의 지시를 따르지 못하겠다는 것이 에스파냐령 아메리카인들의 생각이었다. 나폴레옹이 에스파냐를 정복한 후에도 대부분의 에스파냐령 아메리카인들은 정통성을 지닌 에스파냐 국왕 페르난도 7세에 대한 충성을 천명했다. 하지만 동시에 멕시코나 페루 혹은 누에바그라나다가 식민지라는 발상에는 거부감을 표시했다. 그들은 두 개의 기둥, 즉 이베리아반도에 있는 유럽 왕국들과 신세계에 있는 아메리카 왕국들이 에스파냐의 왕위를 떠받치고 있다는 종전의 주장을 되풀이했다. 국왕 페르난도에게 충성을 바치고 있는 아메리카 왕국들은 유럽 왕국들에 종속된 것이 아니라, 이들과 대등한 관계에 있다는 것이다. 달리 표현하자면, 나폴레옹의 침략으로 인한 위기가 에스파냐령 아메리카의 애국자들을 일깨워, 에스파냐를 상대로 국민주권의 원리를 들먹이게 하는 역설적인 상황이 벌어진 것이다. 이들은 곧 페르난도라는 국왕의 이름 아래 아메리카 각 지역을 통치할 자신들만의 위원회를 결성하기 시작했다. 이러한 과도過渡 위원회는 대개 시의회의 공개회의, 즉 개방의회cabildo abierto를 통해 만들어졌다.

1810년에는 프랑스의 점령에 맞섰던 에스파냐 저항 세력이 이베리아반도 남부의 항구 도시 카디스까지 밀려났지만, 영국 해군의 보호 아래 이들의 저항 운동은 계속되었다. 그리고 이런 항쟁의 와중에 에스파냐의 헌법이 제정되는데, 이는 당시 이곳에서 저항 운동을 이끌던 에스파냐 자유주의자들의 강력한 요구 덕분이었다. 에스파냐와 에스파냐령 아메리카의 대표자들이 모여 만든 카디스 헌법Constitución de Cádiz은 진정한 자유주의 헌법이었으므로, 만일 이 헌법이 시행되었다면 에스파냐 제국은 완전히 달라졌을 것이다. 물론 이 헌법은 제대로 시행되지 못했다. 헌법이 제정되었을 무렵, 멕시코·베네수엘라·아르헨티나를 비롯한 여러 지역의 독립 운동가들은 이미 에스파냐에 대한 반란을 부르짖고 있었다.

1810~1815년 에스파냐령 아메리카의 반란

반란을 일으킨 독립 운동가들은 어떤 사람들이었을까? 독립 운동을 일으킨 사람들은 대개 아메리카에서 태어난 백인들이었다. 이베리아반도에서 태어난 에스파냐인들과 구별하기 위해 사람들은 이들을 '크리오요Criollo'라 불렀다. (이베리아반도 태생의 에스파냐인들은 '페닌술라르'라고 부르거나, 아니면 아예 번역하기도 어려운 고약한 말로 불렀다.) 이 크리오요들이 추구한 것이 무엇일까? 이 질문에 답을 하려면 과거로 거슬러 올라가야 한다.

18세기 말경 식민지 사회에서는 페닌술라르에 대한 크리오요들의 불만이 점차 고조되고 있었다. 제국의 통치 대리인을 선발할 때 에스파냐 태생이라는 이유로 페닌술라르를 더 선호했기 때문이다. 그들은 대개 교회와 관공서의 고위직이나 상무부의 요직에 중용되었고, 아메리카에서 태어난 크리오요들보다 더 쉽게 부와 권력을 차지했다. 물론 이러한 경쟁은 에스파냐령 아메리카 사회의 최상층부에서나 존재하는 것이었고, 아메리카 전체 인구의 4분의 3 내지 5분의 4에 해당하는 나머지 사람들, 즉 원주민·아프리카인·혼혈인 등은 크리오요와 페닌술라르가 벌이는 경쟁에 별 관심이 없었다. 당시의 신분제하에서는 이들이 이러한 경쟁에 끼어들 수 없었기 때문이다. 이들은 종종 페닌술라르보다는 크리오요를 더 싫어하였는데, 그 이유는 일상생활에서 자신들을 무시하고 괴롭히는 주인과 영주들이 바로 크리오요였기 때문이다. 통상 크리오요들이 토지를 소유하고 있었고, 에스파냐령 아메리카인 대부분은 그들에게 쥐여살고 있었다. 중소 도시에서 잘나가는 혼혈인들에게 자신들의 사회적 지위가 위협당할까 봐 두려워하며, 이들을 '제자리에' 눌러 앉히려고 기를 쓴 것도 페닌술라르들이 아니라 크리오요들이었다. 바꿔 말하자면, 대다수의 에스파냐령 아메리카인들은 반란을 일으킬 이유가 정말 많았지만, 페닌술라르들 때문에 특별히 더 그랬던 것은 아니었다.

멕시코의 독립은 이런 역학 관계가 어떻게 작동하였는지를 잘 보여준다. 19세기 초까지만 해도 멕시코는 에스파냐 제국에서 가장 빛나는 보석 같은 존재였다. 당시 에스파냐령 아메리카 인구의 40퍼센트가 살고 있던 멕시코는 여러 식민지들 중에서 가장 많은 수익을 안겨 주고 있었다. 이에 반해 멕시코에 거주하는 페닌술라르는 전체 인구의 1퍼센트 정도에 불과했다. 하지만 이들에 대한 크리오요들의 불만은 상당히 컸다. 이런 상황에서 크리오요가 주도하고 있던 멕시코시 시의회는 1808년에 벌어진 에스파냐의 위기를 잘 활용하여 특권층 페닌술라르보다 더 유리한 고지에 서려 했다. 크리오요들은 유폐된 페르난도 7세에 대한 충성이 변함없음을 재확인하면서도, 국왕 궐위闕位 기간 동안 정통성을 부여해 줄 대표의회를 소집해 달라고 부왕을 설득했다. 그러나 식민지에서 막강한 권세를 누리고 있던 페닌술라르들은 이 제안을 받아들일 생각이 없었고, 오히려 그런 의회를 소집하지 못하도록 부왕을 내쫓았다. 결국 크리오요들의 분노가 끓어오르기 시작했다.

1810년, 에스파냐령 아메리카의 정치적 격변이 본격화되었다. 멕시코 북부 광산 지역의 한 크리오요가 꾸민 음모가 원주민과 메스티소 농민들의 대규모 반란을 촉발한 것이다. 램프에서 요정을 꺼낸 사람은 크리오요 사제인 미겔 이달고 신부였다. 그는 원주민의 언어들을 공부하고, 금서로 분류된 프랑스 서적을 읽었으며, 성직자에게 성적 금욕을 요구한 가톨릭교 규정에 도전장을 낸 과격한 반골이었다. 그는 이미 종교재판소의 내사를 받고 있었다. 음모에 가담했다는 이유로 당국이 자신을 체포하러 곧 들이닥칠 것이라는 사실을 전해들은 이달고는 자신의 교구 성당으로 달려가 종을 쳤다. 그리고 모여든 군중을 향해 그들의 수준에 맞춘 종교언어로 연설을 했다. 이 자리에서 그는 독립을 얘기하지는 않았다. 그는 다만 페르난도 7세의 적이자 정당한 권력을 앗아 간 찬탈자들, 즉 페닌술라르들에 맞서 멕시코를 지켜 내자고 말했을 뿐이다. 크리오요와 페닌술라르 사이의 갈등을 에스파냐에 대한 에스파냐령 아메리카인들 전체의 반란으로 바꾸어 버린 것이다. 그는 에스파냐인 정복자들이 원주민들의 토지를 어떤 식으로 강탈해 왔는지를 이야기했다. 그러나 사실인즉슨, 이달고가 말한 정복자들의 후손은 당시 멕시코에 살고 있던 페닌술라르들이 아니라 크리오요들이었다. 사실 그는 교구의 원주민들보다는 자신의 사회적 동료인 페닌술라르들 쪽에 더 가까웠다. 그러나 그가 선택한 수사법은 단순한 이분법, 곧 '아메리카인 대 유럽인'이었다. 그가 외친 전투 구호는 "과달루페 성모 만세! 에스파냐인들에게 죽음을!"이었는데, 이 호소가 사람들에게 먹혀들었다.

가난한 농민 수천 명이 멕시코의 정체성을 상징하는 과달루페 성모의 깃발 아래 모여들었다. 남녀노소가 함께했고, 온 가족이 참여하기도 했으며, 당나귀와 소도 눈에 띄었다. 총과 대포가 아니라, 농기구가 그들의 무기였다. 봉기 전 광산 지역에서 발생한 기근으로 가난한 멕시코인들 상당수는 더 이상 잃을 것이 없는 처지였다. 성난 원주민 농민 2만여 명이 돌진해 오는 모습에 기겁을 한 과나후아토 광산 중심지의 페닌술라르들은 시내에서 제일 크고 튼튼한 곡물창고에 서둘러 바리케이드를 쳤지만, 허사였다. 과나후아토에서만 수백 명의 페닌술라르들이 죽었는데, 오합지졸의 군대가 지나가는 곳마다 이 같은 일이 반복되었다. 페닌술라르들뿐 아니라 크리오요들도 죽어 나갔다. 앞서 말한 애국 연설에서 이달고는 페닌술라르들과 나머지 모든 사람들 사이에 선을 그어 놓았다. 하지만 이 선은 이론상으로만 존재하는 것이었다. 겉으로 봐서는 크리오요와 페닌술라르를 구별할 수가 없었기 때문이다. 페닌술라르들은 크리오요 아내와 자녀를 두고 있는 경우가 많았다. 게다가 반란군에게 쫓겨 궁지에 몰린 페닌술라르는 대개 자신이 크리오요라고 주장하기 마련이었다. 하지만 혹사를 당하다가 이달고를 따라나선 원주민과 메스티소 농민들은 군기가 잡혀 있지 않았다. 이들에게는 크리오요나 페닌술라르나 오만하게 보이기는 마찬가지였다. 이달고를 따르는 무리가 6천 명, 7천 명, 8천 명으로 늘어나자, 크리오요들의 두려움은 극에 달하게 되었다.

그러나 멕시코의 크리오요나 도시 주민들은 이달고의 반란에 거의 참여하지 않았기에, 통제 불능이었던 이달고의 무리는 채 몇 달이 못 되어 뿔뿔이 흩어지고 말았다. 이달고는 체포되었고, 강요에 못 이겨 자신의 잘못을 공개적으로 뉘우친 후 처형당했다. 이달고의 머리는 금속제 상자에 담겨, 수많은 에스파냐인들이 목숨을 잃은 과나후아토의 곡물창고 모퉁이에 매달렸다. 본때를 보여 주기 위해서였다. 그러나 혁명을 부른 요정은 램프 속으로 돌아가지 않았다. 멕시코 남부에서는 이달고를 따르던 장교들 중 한 명이 여전히 반란의 횃불을 치켜들고 있었다. 이곳은 에스파냐에 정복당하기 전부터 원주민 공동체가 마을의 정체성과 토지를 지켜 오던 지역이었다. 반란을 일으킨 호세 마리아 모렐로스 역시 사제였다. 그는 원대한 꿈을 꾼 이달고와는 달리 소박하고 현실적인 사람이었다. 크리오요가 아니라 메스티소였던 그는 여러 면에서 매우 유능한 지도자였다. 그가 이끈 군대는 잘 조직되어 있었고, 노예 제도·신분 제도·원주민에게 부과된 공납 제도의 폐지 같은 주요 목표들도 아주 분명했다. 모렐로스는 사람을 신분에 따라 구분하는 것을 금지했다. 그에 따르면 멕시코에서 태어난 사람들은 모두 '아메리카노Americano'(아메리카인을 의미—옮긴이)였다. 그는 1813년 멕시코의 완전 독립을 선언했다. 상당수의 크리오요들은 모렐로스의 독립 운동에 여전히 매력을 느끼지 못하고 있었지만, 그의 운동은 저력이 있었다. 적어도 모렐로스 신부가 체포되어 처형당한 1815년까지는 멕시코 여러 지역에서 소규모 게릴라 부대들이 수년째 전투를 계속해 오고 있었다. 모렐로스가 죽은 후에도 그들은 정부와 계속 맞서 싸웠다. 그들은 노상강도들처럼 농사를 지어 자급자족했고, 정부가 막대한 전비 부담에 시달리게 만들었으며, 식민 지배의 기본 구조를 조금씩 허물어 갔다.

페루에서는 독립 운동이 좀 더 늦게 시작되었다. 사실 페루의 크리오요들은 투팍 아마루 2세가 대규모 원주민 반란을 일으켰던 1780년대에 이미 멕시코에서와 같은 악몽을 경험한 바 있었다. 안데스 산지를 뒤흔들었던 반란이 진압된 지 한 세대가 지난 1808년에도 투팍 아마루의 반란은 그들의 기억에서 지워지지 않았다. 페닌술라르에 맞서기 위해 원주민을 동원하는 일이 얼마나 위험한지를 실감하고 있었던 페루의 크리오요들은—초기에 벌인 두서너 차례의 시위를 제외하면—단 한 번도 반란을 도모하지 않았다. 심지어는 유럽인들이 정부의 요직을 다 차지하며 으스대는 꼴도 그냥 두고 볼 따름이었다. 1810년대 초반 라틴아메리카의 다른 지역에서는 중대한 반란들이 일어나 위기를 겪고 있었지만, 페루는 볼리비아나 에콰도르 같은 다른 안데스 지역들과 함께 비교적 조용한 시절을 보냈다.

하지만 베네수엘라와 아르헨티나 같은 식민지 '변두리' 지역의 크리오요들은 페루의 크리오요들만큼 신중하지는 않았다. 이들은 페루와 멕시코 같은 중심 지역의 은광에만 유리하게 되어 있는 제국의 무역 규제 조치들에 불만이 많았다. 게다가 베네수엘라와 아르헨티나의 초원 지대에는 말이 많았고, 말을 잘 타는 사람들도 많았다. 전쟁이 아직 기계화되지 않은 시대에 이들은 매우 유용한 존재들이었다. 아래로부터의 봉기였던 이달고나 모렐로스의 독립 운동과는 달리, 카라카스와 부에노스아이레스의 애국위원회는 도시에서 가장 영향력 있는 인사들의 회합인 개방의회를 소집하는 것으로 독립 운동을 시작했다. 이 운동은 여행 경험이 풍부하고 자신감이 넘치는 크리오요들이 주도한 위로부터의 혁명이었다. 이 크리오요들 중에는 유럽에서 일어난 사건들을 직접 목격한 자들도 있었다. 에스파냐에서 정통성의 위기가 발생했을 때, 카라카스와 부에노스아이레스의 크리오요들은 다른 지역의 크리오요들과 동일한 반응을 보였다. 하지만 시간이 지나면서 이들은 점차 국왕에 대한 충성 맹세를 보류하였고, 자유주의 혁명을 받아들였으며, 완전한 독립을 위해 움직이기 시작했다. 비평가들은 이들의 활동을 "페르난도 7세의 가면을 벗기는 행위"라고 불렀다.

베네수엘라에서는 위에서 언급한 일들이 1811년 초에 이미 일어났고, 그 결과로 공화국이 세워졌다. 문제는 그것을 정착시키는 데 있었다. 공화국을 인정하지 않겠다는 신의 확고한 의지처럼 보이는 지진이 카라카스를 강타하자, 베네수엘라 최초의 공화국은 힘없이 무너지고 말았다. 공화국이 건국된 지 1년 만이었다. 사실 독립 운동가들이 해결해야 할 문제는 지진만이 아니었다. 카카오 플랜테이션 농장지가 보이는 카리브 해안의 구릉지대를 넘어서면 오리노코강이 시시때때로 범람하는 열대 초원 지대가 펼쳐졌는데, 베네수엘라의 중심부였던 이곳은 거무스름한 피부의 카우보이들과 소들의 세계였다. '야네로llanero'라고 불리는 카우보이들은 소고기를 주식으로 삼았으며, 긴 창을 휴대하고 다녔다. 또 이들은 말 등에서 태어나기라도 한 것처럼 말을 잘 탔다. 그런데 이 야네로들은—좀 부드럽게 말하자면—플랜테이션 농장을 소유한 카라카스 혁명가들을 지지하지 않았다. 혁명가들이 그들을 인간쓰레기 같은 존재로 여겼기 때문이었다. 이런 분위기 속에서 카라카스위원회가 페르난도 7세의 권위를 부인하는 일까지 일어나자, 왕을 지키기 위해 야네로들이 직접 나섰다. 지진은 이미 오래전에 멈추었지만, 야네로가 탄 말들은 여전히 이 땅을 뒤흔들고 있었다. 야네로들이 저항을 계속하는 한, 베네수엘라의 독립 운동가들이 바라는 승리는 요원해 보였다.

아르헨티나에서는 혁명위원회가 손쉽게 군사적 우위를 점했다. 독립 운동가들이 우위를 누리기 시작한 것은 에스파냐와 영국이 서로 적대 관계에 있던 1806~1807년부터였다. 이 시기에 영국군 원정대가 리오델라플라타 부왕령에 두 차례 상륙했는데, 이때 이들을 물리친 것은 페닌술라르의 군대가 아니라 지역 민병대들이었다. 나폴레옹의 침략으로 에스파냐에 위기가 발생했을 때에도 이곳에서 군사적 우위를 점한 이들은 크리오요 독립 운동가들이었다. 1810년 5월, 페닌술라르들은 부에노스아이레스에 대한 지배권을 완전히 상실했다. 하지만 리오델라플라타 부왕령의 다른 지역에서는 부에노스아이레스에서와는 다른 상황이 전개되었다. 내륙 지역에 거주하고 있던 주민들은 독립파, 군주제파 할 것 없이 모두 부에노스아이레스 출신 크리오요 귀족들의 오만한 태도에 분개하고 있었다. 이런 이유로 리오델라플라타 지역의 독립전쟁은 주로 부에노스아이레스 군대와 지방 군대 간의 전투라는 양상으로 전개되었다. 물론 지방 군대에는 군주제파와 독립파가 뒤섞여 있었다.

멕시코에서 모렐로스가 처형된 1815년에 콜롬비아와 칠레 그리고 베네수엘라에서는 군주제 지지자들이 승리를 거두었다. 그러나 페루는 여전히 에스파냐의 수중에 있었고, 리오델라플라타 부왕령에서는 독립 운동가들끼리 서로 다투고 있었다. 에스파냐령 아메리카 곳곳에서 일어난 독립전쟁은 이처럼 지지부진하게 진행되고 있었다. 독립 운동가들은 자기편을 아직 충분히 확보하지 못하고 있었다. 그렇다면 이들은 실제로 무엇을 제시해야 했을까?

독립 운동가들의 승리 전략: 토착주의

사람들의 기대와는 달리, 독립 운동을 일으킨 것은 착취당하던 다수의 대중이 아니었다. 공화주의와 같은 급진적 사상은 그런 사상을 접해 볼 기회가 거의 없었던 보수적인 지역 사람들에게는 별 호소력이 없었다. 게다가 독립 운동을 이끈 크리오요 지도자들 대다수도 대중을 지원하는 일이나, 식민지 사회를 보다 평등하게 만드는 일에는 별 관심이 없었다. 그들은 식민지 사회를 자신들이 직접 통치하고 싶었을 뿐이다. 특히 멕시코와 페루의 크리오요들은 반란에 경도된 수많은 원주민 농민들을 통제하지 못하게 될까 봐 걱정스러워했다. 결과적으로 멕시코의 크리오요들은 1810년에 이달고를 따르던 군중들을 보고는 눈이 휘둥그레질 정도로 놀라 뒤로 물러났고, 투팍 아마루 2세를 기억하던 페루의 크리오요들은 독립 선포에 따른 위험을 무릅쓸 생각이 전혀 없었다. 반면 베네수엘라와 아르헨티나의 크리오요들은 예기치 않은 곤경을 헤쳐 나가는 자신들의 능력에 좀 더 자신감을 갖고 있었다. 그들은 곤경을 극복하기 위해 어떻게든 '대중'에게 손을 내밀어야만 했다. 크리오요들만으로는 수가 너무 적어, 아래로부터의 도움 없이는 독립을 쟁취할 수가 없었기 때문이다.

독립을 꿈꾼 크리오요들이 내세운 승리 전략은 토착주의였다. 아메리카인의 정체성을 출생지에서 찾고, 이를 찬미하는 것이 바로 토착주의Nativismo였다. 이는 크리오요들이 원주민, 혼혈인, 심지어는 아프리카인 노예의 자녀와도 공유할 수 있는 것이었다. '아메리카노'는 이제 토착주의의 핵심어가 되었다. 멕시코에서부터 브라질을 거쳐 아르헨티나에 이르는 각 지역의 독립 운동가들은 자신들의 운동을 아메리카 운동이라고 규정하고 에스파냐나 포르투갈에서 태어난 사람은 누구나 자신들의 적으로 간주했다. 토착주의에는 장점이 많았다. '아메리카노'라는 단어는 에스파냐령 아메리카와 브라질에 살고 있는 다양한 인종의 사람들에게 잘 어울렸으며, 이들을 유럽인들과 대비시켜 주기도 했다. 토착주의는 감정에 호소하는 힘도 강했다. 토착주의자들의 사고방식 한가운데에는 언제나 외세의 간섭에 대한 불만이 있었다. 식민지를 열등하게 보는 생각에 대한 불만, 특히 토착주의자들의 눈에는 이제 외국인일 뿐인 에스파냐와 포르투갈 출신의 주민들에 대한 불만이 아메리카의 모든 사회계층에 널리 퍼졌다. 마지막으로 토착주의는 자유주의 이념으로 확실하게 무장했다. 다음과 같은 문장이 이를 잘 드러내고 있다. "누가 통치해야 하는가? 인민이다! 그렇다면 누가 인민인가? 아메리카노들이다!" 독립 투사들 중에서 토착주의에 담긴 호소력을 무시할 수 있는 사람은 아무도 없었다. 머지않아 모든 독립 투사들이 토착주의를 활용하게 된다.

전시戰時에 호소력을 극대화하기 위해서는 '아메리카노'에 대한 정의를 가능한 한 넓게 잡아야 했다. 그러나 사회적 평등을 진심으로 바란 혁명 지도자는 거의 없었다. 그들 대다수는 독립을 쟁취하기 위해 대중의 지지가 필요했을 뿐, 신분 제도 같은 것에는 손도 대지 않으려 했다. 크리오요들은 기존의 신분 제도를 그대로 둔 채, 자신들이 새롭게 등장할 주권국가의 지도자가 되고 싶어 했다.

브라질의 독립이 이런 방식을 보여 주는 좋은 사례가 된다. 1810년대에 에스파냐령 아메리카에서는 군사적 격변과 정치적 대중 동원이 일어났지만, 주앙 6세 치하의 브라질은 상대적으로 평화로웠다. 물론 불만이 없지는 않았다. 새로움이 시들해지자 사람들은 히우지자네이루 궁정을 유지하는 데 만만치 않은 비용이 든다는 사실을 깨닫게 되었다. 또 브라질 남부 변경에서는 전쟁이 발발했다. 에스파냐어를 사용하는 인접국과 벌인 이 전쟁은 좋아할 사람 하나 없는 파괴적인 전쟁이었다. 마지막으로 주앙 6세는 영국의 압력에 굴복하여 노예제도를 법률로 제한했다. 이런 제한 조치가 별 효과를 거두지는 못했지만, 노예 소유주들을 자극하기에는 충분했다. 한때 영국 선박들은 노예무역에 적극 참여하였으나, 이제 영국 정부는 노예무역 포기를 선언했고, 다른 국가들에도 그것을 중단하도록 압력을 행사했다. 이 정책은 노예제를 폐지해야 한다는 인도주의적 정서에 따라 마련된 것이지만, 다른 한편으로는 노예들을 소비자로 탈바꿈시켜 영국산 제품을 판매할 시장을 넓히려는 의도에서 생겨난 것이기도 하다.

1808년 이후로는 외국인들, 특히 영국인들과 프랑스인들이 브라질의 항구 도시들로 모여들기 시작했다. 그들은 자유무역을 잘 활용하였고, 자유주의적 사고방식을 확산시켰으며, 정치적 소요를 자극했다. 1817년에는 브라질 동북부에 위치한 페르남부쿠주에서 국지적이기는 하지만 중대한 정치적 사건이 발생했다. 미수에 그치긴 했지만, 과거의 그 어떤 사건보다도 더 중요한 의미를 지닌 자유주의 혁명이었다. 의기양양했던 이 몇 주 동안, 봉기를 일으킨 페르남부쿠 주민들은 공화국을 선포하고 헌법을 심의했으며 서로를 '독립 운동가'라고 불렀다. 이는 분명 최신 정치사상의 영향이었다. 이론상으로는 브라질 사람들 대다수가 자유주의적 공화제에 호의적이었다. 하지만 브라질에서 대중적 지지를 이끌어 내기에는 자유주의가 아직 너무 낯설었다. 사태를 수습하기 위해 파견된 주앙의 군대가 사건 발생 몇 주 후 페르남부쿠에 도착하였고, 1817년의 봉기는 손쉽게 진압되었다.

1820년에는 포르투갈인들의 활동 덕분에 브라질이 독립에 한 발짝 더 다가서게 되었다. 나폴레옹이 패배하자 포르투갈인들은 자신들의 왕이 리스본으로 돌아오기를 바랐고, 포르투갈 의회도 주앙의 귀환을 주장하기 시작했다. 식민지 브라질의 법적 지위를 포르투갈과 동등한 왕국으로 격상시키겠다는 주앙의 1815년 선언을 포르투갈 의회는 사실 매우 불쾌하게 생각하고 있었다. 이 선언을 통해 브라질은 법적으로 포르투갈과 동등한 나라가 되었고, 주앙은 두 나라의 왕이 되었다. 식민지의 지위를 탈피하고자 했던 브라질의 오랜 열망이 마침내 실현되었다. 하지만 포르투갈 의회는 브라질의 지위를 다시 식민지로 격하시키려 했다. 주앙은 1821년에 리스본으로 돌아갔지만, 이러한 브라질의 상황을 지켜보기 위해 자신의 아들 페드루 왕자를 히우지자네이루에 남겨 두었다. 당시는 불확실한 것투성이였다. 자유주의위원회를 설립한 브라질 여러 주들은 히우지자네이루를 거치지 않고, 바로 리스본으로 대표단을 파견했다. 다시 식민지로 전락할지도 모른다는 두려움과 여러 주들에 대한 지배권을 상실할지도 모른다는 위기감 속에서 히우지자네이루의 엘리트들이 찾아낸 해결책은 브라질에서 태어났다는 애국심과 국민주권설이었다.

히우지자네이루에서 태어난 엘리트들은 1822년에 브라질당을 창당했다. 브라질을 재식민화하려는 포르투갈에 맞서 브라질 인민의 이익을 대변하겠다는 것이 이들의 주장이었다. 여기서 '브라질 인민'이란 브라질에서 태어난 모든 사람(노예는 제외)을 의미하지만, 브라질당은 브라질 애국 운동에 동참하는 포르투갈 태생의 브라질인도 여기에 포함시켰다. 그중에는 포르투갈에서 태어난 페드루 왕자도 있었다. 그는 브라질의 독립이 불가피할지도 모르겠다고 예상한 주앙이 만일의 사태를 대비해 남겨 둔 인물이었다. 페드루가 브라질의 독립을 선언하더라도 군주제는 유지되고, 브라질은 여전히 브라간자Braganza 왕가의 수중에 있게 될 것이었다. 페드루 왕자 역시 포르투갈로 돌아오라는 포르투갈 의회의 요구를 받았다. 하지만 그는 왕궁 발코니에서 대중들을 향해 자신의 거부 의사를 공식적으로 알렸고, 광장에 운집한 히우지자네이루 사람들은 이 발표에 열광했다. 그해 말 페드루는 브라질의 독립을 공식적으로 선포하며 입헌군주국 브라질의 초대 군주로 등극했고, 헌법을 제정할 국민 대표자들의 선출을 주문하였다. 브라질 북부와 남부에 주둔해 있던 소규모의 포르투갈 수비대가 브라질의 독립을 받아들이지 않았으나, 채 몇 개월도 되지 않아 모두 패퇴하거나 본국으로 철수했다. 에스파냐령 아메리카에서는 대중을 군사작전에 동원했다가 위험에 빠졌지만, 브라질에서는 그럴 필요가 없었다. 만일 대중을 군사작전에 동원했더라면 브라질의 노예제도는 금방 위기에 빠졌을 것이다. 브라질에서는 잠재적인 전투 요원의 절반가량이 노예였기 때문이다.

1823년 말 브라질당은 목표를 달성했다. 브라질은 독립 국가가 되었고, 노예를 소유한 엘리트들이 상층을 이루는 신분 제도는 그대로 유지되었다. 심지어 자유주의위원회를 구성했던 일부 주들까지도 페드루 왕자(이제 브라질 황제 페드루 1세)가 브라질 애국주의의 대의를 구현하였다는 사실을 받아들였다. 황제가 헌법을 약속하지 않았던가? 이전에는 실망스러운 면도 있었다. 하지만 이제 그는 합법적 군주제를 도입하여 브라질을 정치적 통일체로 만들었다. 브라질과 에스파냐령 아메리카는 이런 점에서 완벽하게 대조가 된다.

에스파냐령 아메리카의 독립, 1815~1825년

한편 에스파냐령 아메리카의 토착주의자들은 나폴레옹이 워털루 전투에서 패한 1815년 이후 다시 한번 반등의 기회를 얻게 된다. 왕위를 되찾은 페르난도 7세는 자유주의적인 성격의 카디스 헌법을 폐지하고 아메리카에서 독립 운동을 벌인 자들을 탄압하기 시작했다. 이러한 에스파냐의 강경 조치들로 인해 독립 운동가들은 계속 전진하는 것 외에는 다른 방도가 없었다. 남아메리카에서는 페루의 안데스 산지를 차지하고 있던 에스파냐 군대가 멀리 베네수엘라와 아르헨티나의 평원에서 달려온 독립군들의 대규모 '협공' 작전에 말려 패배하고 말았다. 멕시코에서는 크리오요들이 모렐로스 운동을 계승한 이들과 동맹을 맺고, 마지못해 독립 운동에 뛰어들었다.

모렐로스 신부를 따르던 게릴라 대원들은 모렐로스 신부가 사망한 1815년 이후에도 멕시코시 남쪽의 험준한 지역에서 여전히 위세를 떨치고 있었다. 그들은 군주제파와 끈질긴 싸움을 벌였지만, 그들을 몰아내지는 못하고 있었다. 이런 와중이던 1820년, 에스파냐에서 자유주의 혁명이 일어났고, 유럽의 사건들이 또다시 멕시코에 영향을 미치게 되었다. 에스파냐의 자유주의자들이 전제군주 페르난도 7세에게 카디스 헌법의 복원을 요구했던 것이다. 이로 인해 군주제에 대한 신비감이 약화되었고, 이전까지 군주제파였던 멕시코 크리오요들 상당수는 배신감을 느끼게 되었다. 몇 달이 채 지나기도 전에 크리오요 군사령관 아구스틴 데 이투르비데가 게릴라들과 평화교섭을 시작했다. 독립 운동 진영에서는 대중의 지지를 받고 있던 메스티소 비센테 게레로가 협상자로 나섰다. 이투르비데와 게레로가 연합군을 결성하자, 멕시코의 독립은 가시권에 들어왔다.

이투르비데와 게레로는 멕시코의 독립과 입헌군주제를 보장하며 연합군을 단결시켰다. 물론 이들이 얘기한 멕시코 군주제란 종교 및 군대 부문에서의 전통적인 특권을 보호해 주면서, 사회적 '통합'(이 단어는 모든 아메리카노들과 에스파냐인 페닌술라르들이 평등함을 아주 모호하게 암시할 뿐이다.)을 제공하는 체제를 말하는 것이었다. 전통적 신분 제도에 따르면 군주가 될 후보자는 게레로가 아니라 이투르비데였다. 승리를 거둔 이투르비데가 1821년 멕시코시에 입성하자 열광한 군중들이 이투르비데의 대관식을 외쳐 댔다. 이투르비데는 그다음 해에 아구스틴 1세로 즉위했다. 하지만 군주제 해법이 멕시코에서는 별 효과를 보지 못했다. 즉위 여부와는 별개로, 이투르비데는 다른 크리오요들과 마찬가지로 왕가의 피가 한 방울도 섞이지 않은 크리오요였다. 수년간의 독립 투쟁 속에서 생긴 정치적 신념이나 적대감은 이런 가장假裝군주로는 쉽게 진정될 수 없었다. 집권 얼마 후 이투르비데가 국민 대표자들로 구성된 신생 의회를 해산하자, 군부 지도자들은 그를 축출하고 공화제를 도입했다.

한편, 에스파냐령 아메리카의 변두리 지역인 베네수엘라와 아르헨티나 출신 독립군들은 에스파냐령 아메리카 제2의 중심 지역인 페루로 모여들고 있었다.

에스파냐령 아메리카의 독립을 이끈 가장 중요한 지도자는 '해방자'

시몬 볼리바르였다. 그는 여러 차례 실패를 거듭하였지만 포기하지 않았고, 결국 1817년에 일련의 승리를 거두었다. 그는 베네수엘라 독립 투쟁의 초창기 구성원이었다. 독립군은 투쟁 초기에 군주제를 지지한 야네로들에게 패한 적이 있었는데, 이때 볼리바르도 현장에서 함께 패배를 맛보았다. 그는 이 패배에서 교훈을 얻어 야네로들을 독립 운동 진영으로 끌어들일 계획을 세웠다. 카라카스에서 멀리 떨어진 오리노코 평원에다 진지를 구축한 볼리바르는 용맹무쌍한 위업과 아메리카노의 토착주의를 이용해 야네로들을 끌어들였다. 거칠기 이를 데 없는 열대의 카우보이들이 우러러보게 되는 카라카스의 귀족은 이렇게 탄생했다. 야네로들이 이렇게 진영을 바꾸자, 주도권은 독립 운동 진영으로 넘어왔다. 1819년 8월 볼리바르가 이끄는 야네로 군대는 우기를 맞아 범람한 오리노코 평원을 건너 에스파냐 군대를 배후에서 기습했다. 부왕령의 수도 보고타는 함락되었다. 엄청난 충격을 안겨 준, 전광석화와도 같은 승리였다. 1822년 말 볼리바르의 군대는 키토와 카라카스를 함락시키고 남아메리카의 북부 지역 일대를 장악했다.

이제 훨씬 남쪽 지역의 상황을 살펴보자. 이 당시 서부 아르헨티나에서는 호세 데 산 마르틴이라는 걸출한 장군이 아르헨티나와 칠레 연합군을 지휘하고 있었다. 그가 불시에 안데스 산지를 넘어 볼리바르와 비슷한 방식으로 기습 공격을 감행하자, 칠레의 군주제파는 여지없이 무너졌다. 칠레의 수도에서 영웅으로 환영받은 산 마르틴은 그곳에서 3년 동안 세력을 키운 다음 리마를 공격하기 위해 북쪽으로 원정을 감행한다. 하지만 페루 부왕은 이미 리마를 떠나 페루 고지대로 철수한 상태였다. 그리고 이제 산 마르틴의 좌절이 시작된다. 리마를 점령하고 페루의

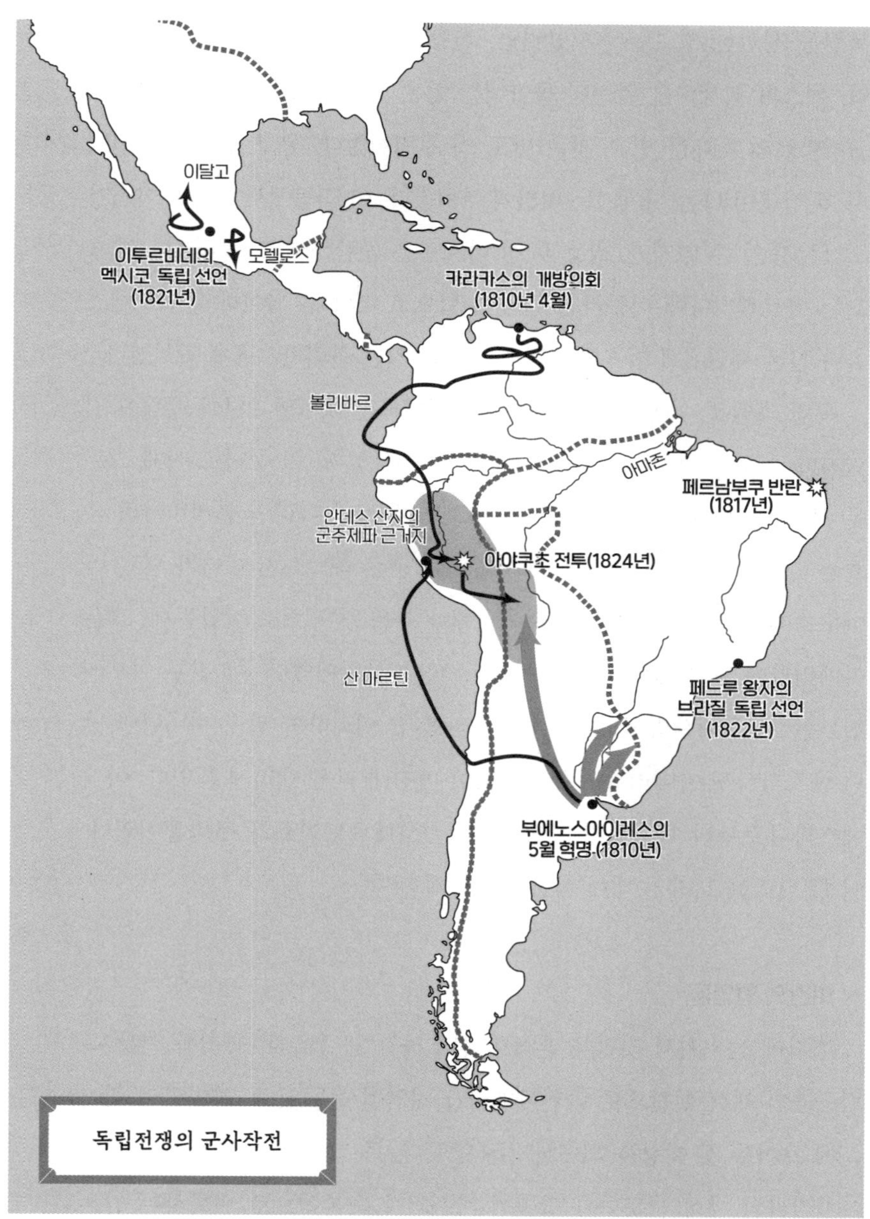
이달고
이투르비데의
멕시코 독립 선언
(1821년)
모렐로스
카라카스의 개방의회
(1810년 4월)
볼리바르
아마존
페르남부쿠 반란
(1817년)
안데스 산지의
군주제파 근거지
아야쿠초 전투(1824년)
산 마르틴
페드루 왕자의
브라질 독립 선언
(1822년)
부에노스아이레스의
5월 혁명 (1810년)
독립전쟁의 군사작전

독립을 선언한 지 1년이 지났지만, 전황은 교착 상태를 벗어나지 못했다. 에스파냐 세력을 완전히 몰아내는 일은 요원해 보였다. 산 마르틴이 볼리바르의 초대를 받은 것은 바로 이 무렵이었다. 항구 도시 과야킬에서 두 장군이 나눈 이야기는 비밀에 부쳐졌다. 이 회동에서 어떤 이야기가 오갔는지 알 수 없지만, 회동 후 산 마르틴은 곧장 칠레로 돌아갔다. 이후 그는 아르헨티나에 머물다가 결국 유럽으로 떠났다. 남아메리카의 에스파냐 잔존 세력에게 최후의 일격을 가하는 일은 볼리바르에게 맡겨졌다.

독립 과업을 수행하기 위해 전열을 정비하는 데에만 2년의 세월이 걸렸지만, 1824년 볼리바르는 결국 완승을 거두었다. 이 승리로 이제 그는 두 국가를 더 해방시키게 되었는데, 그 가운데 한 나라인 볼리비아의 국호는 그의 이름을 따서 지은 것이다. 독립군은 해발 3천 미터가 넘는 아야쿠초에서 싸운 두 번째 전투에서 페루 부왕을 포로로 잡았는데, 그는 아메리카에 남아 있던 맨 마지막 에스파냐 부왕이었다. 이 전투 이후의 전투는 모두 패잔병 소탕 작업에 불과했다. 이리하여 길고 피비린내 났던 에스파냐령 아메리카의 독립전쟁이 마침내 막을 내리게 되었다. 아직 에스파냐로부터 독립하지 못한 나라는 푸에르토리코와 쿠바뿐이었다. 이 두 나라는 19세기 내내 식민지로 남게 된다.

미완의 혁명들

길가에 늘어서서 깃발을 흔들며 환호하는 군중들과, 승리를 거둔 독립군들의 개선 행진으로 라틴아메리카 전역이 들끓었다. 하지만 독립이 눈에 보이는 것 이상을 의미하지는 않았다. 즉 식민지 시절 형성된 라틴아메리카의 사회와 문화가 갑자기 바뀌거나 근본적으로 변화하는 일은 일어나지 않았다. 요컨대 자유주의 사상은 독립 운동의 주된 추진력이 되지 못했다. 독립 운동은 오히려 우리가 정체성 정치라고 부르는 것으로부터 더 많은 추진력을 얻었다. '아메리카노들을 위한 아메리카'라는 말에도 불구하고, 식민화가 만들어 낸 신분과 인종의 위계 질서는 변함없이 유지되었다. 원주민들과 아프리카인들은 여전히 하층민이었다. 식민지를 개척한 이베리아인들의 언어와 법률은 그대로 신생 국가의 언어와 법률이 되었고, 정복자들의 후손인 크리오요들이 여전히 피정복민과 노예들을 착취하고 있었다. 이런 점에서 라틴아메리카 국가들은 독립을 쟁취하였으나, 식민주의는 청산하지 못했다고 말할 수 있겠다. 이들은 이제 자치를 하는 탈식민 국가가 되었지만, 식민지 유산의 영향은 여전했다.

사실 많은 것들이 전혀 바뀌지 않았다. 라틴아메리카 여성들을 예로 들어 보자. 이들은 독립을 위해 격렬하게 투쟁하였고, 종종 목숨을 바치기까지 하였다. 하지만 신생 공화국 시절에도 가부장적인 사회문화는 전혀 개선되지 않았다. 독립 운동에 가담했던 여성들은 강력한 상징과도 같은 존재였다. 안데스의 여성들은 1780년대부터 독립 운동에 앞장섰다. 식민지 정부가 새로운 과세를 승인한 것에 분노해 군중이 봉기하였을 때, 칙령을 벽에서 떼어 내 짓밟아 버린 가난한 여성 마누엘라 벨트란을 상상해 보라. 이는 콜롬비아의 코무네로 봉기에서 일어났던 일이다. 야유를 퍼부어 대는 적군 앞에서 자신들의 남편인 투팍 아마루와 투팍 카타리와 함께 고문받은 후 처형당했던 미카엘라 바스티다스와 바르톨리나 시사를 상상해 보라. 이는 페루와 볼리비아에서 일어났던 일이다.

또 다른 볼리비아 여성 후아나 아수르두이는 소수의 뛰어난 남성들이나 가능한 전과를 올렸다. 남장을 하고 기병대 돌격전을 이끌어 적군의 깃발을 빼앗은 것이다. 후아나가 보여 준 이러한 위업 덕분에 우리는 그녀에 관해 좀 더 많은 것을 알 수 있게 되었다. 후아나는 케추아어를 사용하는 어머니가 부유한 가문의 남자와 결혼해 낳은 메스티소였다. 그녀는 1780년에 태어났고, 궁정·교회·수녀원·대학 등을 갖춘 도시 추키사카에서 성장했다. 당시 이 도시에는 이베리아반도에서 건너온 에스파냐인 페닌술라르들이 꽤 많이 살고 있었는데, 이 페닌술라르 중 한 명이 후아나의 아버지를 살해하였다. 모든 정황이나 증거가 분명하였지만, 페닌술라르였던 그는 아무런 처벌도 받지 않았다고 한다. 고아가 된 후아나는 수녀원에 들어갔지만, 그곳에서 반항을 일삼다가 열일곱 살 때 쫓겨나고 말았다. 그 후 그녀는 원주민 문화를 이해해 주는 남자와 결혼했다. 후아나는 케추아어뿐 아니라, 당시 볼리비아에서 많이 사용되던 아이마라어도 배웠다. 기병대 돌격전을 지휘한 후 그녀는 "여성으로서는 매우 드문 영웅적인 행동"을 한 것에 대해 공식 치하를 받았다. 흥미롭게도 같은 시기 볼리비아의 도시 코차밤바에서는 에스파냐 군대에 투항하지 않고 영웅적인 죽음을 선택한 애국 여성들의 이름이 투쟁 정신의 동의어로 떠올랐다. 그 후 전투에 앞서 군기를 고양할 필요가 있을 때마다 독립군 지휘관들은 "차라리 코차밤바 여성들을 출병시킬까?"라는 말로 병사들의 자존심을 건드리곤 했다.

후아나 아수르두이가 영예로운 기병대 돌격전을 감행하던 1816년, 폴리카르프파 살라바리에타라는 여성은 보고타에서 통신문을 전달하다가 체포되어 교수형을 당했다. 통신문 전달과 물자 보급은, 가계를 꾸리거나 곡물을 경작하거나 가축을 사육하는 일과 마찬가지로, 남성들이 없을 때 애국 여성들이 대신 맡았던 일상적인 활동이었다. 살라바리에타와 멕시코 여성 마리아 헤르트루디스 보카네그라 델 라소 델라 베가는 부모가 페닌술라르인 에스파냐 혈통이었지만, 독립 운동의 순교자가 되었다. 남편과 아들이 독립 운동을 벌였다는 이유로 처형당하는 모습을 지켜본 마리아 헤르트루디스 보카네그라는 폴리카르파 살라바리에타와 마찬가지로 마지막 숨을 거둘 때까지 독립의 대의를 외쳤다고 한다.

독립전쟁을 치르면서 미래 세대들에 영감을 불어넣어 줄 독립 투사들의 영웅담이 생겨났다. 하지만 전후에는 많은 독립 투사들이 환멸에 빠지게 되었다. 에스파냐령 아메리카인들은 "무엇이 자신들에게 제일 좋은 이익이 되는지 알지 못한다."라고 결론 내린 볼리바르는 결국 권위주의로 선회하게 된다. 1830년 죽음을 눈앞에 둔 그는 "바다에서 쟁기질을 했구나."라고 말하며, 자신이 아무것도 이루지 못했음을 한탄했다고 한다.

그러나 즉각적인 변화는 독립을 평가하는 척도가 아니었다. 그보다는 장기적으로 어떤 영향을 끼쳤는지가 더 중요했다. 대중 동원에 의지해 독립 운동을 전개해 갔던 곳이라면 어디에서나 원주민·아프리카인·혼혈인 투사들이 정치적으로 두각을 나타냈다. 오랫동안 이어져 내려온 신분 제도가 제아무리 끈질기다 해도, 자유주의 헌법을 갖춘 신생 공화국에서는 그 제도의 공적 정당성이 사라지고 말았다. 독립을 쟁취하기 위해 백인 엘리트들은 거의 라틴아메리카 전역에서 국민주권설이라는 깃발을 힘차게 흔들었다. 따라서 이제 그들은 의회와 같은 새로운 기관을 통해 '국민'의 이름으로 통치해야만 했다. 브라질 국민의 이름으로, 칠레 국민의 이름으로, 콜롬비아 국민의 이름으로.

에스파냐령 아메리카가 십여 개의 국민국가로 나누어짐에 따라 "아메리카노들이여!"라는 옛 구호는 더 이상 통하지 않게 되었다. 리오델라플라타 부왕령만 해도 네 개의 국가, 곧 볼리비아와 우루과이, 파라과이, 아르헨티나로 나누어졌다. 이 신생국들이 국민들로부터 정당성을 획득하는 데는 또 몇 년의 시간이 필요할 터였다. 에스파냐인들과 포르투갈인들을 물리치고 난 후에는 국민 전체—부유한 플랜테이션 지주들에서부터 가난한 농민들에 이르기까지—를 아우를 수 있는 정치적 목표를 만들어 납득시키는 일이 더욱 어려워졌다. 독립이라는 목표는 달성되었지만, 보다 심층적인 차원에서 라틴아메리카를 탈식민화하려는 투쟁은 이제 막 시작되었을 뿐이다.

반대 흐름

외부인의 시선

라틴아메리카가 독립한 후에 외부 여행자들, 특히 북아메리카인들·영국인들·프랑스인들이 라틴아메리카로 몰려왔다. 에스파냐와 포르투갈이 수 세기에 걸쳐 외부인들의 방문을 제한해 왔기에, 이 신비한 제국들에 대한 호기심은 엄청났다. 여행자들 대부분은 광업·무역업·금융업과 같은 사업을 위해 이곳을 방문했지만, 어쩌다가 개신교 선교사들이나 박물학자들이 방문하는 경우도 있었다. 박물학자들은 새로운 표본들을 수집해 분류하고, 이름을 붙였다. 교역 확대를 원했던 영국과 미국은 라틴아메리카의 신생 국가들을 신속하게 승인한 후, 외교관을 파견했다. 흥미로움에 이끌려서 방문한 여행자들도 있었고, 라틴아메리카 지역에 관한 책을 쓰기 위해 온 여행자들도 있었다. 쿠바와 베네수엘라, 콜롬비아, 페루, 멕시코를 여행한 알렉산더 폰 훔볼트도 라틴아메리카를 탐험한 초창기 유럽인 여행 작가들 중 한 사람이었다. 과학자였던 훔볼트는 꼼꼼하게 정보를 수집했고, 후일 영향력 있는 여행기를 여러 권 집필했다. 19세기에는 훔볼트가 쓴 것과 같은 여행서들이 대중문학의 한 장르로 부상했다. 이 여행기들은 라틴아메리카에 대한 영어권 세계의 태도를 반영하기도 했고, 그 태도를 만들어 내기도 했다.

미국인들과 영국인들이 상상했던 라틴아메리카는 기회, 특히 상업적인 기회를 제공하는 멋지고 이국적인 곳이었다. 여행자들의 기록에 따르면, 라틴아메리카가 막 독립했을 무렵 영국 회사는 히우지자네이루에 60개, 리마에 20개, 멕시코시와 베라크루스에 34개 정도 있었다. 1833년에는 브라질이 그 규모가 세 번째로 큰 대영 제국의 해외 시장으로 떠올랐다. 그런가 하면 히우지자네이루에는 영국인 주민들의 수보다 프랑스인 상인과 교사, 전문직 종사자들의 수가 더 많았고, 이들이 번화가의 유행을 만들어 갔다. 인근 지역의 항구 도시들에서 전개된 현상도 이와 비슷했다. 여행자 마리아 그레이엄은 자신의 책 『1822년 칠레 여행기』에다 이렇게 썼다.

> 영국인 재단사, 제화공, 마구 제조업자, 숙박업자들이 길거리에다 자신들의 표식을 걸어 두었다. 중심가에서는 주로 영어를 사용했다. 북적대는 발파라이소가 영국의 해안 도시처럼 보였다.

미국의 양키 무역 상인들도 라틴아메리카의 항구 도시를 자주 찾아왔다. 그러나 앞으로 살펴보겠지만, 초창기 모험사업들의 성과는 대개 기대에 못 미쳤다.

여행자들은 라틴아메리카에 들어올 때부터 현지인을 경멸하는 듯한 태도를 가지고 있었는데, 시도 때도 없이 출몰하는 시골 도적단의 습격을 받거나, 투자금을 날려 버리거나, 빚을 돌려받지 못하고 꿈이 산산조각 나는 경험을 하면서 이런 성향은 더욱 강화되었다. 한 영국인 여행자는 자신이 쓴 책 『오리노코강 1,400마일, 아라우카강 300마일 탐험기』(1822년)에서 라틴아메리카인들은 "무지와 미신과 한심한 편견에 사로잡힌 사람들, 타락하고 어리석으며 찢어지게 가난하고 정직하지 못한 사람들"이라고 언급하고 있다. 안타까운 일이긴 하지만, 이것이 전형적인 태도였다. 또 어느 영국인 외교관은 리오델라플라타 평원을 두고 "내가 본 곳 가운데 제일 지저분한 곳이었다. 목을 매달 만한 나무를 보았다면 틀림없이 내 목을 맸을 것이다."라고 썼다. 그는 또 "눈감아 줄 만한 곳이 그 어디에도 없었으며, 소고기를 빼면 좋은 것이라곤 하나도 없었다."라고 불평을 늘어놓았다. 이러한 저술가들은 라틴아메리카에 대한 편견에 사로잡혀 있었다는 지적을 모면하기 어려울 것이다. "미신"과 "한심한 편견"은 개신교도들이 가톨릭교를 비판할 때 사용했던 표현들이고, "지저분하다"는 비난은 인종주의적인 표현이었다. 영어로 쓰인 여행기에서 라틴아메리카인들은 대체로 후한 평가를 받지 못했다. 히우지자네이루 주재 미국 영사 헨리 힐은 브라질 사람들이 "자치를 할 능력이 전혀 없다"고 생각했다. 라틴아메리카 사람들은 자국의 천연자원을 누릴 능력이 없다는 식으로 서술한 여행자들도 이따금씩 있었다. 과학자존 매우는 자신의 책 『브라질 내지 여행기』(1823년)에 "천연자원이 이처럼 풍부하지만, 계몽되고 근면한 사람들이 없어서 그 자원들이 이처럼 무시되고 있는 곳은 아마 세상 그 어디에도 없을 것이다."라고 써 놓았다.

한편, 여성 여행자들은 대개 라틴아메리카인들을 좀 더 동정적인 시선으로 바라보았다. 멕시코시 주재 에스파냐 외교관과 결혼한 스코틀랜드 여성 프란세스 칼데론 델라 바르카가 그랬다. 그녀는 멕시코시를 "세상에서 제일 귀태가 나는 도시"라고 평했다. 다른 여행자들과는 달리 그녀는 멕시코인들의 종교적 열정이 진심에서 우러난 것이라고 보았으며, 서민들의 개인 습관들도 자주 칭송했다. "우리는 과일과 채소를 시장에 내다 파는 원주민들을 매일 마주하는데, 이들은 대체로 아주 솔직하고 겸손하며 온화하다. 또 서로에게 예의 바르다.", "하층민들 가운데는 이따금씩 코르테스의 넋을 빼놓은(말린체를 의미) 또 다른 원주민 여성이 아닐까 싶을 정도로 얼굴과 몸매가 아름다운 여성들이 있다." 라고 그녀는 기록하고 있다. 그런가 하면 그녀는—다른 여행자들과 마찬가지로—여성 교육을 제한하는 라틴아메리카의 전통을 비판하기도 했다. 보석으로 치장한 엘리트 여성들조차 제대로 교육받지 못했던 당시 상황을 그녀는 다음과 같은 글로 표현했다. "그녀들이 글을 읽는다고 내가 말한다면, 이는 그녀들이 읽는 법을 알고 있다는 의미이다. 하지만 그녀들이 글을 쓴다고 내가 말한다면, 이는 그녀들이 글을 철자에 맞게 제대로 쓸 줄 안다는 의미가 아니다." 다른 많은 남성 여행자들과 마찬가지로 그녀 역시 여러 가지 편견에 사로잡혀 있었다.

여행자들이 이처럼 부정적인 태도를 보였지만, 그들의 견해는 부분적으로는 유용하다. 라틴아메리카 저술가들이 당연시했던 것들에 주목하고 논평했던 외부자였다는 점에서 그렇다. 노예제를 예로 들어 보자. 미국 남부에서 온 여행자들은 노예제를 제대로 알고 있었다. 하지만 다른 대부분의 여행자들은 인간 예속의 스펙터클에 전율을 느끼며 매료되었다. 이들에게 노예제는 자신들의 책을 팔아 줄 선정적인 이야깃거리에 불과했다. 그러나 여행자들이 남긴 증언들은 그들이 받았던 인상일 뿐이다. 여행자들은 대개 자신들이 본 것을 온전히 이해하지 못했다. 어떤 여행자도 사물을 모든 각도에서 볼 수는 없었으므로, 그들의 관점은 또한 불완전할 수밖에 없다. 이처럼 여행기에는 역사적인 증거들을 해석할 때 놓치기 쉬운 미묘한 문제들이 들어 있다.

부잣집 아기들에게 젖을 물린 유모를 생각해 보자. 브라질에서 유모들 대부분은 노예였다. 하지만 1862년 히우지자네이루를 방문했던 어느 여행자가 묘사한 내용에 따르면, 노예 유모는 높은 신분의 상징이었다. "화려하게 치장을 한 흑인 소녀가 마치 고대의 여신처럼 머리를 꼿꼿이 세우고 우월감에 찬 미소를 지으며 다가왔다. 이 소녀가 돌보는 아이는 수가 놓인 옷을 입고 있었고, 그녀 역시 멋진 옷을 입고 있는 것으로 보아, 그녀의 주인은 분명 엄청난 부자일 것이다." 그러나 1845년 히우지자네이루에서 발행된 어느 신문 광고에는 이와는 매우 대조적인 관점이 등장한다.

> 임대 광고: 최근 두 달간 모유를 수유한 신체 건강한 18세 여성 유모. 아이가 죽어서 임대를 하게 됨. 칸델라리아 거리 18A로 연락 바람.

제4장
탈식민의 블루스

탈 식 민 의
블 루 스
1825
~
1850년
1828년
잔류 에스파냐인들을
멕시코에서 추방
1829년
로사스,
아르헨티나에서
정권을 장악
1830년
보수주의가
라틴아메리카 대륙의
지배 이념으로 부상
1840년
페루,
구아노 수출 호황
1848년
미군,
멕시코시 점령
LATIN AMERICA

Postcolonial Blues

탈식민의 블루스

자유, 평등, 국민주권, 아메리카노를 위한 아메리카. 라틴아메리카가 독립을 달성할 수 있었던 것은 자유주의라는 깃발 아래 느슨하게 결합된 이러한 사상들 덕분이다. 이 사상들은 아메리카노들에게 자치를 해야 할 이유를 설명하며 독립의 꿈을 심어 주었고, 투쟁의 정당성도 제공해 주었다. 이 사상들은 또한 막연하게나마 미래의 평등을 약속하는 독립 연합을 이끌어 냈고, 십여 개의 신생 공화국이 제정한 헌법의 기초를 이루었다. 1825년 라틴아메리카에서 군주제 국가는 브라질뿐이었는데, 브라질의 황제였던 페드루 1세조차도 자신을 자유주의자로 생각할 정도였다.

자유주의자들은 라틴아메리카 전역에서 자신들의 사상을 실현하려고 애썼지만, 그 결과는 참혹했다. 상당수의 자유주의 정부는 수립된 지 채 몇 년이 되지 않아 무력으로 전복되었고, 그 후에도 헌법과 대통령이 현기증 날 정도로 자주 바뀌었다. 에스파냐어를 사용하는 라틴아메리카 국가들이 정치적으로 불안정하다는 평판을 얻게 된 것도, 독립 운동가들의 꿈이 좌절된 것도 바로 이 무렵이었다. (앞으로 살펴보겠지만, 브라질의 경우는 운이 좋았다.) 도대체 무슨 일이 있었던 것인가?

간단명료하게 말하면 독립 국가 초대 정부들이 직면한 난관은 엄청났던 반면, 가용 자원은 거의 없었다. 신생 독립 국가의 번영과 진보를 염원했던 자유주의자들의 꿈은 곧 실망과 경제적 실패로 이어졌고, 진정한 민주주의에 대한 열망 또한 케케묵은 보수적 신분 제도의 관습에 부딪쳐 좌절되고 말았다. 끝없이 되풀이되는 정치 폭력과 부패를 지켜보던 국민 대부분은 자신들을 대변해 줄 것으로 믿었던 정부에 등을 돌렸고, 정치는 개인의 이익을 추구하는 장으로 전락하고 말았다. 요컨대 라틴아메리카 최초의 탈식민 세대(1825~1850년)는 아무런 성과도 거두지 못했다.

자유주의자들의 좌절

라틴아메리카의 자유주의자들은 처음부터 집단적인 정신분열증을 앓았다. 독립군을 이끈 크리오요 지도자들이 자유주의의 깃발을 치켜들기는 했지만, 자유주의적 원리로 통치하는 일은 그리 쉽지 않았다. 신분 질서가 여전히 뿌리 깊은 사회에서는 모든 시민의 법적 평등을 강조하는 자유주의 사상이 급진적이고 파괴적인 의미로 다가온다. 에스파냐와 포르투갈보다는 영국과 프랑스에서 일어난 사회적·경제적 변화 속에서 자유주의가 등장했다는 사실에 주목할 필요가 있다. 자유주의는 자본주의 무역과 공장제 수공업, 중산층의 등장과 같은 변화 속에서 생겨났다. 하지만 에스파냐어권 아메리카의 신생 공화국들과 군주제 국가였던 브라질에는 전통사회의 유산이 강하게 남아 있었다. 에스파냐와 포르투갈의 사상가들도 여러 세대에 걸쳐 개인의 자유보다는 공동의 책무를, 종교적 자유보다는 종교적 정통성을 강조해 왔다. 에스파냐어권 아메리카 사회와 브라질 사회는 자유주의 모델과 거리가 멀었다. 심지어 독립 당시의 미국 사회보다도 훨씬 뒤처져 있었다. 다만 미국의 남부는 예외였다. 플랜테이션 경제와 노예제를 바탕으로 하는 미국 남부는 라틴아메리카와 매우 흡사했다. 어찌 됐건 노동 착취 시스템을 갖춘 엄격한 신분제 사회에서 자유주의자들은 자신들의 이상을 실현하기가 더욱 힘들었다.

대중은 라틴아메리카의 독립 운동을 지원한 대가로 법률상의 인종 평등을 공식적으로 약속받았다. 다행스럽게도 독립 이후 세대부터는 신분제도의 전형을 보여 주었던 다양한 혼혈인 분류가 인구 조사 양식지와 교구기록부에서 사라졌다. 공화제 국가에서는 노예를 제외한 모든 사람들이 시민이었고, 서로 평등했다. 공화제를 채택하지 않은 브라질과 쿠바, 푸에르토리코를 제외한 다른 나라들에서는 노예 제도가 서서히 자취를 감추어 갔다. 그러나 각국 지배 엘리트들 중에서 광범위한 사회적 평등 사상을 받아들일 수 있는 사람이 실제로는 거의 없었다. 결국 정치 이론과 사회적 현실 사이에 존재하는 이 같은 모순으로 신생 공화국들의 안정성은 크게 흔들리게 되었다.

자유주의자들은 이론적으로는 '국민에 의한 통치'를 추구했다. 하지만 전형적인 백인 상류층이었던 라틴아메리카 자유주의 지도자들이 '국민'을 바라보는 마음은 복잡했다. 그들은 원주민들과 그들의 토지를 국가의 자산이라기보다는, 풀어 가야 할 국가적 문제라고 생각했다. 유럽에 대한 찬미는 그들을 유럽 중심주의자로 만들었고, 새로운 정치사상에 대한 관심은 그들을 이데올로기적으로 만들었다. 자유주의 사상이 라틴아메리카의 독립 투쟁에서 중요한 역할을 한 것은 맞지만, 자유주의는 여전히 라틴아메리카라는 토양에 심긴 외래 식물이었다. 머지않아 보수주의 지도자들이 들고 일어나 자유주의적 의제에 도전하게 된다. 자유주의자들과는 달리 보수주의자들은 평민이 “자신의 분수를 알고”, “더 나은 사람들”에게 통치를 맡겨야 한다고 선언했다. 그런데도 전통적 가치를 옹호한 보수주의자들은 평민들에게 큰 지지를 받았다.

교회와 국가 간의 갈등이 이를 잘 보여 준다. 교회는 일반적으로 식민지 전통을 존중해 왔다. 따라서 자유주의자들은 예배의 자유와 정교 분리를 주장했다. 반면에 보수주의자들은 가톨릭교를 신생 공화국의 공식 종교로 삼으려 했다. 자유주의자들은 공립학교를 세워야 한다고 주장했고, 보수주의자들은 교육의 주도권을 교회에 맡겨 두고 싶어 했다. 이 밖에 여러 측면에서 자유주의자들과 보수주의자들은 입장이 서로 달랐다. 자유주의자들은 개신교 상인들과 교육 개혁가들의 지지를 받았다. 반면에 가톨릭교회를 옹호했던 보수주의자들은 전통을 중시하고 신앙심도 깊었던 지주들과 농민들 모두에게 큰 인기를 얻었다. 교회 문제는 자유주의 관점과 보수주의 관점을 구분하는 중요한 리트머스 시험지였다. 결국 보수주의자들이 승리를 거두었다.

이제 라틴아메리카 전 지역은 자유주의 진영과 보수주의 진영으로 점차 나누어졌다. 자유주의자들은 미국이나 영국, 프랑스의 진보 모델을 추구했고, 보수주의자들은 식민지나 에스파냐 모델로 되돌아가려고 했다. 그렇지만 이제 모두—적어도 공식적으로는—독립전쟁을 치르면서 소중히 간직하게 된 국민주권의 원리를 지지했다. 하지만 ‘국민’이 정치 과정에 어떻게 참여할 것인가? 자유당과 보수당이라고 불렸던 공식 정당 조직의 설립은 더디게 진행되었다. 다른 지역에서와 마찬가지로 라틴아메리카에서도 선거 운동, 신문, 연설을 활용한 당파 정치는 새로운 것이었다. 사실 식민 지배하에서는 공론의 장이 거의 없었기에, 그동안 토론을 거쳐야 할 문제들이 산적해 있었다. 이제 신생 국가들은 경제와 제도 양 측면에서 엄청난 어려움에 직면하게 되었다.

경제는 독립전쟁 기간 동안 참혹할 정도로 파괴되었다. 특히 멕시코와 페루의 은광들이 극심한 타격을 입었다. 갱도가 물에 잠기고 값비싼 기계들이 망가졌다. 여러 광산을 복구하는 데 막대한 자금이 필요했지만, 1850년 이전 라틴아메리카에는 은행이 손에 꼽을 정도로 적었다. 현지의 대부업자들은 천문학적인 이율을 물렸고, 이미 몇 차례의 실패를 경험한 런던의 은행업자들은 라틴아메리카에 아무런 관심도 보이지 않았다. 런던의 은행업자들 입장에서는 산업화가 진행되고 철도가 부설되어 상업적인 번영을 구가하던 영국과 미국이 보다 안전한 투자처였다. 식민지 시대에 세계에 유통되는 은의 대부분을 생산했던 라틴아메리카였지만, 독립 후에는 자본 부족에 시달렸다. 무역도 마찬가지였다. 식민지 시대의 무역 규제가 폐지되었지만, 이를 안타까워하는 사람은 없었다. 종전의 독점권을 잃게 된 에스파냐 상인들만 못내 아쉬워했을 따름이다. 페닌술라르들이 장악해 온 수입과 수출 무역은 영국·프랑스·미국 무역업자들 수중으로 넘어갔다. 상업에 투자해 본 경험이 거의 없었던 크리오요들은 토지에 투자하는 것을 선호했다.

또 다른 경제 문제는 수송 인프라의 부족이었다. 배가 다닐 만한 강이 거의 없고(이를테면 멕시코에는 이렇다 할 강이 전혀 없었다.) 가파른 산과 열대우림이 펼쳐져 있어서, 수송비가 정말 많이 들었다. 따라서 식민지 시대의 상인들은 적은 양으로 큰 이문을 남길 수 있는 상품을 취급했다. 은이나 광산업자들이 수입한 사치품을 노새로 실어 나를 때는 도로가 그다지 필요하지 않았다. 하지만 무역 규모가 커진 19세기 중반에 농산물을 대량으로 수송하는 일은 차원이 다른 문제였다. 영국 무역업자들은 면직물과 철제 연장 같은 소비재를 저렴한 가격에 공급하고 있었다. 따라서 이 거래가 발전하려면 설탕·가죽·옷감·커피를 보다 저렴한 비용으로 수송할 수 있어야 했지만, 당시에는 적절한 항만 시설이나 도로, 교량 등이 아직 갖춰져 있지 않았다. 또 철도는 이보다 훨씬 후에 부설되었다. 이러한 시설을 건설하는 데 투자할 자본이 없었던 라틴아메리카가 어느 정도 교역 능력을 갖추는 데까지는 반세기가 더 필요했다. 그동안 라틴아메리카 경제는 서서히 성장하거나, 아니면 멕시코와 페루에서처럼 퇴보하기도 했다.

이제 막 출범한 자유주의 정부들은 해야 할 일이 산더미 같았다. 하지만 일을 추진할 재원이 없었다. 브라질을 제외한 다른 모든 지역에서는 전쟁으로 무너진 통치 기구를 재건해야 했는데, 이는 막대한 비용이 드는 일이었다. 군대도 문제였다. 오랫동안 독립전쟁을 치르면서 군대는 매우 비대해져 있었다. 급여가 조금만 늦게 지급되어도 불만을 쏟아 내는 직업장교들이 군대에 필요 이상으로 많았다. 게다가 모든 것이 불안정할 수밖에 없었던 신생 국가들은 전쟁의 혼란이 휩쓸고 간 사회를 이끌어 갈 정치적 정당성도 부족했다. 헌법과 같은 공화제 유지 장치들을 마련하기는 했지만, 그 효율성은 아직 검증되지 않은 상태였다. 국민 대다수가 헌법·대통령·입법부에 관한 이야기를 들어서 알고 있기는 했지만, 이것들을 최근에 유행하는 수입품 정도로 여겼다. 결정적인 순간에는 헌법이 구속력을 지닌다는 사실을 확신한 사람은 아무도 없었다. 국왕에 대한 충성심이 자리를 잡는 데 여러 세대가 걸렸듯이 공화제 기관들에 대한 충성심도 마찬가지였을 것이다.

그러는 동안 신생 공화국들은 불안정해졌다. 불안정한 데다 공무원마저 부족했던 정부들은 세금을 관리하는 일, 즉 사람들이 세금을 내도록 만드는 일이 쉽지 않다는 사실을 알게 되었다. 당시 라틴아메리카 국가들은 수출입 관세에 의존하고 있었다. 검사관 두서너 명과 소수의 군인만 배치해 두면 부두에서 높은 세율의 관세를 징수할 수 있었다. 하지만 수출입 물량이 많지 않아 관세 수입만으로는 충분하지 않았다. 세수 부족에 허덕이던 자유주의 정부들은 기본 수요를 충당하기 위해 기회 있을 때마다 차관을 빌려 썼다. 그 결과 채무 불이행이 다반사로 일어났다.

전반적인 상황은 독립 후 에스파냐어권 아메리카 국가에서 집권한 자유주의자들에게 불리하게 돌아갔다. 자유주의자들은 전면적인 변화를 꿈꿨다. 하지만 그들은 변화를 도모하는 데 필요한 동맹 세력을 구하지 못했고, 재원도 마련하지 못했다. 자유주의자들이 맡았던 나라는 전쟁으로 폐허가 된 나라, 곧 많은 사람들이 해묵은 원한과 최신 무기를 가진 무장 사회였다. 게다가 그들이 제시한 개혁안은 무소불위의 기득권을 겨냥하고 있었기에, 격렬한 대립을 유발했다. 독립 후 불과 몇 년 만에 대부분의 나라에서 자유주의자들의 득세는 종말을 고했다. 보수주의자들은 사회가 '무정부 상태'에 빠졌다고 주장하며 장군들에게 질서 회복과 사유재산 보호를 주문했다. 합법적으로 선출된 대통령들이 군인들에 의해 차례로 제거되면서 라틴아메리카 최초의 공화제 정부들은 순식간에 몰락했고, 정부의 정당성은 훼손되었다. 이는 향후 벌어질 비극의 선례가 되었다.

독립 후 1850년대까지 대통령들의 재임 기간은 몇 개월, 심지어 며칠에 불과한 경우도 있었다. 자신들의 정책을 실행에 옮길 수 있는 정부는 거의 없었다. 보수주의자들은 1830년대부터 이미 상승세에 있었지만, 사태의 변화를 바라지는 않았다. 보수주의자들과 자유주의자들 상당수는 정치를 공직 진출과 치부致富의 수단으로 생각했다. 이는 식민지 시대의 전통적인 접근 방식 그대로였다. 그들의 목표는 정권을 장악한 후 전리품, 이른바 공직의 이권을 나누는 데 있었다. 이는 오늘날 미국 정치의 특징이기도 하다. 정권을 장악하게 되면 자신에게 충성한 측근들과 지지자들에게 공직의 이권을 나누어 줄 수 있었다. '후견patronage'이라고도 불리는 이권들, 곧 관직·연금·공공사업은 경기가 침체된 사회에서는 대단히 중요한 것이었다. 이런 이권들이 탈식민 라틴아메리카를 특징짓는 '후견 정치'와 '카우디요 체제Caudillismo'를 더욱 부채질했다.

후견 정치와 카우디요 체제

측근과 지지자들에게 정부의 특혜를 나눠 주는 후견 정치의 부패는 체제 내에서 일상화되었다. 개인 관계에서 시작된 후견이 때로는 정당의 강령을 대신하기도 했다. 가상의 예를 하나 들어 보자. 지방에서 일하는 치안판사 돈 미겔은 자신의 직위를 이용하여 확대가족은 물론이고, 정치적 동지들에게도 이미 받았거나 앞으로 받을 호의에 대한 답례로 특혜를 베풀 수 있다. 가족처럼 지내는 '지지자들'—이를테면 대자녀代子女들과 그들의 가족—과 충성스러운 일꾼들에게도 마찬가지다. 그들이 돈 미겔과 그의 정당을 지지한 것은 자유주의나 보수주의 같은 추상적 정치 원리들과는 아무 관련이 없었다. 중요한 것은 충성심이었다. 선거철이 되면, 피후견인들은 '후견인'이 바라는 대로 투표함으로써 후견에 대한 책무를 다했다. 후견인이 혁명에 가담한다면, 피후견인들은 무기를 들고 그를 따랐을 것이다. 돈 미겔은 자신보다 더 부유하고 더 큰 권력을 지닌 후견인, 이를테면 장관이나 주지사로부터 특혜와 서훈을 받았다. 그리고 이런 관계망은 제일 높은 후견인, 곧 당의 최고 지도자나 카우디요caudillo에게로 이어졌다.

카우디요가 집권 여당 소속이라면 대통령일 것이고, 야당 소속이라면 그 나라의 제2인자였을 것이다. 일반적으로 카우디요는 후견을 베풀거나 사병을 유지할 정도의 재력을 지닌 대지주였다. 초창기의 카우디요들은 독립전쟁 때 두각을 나타냈고, 전시에 얻은 지도자로서의 명성을 평시의 정치에서도 활용하였다. 앞으로 살펴보겠지만, 평시라고 해도 실제로는 그리 평화롭지 않았다. 추종자들이 보기에 카우디요는 대개 용맹과 충성심, 관대함과 성적 매력 등 이상적인 남성의 자질을 두루 갖춘 전쟁 영웅이었다. 애정 행각과 여성 편력은 카우디요의 명성을 오히려 드높여 주었다. 하층민 출신도 일부 있었지만, 대부분의 카우디요들은 부유한 가문 출신이었다. 카우디요들은 그 출신이 어떠하든 간에 대개 메스티소, 흑인 자유민, 원주민을 비롯한 미천한 추종자들과 소통하며, 그들을 다룰 수 있는 특별한 자질, 곧 '대중 친화력'을 개발했다. 이 대중 친화력을 흔히 카리스마charisma라고도 한다. 카우디요들은 자유주의자일 수도 있고 보수주의자일 수도 있지만, 그들이 보여 준 소탈한 모습은 보수적 전통주의와 더 잘 어울렸다. 카우디요는 공식적인 계급이나 직책, 제도에 의해서가 아니라, 그를 따르는 군대에 의해 옹립되었다. 정규군의 장군이 카우디요가 되기도 했지만, 그렇지 않은 경우도 있었다. 개인의 리더십에 대한 강조는 언어로도 표현되었다. 예를 들어 돈 미겔을 따르는 사람들이라면, 간단하게 '미겔리스타'라고 불렸다.

또 카우디요였던 로사스의 추종자들이라면 '로시스타'라고 불렸다. 1829년부터 1852년까지 아르헨티나를 다스린 후안 마누엘 데 로사스는 카우디요 통치의 전형을 보여 준다. '팜파스'라고 일컬어지는 변경의 대규모 목장 지대에 자신의 목장을 소유하고 있었던 로사스는 민병대를 이끌고 부에노스아이레스를 장악했다. 로사스는 정적들에게 상습적으로 폭력을 휘두르는 인물이었으나, 정치적 이미지 조작과 대중 선전에 아주 능했다. 그는 교회 제단에 자신의 그림을 걸어 두게 했고, 부에노스아이레스 주민들에게 자신을 지지한다는 표식으로 붉은색 리본을 착용하라고 지시했다. 붉은색 리본을 착용하지 않은 채 길을 가다가는 붙잡혀 두들겨 맞을 수도 있었다. 로사스는 자신이 '서민적인 정치가'라고 떠들고 다녔는데, 이는 팜파스에서 거칠게 말을 타는 가우초나 도시에서 일하는 가난한 흑인 노동자들이 자신에게 동질감을 느끼도록 만들기 위해서였다. 반면에 자신과 대립하고 있던 자유주의자들에 대해서는, 아르헨티나의 현실을 이해하지 못한 채 '유럽 중심주의에 빠져 있는 계집애 같은 귀족들'이라고 조롱했다. 팜파스 지대에 대규모 목장을 소유한 목장주들은 로사스를 자신들의 일원으로 여겼고, 로사스는 그들의 이권을 지켜 주었다. 예를 들어 보자. 19세기 중반까지만 해도 팜파스 지대에는 정복당하지 않은 비정착 원주민들이 살고 있었는데, 요새 방어선 바깥으로 몰려난 이들은 목장주의 저택과 가축 떼를 습격하는 일이 잦았다. 이에 로사스는 원주민들을 상대로 전쟁을 벌여 영토를 넓혔고, 결과적으로 목장주들이 더 많은 목장을 지을 수 있게 해 주었다. 그는 이따금씩 원주민의 언어를 구사하며, 그들과 협상을 벌이기도 했다. 1830년대와

1840년대에 영국과 프랑스의 간섭을 물리친 후 로사스는 '애국 영웅'이라는 찬사를 받게 된다.

멕시코의 안토니오 로페스 데 산타 안나 역시 잘 알려진 카우디요였다. 그가 정치적 기회주의자이자 몹쓸 악한이었다는 데는 이론의 여지가 없다. 그는 이달고와 모렐로스가 이끈 독립 운동에 맞서 싸운 크리오요였으며, 결국에는 이투르비데와 함께 멕시코의 독립을 성취해 냈다. 이후 그는 이투르비데를 타도하는 데 가담하였고, 희한하게도 멕시코 공화국을 수립한 건국의 아버지가 되었다. 1830년대와 1840년대에 산타 안나는 군대에 대한 영향력과 전쟁 영웅이라는 이미지 덕분에 대통령을 마음대로 옹립하거나 갈아치울 수 있었다. 그는 여러 차례 자신이 직접 나서서 대통령으로 일하기도 했는데, 처음에는 자유주의자의 면모를 띠었으나, 후에는 보수주의자의 모습을 보여 주었다. 카우디요들 중에는 산타 안나와 같은 기회주의자가 많았다. 아군과 적군, 추종자와 파벌로 이루어진 세계에서 살았던 그들에게 추상적인 원칙들은 아무런 존재감도 없었다. 산타 안나는 군사적 승리를 통해 대중적 인기를 누렸던 것으로 보인다. 그는 1829년 멕시코에 침입한 에스파냐 군대를 물리쳤고, 1838년에는 프랑스의 소규모 무력 개입을 물리쳤다. 산타 안나도 로사스 못지않은 고도의 정치적 쇼맨십을 지니고 있었다. 1838년 프랑스 침략군과 싸우다가 한쪽 다리를 잃게 된 그는 군장의 예를 갖추어 그 다리를 땅에 묻었다고 한다.

에스파냐어권 아메리카에서는 19세기 중반이 카우디요들의 전성기였다. 에스파냐를 상대로 반란을 일으키지는 않았지만, 멕시코가 독립하는 바람에 엉겁결에 함께 독립하게 된 중앙아메리카에서도 사정은 마찬가지였다. 중앙아메리카에서는 온두라스 태생의 카우디요 프란시스코 모라산에 의해 자유주의의 첫 세대가 시작되었다. 모라산은 프랑스와 연줄이 닿아 있었고 연방주의에 대한 신념을 지니고 있었는데, 이것이 바로 자유주의자들의 전형적인 모습이었다. 그러나 그가 추진했던 반기독교 조치와 미국 법전의 직수입 같은 자유주의적 개혁들은 대중의 지지를 받지 못했다. 1830년대 후반에는 보수주의적인 카우디요 라파엘 카레라가 모라산을 타도하고 25년 동안이나 중앙아메리카를 지배했다. 그는 이념적·사회적 측면에서 모라산과는 정반대였다. 과테말라 원주민들과 친밀한 관계를 유지했던 농촌 출신 메스티소 카레라는 원주민들의 안녕을, 특히 그들의 마을 공유지를 지켜 주었다. 이것은 라틴아메리카 역사상 그 어떤 국가 지도자도 시도하지 않았던 일이었다. 로사스처럼 카레라도 자유주의자들의 공격으로부터 가톨릭교회를 지켜 냈고, 유럽 중심주의에 빠진 자유주의자들이 몸서리쳤던 토착 민속 문화를 귀중하게 대하였다. 과테말라를 통치하는 데 몰두한 카레라는 중앙아메리카연합주가 해체되도록 내버려 두었고, 그 결과 중앙아메리카에는 현재와 같은 여러 독립 소공화국들이 생겨나게 되었다.

작은 공화국일수록 1인 지배가 용이했다. 1814년부터 1840년까지 남아메리카의 파라과이를 통치했던 호세 가스파르 로드리게스 데 프란시아 박사는 매우 특이한 카우디요였다. 그는 전쟁 영웅이 아니라 신학박사 학위를 취득한 학자였다. 최고 지도자를 자처한 프란시아는 어떠한 반대도 허용하지 않는 엄격한 보수주의 독재자로, 유럽의 문화가 영향을 미치지 못하도록 파라과이를 전면 봉쇄하려 했다. 그는 극소수의 유럽 상인들에게만 파라과이 방문을 허용했다. 하지만 그들마저도 정보원들이 도처에서 감시하고 있다는 이야기를 듣고는 화들짝 놀라 유럽으로 돌아가 버리는 경우가 많았다. 프란시아의 초대를 받아 파라과이를 방문한 외국인 방문객 중에는 프란시아의 영원한 손님이 된 이들도 있었다. 프랑스의 박물학자 애매 드 봉플랑이 바로 그런 경우였다. 그는 10년 동안 가택연금을 당하였고, 결국 유럽으로 되돌아가지 못했다. 프란시아가 추진하였던 쇄국 정책이 유럽에 대한 피해망상증처럼 보이기는 하지만, 그래도 나름의 성과는 있었다. 파라과이는 유럽에 전혀 기대지 않고 자급자족하는 독립 국가로서 비교적 번영을 누렸다. 프란시아의 뒤를 이은 카우디요들도 크게 다르지 않았다. 이들은 쇄국 정책을 일부 완화하기는 했지만, 국가의 자주성은 여전히 강조했다.

프란시아를 비롯한 일부 독재자들은 선거와 같은 자유주의적 입헌주의 요소들을 폐지했지만, 대부분의 카우디요들은 그렇게 하지 않았다. 독립 이후 첫 세대 동안 라틴아메리카에서는 정치의 이론과 실제가 현저하게 달랐다. 사람들은 헌법을 계속 개정했다. 헌법을 그만큼 중요하게 생각했기 때문이다. 콜롬비아에서는 10년에 한 번꼴로 새 헌법을 마련한 것으로 보인다. 그러나 새 헌법은 금방 폐기될 것이고, 새 대통령 또한 혁명으로 곧 타도될 것이라는 사실을 누구나 경험으로 알고 있었다. 실제 정치에서는 개별 인물이 법률보다 더 중요했고, 혁명에 의한 정부 전복도 다반사로 일어났다. 라틴아메리카에서는 공화제의 효력이 1840년대에 이미 바닥에 떨어졌지만, 그렇다고 해서 다른 대안이 있었던 것도 아니다. 헌법과 선거는 여전히 국민주권의 핵심 상징이었으므로, 이 제도가 완전히 폐기된 적은 거의 없었다. 선거는 다수의 의견을 가늠하는 척도라기보다는, 그 지역을 누가 장악하고 있는지를 보여 주는 힘의 경연장이 되어 버렸다. 무슨 수를 써서든 투표에서 가장 많은 표를 얻는 정당이 제일 힘센 정당이었다. 정부는 집계 결과를 조작하기 일쑤였고, 이렇게 조작된 선거 결과를 굳히기 위해 경찰까지 동원했다. 하지만 이런 부정선거는 종종 야당 쪽 카우디요가 이끄는 혁명을 초래하기도 했다. 이 당시 많은 에스파냐어권 아메리카인들은 민주주의에 대한 희망을 점차 잃어버리게 되었다. 민중들은 종종 투표를 제지당했기에, 정치를 통해 자신들의 생각을 말하기가 어려웠다. 따라서 선거보다는 가두 행동을 통해 자신들의 주권을 행사하는 경우가 훨씬 더 많았다.

19세기 중반 라틴아메리카 대부분은 질서 유지와 사유재산 보호가 유일한 공공 서비스라고 생각하는 보수주의 카우디요들이 지배하고 있었다. 에스파냐어권 아메리카의 일부 신생국가들은 정치적 갈등을 겪으며 분열했다. 주정부나 지방정부가 중앙정부보다 우세할 때, 연방제는 대개 분열의 길을 걸었다. 독립 이후 대大콜롬비아라고 불린 전 누에바그라나다 부왕령은 단일 공화국으로 출발했지만, 곧 세 나라(오늘날의 콜롬비아, 에콰도르, 베네수엘라)로 나누어졌다. 중앙아메리카 공화국 역시 앞서 얘기한 대로 다섯 나라—과테말라와 엘살바도르, 온두라스, 니카라과, 코스타리카—로 나누어졌다. 에스파냐의 통제하에 있던 쿠바와 푸에르토리코를 제외하면, 에스파냐령 아메리카는 16개의 정치체로 분열되었다. 콜롬비아와 베네수엘라, 페루, 아르헨티나, 멕시코는 중앙집권주의자들과 연방주의자들이 갈등을 빚는 가운데 분열이 더욱 심화될 조짐을 보였다.

브라질이 걸어간 길

그렇다면 이러한 분열은 탈식민화를 위해 반드시 치러야 할 대가였을까? 19세기 중반의 브라질은 이와는 대조적인 사례를 보여 준다. 브라질은 군주제와 같은 식민지 시대의 제도를 유지하기 위해 큰 대가를 치렀지만, 그 대신 안정감을 얻었다. 브라질에서는 유럽의 왕조가 계속 유지되고 있었고, 공작·백작·남작 같은 귀족들이 가문의 문장이 새겨진 덧옷을 자랑스럽게 입고 다녔다. 교회와 국가 간의 긴밀한 관계도 그대로 유지되고 있었고, 일부 사람들이 다른 사람들을 위해 죽도록 일하는 노예 제도도 여전히 확고부동했다. 공화국으로 분리 독립하려는 시도가 몇 차례 있긴 했지만, 포르투갈어권 아메리카는 분열되지 않았고, 브라질 정부가 폭력으로 전복되는 일도 발생하지 않았다. 브라질 엘리트들은 이러한 성과를 매우 자랑스러워했으며, 브라질을 혁명으로 파괴된 에스파냐어권 아메리카와 비교해 보곤 했다.

포르투갈에서 독립한 브라질 제국은 남아메리카 대륙의 절반을 차지했다. 브라질은 순환 보직의 주지사들로 구성된 전문가 집단을 두고 있었는데, 이 당시에는 아직 선출직이 아니라 임명직이었다. 독립 당시 브라질 사회에는 무장세력이 없었다. 지역마다 카우디요들이 난립했던 에스파냐어권 아메리카와는 달리 브라질에서는 감히 제국의 군대와 맞설 만한 상대가 없었고, 장군들도 황제에게 변함없이 충성을 바치고 있었다. 브라질의 플랜테이션 역시 초창기의 에스파냐어권 아메리카 공화국들을 괴롭혔던 농장 파산의 위험을 겪지 않았다. 북동부 해안을 따라 건설된 포르투갈인들의 초창기 식민 활동 중심지에서는 여전히 유럽인들의 후식용 설탕을 수 톤씩 생산하고 있었다. 그러나 이제 후식에 곁들여 마시기에 안성맞춤인 커피가 새로운 플랜테이션 작물로 떠올라, 노예 노동의 주요 상품이었던 설탕과 경쟁하게 되었다. 1840년대에는 이 경쟁에서 커피가 승리를 거두었다. 미국인들과 유럽인들 상당수가 아침 식탁에서 차 대신에 커피를 마시기 시작하면서, 브라질의 커피 재배는 호황을 맞게 되었다. 식민지 시대 브라질의 대표 상품이 설탕이었다면, 독립 국가 브라질의 대표 상품은 커피였다고 할 수 있겠다. 커피 붐이 히우지자네이루에서 시작된 덕분에 커피는 제국 수도의 정치력과 경제력 강화에도 직접적인 기여를 했다.

하지만 이와 같은 성공담에 가려, 우리는 브라질 자유주의자들이 겪은 희망과 좌절의 이야기를 제대로 이해하지 못할 수도 있다. 사실 독립 초기 수십 년 동안에는 에스파냐어권 아메리카에서 전개된 거센 자유주의 운동이 브라질에서도 다소 축소된 형태로 일어났다. 페드루 1세는 자유주의자임을 자처했지만, 실제로는 권위주의적인 기질의 소유자였다. 그는 1822년 제헌의회 구성에 동의해 놓고도, 자유주의 대표들이 국민주권 개념을 강하게 밀어붙이자 의회를 황급히 해산해 버렸다. 실제로 페드루는 국민의 동의가 아니라, '신의 은총으로' 브라질을 통치하려고 했다. 몇 명의 고문을 불러들인 그는, 마치 의회를 조롱이라도 하듯이, 그 무엇보다도 훨씬 자유주의적인 헌법을 작성하게 했다. 하지만 이렇게 제정된 1824년의 헌법에는 종신 임명직 상원 제도가 명시되어 있었다. 이는 이른바 황제의 조정 능력이라는 것을 다른 어떤 정부 부처보다 우위에 두겠다는 처사였다. 자유주의자들은 여기에 속아 넘어가지 않았다. 통화 팽창 정책과 남부 지방에서 일으킨 무모한 전쟁, 체면을 구긴 간통 사건, 무엇보다도 포르투갈 내정에 대한 끊임없는 관여 등 페드루가 남발한 실책들 덕분에 자유주의자들은 오히려 더 유리한 입장에 있었다.

자유주의자들은 포르투갈 태생의 상인과 관료, 장교들 다수가 독립

라틴아메리카의 신생국들 (1811~1839년)

국가 브라질에서도 여전히 권력의 요직을 차지하고 있다는 점을 가장 중요한 이슈로 삼아 대중들에게 부각시켰다. 정치 이론 같은 것에는 통 관심이 없었던 보통 사람들도 '브라질인을 위한 브라질'이라는 구호에는 공감했고, 갈수록 반포르투갈 폭동이 잦아졌다. 사실 당시 페드루 주변에는 포르투갈 태생 고문들이 포진해 있었고, 페드루 자신도 포르투갈 태생이었다. 게다가 1826년 아버지의 사망으로 페드루는 포르투갈의 왕위를 이을 법적 계승자가 되었다. 그는 포르투갈 왕위를 자신의 딸에게 내어 주기는 했지만, 포르투갈에서 발생하는 문제에 여전히 깊은 관심을 기울이고 있었다. 포르투갈과 브라질의 왕위가 하나로 합쳐진다면 어떻게 될까? 자유주의자들은 브라질이 다시 식민지로 전락할 수 있다고 경고했다. 1831년 초 히우지자네이루에서 형성된 반포르투갈 감정은 정점에 이르렀다. 자신이 통치자로 인정받지 못하고 있다고 느낀 페드루는 브라질 왕위를 물려주고 포르투갈로 떠났다. 페드루 1세는 부왕인 주앙 6세와 마찬가지로 자신의 아들이 브라질 왕위를 이어받도록 했다. 브라질을 떠나는 아버지의 이름을 따서 '페드루'라는 이름으로 불린 왕자는 이때 겨우 다섯 살이었지만, 그래도 브라질 태생이었다. 그의 권위에 의문을 제기하는 사람은 아무도 없었다. 하지만 어린 황제는 성년이 될 때까지 자신의 이름으로 통치할 성인 후견인, 곧 섭정을 두어야 했다.

섭정 시대(1831~1840년)는 브라질 역사상 가장 격렬했던 시기였다. 섭정들은 전제군주 페드루 1세를 권좌에서 몰아낸 자유주의 세력을 대변했다. 중앙정부의 권력 제한을 원했던 자유주의자들은 군대의 규모를 줄였고, 지역과 지방의 관리들에게는 더 많은 권한을 부여했다. 그러나 그들은 금세 그 권한들을 되찾아 오려고 했다. "모든 사람은 평등하게 태어났다"는 자유주의 관념이 브라질의 강력한 신분제적 사회 조직과 충돌했다. 다른 나라의 자유주의자들 대부분이 그랬던 것처럼 브라질의 자유주의자들도 여성과 노예를 '모든 사람'의 범주에서 제외시켰다. 대개의 경우 평등은 추상적인 개념이었고, 듣기 좋은 거짓말이었으며, 그럴듯한 수사에 불과했다. 브라질의 자유주의자들도 독립전쟁 당시에는 에스파냐령 아메리카의 자유주의자들과 다르지 않았다. 이들은 민중들 가운데서 동맹 세력을 찾았고, 에스파냐령 아메리카의 자유주의자들과 비슷한 전략을 취했다. 즉 이들 역시 대중에게 브라질 태생의 중요성을 강조하였으며, 브라질이 다시 포르투갈의 식민지가 될 수도 있다는 위기감을 퍼트렸다. 그러자 이에 대한 중앙정부의 대응이 지나치게 소심하다고 생각했던 몇몇 주에서는 자유주의자들이 반란을 일으켰다. 1830년대 후반에는 자유주의자들의 반란이 전국 4개 주에서 거의 동시에 일어나 맹위를 떨쳤다. 그러나 이것이 끝이 아니었다. 이후 많은 공화국들이 우후죽순처럼 생겨났다가 사라지기를 반복했는데, 이 일에 이곳저곳의 노예들까지 가담하고 있었다. 섭정들은 이제 공황 상태에 빠졌다.

이때 제국 엘리트 출신 자유주의자들이 갑자기 전향을 했다. 이들은 보수주의자들의 생각이 옳았을지도 모르며, 브라질에는 민주주의가 아니라 강력한 왕권이 필요할지도 모르겠다고 생각했다. 이렇게 하여 탈식민화는 보류되었다. 1840년 브라질 국회는 14세에 불과한 페드루 왕자를 제위에 앉히기로 결정했다. 국회는 종전의 자유주의적 개혁들을 폐지하고 제국 군대를 창설했으며, 중앙집권적인 경찰 조직을 마련했다. 자유주의는 무너졌고, 19세기 중반에는 노예와 커피, 안정적인 군주제를 소재로 한 보수주의의 성공담이 유행하게 되었다.

변함없는 일상생활

독립 후 어떤 정치적 변화를 겪었든지 간에, 라틴아메리카 주민들의 일상은 생각보다 크게 바뀌지 않았다. 일이나 가족, 사회 관계, 여가활동, 종교 생활은 여전했다. 궁극적으로 모든 사람들에게 영향을 미치게 될 거대한 변화의 경제적 엔진인 자본주의는 앞서 설명한 몇 가지 이유 때문에 대부분의 나라에서는 아직 이렇다 할 움직임을 보이지 않았고, 1850년대가 되어서야 비로소 시동이 걸리기 시작한다. 이 기간 동안 라틴아메리카 사람들 대부분의 상황은 그리 나쁘지 않았다.

원주민들은 외부인들로부터 별 방해를 받지 않고 마을 소유의 공유지를 경작했다. 1825년부터 1850년까지 계속된 경제 침체로 인해 원주민들의 토지와 노동은 별다른 압력을 받지 않았다. 극히 낙후된 지역을 제외하고는 미타와 같은 식민지 시대의 노동력 징발 제도들이 폐지되었다. 원주민들은 가능한 한 임노동자 신세에서 벗어나 자영농이 되려고 했다. 16세기 이후 에스파냐의 제도를 들여와 자치를 시작한 멕시코의 여러 원주민 마을에서는 특히 마을의 원로들이 정치적 현안에 대해 독자적인 목소리를 내며 공동체를 관리했다. 그러나 대부분의 원주민들은 공화제 정치에 별다른 관심이 없었다. 그들은 외딴곳에서 자신들의 관습을 지키고, 자신들의 언어를 사용하며, 자신들의 일만 신경 쓰면서 살고 싶어 했다.

몇몇 지역에서는—예를 들어 콜롬비아 같은 곳에서는—혼혈인 자유농민의 수가 원주민 공동체 주민의 수보다 훨씬 더 많아졌다. 농촌 주민들은 이따금씩 대지주들의 토지에서 농장 일꾼peon, 즉 '부속 노동자'로 살면서 사실상 대지주의 정치적·경제적 피후견인이 되었다. 부속 노동자와 그 가족들은 대지주를 후견인이라고 불렀다. 후견인은 피후견인들의 안전을 보장해 주었지만, 동시에 여러 가지 의무도 함께 부과했다. 일반적으로 아시엔다의 농장 일꾼들은 후견인의 토지를 경작하면서 자신들이 먹을 곡물도 재배했다. 그런가 하면 이 당시에는 아직 상당한 규모의 원시림이 여기저기에 남아 있었는데, 이런 곳의 농민들은 지주를 위해 전투에 참가하거나 농장 일꾼으로 일할 필요 없이 자신의 밭을 개간해 작물을 재배했을 것이다. 요컨대 1825년부터 1850년까지 대부분의 라틴아메리카 농촌 주민들은 먹거리를 시장이 아니라, 어떤 식으로든 자급용 농업에 의존하고 있었다.

농촌 영역의 다른 극단에서는 아프리카인들과 그 후손들이 플랜테이션 농장에서 여전히 노예로 살아갔다. 특히 브라질과 쿠바에서 그랬다. 이들 역시 텃밭에서 자신들의 먹거리를 재배하긴 하였지만, 가사노예가 아닐 경우에는 수출용 작물을 재배하는 데 자신들의 시간 대부분을 바쳐야 했다. 브라질에서는 영국의 영향으로 노예무역이 법적으로 금지되었지만, 이에 아랑곳하지 않은 브라질의 커피 농장주들은 1825년부터 1850년까지 기록적인 수의 아프리카인들을 수입했다. 브라질의 옛말에 따르면, 일부 법률들은 "영국인들에게 보여 주기 위해" 법전에 기록해 둔 것일 뿐이었다. 또 자메이카와 바베이도스를 비롯하여 사탕수수를 재배하는 여러 영국 식민지 섬에서 노예제도가 폐지되자, 이로 인해 득을 보게 된 쿠바의 플랜테이션 농장주들 역시 엄청난 수의 노예 노동자를 수입했다. 쿠바는 막대한 자본이 투자되고 가혹한 착취가 진행되는 거대한 설탕 공장으로 변모하였는데, 이와 같은 조짐은 곧 다른 곳에서도 나타나기 시작했다.

탈식민 라틴아메리카에서는 부유하든 부유하지 않든 간에 지주들이 주도권을 장악하고 있었다. 지주들은 노상강도나 낙후된 도로 시설에 대한 불평을 늘어놓았지만, 이전 세대보다는 더 높은 사회적 명망을 누렸고, 정치적으로도 보다 강력한 영향력을 행사했다. 독립 직후 자유주의자들은 강성했던 도시의 상인 길드들을 해체하고 자유무역을 추진했다. 기계로 생산한 외국산 직물이 대량으로 수입되자, 도시의 직조공들은 파산하고 말았다. 이로 인해 농산물이 라틴아메리카 수출품의 주종을 이루게 되면서 지주들은 새로운 '경제적' 영향력을 행사하게 되었고, 이와 함께 그들의 '정치적' 영향력도 확대되었다. 이제 플랜테이션과 아시엔다의 농장주들을 따르는 자들이 도시 상인들과 관료들을 따르는 자들보다 더 많아졌다. 선거와 혁명에서 중요한 것은 피후견인들의 수였다.

독립 이후 민족 정체성이 중시되고 지주 계층이 등장하면서 문화 변용, 즉 새로운 라틴아메리카 문화를 창조하는 작업이 촉진되었다. 19세기 중반 지주들은 도시에 저택을 두고 사는 것보다는 시골에서 시골 사람으로 사는 것을 선호했다. 이때는 '아메리카노들'이 지녀야 할 애국적 위엄의 본질을 토착주의 수사학이 분명하게 드러내던 시대였으며, 도시가 아니라 농촌이 토착적 정체성을 규정한다고 생각하던 시대였다. 식민지 당국에 의해 오랫동안 부적절한 것으로 비난받았던 가난한 메스티소들의 민속춤은 이제 민족 정신의 표상으로 널리 유행하게 되었다. 애국심을 지닌 청중은 무대에서 공연되는 멕시코의 하라베jarabe나 콜롬비아의 밤부코bambuco 같은 민속춤에는 찬사를 보낸 반면, 포르투갈어나 에스파냐어 악센트를 쓰는 배우들에게는 야유를 보냈다. 이러한 경향은 에스파냐의 지배를 받고 있던 쿠바에서도 다르지 않았다. 시골의 결혼식 축하연이나 지저분한 댄스홀, 엘리트들의 사교클럽에서 사람들은 아프리카와 쿠바의 리듬이 뒤섞인 음악에 맞춰 춤을 췄다. 독립전쟁을 치르던 시절에는 토착적 정체성을 규정하는 데 출생지 하나면 충분하였다. 출생지가 중요한 판단 기준이 된 것도 이 무렵부터였다. 어떤 경우에는 '우리' 민족을 외부의 '그들'과 대비하여 규정하기도 했다. 하지만 민족 정체성을 규정하기 위해서는 단순한 경계 구분이 아니라 실체가 필요했는데, 이를 제공해 준 것이 바로 문화 변용이었다.

이러한 새로운 민족 정체성을 만들어 내고, 그것을 고양하는 데 핵심적인 역할을 했던 것은 19세기 중반의 라틴아메리카 문학이었다. 이 시기에 활동한 작가들 대부분은 신생 국가 특유의 풍속과 경관이 새로운 민족 문학의 소재로 적합하다고 생각했다. '풍속'에 해당하는 에스파냐어 '코스툼브레스costumbres'에서 나온 '코스툼브리스모costumbrismo'(풍속주의)라는 독특한 문학 양식이 라틴아메리카 전역에서 유행했다. 풍속주의 작가들은 평범한 서민들, 특히 시골 사람들의 춤과 의복, 말투, 생활을 묘사하면서 민족의 자화상을 만들어 냈다. 그들은 시골 사람들이 민족의 정수를 구현하고 있다고 생각했다. 이 당시에는 풍속주의 촌극들이 종종 신문에 게재되었는데, 이런 작품들은 정통 오락물로 여겨졌던 유럽의 '진지한' 연극들 사이에 올릴 공연용 대본으로 사용되기도 했다.

라틴아메리카의 독립에 중요한 역할을 한 토착주의 정신은 서서히 약화되지만, 적어도 독립 후 수십 년간은 여전히 강력한 영향을 미쳤다. 1828년 토착주의자들의 시위가 널리 확산되면서, 멕시코 공화국에 남아 있던 페닌술라르들이 추방당한 것이 그 좋은 예이다. 당시 보수주의자들은 토착주의라는 이미지를 자유주의자들만큼이나 많이 활용하고 있었다.(나중에는 이런 이미지를 보수주의자들이 자유주의자들보다 더 많이 활용했다.) 로사스를 추종하는 무리의 홍보 담당자들은 언론용으로 판초 루가레스 같은 서민적인 캐릭터를 창조했다. 가우초인 판초 루가레스는 일상적인 조언을 늘어놓으며 유럽 중심주의에 빠진 1830년대 아르헨티나 자유주의자들을 조롱하는 인물이었다. 토착주의는 여전히 반외세적인 성격을 띠고 있었지만, 자유주의자들이 강조해 온 사회적 평등의 의미는 잃어버렸다.

1850년이 되면 다수의 피억압자들, 즉 피정복민들과 노예들의 후손은 정복자들의 후손을 타도할 궁리를 더 이상 하지 않게 된다. 신생 국가의 상류층은 식민지 시대의 상류층과 크게 다르지 않았다. 엘리트 집단의 초상화에 얼굴색이 좀 더 짙은 인물 서너 명이 등장하는 정도의 차이뿐이었다. 기존의 신분 제도를 위협하는 대중 반란이 몇 차례 일어났지만, 그것은 산발적인 사건에 불과했다. 이 중에서 가장 유명한 반란은 18세기 중반에 시작된 '유카탄반도의 카스트 전쟁Guerra de Castas'이었다. 말하는 십자가로부터 예언적 메시지를 들은 마야인들이 자신들의 땅에서 백인과 메스티소 침입자들을 몰아내기 위해 봉기했는데, 이들은 자신들을 '크루솝Cruzob'이라고 불렀다. '크루솝'은 에스파냐어와 마야어가 혼합된 단어로, '십자가의 사람'을 뜻했다. 하지만 그들의 세계관은 에스파냐인들보다는 마야인들 쪽에 더 가까웠다. 이 마야인들의 반란처럼 진짜 과격한 반란은 통상 주류 사회와 문화적으로 멀리 떨어져 있는 곳에서 발생하는 법이다. 독립 국가 브라질에서 발생한 반란 중 가장 유명한 것은 아마도 1835년에 일어난 바이아주 노예들의 반란일 것이다. 그런데 이 반란에 참여한 노예 중 상당수는 아랍어를 사용하며 브라질 사회의 기독교 이데올로기로부터는 아무런 영향도 받지 않은 무슬림, 곧 말레Malê들이었다. 그들의 무슬림 정체성은 말레들을 조직하는 데는 도움이 되었지만, 기독교 노예들은 모두 소외시키는 결과를 초래했다. 사실 이 반란 음모를 폭로한 것도 바로 기독교 노예들이었다.

라틴아메리카에서는 소수 백인들에 의한 통치가 문화적 헤게모니라는, 미묘하면서도 끈질긴 권력을 계속 행사하고 있었다. 예전에는 백인들이 식민화 능력을 갖추고 있고 진정한 종교를 대변하고 있어 통치했지만, 이제는 '문명'을 대변하고 있어 통치하게 되었다. 문명이란 무엇인가? 답은 매우 간단하다! 문명은 파리였고 런던이었다. 그것은 자유무역이었고 증기기관이었으며 낭만적인 시였다. 문명은 유럽에서 돈으로 살 수 있는 모든 것이었다. 이처럼 터무니없이 유럽 중심적인 문명의 정의를 받아들인 사람들은 '더 문명화된' 백인들을 지배 계층으로 인정해야 했다. 하지만 바이아주의 흑인 무슬림 반란자들이나 말하는 십자가의 크루숍 마야인들은 그들 나름의 문명을 지니고 있었고, 완전히 다른 세계를 꿈꿀 수 있었다. 그러했기에 그들에게는 백인들의 문명 개념과 가치 체계가 필요하지 않았다. 하지만 이 두 사례는 예외적인 경우였다. 대부분의 라틴아메리카에서는 수 세기에 걸쳐 문화 변용이 진행되었고, 부의 차이가 엄청나게 큰데도 기본적인 가치 체계와 사고방식은 공유하는 사회가 형성되었다. 그 결과 소수 엘리트들의 헤게모니 장악이 계속되었다. 글쓰기를 하늘같이 받든 것이 그 한 예이다.

에스파냐어와 포르투갈어는 제국의 언어였다. 법률과 행정은 물론이고 일체의 장거리 통신까지도 모두 이 언어들로 기록된 문서로 처리되었다. 1825년 이후 교육의 기회가 조금씩 늘어나기는 했지만, 라틴아메리카 사람들 대부분은 읽을 줄도 모르고 쓸 줄도 몰랐다. 이 무렵 신생 국가에서는—지방과 중앙을 불문하고—법률을 제정하는 의회가 생겨났고, 정치적 논쟁을 늘어놓는 신문이 발행되었다. 갖가지 정치적 희망에 부푼 사람들이 선거 유세에서 쉴 새 없이 연설했는데, 그중 운이 좋은 사람들은 상원의 회의장이나 대통령궁의 발코니에서 연설했다. 공적 활동에서는 이제 연설과 수사가 아주 중요해졌다. 읽고 쓰기에 서툴렀던 상당수의 카우디요들은 어눌한 말주변을 쑥스러워하며, 또 교육받은 엘리트들의 비웃음 소리를 들으며 수도를 떠나 자신들의 아시엔다로 슬그머니 되돌아갔다. 정치는 이런 종류의 언어를 사용하는 주요한 장이었다. 그러나 적절한 운율에 따라 시를 짓거나, 라틴어 고전의 명문을 인용하거나, 아직 번역되지도 않은 영국이나 프랑스 작가들의 작품을 훤히 알고 있는 젊은이들도 각별한 주목을 받았다. 물론 남성만이 이런 매력을 자랑할 수 있었다. 여성에게는 대학 교육의 문이 아직 열리지 않았기 때문이다.

사실 신생 국가에서 독립과 더불어 나타난 가장 큰 변화는 떠들썩한 공적 생활이었다. 하지만 여성 대부분은 이러한 공적 생활에서 배제되어 있었다. 여성이 유명해지는 경우는 그 여성이 유력한 남성과 연줄이 닿아 있거나, 여성으로서의 성 역할을 어겼을 때이다. 물론 둘 다인 경우에도 유명해졌다. 예를 들어 마르케사 지 산투스라는 칭호로 역사에 널리 알려진 도미틸라 지 카스트루는 브라질에서 레오폴디나 황후 다음으로 유명한 여성이었다. 황제의 정부였기 때문이다. 그녀는 페드루가 히우지자네이루 강변 근처에 지어 준 호화 별장에서 멋진 파티를 여는 것으로 유명했다. 도미틸라의 가족 몇몇에게도 귀족 작위를 하사한 페드루는 도미틸라가 낳은 딸이 자신의 딸임을 공식 인정했으며, 그 아이에게 고이아스 공작이라는 작위를 내려 주었다. 그러나 당대인들 대다수는 페드루의 이런 행동이 레오폴디나 황후에게 모욕감을 주어, 그녀를 죽음으로 내몰았다고 생각했다. 페드루는 도미틸라를 황후의 시중 시녀로 황궁에 들인 다음, 한동안 공주와 함께 살게 했다. 일곱 번째 아이를 가졌다가 합병증으로 사망한 레오폴디나 황후는 생기발랄했고, 지적이었으며, 성실했다. 그녀는 오스트리아에서 태어난 낯선 이방인이었지만 히우지자네이루 사람들에게 많은 사랑을 받았다. 페드루를 설득해 브라질을 독립시키는 데도 일조했던 그녀가 1826년 사망하자, 많은 브라질 사람들은 페드루를 더 이상 신뢰하지 않게 되었는데, 이는 후일 페드루가 몰락하는 배경이 되었다.

아르헨티나의 카우디요인 후안 마누엘 데 로사스의 아내 엔카르나시온 에스쿠라는 주로 막후에서 중요한 정치적 역할을 했던 여성이다. 목장을 둘러보거나 군사 원정대를 이끌기 위해 로사스가 부에노스아이레스를 떠날 때마다 그녀가 남편의 정치 업무를 떠맡았다. 그녀는 로사스를 따르는 부유한 추종자들뿐 아니라 가난한 사람들에게도 호의와 환대를 베풀었다. 에스쿠라는 여러 카우디요들을 상대하면서 남편에게 자주 상세한 내용의 정치 보고서를 써 보냈다. 그녀의 글에는 자부심 넘치고 강인하며 강경한 발언을 내뱉는 로사스 지지자로서의 면모가 여실히 드러나 있다. 그녀는 로사스의 정적들이 자신에게 퍼부어 대는 온갖 비방을 다음과 같은 말로 일축해 버렸다. “어떤 비난도 나는 두렵지 않다. 중요한 것은 나 자신이다. 그들은 ‘엄청난’ 대가를 치르게 될 것이다.” 로사스는 그녀를 ‘아르헨티나의 영웅’이라고 칭송했지만, 그녀는 평생 어떠한 공식 직책도 맡지 않았다. 1838년 그녀가 사망했을 때 그녀의 관에는 그녀가 평생 이룩한 업적을 여성에게 적합하다고 여겨지는 순서에 따라 정리한 다음과 같은 현수막이 내걸렸다. “인자한 어머니, 헌신적인 아내, 열렬한 애국자.”

에스쿠라가 하던 일은 곧 그녀의 딸 마누엘라 데 로사스가 물려받았다. 흔히 애칭인 마누엘리타로 불렸던 마누엘라는 아버지의 정부에서 홍보 업무를 담당했다. 그녀는 아직 어린 소녀였을 때 아버지 로사스에게 경의를 표하는 부에노스아이레스의 흑인들과 어울려 춤을 춘 것으로 유명해졌지만, 성장한 후에는 외교관들을 방문해 피아노를 연주해 주거나 그들과 프랑스어로 대화를 나누곤 하였다. 그녀와 결혼하고 싶어 했던 남자들이 여럿 있었지만, 로사스는 딸의 결혼을 허락하지 않았다. 자신도 마누엘라가 필요했던 것이다. 결국 공인으로서 특히 많은 사랑을 받았던 마누엘라는 부에노스아이레스 시민들의 마음속에 언제나 ‘소녀’로 남게 되었다. 후일 마누엘라는 결국 아버지의 뜻을 어기고 결혼하지만, 그때는 아버지 로사스가 권좌에서 물러난 뒤였다.

마누엘라의 친구 카밀라 오고르만은 끔찍한 스캔들로 유명해졌다. ‘명문가’의 젊은 아가씨였던 그녀가 젊은 사제와 사랑에 빠진 것이다. 1847년에 두 사람이 사랑의 도피를 하자 카밀라의 집안과 교회가 발칵 뒤집힌 것은 물론이고, 로사스와 로사스의 정적들까지 나서서 거센 항의를 퍼부었다. 로사스의 정적들은 로사스의 집권기 동안 아르헨티나의 도덕이 붕괴되었다며 크게 통탄했고, 로사스는 “두 사람이 땅속에 숨었을지라도” 반드시 찾아내어 처벌하겠다고 맹세를 했다. 이 젊은 연인들은 이름까지 바꾸고 외딴 마을에 들어가 살았지만, 곧 발각되고 말았다. 마누엘라 로사스가 친구를 구하기 위해 노력했으나, 소용이 없었다. 카밀라는 이미 사회 질서를 위협하는 상징적 인물이 되어 버렸다. 체포될 당시 그녀는 임신 중이었지만, 로사스의 총살 집행 부대 앞에 연인과 나란히 설 수밖에 없었다.

탈식민 라틴아메리카에서는 이베리아반도의 가부장제가 여전히 맹위를 떨치고 있었다. 엔카르나시온 에스쿠라와 같은 여성들의 정치 활동은 유일한 것은 아니었지만 매우 드문 일이었다. 여성은 정치라는 공적 생활의 무대에서 여전히 배제되고 있었다. 이는 식민지 시대의 관행을 그대로 이어받은 것이었다. 그러나 공화주의 이론에서도 여성을 배제할 새로운 명분을 찾았는데, 그것은 여성들에게 가정의 영역을 전담시키는 것이다. 고달프지만 누군가는 해야 하는 가정에서의 일들, 곧 요리·청소·바느질·육아를 이제 여성들이 고스란히 떠맡아야 했다. 그런데 가난한 여성일 경우에는 다른 사람 집의 요리·청소·육아 노동까지 해야만 하는 경우가 많았다. 심지어 다른 사람의 아이에게 젖을 물리기도 했다. 또 자신들보다 사회적으로 '더 나은 사람들'을 위해 옷을 빨고 풀을 먹여 다림질을 하는 세탁 일에 종사하는 여성들도 있었다. 세탁부들이 바위에 옷을 문질러 대고 강둑의 풀밭에 옷을 널어 말리는 모습은 당시 흔히 볼 수 있는 풍경이었다. 물론 매춘도 마찬가지였다.

가난했던 여성 에우제니아 카스트루는 자신보다 서른 살이나 많은 로사스에게서 받은 것이 별로 없었다. 그녀는 그의 아이를 여섯 명이나 낳았지만, 공식적으로는 단 한 명도 로사스의 자식으로 인정받지 못했다. 페드루 황제의 정부였던 마르케사 지 산투스와는 달리, 에우제니아 카스트루는 사람들의 눈에 띄지 않도록 바깥출입을 통제당했다. 로사스가 법적 후견인이었던 만큼 그의 집에서 그녀는 존중받는 하녀였다. 그녀는 병으로 죽어 가던 로사스의 부인 엔카르나시온 에스쿠라를 간호하는 일을 하였지만, 밤에는 이 '저명한 아메리카노'(로사스는 추종자들이 자신을 이렇게 부르도록 허용했다.)의 침실에서 에스쿠라의 자리를 차지했다. 로사스를 방문했던 어떤 사람이 전한 바에 따르면, 에우제니아는 로사스와 같은 식탁에 앉았고, 로사스의 딸 마누엘라도 에우제니아와 그녀의 아이들을 다정하게 대했다고 한다. 하지만 후일 로사스가 망명지인 영국에서 함께 살자고 초청했을 때, 에우제니아는 이를 거절한 채 계속 아르헨티나에 머물렀다.

보다 고위층 여성들은 자신들의 경험과 이동을 제한하는 명예 제도의 속박에 계속 시달렸다. 그러나 명예 개념 그 자체는 조금씩 발전했다. 명예란 신분을 통해 부여되기도 하지만, 행동을 통해 획득되기도 하였다. 좋은 가문에서 태어난 한량이 명예를 주장할 수도 있었지만, 비천한 가문에서 태어난 사람도 자신의 덕을 드러냄으로써 명예를 주장할 수 있었다. 라틴아메리카가 독립한 후에는 후자의 개념, 이른바 평등한 시민사회라는 이상에 보다 부합하는 근대적인 명예 개념이 점점 더 중요시되었다. 정절이나 모성애의 이상을 구현한 여성은 가난한 집에서 태어났거나 '잘못된' 피부색을 지녔다 할지라도 명예로운 사람이라는 사회적 인정을 요구할 수 있었다. 남성은—적어도 이론적으로는—군 복무를 통해 불명예스러운 배경을 지울 수 있었다. 독립 이후 신분 제도가 약화되면서, 명예는 새로운 계층 제도를 분류하는 보조 원칙으로 기능하게 되었다.

피부색이나 그 밖의 신체적 특징으로 개인의 사회적 지위를 규정하던 신분 제도에서는 사회적 지위가 고정적이었던 반면, 계층 제도에서는 좀 더 가변적인 것이 되었다. 계층은 특히 재산과 관련이 있었는데, 때로는 가난한 사람이 벼락부자가 되기도 하는 세상이었다. 과거 식민지 시대에는 흑인·원주민·혼혈인이 제아무리 부자라고 해도 면제 특권을 사서 '법적 백인'이 되지 않는 이상 비단옷을 입을 수도, 높은 지위에 오를 수도 없었다. 당시의 법이 그랬다. 그런데 독립 이후에는 이러한 신분법이 자취를 감추었다. 게다가 앞서 살펴본 것처럼 19세기 초반의 정치적 격변으로 군인들과 정치 지도자들의 사회적 이동이 촉발되었다. 이제 상류층에 속한 백인 가문에서는 메스티소 경쟁자들의 사회적 부상을 염려하기 시작했다. 그럴 만도 했다. 전체 인구에서 혼혈 인구가 차지하는 비중이 그 어느 때보다 높아졌기 때문이다. 게다가 에스파냐어를 익혀 자신들의 전통 사회 밖에서 살고 있던 원주민들도 점차 원주민으로서의 정체성을 버리고, 백인들의 경쟁자로 떠올랐다.

신분 제도가 붕괴되면서 사람들을 구분하는 기존의 여러 범주들은 점차 두 개의 기본 범주로 바뀌었다. 상위 범주에는 백인들이 주류를 이룬 자칭 "고상한 사람들decent people"이 있었고, 하위 범주에는 에스파냐어로는 '푸에블로pueblo', 포르투갈어로는 '포부povo'라고 하는 서민들이 있었다. 이른바 고상한 사람들은 자신들이 속한 특권적 사회 공간의 경계를 철저히 감시했다. 메스티소 장군의 딸들이 '고상함'의 세계에 발을 들여놓는 데는 제복을 차려입은 하인이 끄는 쌍두마차나 다이아몬드 장신구 같은 것이 도움이 될 수 있었을 것이다. 하지만 이미 그 세계에 속해 있던 사람들은 신입 회원들에게 상류 사회의 행동과 유행 기준을 엄격히 따르라고 요구했다. 메스티소 장군의 딸이라면 아무리 비싼 옷감이라도 구입할 수 있었겠지만, 그들이 과연 파리의 최신 유행을 알 수 있었을까? 그들이 과연 무도회의 예법을 알고 있었을까? 그들이 과연 피아노를 칠 줄 알았을까? 피아노를 친다고 해도 과연 얼마나 잘 쳤겠는가?

라틴아메리카인들은 식민지 시대에 그랬던 것처럼 탈식민 시대에도 무엇이 '문명화된' 것인지, 무엇이 '우아한' 것인지, 그리고 궁극적으로 무엇이 '고상한' 것인지를 규정할 때는 유럽의 기준을 따랐다. 그러므로 사회적 위계의 최상층에 속한 사람들이나, 유럽을 아는 사람들 대부분은 이러한 내부 게임에서 필승 카드를 쥐고 있었던 셈이다. 라틴아메리카는 공식적이고 공공연한 식민주의에서 보다 복잡미묘한 식민주의로 탈바꿈한 것뿐일까? 어떤 면에서는 실제로 그랬다.

라틴아메리카 국가들은 대체로 1825년과 1850년 사이에 험난한 여정을 시작했다. 정치적으로는 불안정하고, 경제적으로는 정체된 시기였다. 자유주의자들은 포용적인 정치 공동체, 법을 준수하는 평등한 시민들의 공화국을 건설하는 데 실패했다. 19세기 중반 라틴아메리카 대부분의 지역에서는 신분 제도라는 오랜 구습이 변혁을 꿈꾸는 자유주의를 짓밟고 승리한 것처럼 보였다. 그러나 장기적으로 볼 때, 역사의 물결은 변화를 향해 흐르고 있었다. 1850년 이후 두 번째 바람을 맞이한 자유주의자들의 운은 더할 나위 없이 좋았다.

반대 흐름

외세

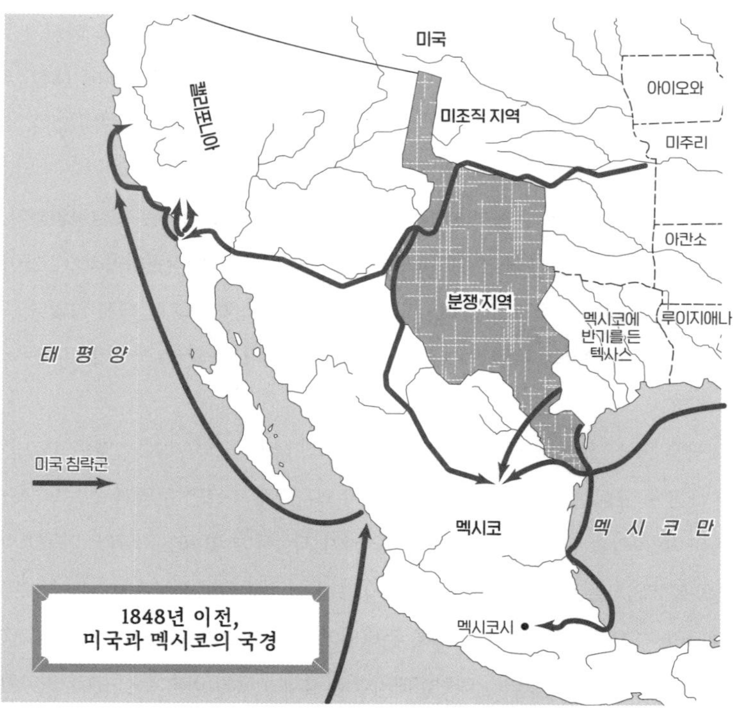

유일하게 쿠바와 푸에르토리코가 식민지로 남아 있었지만, 라틴아메리카 전체는 문화적·경제적 측면에서 여전히 외부 세계를 지향하고 있었고, 유럽, 특히 영국과 프랑스의 영향을 크게 받고 있었다. 에스파냐와 포르투갈은 거의 아무런 영향을 미치지

못했을뿐더러, 오히려 라틴아메리카 자유주의자들의 분노를 샀다. 라틴아메리카 자유주의자들은 자신들이 생각하는 라틴아메리카 사회의 문제들이 이베리아인들의 식민화에서 비롯되었다고 비난했다. 보수주의자들은 '모국'에 좀 더 호의적인 반응을 보였지만, 그 차이는 그리 크지 않았다.

한편, 자유주의자들과 보수주의자들 모두 미국을 모방할 만한 가치가 있는 국가로 여겼다. 하지만 그들의 찬사는 곧 불신으로 바뀌었다. 여기에는 그럴 만한 이유가 있었다. 라틴아메리카가 독립하자마자 미국의 무역업자들이 그곳에서 활동을 개시했고, 진심 어린 환대를 받았다. 1823년 이후 미국 정부는 아메리카의 결속을 다지기 위해 먼로 독트린(Monroe Doctrine)을 표방해 왔다. 하지만 아메리카 대륙에 대한 '유럽의 불간섭'을 주문한 먼로 독트린은 미국의 잇속을 챙기려는 외교 전략이었다. 물론 영국과 프랑스는 이러한 주장에 별다른 주의를 기울이지 않았다. 1800년대에 막강한 경제력과 해군력을 자랑했던 대영 제국에 비하면, 미국의 영향력은 보잘것없었다. 따라서 먼로 독트린은 수십 년간 이론에 머무를 수밖에 없었다. 라틴아메리카인들이 보기에 미국은 문화적인 업적에 있어서도 영국이나 프랑스와 비교가 되지 않았다. 그러나 해가 갈수록 미국의 무역은 성장했고, 미국이 뿜어내는 기술과 번영의 아우라도 강렬해졌다.

미국은 영국, 프랑스와 함께 라틴아메리카 국가들이 외부 세계와 맺은 새로운 관계의 내용을 규정해 나가기 시작했다. 자유주의자들에 따르면 문명과 진보의 화신이었던 이 세 나라는 모든 면에서 라틴아메리카가 지향해야 할 모델이었다. 더욱이 이들 국가의 무역업자들은—라틴아메리카인들이 프랑이나 달러나 파운드를 넉넉하게만 갖고 있다면—언제든 구입할 수 있도록 준비되어 있는 진보의 느낌이나 외형을 기꺼이 제공할 의사가 있었다. 그러나 라틴아메리카의 경제는 독립 이후 수십 년간 허약한 상태여서 수출도, 수입도 거의 할 수가 없었다.

물론 페루의 구아노 붐(Era del Guano)은 잘 알려진 예외에 속한다. 한때 에스파냐어권 남아메리카의 중심지이자 그 이름 자체가 '은'과 동의어였던 페루는 독립을 맞이하면서 군인 카우디요들이 잇달아 등장하는 격동의 시기를 보냈다. 그러나 1840년대에 이미 새로운 수출 상품이 페루의 운명, 좀 더 정확히 말하자면 리마에 살던 "고상한 사람들"의 운명을 해결해 주었다. 그 상품은 바로 구아노였다. 새들이 둥지를 튼 연안의 섬에는 잉카 시절부터 비료로 사용되어 왔던 새의 배설물 구아노가 수천 년간 축적되어 왔다. 그리 유쾌하지는 않았지만 채굴하기는 쉬웠으므로, 곧 선적을 기다리는 구아노 더미가 거대한 언덕을 이루게 되었다. 당시 유럽 농민들은 질소가 풍부한 비료가 부족했다. 다만 구아노를 수출하기 위해서는 상당한 양의 자본, 곧 선박과 선원, 각종 시설과 인부가 필요했는데, 당시 영국 자본가들은 여기에 투자해도 안전하다고 판단했다. 영국의 구아노 수출업자들은 주로 연안에서 활동했는데, 구아노 채굴 과정을 섬 바깥에서 완벽하게 통제하기 위해 심지어 중국에서 노동자를 데려오기도 했다. 물론 이런 구아노 섬들은 페루의 영토였으므로 페루 정부 역시 수익의 일부(통상 수익의 절반 이상)를 가져갔다. 수출 이익이 계속 늘어나면서, 빈곤에 허덕여 온 페루 정부는 마침내 노다지를 거머쥐게 되었다.

페루 정부는 구아노 수출로 벌어들인 돈 덕분에 라틴아메리카 최초로 철도를 부설했다. 리마에는 가스 가로등이 생기고 도시 재정비가 진행되었으며, "고상한 사람들"을 위한 공공 일자리가 생겨났다. 그리고 불과 반세기 후에는 이러한 일종의 수출 주도형 성장이 라틴아메리카 전역에서 일어나게 된다. 하지만 이러한 번영은—그 당시는 물론이고 그 이후에도—페루의 다른 지역, 곧 리마와 해안의 좁은 평원 지대 뒤편으로 솟아오른 안데스 고지대까지는 이르지 못했다. 페루 정부는 안데스 산지의 은이나 고산지대 원주민들이 내는 인두세에 더 이상 의존하지 않게 되었으므로, 이 지역을 무시할 수 있었다. 이 또한 불길한 미래를 암시하는 징조였다. 진보가 마침내 라틴아메리카에 다다랐지만, 라틴아메리카 전역에 골고루 자리 잡은 것은 결코 아니었다.

1830년대와 1840년대에 영국·프랑스·미국은 이따금씩 라틴아메리카 해안에 포함(砲艦)을 파견하고 군인들을 상륙시켰다. 자국 시민들(상인 공동체)을 보호하거나, 외국 시민들에게 빌린 빚을 거둬들이는 데 협력하지 않았다는 둥 이런저런 이유를 내세워 라틴아메리카 정부들을 '처벌'하기 위해서였다. 당시에는 이런 식의 '포함 외교(砲艦外交)'가 잦았는데, 방어력이 없는 카리브해나 중앙아메리카의 여러 나라에서 특히 그랬다. 규모가 큰 침략도 몇 차례 있었다. 앞서 살펴보았던 것처럼, 로사스와 산타 안나 모두 유럽 원정군을 격퇴시키며 애국자라는 영예를 얻었다. 1850년 이전에 일어났던 외부 간섭들 중 규모가 제일 컸던 것은 물론 미국의 멕시코 침입이었다. 이 전쟁은 '텍사스'라고 불린 멕시코 영토에서 일어난 반란으로 촉발되었다.

독립 직후 멕시코 정부는 노예를 소유한 미국 남부 지방 사람들이 텍사스에 거주할 수 있도록 허용하는 커다란 실수를 범했다. 이후 멕시코의 중앙집권주의자들이 텍사스의 자치를 제한하려 하자 멕시코인들보다 수가 더 많아진 미국 정착민들이 반란을 일으켰고, 1836년에는 텍사스를 독립 공화국으로 선포했다. 이들은 멕시코 정부가 1829년에 공식 폐지한 노예제를 이곳에서 부활시킬 심산이었다. 이들은 널리 알려진 알라모 전투(La batalla de El Álamo)에서 패배하기는 했지만, 결국 전쟁에서 승리하고 10년가량 독립을 유지했다. 하지만 멕시코가 텍사스의 독립을 승인하지 않았기에, 1845년 텍사스가 미국의 주로 편입되었을 때 다시 전쟁이 벌어졌다. 멕시코인들은 자신들의 또 다른 영토, 특히 캘리포니아를 차지하려는 미국의 욕망을 두려워했다. 하지만 미국의 침략을 방어하기에는 너무 허약했다. 1848년 미국 군대는 멕시코시를 점령하고 막대한 전리품을 챙겼다. 결국 텍사스는 물론이고, 장차 캘리포니아주·뉴멕시코주·애리조나주·네바다주·콜로라도주·유타주가 될 지역의 일부나 전부를 미국이 관리하게 되었다. 이 지역은—비록 거주민은 별로 없었지만—멕시코 영토의 절반가량에 해당했다. 이 당시 미국 군인들을 상대로 마지막까지 싸운 멕시코 사관생도들의 영웅적인 저항은 멕시코 애국 운동의 강력한 상징이 되었다. 초창기에 멕시코인들이 미국에 보냈던 찬사는 이제 한층 어두운 애증 관계의 색조를 띠게 되었다.

제5장

진보

진 보
1850
~
1880년
1855년
멕시코,
후아레스 법 제정
1861년
콜롬비아와
칠레에서
자유주의자들이 집권
1868년
사르미엔토가
아르헨티나
대통령에 취임
1874년
대서양 횡단
케이블이 유럽과
라틴아메리카를 연결
1888년
브라질,
노예제 폐지
LATIN AMERICA

Progress

진보

라틴아메리카의 보수주의는 1850년에 절정을 이루었다. 하지만 그다음 사반세기에는 뜻밖에도 자유주의자들이 다시 권력을 잡고, 장기간에 걸쳐 수출 주도형 경제 성장을 추진했다. 이로써 라틴아메리카 국가들은 자유로운 국제 무역 질서에 완전히 편입되었다. 1825년 당시 자유주의자들이 그토록 바랐던 사회적·경제적 변화에도 이제 가속도가 붙게 되었다.

어떻게 보면 자유주의자들의 복귀는 진자의 추가 제자리로 돌아온 단순한 변동이기도 했다. 어떤 지배 이념이나 통치 집단도 집권한 지 수십 년이 지나면 신임을 잃게 마련이다. 1830년대에 보수주의자들은 자유주의자들의 몽상을 거부하며 '정상으로의 복귀'를 약속했었다. 그것은 질서를 재확립하고 전통적 가치를 복원하겠다는 약속이기도 했다. 그러나 세월이 지나면서 안전의 미덕은 점차 퇴색했고, 평화로 인한 혜택도 갈수록 줄어드는 것처럼 보였다. 후견제로 연결된 특권 계급에 속하지 않는 사람들은 점차 변화를 갈망하기 시작했다. 라틴아메리카에서 사회를 변혁하려 했던 자유주의자들의 꿈이 그리 이상하지 않다고 생각하는 사람들이 계속 늘어났다. 지주들은 커피나 소가죽, 담배를 세계 시장에 내다 팔고 싶어 했고, 도시의 중산층은 도로를 포장하고 하수도를 건설하고 도서관과 공원을 건립하고 싶어 했다. 1850년 이후 국제 무역이 가져다준 새로운 활력에 많은 사람들이 기대를 걸었다.

1850~1875년 유럽과 미국에서는 산업혁명이 속도를 더해 가고 있었다. 이곳 기업가들에게 라틴아메리카는 자신들이 생산한 공산품을 판매할 잠재적 시장이었다. 유럽과 미국의 산업 노동자들은 라틴아메리카에서 재배한 설탕과 커피를 소비했다. 미국과는 달리 이 기간 동안 전쟁에 자금을 쏟아부을 일이 없었던 영국에서는 특히 내수시장에 재투자하고도 남을 만큼의 기업이익이 창출되었다. 그간 라틴아메리카를 괴롭혀 왔던 투자 가뭄은 이제 국제 자본의 단비로 해갈되었다. 정부뿐 아니라, 철도를 부설하고 항만 시설을 건설하고 싶었던 기업가들까지 모두 돈을 빌렸다. 라틴아메리카에서는 수공업의 기계화에 해당하는 산업혁명이 아직 시작되지 않은 단계였기에, 공장이라는 것 자체가 드물었다. 하지만 19세기의 증기 기술 덕분에 라틴아메리카와 외부 세계 간의 관계에 일대 혁신이 일어났다.

라틴아메리카에서는 무엇보다도 증기선과 철도가 수송 혁명을 불러일으켰다. 목제 범선은 변덕스러운 바람에 속수무책이었고, 적재량도 철제 증기선보다 적었다. 증기선은 범선보다 더 빨랐고, 안전성도 더 높았다. 증기 기관차는 주로 짐을 나르는 노새나 소달구지에 의존해 온 육로 수송에 큰 변화를 불러왔다. 노새와 소달구지를 쓰던 시절에는 수출용 농작물을 재배할 곳이 해변의 평원 지대뿐이었다. 이와 달리 철도는 부설에 막대한 비용이 들기는 하지만, 일단 부설되고 나면 광대한 지역을 연결해 주었고, 노선이 지나는 곳마다 농업 호황을 불러일으켰다. 또 증기만으로는 부족하기라도 한 것처럼, 문자 메시지를 실시간으로 전송할 수 있는 전신선과 19세기의 또 다른 기술적 경이인 전기가 도입되었다. 전신선 가설은 철도 부설이나 터널 발파나 교량 건설보다 더 쉬웠기에, 종종 철도보다도 빨리 보급되었다. 1874년에는 브라질과 유럽을 잇는 전신 케이블이 대서양 해저에 부설되었다.

새로운 기술은 위험하고 예측하기 어려우며 비용이 많이 들었던 라틴아메리카의 대외 연락 체계를 완전히 바꾸어 놓았다. 이제 유럽과의 소통이 빨라졌다. 그러자 유럽을 문화적 본보기로 삼아 온 라틴아메리카 엘리트들은 예민해지기 시작했다. 그간 이들 "고상한 사람들"은 자신들의 유럽 혈통과 문화를 내세우며 사회적 우위를 주장해 왔다. 그러나 이제 실제가 나타난 마당에, 어떻게 자신들을 그 실제와 비교하겠는가? 자신들을 모방하고자 한 "고상한 사람들"의 시도를 유럽인들이 비웃지나 않을까? 그들이 라틴아메리카의 여러 나라에 진보가 결여되어 있다고 생각하지는 않을까?

'진보'는 19세기 서구를 풍미한 주제였다. 산업혁명과 수송 혁명으로 사회가 엄청나게 변모했고, 사람들의 일상생활도 바뀌었다. 사람들은 이러한 혁명이 가져온 변화로 고통을 겪으면서도 그 변화에 감탄했다. 모든 것을 압도하는 불가피한 기술 진보라는 개념이—오늘날의 우리도 여전히 그렇지만—이미 당시 사람들의 마음을 사로잡았다. 이는 낡은 식민지 시대의 관념을 대체할 새로운 지배 이념이었다. 라틴아메리카의 지식인 엘리트들은 진보가 활개를 치는 세계에서 자신들도 이 진보에 참여하는 일원이 되기를 바랐다. 서구의 지배 계층과 마찬가지로 근대 물질주의가 전통적 가치들을 훼손하지 않을까 우려하면서도 그들은 물질주의를 받아들였다. 파운드나 달러, 프랑을 획득하기 위해 뭔가를 수출하는 것은 유럽식으로 최첨단이 되고 싶었던 이들의 욕망을 충족시켜 줄 확실한 방법이었다. 그들은 수출 이익으로 어쨌든 철조망과 재봉틀, 증기 엔진 같은 것들을 구입할 수 있었다. 다시 말해 그들은 수출 이익으로 말 그대로 진보나, 자신들이 진보라 믿었던 것들을 수입할 수 있었다.

19세기 중반에는 진보가 일종의 세속 종교였고, 자유주의자들은 그 예언자였다. 1810년 당시만 해도 진보에 대한 자유주의자들의 비전은 공화제, 헌법, 선거와 같은 정치적인 것에 방점이 찍혀 있었다. 그러나 나중에 밝혀진 것처럼 그러한 진보는 결국 이해 충돌이라는 늪에 빠지고 말았다. 반면 기술적 진보는 계속 불패의 명성을 누렸고, 라틴아메리카 자유주의자들은 이러한 진보가 제공하는 놀라운 혜택을 맛보고 말았다. 진보의 불가피성이 식자층 엘리트들에게 상식처럼 받아들여지자, 1850~1875년 라틴아메리카 전역에서 상전벽해와도 같은 정치적 대변동이 일어났다. 사람들은 여전히 카우디요와 후견인을 추종하고 있었고, 경제적 이해관계도 여전히 상충되어 있었다. 하지만 이제 미래의 추세에 편승한 자유주의자들이 라틴아메리카 어디에서나 유리한 입장에 서게 되었다.

유구한 전통을 자랑하는 가문들은 보수주의자가 된 반면, 근자에 사회적 지위가 상승한 가문들은 자유당에 가담하는 경향이 있었다. 가톨릭교회에 대한, 즉 가톨릭교회의 부·권력·권력 남용에 대한 반대가 자유주의자를 식별해 내는 시금석이었다. 자유주의자들은 본질적으로 변화를 대변했고, 교회는 과거 식민지 시대를 상징했다. 식민지 시절을 건방진 메스티소들이 제 분수를 알고 지내던 평화로운 시절로 기억하는 보수주의자들은 과거에서 매력을 느꼈다. 그러나 과거는 진보의 반대였다. 19세기 중반 이후가 되면, 이제 진보의 가치가 최고인 것처럼 보였다. 유례가 없을 정도로 극적이었던 멕시코의 역사가 이를 잘 보여 준다.

멕시코의 자유주의 개혁

식민지 시대에 멕시코에서처럼 교회가 화려하거나 주민들의 삶을 널리 파고들었던 곳은 없었다. 멕시코 교회는 엄청난 부동산을 보유하고 있었다. 이는 유언으로 증여된 부동산 아니면, 수 세기 동안 멕시코 최고의 대부업체였던 교회가 대출 담보로 잡았던 부동산이었다. 교회는 죽지 않는 지주였고, 상속자들에게 재산을 분할할 일도 없었기에, 교회의 재산은 점점 더 불어났다. 19세기 중반 멕시코 교회는 교회 건물·수도원·수녀원·도시의 기타 부동산은 물론이고, 멕시코에서 가장 비옥한 농지도 거의 절반 가까이 소유하고 있었다. 특히 멕시코 중부와 남부 지방에서는 농촌의 지역사회가 교회를 중심으로 형성되었다. 가톨릭 사제는 대개 지역의 지도자였는데, 이들은 때때로 작은 독재자처럼 군림했다. 여전히 구속력을 갖고 있는 에스파냐의 전통 법에 근거해 성직자들은 '푸에로fuero'라 불리는 광범위한 법적 특권을 누리고 있었다. 교구사제들은 대개 미사를 집전하고 생활비를 받아 생활했다. 이 밖에도 멕시코인들은 법률에 의거하여 소득의 10퍼센트를 십일조 세금으로 교회에 바쳐야 했다.

독립전쟁 시대에는 이달고나 모렐로스 같은 진보 사제들이 멕시코에서 활동하고 있었다. 그러나 교황이 진보의 복음에 맞서 영적인 반격을 개시한 19세기 중반에는 진보 사제들이 자취를 감춘 것처럼 보였다. 유럽인들은 당시 교회의 보수주의를 '교황지상주의ultramontanism'라고 불렀는데, 이는 이 보수주의가 알프스산맥 너머에 있는 로마로부터 확산되었기 때문이다. 교황지상주의는 곧 가톨릭교의 공식 정책으로 부상했다. 적극적인 성직자들, 특히 이 시기 에스파냐에서 건너온 강성 사제들은 정부의 교회 통제를 거부하고 나섰다. 교황지상주의는 에스파냐어권 아메리카는 물론이고 브라질에도 영향을 미쳤다. 하지만 멕시코에서만큼 영향이 컸던 곳은 없었다.

멕시코에서는 정치와 종교가 늘 함께했다. 멕시코 독립 투쟁 당시에 이미 종교적인 표현들이 사용된 바 있었다. 심지어 1830년대와 1840년대에 활약한 자유주의자들 대부분도 교회는 국가의 사회 질서를 구성하는 필수 요소라고 생각했다. 그러므로 자유주의자들이 교회에 등을 돌리게 된 것은 19세기 중반 교회가 대놓고 반자유주의를 표명하면서부터였다. 자유주의자들이 교회에 등을 돌렸다고 해서, 그들 모두가 무신론으로 전향한 것은 아니었다. 물론 무신론자가 된 이들도 일부 있었다. 예를 들어 멕시코의 대표적인 자유주의자 멜초르 오캄포 같은 이는 신의 존재를 부정하여 큰 파문을 일으키기도 했다. 하지만 멕시코 자유주의자들이 분통을 터뜨린 대상은 대개 제도로서의 가톨릭교회였다. 그들이 더 강하게 반대했던 것은 종교가 아니라 교권주의였다. 자유주의자들은 비생산적인 교회 재산과 성직자들이 누리는 특권이 진보에 대한 모욕이라고 생각했다. 교권주의에 대한 자유주의자들의 분노는 오캄포가 즐겨 얘기한 어느 사제에 관한 이야기에서 비롯되었다. 실제로 있었던 일인지는 알 수 없지만, 그 내용은 이랬다. 유족이 장례비를 치르지 않았

개혁과
간섭 전쟁
(1850년대와 1860년대)
라 틴 아 메 리 카
전 역 의 분 쟁 들
브라질의
지역 반란
(1830년대와 1840년대)
반로사스 전쟁
(1840년대와 1850년대)
19세기 중반,
자유주의자들과
보수주의자들의 대립

다는 이유로 어느 사제가 죽은 소년을 위한 장례예식 집전을 거부하였다. 그럼 어떻게 하면 되겠느냐고 죽은 소년의 아버지가 묻자 그 사제는 이렇게 대답했다고 한다: “그 아이를 소금에 절여 먹어 치우는 것이 어떻겠습니까?” 반면 멕시코 보수주의자들은 종교와 교회와 성직자가 하나라고, 즉 같은 것이라고 생각했다. ‘종교와 특권’은 그들의 투쟁 구호가 되었다.

‘개혁기’라 불렸던 시대의 서막에, 즉 멕시코 자유주의자들이 대규모 봉기를 개시한 19세기 중반에 노년의 카우디요 안토니오 로페스 데 산타 안나가 또다시 대통령이 되었다. 하지만 그 이전 한 세대 가까이 변화에 저항해 왔던 그는 1855년 결국 망명길에 오르게 된다. 산타 안나가 여느 때와 마찬가지로 독립 직후 시대의 멕시코 정치를 대표한다면, 그에 맞서 결집한 자유주의자들은 대안적인 멕시코를 상징한다. 자유주의자들의 선봉에는 후안 알바레스가 있었다. 원주민들이 많은 멕시코 남부 산악지대 출신인 그는 강인한 기질의 메스티소 카우디요였다. 산타 안나가 아직 군주제 지지자였을 때인 1810년대부터 줄곧 독립 운동을 해 왔던 알바레스는 산타 안나가 망명한 후 대통령이 되었지만, 이미 별 볼 일 없는 늙은 허수아비에 불과했다. 이 시기의 실세 자유주의 운동가들은 말과 법에 능통한 젊은 식자층이었다. 그들 중 한 사람이 앞서 언급한 바 있는 멜초르 오캄포였다. 오캄포 역시 미천한 출신의 메스티소였다. 하지만 그는 아마추어 과학자이자 경제학자, 언어학자, 극작가, 직업 법률가로서 재주가 비상했다. 젊은 도시 메스티소로서 진보 덕분에 입신양명한 오캄포는 자유주의 리더십의 전형을 보여 준다. 순수 원주민 중 최초로 멕시코의 주지사가 된 베니토 후아레스 역시 이례적이면서도 매우 상징적인 경우라 하겠다.

오캄포와 마찬가지로 후아레스도 더 이상 내려갈 바닥이 없는 고아였다. 산지에서 숙부의 양 떼를 치는 일에 싫증이 난 후아레스는 열두 살 때 사포테카족 마을을 떠나, 누나가 요리사로 일하고 있던 지방도시 오악사카로 갔다. 후아레스는 오악사카에서 유럽식 복장을 하고 다녔고(사실은 줄곧 검정색 프록코트 정장을 입은 것으로 유명해졌다.) 에스파냐어를 완벽하게 익혔으며, 신설된 공립예술과학원에서 법학을 공부했다. 예술과학원은 독립 직후 멕시코 자유주의 정부가 설립한 학교였다. 학교를 졸업한 후아레스는 오악사카에서 변호사로 활동하였는데, 폭력을 휘두른 것으로 추정되는 사제를 상대로 가난한 마을 주민을 변호하다가 며칠간 옥살이를 하기도 했다. 그는 마침내 주 의원과 국회의원으로 선출되었으며, 5년간 오악사카의 주지사로 일하기도 했다. 그러나 이 당시 후아레스는 검정색 프록코트를 입고 다니며 사포테카족 출신이라는 자신의 정체성을 숨겼고, 사포테카족이나 원주민들의 이익을 특별히 더 대변하지도 않았다. 자신을 '원주민'이라고 부르는 것을 모욕으로 생각했던 후아레스는 종종 쌀가루로 검은 얼굴을 밝게 치장했다. 하지만 베니토 후아레스가 어디 출신인지는 오악사카 주민들 모두가, 그리고 나중에는 멕시코인들 전체가 알게 되었다. 후아레스의 정적들은 그를 "나폴레옹으로 변장한 원숭이"라고 불렀겠지만, 상당수의 멕시코인들은 후아레스의 출세를 지켜보며 자유주의의 약속이 사실임을 확신하게 되었다.

군대와 교회의 특권을 공격한 '후아레스 법Ley Juárez'(1855년)은 자유주의 개혁의 일환으로 제정된 초창기 법령들 가운데 하나였는데, 이 법으로 후아레스는 전 국민의 주목을 받게 되었다. 자유주의자들은 이 법이 제정된 후 몇 개월 만에 토지의 공동 소유를 폐지하는 '레르도 법Ley Lerdo'(1856년)도 공포했다. 이 법은 일차적으로 교회를 겨냥한 것이었다. 이제 교회는 보유하고 있던 엄청난 재산을 팔아 치워야 했다. 그러나 이 법은 의도와는 달리 원주민 마을의 공유지를 위기에 빠뜨리는 결과를 초래했다. 개혁의 신조信條는 개개인의 노력, 재산, 책임을 보호하는 것이었다. 마을 공유지를 개별 가구에 사유재산으로 분배해 주면, 인간 본성에 내재한 이기심이 작동하여 더욱 열심히 일하게 될 것이라고 자유주의자들은 생각했다. 하지만 원주민 마을의 주민들은 그들 나름의 이상을 지니고 있었고, 자신들에게는 공유지가 더 낫다고 생각했다. 이런 까닭에 일부 원주민들은 '종교와 특권'의 기치를 내건 "고상한 사람들"과 기타 보수주의자들의 대열에 참여했고, 1850년대의 자유주의 개혁에는 반대했다.

개혁의 시대는 불과 몇 년 만에 막을 내렸다. 1858년 보수주의적인 성향의 어느 장군이 대통령을 몰아내고 의회를 해산해 버렸기 때문이다. 이제 멕시코 전역은 내전에 휩싸였다. 개혁가들은 자유주의자들의 본거지인 멕시코 북부의 메스티소 광업도시로 후퇴한 후, 베니토 후아레스를 지휘관으로 추대했다. 이는 훌륭한 선택이었다. 후아레스를 싫어했던 사람들조차도 그가 내린 결정을 존중할 정도였다. 대부분의 군 병력을 보수주의자들이 장악하고 있었지만, 대중의 폭넓은 지지를 받은 쪽은 자유주의자들이었다. 후아레스 정부는 곧 멕시코시를 탈환했다. 하지만 자유주의자들이 당면한 문제는 끝이 없었다. 내전으로 나라가 파산할 지경에 이르자, 후아레스는 결국 외채에 대한 지불 유예를 선언했는데, 프랑스·에스파냐·영국이 이에 대한 보복으로 베라크루스를 점령해 버렸던 것이다. 이 사건은 단순히 포함 외교의 일종인 것처럼 보였다. 하지만 프랑스는 다른 속셈을 가지고 있었다.

패배를 당한 보수주의자들은 절망 속에서 자신들의 비밀무기에 손을 벌렸다. 그 비밀무기는 다름 아닌 군주제였다. 프랑스의 나폴레옹 3세는 라틴아메리카에서 프랑스의 영향력을 확대하고 싶어 했다. 사실 이 시기에 '라틴아메리카'라는 이름을 고안해 낸 것도 바로 프랑스인들이었다. 이는 물론 자신들의 영향력이 자연스럽게 보이도록 하기 위해서였다. 19세기 중반 이전에는 모두 '멕시코'나 '브라질' 혹은 '아르헨티나'라는 말을 사용했다. 물론 그때도 '아메리카'라는 말을 쓰기는 했지만, '라틴아메리카'라는 말은 전혀 사용하지 않았다. 에스파냐어나 포르투갈어처럼 프랑스어도 라틴어에서 직접 파생된 언어였기에, '라틴아메리카'라는 용어는 프랑스와의 문화적 연대성을 함축하고 있었다. 나폴레옹 3세는 멕시코 보수주의자들에게 프랑스의 이익을 충실히 반영할 만한 군주 후보를 강권했다. 바로 막시밀리안이었다. 멕시코 황제 후보자 막시밀리안은 유럽 최대 왕가인 합스부르크 가문 출신으로, 매우 선량한 인물이었다. 황제를 맡아 달라는 제의를 수락하기에 앞서 막시밀리안은 멕시코 사람들이 정말로 황제를 원하고 있는지를 진지하게 물었고, 멕시코 보수주의자들은 정말로 그렇다는 말로 그를 안심시켰다. 이는 물론 사실이 아니었다.

일이 이렇게 되어 프랑스 군대는 1862년 멕시코를 침략했다. 결국 2년 후 막시밀리안은 멕시코 황제로 옹립되었고, 베니토 후아레스는 북부 지방으로 후퇴해 저항 운동을 벌이기 시작했다. 그러나 이러한 프랑스의 침략은 민족주의적 반발을 부채질했고, 후아레스는 그 반발의 수혜자가 되었다. 멕시코인들의 애국심을 달래기 위해 막시밀리안은 자신이 멕시코에서 맞이한 첫 번째 멕시코 독립기념일에 미겔 이달고 신부가 1810년 독립전쟁을 시작했던 교회를 공식 방문했다. 황제는 이때 이달고 교회의 종을 치는 정치적 쇼를 벌이기도 했다. 또 다른 곳에서 그는 멕시코 남성들이 어깨에 두르는 세라피serape를 걸치거나 멕시코 음식을 먹는 모습을 보여 주기도 했는데, 이 또한 같은 맥락에서 이해할 수 있겠다. 그러나 이번에는 민족주의가 보수주의자들에게 불리하게 작용했다. 비록 쌀가루로 위장하기는 했지만, 사포테카족 출신인 후아레스가 유랑악사 복장을 한 막시밀리안보다 더 호소력 있는 민족주의의 상징이었다.

게다가 후아레스는 미국을 강력한 동맹국으로 만들었다. 사실 프랑스의 침략은 먼로 독트린에 대한 명백한 도전이었다. 나폴레옹 3세가 멕시코를 침략할 당시 미국은 남북전쟁을 치르고 있었기에 멕시코에 개입할 여력이 거의 없었다. 그러나 1865년 남북전쟁이 끝나자, 미국은 후아레스에 대한 지원을 강화했다. 결국 나폴레옹 3세는 엄청난 비용이 드는 수렁에서 프랑스 군대를 철수시키기로 했고, 그때까지도 멕시코를 떠나지 않고 있던 막시밀리안은 체포되어 처형당했다. 총살 집행 부대 앞에 선 그가 남긴 마지막 말은 "멕시코 만세!"였다고 한다. 반면 매력적인 황후 카를로타는 도망을 쳤다. 가까스로 유럽으로 돌아오기는 했지만, 그녀는 정신이상자로 살다가 생을 마감하게 된다.

상황이 정리되자 베니토 후아레스는 멕시코시로 돌아와 대통령이 되었다. 프랑스 침략군을 불러들였던 멕시코 보수주의자들은 국민들 앞에서 톡톡히 망신을 당했고, 다시는 멕시코를 통치하지 못하게 되었다. 가톨릭교회 역시 그들이 멕시코 사회에서 누린 종전의 명성을 다시는 회복하지 못하게 되었다.

자유주의 대열에 동참한 나라들

콜롬비아, 칠레, 중앙아메리카 또한 라틴아메리카 전역에서 일어난 자유주의의 상승세를 잘 보여 준다. 교회 문제는 콜롬비아와 칠레에서도 중요한 쟁점이었다.

콜롬비아의 자유주의자들은 볼리바르가 활동하던 시절부터 줄곧 교회를 공격해 왔으나, 독립 이후부터는 보수주의자들의 반발이 시작되었다. 1840년대에 집권한 정부들은 자유주의자들이 폐지해 버린 교회의 특권을 부활시켰고, 심지어는 콜롬비아에 예수회를 다시 불러들였다. 사실 교황에 대한 충성심이 투철하기로 유명했던 예수회는 에스파냐 제국의 입장에서 봐도 지나칠 정도로 가톨릭 중심적이었기에, 1767년 모든 에스파냐령 아메리카에서 추방당한 전력이 있었다. 그러나 1850년대에 콜롬비아 자유주의자들이 다시 정권을 잡자, 예수회는 또다시 추방당하는 신세가 된다. 이때 집권한 자유주의 정부는 교회의 특권을 폐지하고, 십일조를 자유의사에 맡기며, 이혼을 합법화하고, 가톨릭 성직자에 대한 정부의 통제를 주장하는 등 일련의 반교권적 조치들을 단행했다.

1861년에는 콜롬비아의 카우디요 토마스 시프리아노 데 모스케라가 군대를 이끌고 보고타에 입성하였고, 그 후 20년간 지속될 자유주의 통치를 시작했다. 모스케라는 에스파냐어권 아메리카 최고의 카우디요였다. 그는 30세에 장군이 된 독립전쟁의 영웅이었지만, 정치적 이상주의자는 아니었다. 멕시코의 산타 안나처럼 모스케라도 자유주의자들과 보수주의자들 모두로부터 지지를 받아 대통령이 되었다.

남아메리카의 다른 한쪽 끝에 위치한 칠레는 다른 나라들과는 달리 19세기에 예외적으로 안정된 시절을 구가했다. 관저에 회전문이 달리기라도 한 것처럼 임기를 다 채우는 대통령이 드물었던 시절에도 칠레를 통치했던 대통령은 단 세 명뿐이었다. 이들은 모두 보수주의자였고, 연임에 성공해 10년씩 대통령으로 재임했으며, 혁명으로 쫓겨나지도 않았다. 1830년대의 호아킨 프리에토와 1840년대의 마누엘 불네스, 1850년대의 마누엘 몬트가 바로 그 주인공들이었다. 칠레가 이토록 정치적 안정을 누릴 수 있었던 것은 정교한 부정선거 시스템 덕분이었다. 하지만 이들은 보수주의 정부로서는 이례적으로 사상과 표현의 자유를 허용했고, 대외 무역도 장려했다. 에스파냐령 아메리카의 후미진 곳에 불과했던 이 나라는 곧 유럽 상인들로 북적거리게 되었다. 이런 상황에서 무엇이 번성했을까? 바로 자유주의였다.

보수주의자들이 집권하기 이전이었던 독립전쟁 시기와 1820년대에 칠레 역시 '혁명적 자유주의'라는 약을 복용한 바 있다. 하지만 멕시코에서와는 달리 별 후유증이 남지 않았다. 칠레는 멕시코와 다른 곳이었다. 요새 방어선 너머 최남단에는 준정착민인 아라우카노족 후손들(이들은 오늘날 마푸체Mapuche족이라 불린다.)이 소규모로 거주하고 있었으나, 이들은 당시 칠레 사회의 일원이 아니었다. 칠레의 지주들은 주로 해변을 따라 나 있는 중앙 계곡 지역에 살고 있었다. 경제가 계속 삐걱거리던 멕시코와는 달리 칠레에서는 중앙 계곡에서 생산되던 밀이 독립 직후부터 이미 구리나 은과 함께 유망한 수출 상품이 되어 있었다.

19세기 중반에는 칠레의 자유주의자들도 멕시코에서 그랬던 것처럼 교회와 국가 간의 관계를 문제 삼았다. 하지만 칠레에서는 이 문제가 그리 심각하게 번지지 않았다. 멕시코 교회와는 달리 칠레 교회는 부와 권력을 누린 적이 없었기 때문이다. 그럼에도 불구하고 종교의 자유는 자유주의의 핵심 가치였다. 칠레의 자유주의자들에게 공식 국교는 에스파냐 식민통치의 잔재일 뿐이었다. 칠레의 일부 자유주의자들은 에스파냐와 관련된 모든 것을—물론 자신들이 보기에 진보와 문명에 반한다고 생각되는 경우에—맹공격했다.

사실 칠레에서 진보라는 개념은 여전히 보수주의가 집권하고 있던 1850년대에 이미 첫선을 보인 바 있다. 당시 칠레 대통령은 교육부 장관을 역임한 바 있는 마누엘 몬트였다. 그는 보수주의자였지만 철도와 전신, 상수도, 학교 등 많은 영역에서 진보적 프로젝트를 추진했다. 그러나 보수주의자들이 내건 이러한 의제들은 시간이 흐를수록 칠레인들의 생활과 동떨어지게 되었다. 이런 와중에 칠레 교회가 교황지상주의자들의 공세에 시달리게 되자, 문제가 발생했다. 대주교와의 갈등에 휘말리기도 했던 몬트 대통령은 자신의 두 번째 대통령 임기의 마지막 해인 1861년, 결국 자유주의 진영의 후보를 차기 대통령으로 지지했다. 정권 교체는 평화롭게 이루어졌지만, 이것이 칠레 사회에 끼친 영향은 지대했다. 칠레의 자유주의자들은 교회의 영향을 축소시키고 수도 산티아고를 현대화하였으며, 과거 보수주의자들과 똑같은 방식으로 부정선거를 치르며 이후 30년간 질서정연한 행정의 시대, 진보의 시대를 이끌어 냈다.

이제 분명해진 것처럼, 1850년 이후 라틴아메리카에서 자유주의자들이 다시 등장한 것은 일종의 진자 운동 같은 것이다. 그 운동은 멕시코와 콜롬비아에서처럼 격렬하기도 했고, 칠레에서처럼 평화롭기도 했다. 하지만 이번에는 어디에서나 자유주의자들이 정권을 잡게 되었다. 물론 정권 획득 시기와 그 정권의 성격은 각 나라의 고유한 역사에 따라 조금씩 달랐다. 예를 들어 니카라과의 경우에는, 진보가 오명을 뒤집어쓰면서 자유주의로 전환되는 속도가 일시적으로 느려졌다.

자유주의가 승리하는 기본 양상은 중앙아메리카에서도 되풀이되었다. 1850년에만 해도 중앙아메리카의 공화국들은 모두 보수주의자들이 통치하고 있었다. 이 당시의 통치자들 중 가장 강력했던 인물은 앞서 언급한 바 있는 과테말라의 위대한 카우디요 라파엘 카레라였다. 그러나 그 후로는 자유주의자들이 중앙아메리카의 이 나라 저 나라에서 승리를 거두기 시작했다. 첫걸음을 내딛은 것은 독립 이래 자유주의의 본거지 역할을 해 왔던 엘살바도르였다. 1850년대에 엘살바도르에서 자유주의자들이 집권에 성공하자, 1870년대에는 코스타리카와 과테말라, 그리고 온두라스가 그 뒤를 따랐다. 자유주의의 물결을 거부한 나라는 니카라과가 유일했다. 비슷한 시기에 멕시코 보수주의자들이 그랬던 것처럼, 니카라과 자유주의자들도 외국 군대를 불러들였다가 망신을 당했다.

막시밀리안 같은 군주에게 손을 내미는 것은 자유주의자들의 방식이 아니었기에, 외부 동맹 세력을 물색하던 니카라과의 자유주의자들은 세계 자유주의의 요새인 미국에서 용병 수십 명을 모셔 왔다. 이 모험가들의 인솔자는 윌리엄 워커였다. 지금 이 사람의 이름을 기억하는 미국인은 단 한 명도 없겠지만, 중앙아메리카에서는 절대로 잊히지 않을 이름이다. 테네시주 출신으로, 진보의 전도사를 자처했던 윌리엄 워커는 환상에 빠진 기독교 원리주의자였다. 이런 워커가 니카라과를 미국의 식민지로 만들려 하면서, 자유주의자들의 계획은 곧바로 역풍을 맞게 되었다. 자유주의자들의 지지와 병력 지원을 등에 업은 워커는 곧 니카라과의 대통령이 되었고, 종교의 자유와 영어 사용, 미국인 이민자들을 위한 토지 제공을 골자로 하는 진보를 선언했다. 그는 또 수년 전에 폐지되었던 노예 제도를 부활시켰다. 약탈을 일삼던 워커는 1860년 중앙아메리카 합동군에 체포되어 처형당한다. 하지만 워커가 남긴 고약한 악취로 인해 니카라과의 자유당은 그 후 수십 년간 야당 신세를 면치 못했다. 니카라과가 아메리카 대륙의 자유주의 대열에 다시 동참하게 된 것은 1890년대에 들어서였다.

여성을 위한 진보의 한계

진보는 분명 여러 가지로 해석될 수 있다. 그렇다면 여성들에게 진보는 어떤 의미가 있었을까? 장기적으로 보면, 자유주의는 여성의 교육과 삶의 기회를 확대해 주는 긍정적인 역할을 했다. 그러나 19세기 중반 라틴아메리카에서 이런 변화의 혜택을 입은 여성은 거의 없었다. 교육의 기회가 여자아이들에게까지 확대되는 과정이 이루 말할 수 없을 정도로 더디게 진행되었기 때문이다. 고상한 기혼 여성들도 가정의 울타리에 갇혀 옴짝달싹하지 못했다. 19세기에는 공적 생활에서 주도적 역할을 할 수 있었던 여성이 정말 극소수에 불과했다. 하지만 이렇게 주도적인 역할을 했던 여성들은 그래도 자유주의적 진보의 혜택을 누릴 수가 있었다. 이런 여성들이 오늘날의 우리에게는 개척자로 보인다. 하지만 당시 사람들 대부분은 이런 여성들을 이상하게 생각했다.

자신의 힘으로 명성을 얻은 여성들은 극소수였는데, 이들은 주로 문학계에서 활동했다. 헤르트루디스 고메스 데 아베야네다가 그런 경우다. 스물두 살 때 고국 쿠바에서 에스파냐로 이주해, 그곳에서 평생을 보낸 그녀는 시와 희곡과 소설을 써서 유명해졌다. 그녀는 일찍부터 라틴아메리카 문학에 관심을 보였다. 1841년 그녀는 소설 『삽Sab』을 출판했는데,

이 소설의 주인공 '삽'은 주인인 백인 여성과 사랑에 빠진 쿠바 노예이다. 자신을 모질게 다루었던 푸른 눈의 영국인 남성이 그녀와 결혼하는 것을 지켜볼 수밖에 없었던 그는 결국 그녀를 위해 목숨을 바친다. 소설 말미에 가면 이 백인 여성은 삽이 비록 노예였지만, 도덕적으로는 매우 훌륭하다는 사실을 깨닫는다. 이 소설은 미국 소설인 『톰 아저씨의 오두막』과 마찬가지로 노예제 폐지를 주창한 작품이었다.

19세기 중반에는 세계 시장에서 판매되는 설탕의 30퍼센트 정도가 쿠바 서부의 플랜테이션 노예들에 의해 생산되고 있었다. 부유한 공작에서부터 위세 등등한 왕실 관료, 보잘것없는 급료를 받는 군인, 심지어 가게 점원에 이르기까지 야심만만한 에스파냐 페닌술라르들에게 쿠바는 여전히 기회의 땅이었다. 당시 쿠바는 에스파냐 왕족 출신의 총독이 철권을 휘두르고 있었는데, 1860년대에 독립 운동이 일어났을 때 그는 이를 무자비하게 진압했다. 이제 험난한 쿠바 독립전쟁이 시작된 것이다. 그 시발점은 1868년부터 1878년까지 계속된 10년 전쟁이었는데, 이때는 쿠바 전역에 요새 방어선을 구축한 에스파냐 군대가 대규모 플랜테이션 농장 지역에서 멀리 떨어진 쿠바 동부에서 독립군을 저지할 수 있었다. 이 전쟁 중에 뉴욕에서는 쿠바의 혁명 신문이 애국 독자들을 위해 『삽』을 다시 출판하기도 했다.

요즘에는 삽 이야기가 '눈물을 자아내는' 멜로드라마처럼 보일지도 모르겠다. 하지만 19세기 중반에는 많은 사람들이 이 이야기에서 진한 감동을 불러일으키는 감성적 낭만주의를 느꼈다. 이 소설을 통해 쿠바의 독자들은 자신들의 사회에 만연한 인종 차별의 의미와, 사랑을 통한 인종 차별의 극복 가능성을 곰곰이 생각하게 되었다. 서로 다른 인종 간의 사랑, 특히 백인 여성을 향한 흑인 남성의 사랑이라는 주제는 당시 사람들에게는 말도 안 되는 이야기였다. 이 작품을 통해 사회적 통념을 깨뜨렸던 아베야네다는 실제로도 여러 남성들과 스캔들을 일으키며 사회적 통념에 도전했다. 유명 인사가 된 여성들은 그 자체로 이미 일반적인 젠더 규범을 깨뜨린 사람들이었다. 따라서 이런 여성들은 당대의 성적 관습도 종종 어기곤 했다. 아베야네다의 영혼은 여성치고는 '너무나도 남성적'이었다.

19세기 아르헨티나의 여류 작가 후아나 마누엘라 고리티 역시 자신의 재능으로 명성을 얻은 여성이었다. 고리티의 작품에는 사회적으로 물의를 일으킬 만한 내용보다는, '여성적'이면서도 교훈적인 내용이 많았다. 그래도 여성 문제에 대해서만큼은 고리티가 아베야네다보다 더 많은 관심을 기울였다. 하지만 오늘날 우리에게 영감을 주는 것은 그녀의 작품들이 아니라, 그녀의 삶이다.

그녀는 불과 여덟 살이었을 때 수녀원 부속학교에 들어갔지만, 1831년에 발생한 아르헨티나의 정치 격변으로 더 이상 교육을 받을 수 없게 되었다. 카우디요 파쿤도 키로가가 자유주의적인 성향을 지닌 그녀의 가족을 볼리비아로 강제 이주시켰기 때문이다. 고리티는 열다섯 살 때 장차 볼리비아의 대통령이 될, 피부색이 짙은 청년 마누엘 이시드로 벨수를 만나 결혼했다. 당시 벨수는 무명의 하급 장교에 불과했던 반면, 키크고 재능 많은 금발의 고리티는 누가 봐도 매력이 넘쳤다. 벨수가 군대에서 승진을 거듭하는 동안, 고리티는 교사 생활을 하면서 세 명의 딸을 낳아 길렀다. 그러나 결혼 10년 만에 고리티는 버림을 받는다.

이후 페루로 이주한 고리티는 그곳에서 다시 학생들을 가르치면서 작품 활동을 시작했다. 그녀는 페루의 수도 리마에서 영향력 있는 저널리스트가 되면서 사람들에게 알려지기 시작했다. 그녀는 또 '테르툴리아tertulia'나 '살롱salon'이라고 불리는 행사를 정기적으로 주최했는데, 이 행사는 리마 상류 사회의 남녀가 모여 문학과 진보를 주제로 토론하는 저녁 모임이었다. 참석자들은 음악과 연극을 즐겼지만, 다른 살롱들이 가장 중요하게 생각했던 춤은 추지 않았다. 춤은 이미 출 만큼 추었고, 이제 진보를 위해 여성들이 좀 더 진지해질 필요가 있다고 생각했기 때문이었다. 그녀는 이 문학살롱 덕분에 리마 사교계의 유명 인사가 되었다. 그러나 다양한 주제를 다루었던 살롱에서와는 달리, 언론에 기고한 그녀의 글들은 주로 여성과 관련된 주제에 국한되었다. 그녀가 종종 미국이나 유럽의 사례에서 영감을 받아 작성한 이 글들은 근대 여성이 지녀야 할 적절한 마음가짐과 행동거지를 설파하는 교훈적인 내용을 담고 있었다.

그녀의 삶은 그녀의 작품들보다는 인습에 덜 얽매여 있었다. 칠레와 페루 해안에서 포함 외교를 펴고 있던 에스파냐 해군이 1866년 리마 항구에 포격을 가하자, 고리티는 나이팅게일처럼 종군 간호사로 복무했다. 그녀가 벨수와 이혼한 것도 바로 이 무렵이었다. 사실 이 이혼은 벨수가 고리티를 버린 것인데도, 스캔들로 소문이 났다. 그 후 고리티는 재혼을 하지 않은 채 아이를 하나 낳았지만, 여전히 상류 사회의 일원으로 남을 수 있었다. 어쨌든 그녀는 특출한 여성이었기 때문이다. 1878년 아르헨티나로 귀국한 그녀가 외딴 시골에 있는 고향 대신, 라틴아메리카 진보의 수도였던 부에노스아이레스에 정착하였는데, 부에노스아이레스 시민들이 공식 환영 행사를 열어 그녀를 당대 라틴아메리카 최고의 여류 명사로 맞이했다고 한다.

리마를 떠나기 전 고리티는 자신보다 더 훌륭한 작가의 길을 걷도록 한 젊은 여성을 지원해 주었는데, 그녀의 이름은 클로린다 마토 데 투르네르였다. 마토 데 투르네르는 페루의 국립여자중등학교 시절에 이미 물리학이나 생물학 같은 "여성용이 아닌" 교과목에 관심을 보여 사람들을 놀라게 한 적이 있었다. 그녀는 열아홉 살 때인 1871년에 결혼했고, 전통적 관례에 따라 그녀의 성에 남편의 성 '투르네르'가 전치사 '데de'와 함께 덧붙여졌다. 이렇게 하여 클로린다 마토였던 그녀의 이름이 클로린다 마토 데 투르네르로 바뀌었다.

1889년 마토 데 투르네르는 『둥지 없는 새』를 썼다. 이 소설은 원주민을 다룬 초창기 라틴아메리카 소설들 중 가장 중요한 작품이다. 그때까지만 해도 라틴아메리카 문학에서 원주민들은 아득히 먼 옛날의 신화에나 나올 법한 낭만적인 '야만인'으로 소개되고 있었다. 하지만 마토 데 투르네르의 이 작품에서 원주민들은 당대를 살아가는 가난한 페루인들로 묘사되었다. 『둥지 없는 새』는 아베야네다의 소설 『삽』과 마찬가지로 인종 간의 사랑을 다루고 있다. 이 작품에서는 백인 남성과 원주민 여성이 주인공으로 등장하는데, 여자 주인공의 부모는 폭력적인 백인들로부터 스스로를 지키려다 죽은 것으로 설정되어 있다. 이 소설에서 작가는 자기 나라의 뿌리 깊은 인종 차별 문제를 다루며, 그 극복 가능성을 모색했다. 마토 데 투르네르는 백인이자 "고상한 사람"이었지만, 페루의 산악 지방, 곧 잉카 제국의 옛 수도였던 쿠스코 출신이기도 했다. 원주민이야말로 진정한 페루인이라고 생각한 마토 데 투르네르는 언론 매체를 통해 원주민들을 위한 활동을 펼쳤다. 그녀는 또한 당시의 선량한 자유주의자들과 마찬가지로, 부도덕한 사제들이 낳은 부패와 싸우기도 했다. 이런 이유로 그녀가 쓴 여러 소설 작품에는 사악한 사제들이 등장한다. 그녀의 소설 『둥지 없는 새』에서 백인 청년과 원주민 하녀는 결국 결혼할 수 없게 된다. 자신들이 바람을 피운 어느 가톨릭 사제에게서 태어난 남매간이라는 청천벽력 같은 사실을 알게 되었기 때문이다.

마토 데 투르네르는 멘토인 고리티처럼 문학살롱을 만들었고, 여성을 위한 정기간행물도 창간했다. 그녀는 사람들이 신문을 불태우고, 가톨릭 교회가 그녀를 제명할 정도로 논란이 되는 기사를 싣기도 했다. 1895년 페루 정부는 그녀를 강제 추방했고, 그녀는 고리티처럼 아르헨티나로 건너가, 그곳에서 존경받는 교육자로 살며 여생을 보냈다.

이러한 예외적인 여성들의 삶을 통해 우리는 교육과 문자 해득, 인종, 자유주의적인 진보 이상에 등장하는 미국과 유럽 모델의 중요성에 관심을 갖게 된다. 아르헨티나와 브라질에서 자유주의자들의 복귀를 이끌어 낸 동력도 바로 이런 것들이다.

진보의 모델

아르헨티나의 자유주의 지도자들은 가장 유럽 지향적인, 말 그대로 유럽에 경도된 사람들이었다. 아르헨티나 자유주의를 대표하는 인물로는 알베르디, 미트레, 사르미엔토를 들 수 있다. 세 사람 모두 후안 마누엘 데 로사스가 주도한 1830년대와 1840년대 보수반동의 시기에 망명을 떠나 외국에서 오랜 시간을 보낸 바 있다. 로사스 집권기에 아르헨티나의 자유주의 지식인들은 이웃 나라인 우루과이와 칠레에 모여 살면서 로사스에 대해 분통을 터뜨리기도 하고, 정치 관련 저작들을 집필하기도 했다. 그들은 무엇보다도 지식인이었다. 그들의 삶을 통해 우리는 당대의 자유주의 지식인들이 유럽적인 것에 심취해 있었고, 교육과 책이나 신문 같은 문자 문화와도 밀접한 관련을 맺고 있었음을 알 수 있다. 아르헨티나의 자유주의자들은 진보에 대한 통상적인 신념을 넘어, 자국민을 개조하는 일에 몰두했다. 그들은 문화적으로는 교육, 물리적으로는 유럽인의 대량 이민을 그 방법으로 택했다.

성년 생활의 대부분을 망명지에서 보낸 후안 바우티스타 알베르디는 자신의 저작을 통해 아르헨티나 자유주의에 영향을 미쳤다. 지방에서 태어난 알베르디는 부에노스아이레스에서 법학을 공부하였고, 1830년대에는 문학살롱에 드나드는 급진주의자로 변신했다. 로사스 정권하에서는 자유주의 문인들도 신변의 위협을 느꼈다. 알베르디는 결국 라플라타강을 건너 몬테비데오로 갔고, 그곳에서 부에노스아이레스를 향해 폭탄선언들을 쏟아 냈다. 당시 몬테비데오는 영국과 프랑스 해군의 보호와 이탈리아 영웅 주세페 가리발디와 같은 국제 운동가들의 지원을 받는 자유주의의 국제거점이었기에, 여러 나라에서 온 자유주의 망명자들로 붐볐다. 이후 알베르디는 자의 반 타의 반으로 몬테비데오를 떠나 칠레로 망명했고, 그곳에서 10여 년을 보냈다.

로사스 정권이 타도된 1852년, 「아르헨티나 공화국 정치 조직의 기초」라는 제목의 논문을 출간한 알베르디는 새 헌법 제정을 위해 모인 대의원들에게 이 논문 사본을 보내 주었다. 그는 로사스의 정적인 자유주의자들이 앞다투어 귀국할 때에도 귀국하지 않고 칠레에 머물렀으며, 나중에는 유럽에서 아르헨티나 외교관으로 일했다. 그는 유럽에서 20년 이상을 더 살다가 그곳에서 사망했다. 알베르디가 유럽적인 것이라면 무엇이든 좋아했다는 사실을 고려하면, 그가 아르헨티나를 위해 내린 처방은 그리 놀랄 만한 것이 아니다. 알베르디는 유럽인 이민자들을 적극 유치하라고 아르헨티나 정부에 촉구했다. 아르헨티나의 인구가 2백만 명이 채 안 될 만큼 적은 데다, 유럽인 이민자들은 덕성과 상술을 두루 갖춘 우수한 사람들이라는 이유에서였다. "통치한다는 것은 곧 이주시키는 것"이라는 그의 말은 자유주의자들의 슬로건이 되었다. 그는 또 근대식 교육을 도입하자고 제안했다. 유럽의 영향을 받아들여 아르헨티나 문화를 변혁하기 위해서였다. 고대인들의 지혜를 배우기 위해 라틴어를 공부하는 대신, 기술과 상업의 언어인 영어를 공부해야 한다고 그는 주장했다.

알베르디에 비하면 바르톨로메 미트레는 활동가에 더 가까웠다. 미트레도 어느 모로 보나 '자유주의' 문필가였다. 그는 정치 논설, 역사서와 전기문, 시와 소설을 썼으며, 유럽의 고전을 에스파냐어로 번역하기도 했다. 낯을 많이 가린 알베르디와는 달리 미트레는 공적인 대중 연설에도 능했다. 그는 군대의 지휘관인 동시에 정치가였다. 1850년대 아르헨티나 정치에는 이 두 가지 재능이 다 필요했다.

로사스가 몰락한 뒤 10여 년간 계속된 격랑의 세월 동안, 미트레와 알베르디는 서로 반대 진영에 서게 되었다. 유럽인 이민과 공교육에 대해서는 의견이 같았지만, 지역 간의 갈등 때문에 두 사람은 서로 갈라섰다. 문제의 근원은 부에노스아이레스와 나머지 지방 간의 관계에 있었다.

부유하고 거만하며 위압적인 도시 부에노스아이레스는 부왕청 소재지였고, 세계로 나아가는 관문이었다. 정치와 인구, 경제의 측면에서 부에노스아이레스를 따라올 도시는 없었다. 하지만 부에노스아이레스에는 괜찮은 항구가 없었다. 근해의 수심이 얕아 해변에서 10여 킬로미터 정도 떨어진 곳에 선박을 정박시킨 다음, 작은 배로 화물과 승객을 실어 날라야 했다. 그러나 작은 배들도 해변에서 30~40미터 정도 떨어진 곳까지밖에 못 들어갔으므로, 여기서부터는 얕은 물에 반쯤 잠긴 수레로 화물을 옮겨 실어야 했다. 이 과정에서 상당수의 화물과 승객이 물에 젖었다. 부에노스아이레스 주변의 목초지는 아르헨티나에서 생산성이 가장 높은 곳이었지만, 그렇다고 해서 유독 이곳만 비옥한 것은 아니었다.

1850년대에는 증기력 덕분에 외양선이 이처럼 불편한 부에노스아이레스를 우회하여 강 상류로 곧바로 올라갈 수 있게 되었다. 상류 지역 사람들은 환호했지만, 부에노스아이레스에서는 선박이 우회하지 못하도록 막았다. 이런 갈등 때문에 부에노스아이레스는 1853년 창설된 아르헨티나 연방에서도 배제되었다. 이제 부에노스아이레스를 대신할 새로운 수도가 강 상류 약 500킬로미터 지점에 세워졌다. 이런 상황에서 유럽에 있던 알베르디는 아르헨티나 연방을 대변하였던 반면, 미트레는 부에노스아이레스 편에 섰다. 아르헨티나 최대 도시 부에노스아이레스와 그 주변의 부에노스아이레스주가 아르헨티나의 나머지 지역들과 통합된 것은 미트레가 이끈 군대가 연방군을 상대로 최종 승리를 거둔 1860년이었다. 이후 미트레는 통일 아르헨티나의 대통령이 되었다.

로사스에 반대했던 또 다른 인물 도밍고 파우스티노 사르미엔토는 망명지에서 돌아와 부에노스아이레스의 학교 이사장직을 맡았다. 그는 라틴아메리카의 자유주의자들 중에서도 가장 영향력이 큰 인물이었다. 칠레에 망명 중이던 1845년, 그가 로사스를 비판하기 위해 쓴 소책자(『문명과 야만: 파쿤도 키로가의 생애와 아르헨티나 공화국의 지리와 관습』)는 카우디요 통치를 비판하는 고전이 되었다. 사르미엔토는 집필과 교육을 통해 수용 가능한 국제 문화를 받아들였다. 그가 가장 좋아했던 책은 벤저민 프랭클린의『자서전』이었는데, 그는 이 책을 필라델피아나 보스턴에 사는 미국인들만큼이나 열심히 탐독했다고 한다. 그는 1830년대와 1840년대의 대부분을 칠레에서 교사·점원·광산 갱도 감독관·신문 편집자로 일하며 살았고, 나중에는 칠레의 공립학교를 설립하는 일에 참여하기도 했다. 그는 밤에는 주로 영어를 공부했는데, 월터 스콧의 소설을 번역하면서 영어를 연습했다고 한다. 그는 또 칠레에서는 처음으로 철자법 교과서를 만들었고, 칠레 최초의 사범 교육 기관을 설립하였으며, 교육 기법을 배우기 위해 미국과 유럽 각지를 방문하기도 했다. 미트레가 아르헨티나의 대통령이 되었을 때 사르미엔토는 미국 주재 아르헨티나 외교 대표로 일했고, 미국 체류 중이던 1868년에는 아르헨티나 대통령으로 당선되어 미트레의 뒤를 이었다. 그가 부에노스아이레스로 돌아올 때 보스턴 여성 열 명이 그와 동행했는데, 이들은 아르헨티나의 열 개 주에서 사범 교육을 담당하게 될 여성들이었다.

아르헨티나의 자유주의 통치자들 모두 공교육을 장려했지만, 사르미엔토는 특히 더 적극적이었다. 그의 재임 중에 학교 수가 2배가량 늘어났고, 공립 도서관도 100여 곳이나 신설되었다. 심지어 그는 교육부 장관을 차기 대통령으로 선택하기도 했다. 자유주의자들의 유럽인 이민 장려 정책 역시 성공을 거두었다. 수십만 명의 이민자들과 유럽 문화 덕분에 부에노스아이레스는 카라카스나 리마가 아니라, 밀라노나 파리를 연상케 하는 도시로 변모하게 되었다.

자유주의자들은 유럽 모델, 특히 영국과 프랑스 모델을 지향하는 한편, 아르헨티나 문화, 특히 농촌 문화는 차마 눈뜨고 볼 수 없을 정도로

'야만적'인 것으로 배격했다. 그들은 유럽인 혈통이 아닌 사람들을 백안시했다. 가우초와 같은 농촌 사람들에게는 유럽인의 혈통뿐 아니라 원주민과 아프리카인의 혈통까지 섞여 있었다. 자유주의자들은 이러한 혼혈을 수치스럽게 생각했다. 사실 19세기의 주요 과학이론들은 이러한 인종 차별을 부추기고 있었다. 당대 최고의 전문가들은 좋든 싫든 간에 이러한 인종주의를 진보로 믿고 있었다. 그런데 앞서 살펴본 것처럼 라틴아메리카 국가들 중에 혼혈인이 없는 곳은 거의 없었다. 유럽에 경도된 많은 자유주의자들이 직면한 "국가적 비극"은 바로 여기에 있었다. 그들은 이 비극을 어떻게 다루었을까?

유감스럽게도 위대한 교육자 사르미엔토도 인종에 관해서만큼은 라틴아메리카 자유주의의 어두운 면을 따랐다. 사실 사르미엔토는 가우초를 다루어 문학적 명성을 얻은 아르헨티나 최초의 문인이었다. 그의 작품에서 가우초는 믿기지 않을 정도의 엄청난 일도 능히 해내는 인물로 묘사되고 있긴 하지만, 경외심을 불러일으키는 공룡처럼 그들 역시 멸종할 운명에 처해 있었다. 1861년 미트레에게 보낸 편지에서 사르미엔토는 오지에서 반역을 꾀한 카우디요를 따르는 무리들은 무자비하게 다루어도 좋다는, 모골이 송연해지는 말을 했다. "가우초의 피를 아끼려 하지 마세요. 그들의 피는 도살장에 흐르는 짐승들의 피와 마찬가지로 아르헨티나에 유용한 비료가 될 것입니다. 그들의 피 가운데 일부만 인간의 피입니다." 사실 사르미엔토는 아르헨티나의 군중들을 신뢰하지 않았다. 사르미엔토 정부 역시 부정선거를 자행했다. 부정선거는 자유주의 시기 아르헨티나의 정치를 특징짓는 일반적인 요소였다.

한편 브라질은 자유주의와 관련하여 브라질 고유의 문제를 안고 있었다. 브라질은 아직도 자유주의 사상과 모순되는 군주제 국가이자 노예제 사회였다. 게다가 브라질에는 아프리카인들과 혼혈인들이 많았다. 유럽의 '과학적 인종주의'에 영향을 받은 신진 자유주의자들은 마치 나라 전체가 불치병 판정이라도 받은 것처럼 절망했다. 만일 브라질이 자유화된다면, 자유화되지 못할 나라가 없을 것 같았다.

전쟁은 종종 변화의 기폭제가 되기도 한다. 이 당시 남아메리카에서 일어났던 가장 끔찍한 전쟁은 삼국동맹 전쟁Guerra de la Triple Alianza(1865~1870년)이었다. 패전국인 파라과이는 국토가 초토화되었고, 승전국인 아르헨티나와 브라질, 우루과이도 낭패를 겪었다. 당시 많은 사람들이 미쳤다고 생각했던 독재자 프란시스코 솔라노 로페스가 통치하면서 강력한 군대를 육성한 파라과이는 다른 나라에 거만한 태도로 일관했다. 아르헨티나, 우루과이, 브라질이 파라과이의 해양 진출 통로인 라플라타에 위협을 가해 올 것이라고 확신한 로페스는 선제공격을 감행했고, 동맹국들은 방어전에 돌입했다. 표면상으로는 독재자를 타도한다는 명분을 내세웠지만, 동맹국들 역시 상업적·전략적·지리적 이점을 노리고 있었다. 참전 군인들은 군복을 지급받았고, 무기 역시 비슷한 시기에 벌어졌던 미국 남북전쟁에 사용된 것과 같은 것을 썼다. 전사자 수도 미국 남북전쟁 때와 비슷할 정도로 많았다. 동맹군은 일련의 피비린내 나는 전투를 통해 파라과이를 쑥대밭으로 만들어 버렸다. 이 전쟁에서 파라과이 성인 남성 대부분이 죽었고, 영토 일부도 브라질과 아르헨티나의 전리품으로 빼앗겼다. 그러나 이 전쟁으로 브라질 역시 온 국민이 환멸감을 느끼게 되었다.

문명의 이름으로 파라과이의 '독재'를 타도하기 위해 브라질 제국은 수많은 자원병을 모집했고, 과장된 표현이기는 하지만 대략 브라질 국민 전체가 이러한 자유주의 운동에 발 벗고 나섰다. 파라과이와의 무역이 늘어나기를 바랐던 유럽 국가들도—특히 영국이—이를 열렬히 지지했다. 하지만 에스파냐어권 아메리카의 작은 공화국을 상대로 한 이 전쟁에서 승리를 거두기가 쉽지 않았다. 결국 상당한 대가를 치르고 승리를 거두게 되었지만, 사람들은 브라질 문명의 우월성에 의문을 품기 시작했다. 또한 노예제가 존재하는 브라질이 파라과이의 '독재'를 타도하기 위해 애쓴다는 것이 상당수 브라질 사람들에게는 공허하게 들렸다. 이 전쟁이 시작되었을 무렵 미국에서는 노예제가 막 폐지되었기에, 이제 아메리카 대륙에서 노예제를 유지하고 있는 나라는 브라질과 에스파냐의 식민지 쿠바뿐이었다. 브라질에서는 흑인 자유민뿐 아니라 일부 노예들까지도 자유민이 되기 위해 의용군 대열에 합류했다. 브라스밴드의 연주 속에 파라과이에서 싸우기 위해 출정하는 이들의 모습은, 그 자체로 모순이었다.

벌써 한 세대 동안이나 무력감에 시달려 온 브라질 자유주의자들은 이 전쟁을 치르면서 제 목소리를 회복하기 시작했다. 알다시피, 1840년대 브라질에서는 보수주의자들의 우위가 확실했다. 하지만 19세기 중반부터는 자유주의 사상이 브라질 지배 계층을 쉽게 파고들었다. 노예제와 신분제에 바탕을 둔 브라질 사회를 생각하면, 이는 물론 너무 앞서간 것이었다. 브라질 엘리트들이 실제로 실망감을 느꼈는지 아닌지는 개인마다 다르겠지만, 아직 민주주의를 할 준비가 되어 있지 않은 명백한 '후진' 국가에서 그들은 자신들에게 주어진 특권을 운명으로 받아들이고 있었다. 이는 키도 크고 수염도 덥수룩해진 황제 페드루 2세가 공식 기록으로 남긴 말이다.

페드루 2세는 자신이 없으면 브라질이 아무것도 할 수 없다고 믿고 진심으로 안타까워한 것 같다. 성질이 급한 아버지와는 달라서 그가 어떤 사람인지를 파악하기란 쉽지가 않다. 페드루 2세는 상냥한 말씨를 쓰는 학구적인 인물이었으며, 영국 은행원처럼 짙은 색 정장을 입고 다녔다. 그는 군주로서 자신의 책무를 진지하게 받아들였고, 열심히 일했다. 그는 상당한 권력을 행사하기는 했지만, 절대권력을 휘두르지는 않았다. 그럼에도 그는 주지사와 장관, 종신 상원의원과 귀족을 임명할 수 있었고, 국회를 해산하고 새로운 선거를 실시할 수도 있었다.

개인적 성향으로 보자면 페드루 2세는 보수주의자였다. 하지만 그는 냉철한 자유주의자이기도 했다. 그는 브라질의 양대 정당인 보수당과 자유당 중 그 어느 쪽도 지지하지 않았고, 과학과 혁신 그리고 진보를 철석같이 믿었다. 당대인들은 그가 만일 황제가 아니었더라면 아마도 교사가 되었을 것이라고 생각했다. 그는 미국과 유럽을 두루 여행하면서 루이 파스퇴르 같은 과학자들이나 랠프 왈도 에머슨 같은 사상가들, 빅토르 위고 같은 소설가들, 알렉산더 그레이엄 벨 같은 발명가들을 만나 이야기를 나누었다. 브라질이 언젠가 군주제와 노예제를 필요로 하지 않는 사회가 되기를 바란 페드루는 1840년에 자신이 소유한 노예들을 모두 풀어 주었다. 몇 년 뒤 공화주의자들이 군주제 종식을 공개적으로 주장하며 브라질 정치 무대에 다시 등장했을 때, 그는 내로라하는 공화주의 지식인을 손자의 가정교사로 삼기까지 했다.

페드루 황제처럼 브라질 엘리트들 역시 이론상으로는 자유주의를 지지했지만, 실제로는 보수주의를 수용했다. 1860년대가 되자 다른 나라에서와 마찬가지로 브라질에서도 변화가 시작되었다. 보수주의 지도자들 상당수가 개혁의 필요성(특히 노예제 개혁에 대해)을 확신하면서 보수주의 진영을 떠나 자유주의 대열에 합류했다. 그런데 삼국동맹 전쟁의 와중에 자유주의 총리와 보수주의 군사령관이 서로 충돌하는 일이 발생했다. 이때 페드루가 군사령관의 편을 들자, 이에 격분한 자유주의자들은 1869년에 성명서를 발표했다. "개혁이 아니면 혁명을!"이라는 협박으로 끝나는 이 성명서의 골자는 제도의 개혁(민주화)과 점진적인 노예 해방이었다. 보다 급진적인 자유주의자들은 같은 해에 제2차 성명서를 발표하며, 황제의 권력 제한과 즉각적인 노예제 폐지를 요구했다. 또 1870년에는 노예제 종식에서 더 나아가 황제 추방과 공화국 창설을 주문하는 제3차 성명서도 발표하였다. 이제 뭔가를 내주어야 할 상황이 되고 말았다.

1871년 자유주의자들의 압력에 굴복한 보수주의 정부는 마침내 '자유출생'법을 제정하게 된다. 법안 발효 당시의 노예는 여전히 노예로 남지만, 그 자녀들은 태어나면서부터 자유민이 된다는 내용을 담은 이 법안은 조만간 노예제를 폐지하겠다는 공약이나 마찬가지였다. 노예무역이 1850년경에 이미 중단되었기 때문이다. 페드루 2세는 이 법을 환영했다. 하지만 이 법에 따르면 1830년대와 1840년대의 노예무역으로 브라질에 오게 된 나이 어린 아프리카인 수십만 명은 그 후로도 수십 년간 노예로 살아야 했고, '자유민'으로 태어난 아이들도 성인이 될 때까지는 여전히 어머니의 주인 밑에서 일해야 했다.

1870년대와 1880년대의 대부분을 보수주의자들이 통치하기는 했지만, 브라질 사람들의 머리와 마음속에는 이제 진보가 서서히 자리 잡기 시작했다. 상파울루에 거주했던 보다 진보적인 커피 농장주들은 이탈리아 이주민 노동자들에게 관심을 갖고, 그들을 고용하기 시작했다. 커피 수출이 점점 늘어나면서 도시도 성장했다. 그리고 도시 주민들—농장 생활과 직접적인 관련이 없으며, 좋은 교육을 받아 국제적인 안목을 지니게 된 이들—은 진보라는 자유주의 이상에 설득당할 가능성이 더욱 높아졌다. 앞서 얘기한 1870년의 성명서를 예로 들어 보자. 이 성명서에 언론인 10명, 기술자와 상인 13명, 법학 박사와 의학 박사 23명이 서명했지만, 자칭 농장주는 단 한 명뿐이었다.

노예제는 1880년대에 다시 정치 쟁점으로 떠올랐다. 이때 노예제 폐지론을 주도한 정치인은 주아킴 나부쿠라는 자유주의자였는데, 그는 담배와 맥주의 상표에 얼굴이 등장할 정도로 유명 인사가 되었다. 심지어 히우지자네이루 카니발 행진 참여자들까지 노예제 폐지를 주제로 삼았다. 나부쿠를 비롯하여 1880년대에 활동한 노예제 폐지론자들은 노예제에 대한 도덕적 진실을 말했지만, 그것이 단지 진보를 가로막는 장애물이라고만 비판했다. 이제 노예제는 명백한 과거의 유물이 되었다. 에스파냐인들이 쿠바에서 노예제를 폐지한 1886년 이후 국제사회에서 망신의 대상이 된 것은 브라질의 진보 인사들뿐이었다. 이 무렵 커피를 생산하지 않는 일부 주에서는 이미 노예들을 해방한 상태였고, 수익성 높은 커피 플랜테이션 농장에서는 노예들이 수천 명씩 탈주하기 시작했다. 결국 대중의 강한 압박을 견디지 못하고 노예제는 전면 폐지되었다. 이때 노예 소유자들에게는 아무런 재정적 보상도 주어지지 않았다. 당시 페드루는 유럽에 있었기 때문에 페드루의 딸이자 노예제 폐지론자였던 이사벨 공주가 1888년 자유의 '황금법Lei Áurea'에 서명했다. 이로써 아메리카 대륙의 노예제는 4세기 만에 막을 내리게 되었다.

그리고 이듬해에는 시대에 뒤떨어진 브라질 군주제가 그 수명을 다하고 붕괴되었다. 군주제 지지자들은 군주제 폐지론을 불쾌하게 생각했다. 하지만 이미 변화의 기운이 감돌고 있었다. 고위급 장교들은 제국 정부에 불만이 많았고, 공화주의의 투사들은 기회를 엿보고 있었다. 선거에서 늘 열세를 보였던 공화주의자들이지만, 이들이 군대에 미친 영향력은 컸다. 페드루 2세가 손자의 가정교사 역할을 맡겼던 공화주의자 뱅자맹 콩스탕 보텔류 지 마갈량이스는 당시 브라질 육군사관학교의 교수로 재직하고 있었는데, 그곳에서 그는 군대의 불만 해소 방안을 공화주의에서 찾도록 유도했다. 1889년 11월, 군부가 마침내 공화국을 선포했다. 이 소식이 전신망을 타고 브라질 전역에 퍼지자, 페드루는 충격을 받았다. 하지만 곧 현실을 받아들인 페드루와 그의 가족은 조용히 유럽으로 떠났다. 브라질 사람들은 오래전부터 황제가 떠나야 한다고 생각해 왔지만 차마 그 말을 입에 담지 못하고 있었다는 듯이 "이 불가피한 진보의 행진"을 이구동성으로 환영했다.

19세기가 끝날 무렵 자유주의는 다양한 방식으로 라틴아메리카 국가들의 공식 이데올로기 역할을 했다. 지배 계층은 확실한 합의에 도달하였고, 도시 중산 계층은 그 합의를 지지해 주었다. 마침내 장기간 지속될 자유주의 헤게모니가 등장하게 된 것이다. 영국이나 프랑스 혹은 미국의 모범을 따르는 진보가 이 시대의 추세였다.

반대 흐름

국제 전쟁

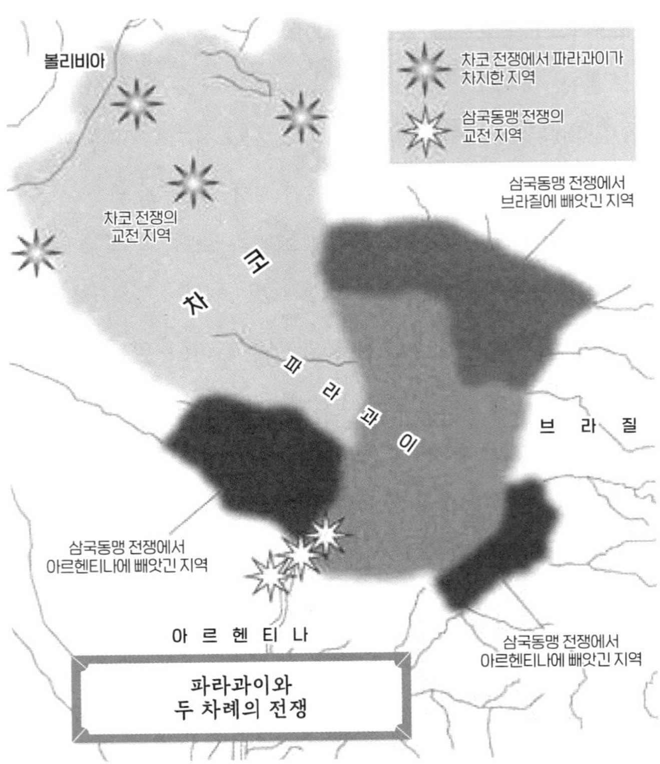

파라과이와
두 차례의 전쟁

라틴아메리카 국가들 사이에 벌어진 대규모 전쟁은 손에 꼽을 정도에 불과했다. 하지만 교전국들은 이 전쟁으로 엄청난 충격을 받았다. 멕시코는 미국과의 전쟁(1846~1848년)으로 방대한 영토를 잃었다. 삼국동맹 전쟁으로 브라질은 국가 차원의 충격을 받았고, 아르헨티나는 국민국가를 강화했으며, 가난한 파라과이는 사실상 파멸에 이르게 되었다. 아르헨티나와 브라질 양국은 전쟁에 대한 보상으로 파라과이 영토 일부를 나눠 가졌다.

후일 파라과이인들은 다시 전쟁에 휩싸이는데, 볼리비아를 상대로 한 차코 전쟁(Guerra de Chaco; 1932~1935년)이 바로 그것이었다. 파라과이강 서안에 위치한 차코 일대는 숨이 막힐 정도로 무더운 황무지로, 홍수와 가뭄이 번갈아 일어나는 지역이다. 사실 이 지역 영유권을 두고 파라과이인들과 볼리비아인들이 갈등을 빚은 것은 어제오늘의 일이 아니었다. 그런데 1920년대 들어 갑자기 영유권 분쟁이 격화되었다. 이 지역에서 유전이 발견되었기 때문이다. 볼리비아 고지대에서 내려온 원정군들은 차코의 낯선 환경에 적응하지 못해 어려움을 겪었다. 차코 전쟁에서 승리하면서 파라과이의 영토는 갑절로 늘어났고, 국민적 자부심도 하늘을 찌를 듯이 높아졌다. 차코 전쟁은 20세기에 아메리카 국가들 사이에서 벌어진 전쟁들 중에서 규모가 제일 큰 전쟁이었다.

태평양 연안에서 벌어진 두 차례의 전쟁에서 이미 패배한 적이 있는 볼리비아는 차코 전쟁의 패배로 또다시 엄청난 타격을 입었다. 페루-볼리비아 연합 전쟁(Guerra contra la Confederación Perú-Boliviana; 1836~1839년)은 메스티소 카우디요 안드레스 데 산타크루스가 페루와 볼리비아를 통합하면서 일어났다. 당시 대통령보다 더 막강한 권력을 행사하던 칠레 정부의 총리 디에고 포르탈레스는 페루와 볼리비아의 통합을 받아들이지 않고 전면전으로 응수했다. 결국 산타크루스가 패배하고 페루-볼리비아 연방도 끝이 났다.

칠레는 반세기 뒤에 벌어진 태평양 전쟁(Guerra del Pacífico; 1879~1884년)에서 다시 한번 승리를 거두었다. 차코 전쟁 때처럼 황무지에서 광물 자원이 발견되면서 영유권 분쟁이 벌어졌고, 전쟁이 발발했다. 무대는 일 년 내내 비 한 방울 내리지 않는 황무지가 태평양 연안을 따라 1,000킬로미터나 펼쳐져 있는 아타카마 사막이었다. 에스파냐 식민지 시절 이 지역에 대한 경계 설정이 분명하지 않았기에, 독립 때부터 페루와 칠레는 물론이고 볼리비아까지도 영유권을 주장하고 나섰다. 결국 1870년대에 세 국가 모두 아타카마 사막에 매장된 질산염 채굴 허가권을 판매하기 시작하면서 분쟁이 시작되었

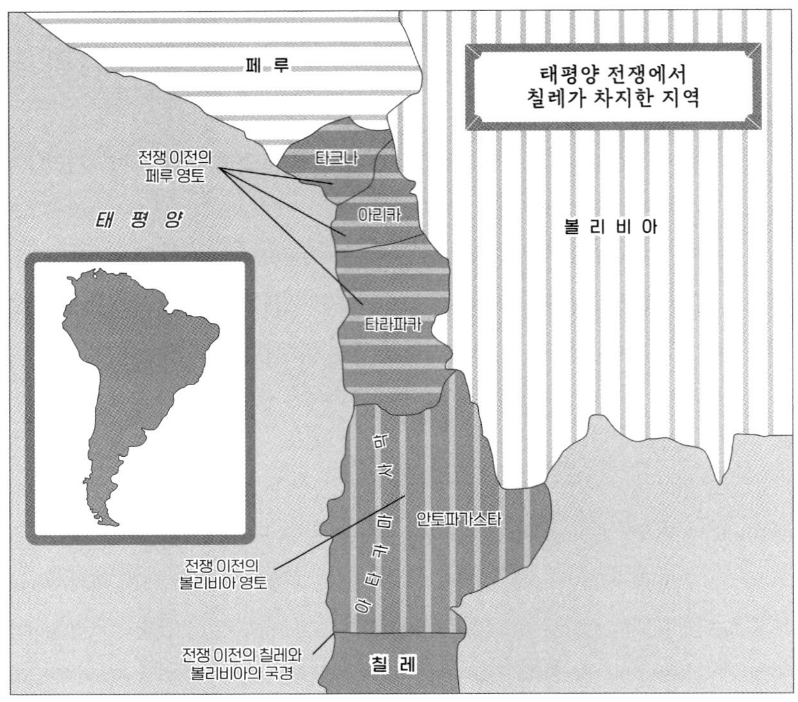

고, 1879년 칠레가 페루와 볼리비아를 공격하면서 전쟁으로 비화되었다. 이 전쟁의 결과로 칠레는 광물 자원이 풍부한 이 지역을 독차지하게 되었고, 페루와 볼리비아는 아타카마 사막에 대한 영유권을 상실했다. 특히 볼리비아는 해양으로 진출할 유일한 출구마저 빼앗기게 되었다. 아타카마 사막의 질산염은 그 후 40년간 칠레 정부의 주 수입원이 되었다.

제6장

신식민주의

신식민주의
1880
~
1930년
1880년
수출
대호황
1889년
미국,
쿠바에 개입
1900년
로도,
『아리엘』 출판
1912년
미국,
니카라과에
개입 시작
1922년
아메리카여성회의
개최
LATIN AMERICA

N e o c o l o n i a l i s m

신식민주의

라틴아메리카를 미국이나 유럽과 비슷한 곳으로 만들려 했던 자유주의자들의 계획은 부분적으로는 성공을 거두었다. 하지만 라틴아메리카에서 진보는 다른 모습을 보였다. 엄청난 변화가 일어났고, 도시 주민과 농촌 주민, 부자와 가난한 자 가릴 것 없이 모두 이 변화에 영향을 받았다는 것은 일단 맞는 말이다. 식민지 시대의 자갈길과 하얀 벽, 붉은 기와지붕이 사라지면서 라틴아메리카의 주요 도시는 다른 대륙의 대도시와 견줄 만한 근대 도시로 탈바꿈했다. 몬테비데오와 산티아고에서부터 멕시코시와 아바나에 이르는 주요 도시에서는 전차가 덜컹거리며 지나다녔고, 전화벨 소리가 울렸으며, 무성영화가 깜빡거렸다. 설탕, 커피, 구리, 곡물, 질산염, 주석, 카카오, 고무, 바나나, 소고기, 양모, 담배 등의 수출이 크게 늘면서 철도 총연장도 덩달아 늘어났다. 시설이 형편없었던 부에노스아이레스 같은 항구 도시에 근대적인 항만 시설이 들어섰다.

지주들과 도시의 중산층은 갈수록 번창했다. 그러나 라틴아메리카 농촌 주민 대다수의 생활은 별로 나아지지 않았다. 농업 자본주의가 농촌을 황폐화시키고 전통적 생활 방식을 무너뜨리는 바람에, 농촌 주민들은 정신적으로나 물질적으로 오히려 더 가난해졌다. 더욱이 진보는 영국과 미국으로부터 새로운 제국주의를 불러들였다. 진보의 모델이 된 영국과 미국은 라틴아메리카의 진보를 구축하는 데 도움을 주었지만, 때로는 진보의 산물을 대놓고 차지했다. 라틴아메리카 곳곳에 외세의 영향이 강하게 파고들었기에 역사가들은 1880년에서 1930년에 이르는 이 시기를 '신식민주의' 시대라 부른다.

이 시기에 일어난 여러 변화에도 불구하고 라틴아메리카의 유럽 종속 문제는 해결되지 않았고, 식민화의 산물이었던 라틴아메리카의 신분 제도 역시 바뀌지 않았다. 여전히 인종과 계급에 따른 위계 관계가 사회 밑바닥에 깔려 있었고, 상류 계급이 누린 명망과 혜택 역시 라틴아메리카 외부인들과의 연줄에서 나왔다. 한때는 손에 왕실 임명장을 거머쥔 에스파냐와 포르투갈 사람들이 우월감에 가득 찬 거만한 태도로 해변에 발을 내디뎠으나, 이제는 영어를 사용하는 신사들이 찾아와 은행, 철도, 각종 항만 시설에 자금을 투자하거나 대출해 주었다. 이 신사들도 거만하기는 마찬가지였다. 라틴아메리카 엘리트들이 잔뜩 긴장한 표정으로 파티를 열어 손님을 맞이하는 풍경은 1790년이건 1890년이건 변함이 없었다. "고상한 사람들"이 누리던 지위와 번영은 라틴아메리카 외부의 사람들과 관련이 있었고, 그들 역시 이 사실을 잘 알고 있었다. 부의 90퍼센트는 유럽과 미국 시장에 상품을 팔아 벌어들인 것이었기에, 그들의 사회적 허세나 거만한 태도는 포르투갈 사람을 닮은 그들의 피부색, 오스트리아산 유리 공예품, 파리에 정통한 자녀들에서 비롯되었다. 신식민주의noecolonialism는 라틴아메리카와 다른 외부 국가들 간의 관계에서는 물론이고, 라틴아메리카 국가들 내부에서도 전개되었다. 라틴아메리카 사람들에게는 후자의 신식민주의가 더욱 낯익었다.

수출 대호황

라틴아메리카의 엘리트와 중산층은 진보를 통해 많은 혜택을 누렸다. 무엇보다도 그들은 라틴아메리카 역사상 전무후무했던 반세기 동안의 급속한 경제 성장과 수출 대호황으로 큰 이득을 보았다. 이를테면 은·설탕·커피·섬유 등을 포함한 멕시코의 수출 규모가 배로 늘어났고, 19세기 말에는 그 규모가 또다시 배로 늘었다. 실제로 멕시코의 무역 총액은 1877년에서 1910년 사이에 900퍼센트나 증가했다. 브라질에서는 커피가 수출 효자 품목으로 떠올랐다. 20세기 초 브라질은 세계 시장에서 소비되는 커피의 3분의 2를 생산했다. 이제 쿠바는 사탕수수라는 단일 작물에 더욱 의존하게 되었다. 쿠바의 설탕 생산량은 파격적으로 늘어나, 1929년에는 500만 톤에 달했다. 같은 시기 칠레에서는 시가로 수억 달러에 달할 만큼 많은 초석과 구리, 철광석이 채굴되었다. 다른 나라도 마찬가지였는데, 이들 중 가장 큰 두각을 보인 나라는 아르헨티나였다. 1876년에 21톤이던 아르헨티나의 밀 수출량은 1900년에 천 배 이상 증가했다. 이러한 아르헨티나의 수출 급증세는 1920년대까지 계속되었다.

과테말라(커피), 온두라스(바나나), 에콰도르(카카오), 볼리비아(주석) 같은 작은 나라들도 1870~1930년에는 나름대로 수출 대호황을 누렸다. 1870년에 3,200킬로미터였던 이 지역의 철도 총연장은 1900년에 95,000킬로미터로 늘어났다. 주로 수출품 수송용으로 부설되었던 철도는 수출 호황에 큰 기여를 했다.

물론 이러한 수출 호황의 직접적인 수혜자는 대지주였다. 철도 부설로 대지주들이 보유한 부동산의 가치가 치솟았다. 수출입 경제에 보조 역할을 수행한 전문직 종사자나 상인, 사무직 종사자 같은 도시 중산층도 혜택을 입었다. 이들에게 진보는 문화적 지평을 넓혀 주는 동시에 물질적 풍요까지 안겨 주었다. 하지만 라틴아메리카 전체를 놓고 보면, 이런 혜택을 누린 사람의 비율은 미미했다. 1880년에서 1930년 사이에 중산층 인구가 급격히 늘긴 했지만, 1930년 무렵 라틴아메리카에서 중산층 규모가 제일 컸을 것으로 생각되는 아르헨티나에서조차 이 비율은 25~33퍼센트 정도밖에 되지 않았다. 중산층 규모가 비교적 작았던 멕시코는 당시 라틴아메리카의 전형적인 모습을 보여 준다. 1900년경 자전거를 타고 다니면서 미국의 재즈 음악을 듣던 멕시코의 사무직 중산층은 100만 명 정도였다. 도시에는 이 밖에도 30만 명 정도의 소규모 노동자 계층(요리사, 세탁부, 제화공, 경찰관 등)이 거주했다. 반면 농촌에서는 800만 명이나 되는 사람들이 농사일로 땀에 흠뻑 젖어 있었다. 이들 중 대다수는 원주민 출신으로, 갈아입을 여벌옷 한 벌 없는 사람도 많았다. 진보 덕분에 이들의 처지는 갈수록 나빠졌다.

부동산을 많이 가지고 있던 사람들은 철로 부설로 인한 부동산 가치 상승 효과를 톡톡히 누렸지만, 농민들 상당수는 그곳에서 떠나야 했다. 이런 와중에 지주들은 소유지를 늘려 갔고, 토지 없는 주민들을 일꾼으로 고용해 더 많은 수익을 남겼다. 마을 공유지 제도는 1850년대에 이미 공식적으로 폐지되었지만, 상당수의 원주민들은 1870년대까지도 공유지를 그럭저럭 유지하고 있었다. 하지만 철로가 부설되는 곳이라면 어디에서나 탐욕스러운 대농장주들이 담보권을 행사하거나 판사에게 뇌물을 먹이며 호시탐탐 공유지를 넘보았고, 주민들이 공유지를 빼앗길 위험은 더욱 커졌다. 1910년경 멕시코는 농업이 압도적인 나라였지만, 토지 소유자는 전체 인구의 3퍼센트에 불과했다. 농촌 주민 대다수는 대농장에서 일용 노동자로 일하며 근근이 살아갔다. 일부 대농장은 정말로 엄청나게 넓었다. 좀 극단적인 예지만, 당시 콜리마주 전체 토지의 3분의 1을 단 세 가문이 소유하고 있었다.

안데스 산지의 원주민들 역시 신식민주의 시대에 마을 공유지를 빼앗겼다. 수 세기 동안 식량과 각종 생필품을 자급자족해 왔던 농촌 주민들은 이제 땅이 없어서 감자, 카사바, 옥수수, 콩 같은 작물을 재배할 수 없게 되었다. 수출 이익에 혈안이 된 농장과 플랜테이션 소유주들은 계속해서 땅을 사들였다. 그들은 과거 공공재산이었던 땅을 사들인 후, 그곳에서 토지 문서 없이 여러 세대째 살고 있던 농민들을 내쫓았다. 농장주들이 수출용 농작물의 재배 면적을 늘리면서 더 혹독하게 일을 시키는 바람에, 농장 노동자들은 부쳐 먹을 땅은 물론이고 농사지을 시간조차 남아나지 않았다. 그런데도 임금은 턱없이 적어서 식구를 먹여 살리기가 어려웠다. 결국 집에서 밥 짓고 바느질하며 텃밭과 닭장을 돌보던 아녀자들까지 농장 감독관의 감시를 받으며 일하는 일꾼들의 세계로 뛰어들어야만 했다. 일손을 목말라 하던 지주들은 한술 더 떠서 '부랑자'법을 요구해 입법화하는 데 성공했다. 이 법으로 지주들은 취업하지 못한 사람들을 잡아다 부려 먹을 수 있게 되었다. 이처럼 수출 대호황은 가난한 농촌 주민들을 희생시켜 지주들을 더 큰 부자로 만들었다.

아르헨티나에서는 많은 이탈리아인 이주민들이 밀 생산의 기적을 이뤄 냈다. 하지만 그들 중 토지를 획득한 사람은 극소수에 불과했다. 지주들이 왜 땅을 팔겠는가? 이주민들 가운데 일부는 이탈리아로 돌아갔지만, 대부분은 도시로, 특히 부에노스아이레스로 갔다. 한편 광활한 팜파스에 철조망을 치고 영국 품종의 소와 양을 들여와 사육하기 시작하면서, 떠돌아다니며 소동을 피우던 가우초들도 농촌에서 점차 사라지게 되었다. 1876년부터는 냉동선이 도입되어 아르헨티나산 소고기를 유럽으로 실어 날랐는데, 냉동 소고기 수출은 종전의 육포 무역보다 이익이 훨씬 많이 남았다. 1900년경에는 냉동선 수가 수백 척으로 늘어났다.

열대 지역에서는 커피 붐이 일어나, 또 다른 신식민주의 풍경을 만들어 냈다. 브라질 상파울루의 적토지대에서는 노예제 폐지로 해방된 노예들이 플랜테이션과 관련된 일은 하지 않으려 했기에, 이탈리아에서 온 이주민들이 커피를 재배했다. 얼마 전까지만 해도 노예들이 일하던 농장에 유럽인 이주민들을 끌어들여야 했던 플랜테이션 농장주들은 노동자들이 커피 농장 고랑에 다른 곡물을 심어 재배하는 걸 허락할 수밖에 없었다. 그 결과, 상파울루에서 일하던 이탈리아인 농업 노동자들도 이례적으로 수출 호황의 혜택을 누리게 되었다. 하지만 아르헨티나로 이주했던 농장 노동자들과 마찬가지로 이들도 결국 도시로 떠났다. 커피는 공기가 상쾌하고 열대의 태양이 내리쬐는 콜롬비아, 베네수엘라, 중앙아메리카, 카리브해 같은 곳에서도 재배되었다. 과테말라와 엘살바도르, 멕시코 남부 지방에서는 원주민들이 외국인, 특히 독일인들이 소유한 커피 플랜테이션 농장에서 노동자로 일했다. 농업 노동자들에게는 아쉬운 이야기지만, 커피는 기본적으로 플랜테이션 작물이다. 하지만 소규모 가족 농장에서도 커피를 재배하여 내다 팔 수 있었다. 콜롬비아와 코스타리카, 푸에르토리코의 고지대에서는 이 커피 덕분에 농촌 중산층이 성장했다. 브라질과 쿠바에서는 커피처럼 소규모 재배가 가능한 담배가 동일한 역할을 했다.

하지만 이와는 대조적으로, 대규모 공장 시설이 필요한 광업과 제당업은 사회를 부유한 사람과 가난한 사람으로 무자비하게 갈라놓았다. 19세기 말, 우뚝 솟은 굴뚝과 차고를 갖춘 대규모 제당 공장들이 브라질 동북부의 사탕수수 농장·페루 해안·카리브해에 마치 괴물처럼 들어섰고, 제당 공장 소유주들은 17세기 브라질의 제분소 영주들처럼 농촌 경제를 완전히 장악했다. 설탕을 얻기 위해서는 신속하면서도 안정적인 제분 작업이 매우 중요하였으므로, 사탕수수 재배자들은 제당 공장 소유주들이 책정한 제분 비용을 그대로 지불할 수밖에 없었다. 사탕수수 농장에 공장이 들어서면서, 사탕수수를 자르던 노동자는 공장 노동자가 되었다. 노동자들이 받는 임금은 얼마 되지 않았고, 그 벌이마저 한철에 불과했으므로, 사탕수수 노동자들은 연중 일정 기간을 실업자로 지내야 했다. 쿠바인들은 이 기간을 '죽은 시간'이라고 불렀다. 멕시코, 페루, 볼리비아, 칠레에서는 광업이 이와 유사한 자본집약 산업이었는데, 힘센 대기업이 교섭 능력이라고는 전혀 없는 노동자 수천 명을 고용해 사업을 운영하고 있었다. 설탕을 생산하는 쿠바의 제당 시설, 원유를 퍼 올리는 멕시코와 베네수엘라의 유정, 갱도가 깊은 안데스 고지대의 심부광산처럼 대자본이 필요한 사업일 경우, 소유주는 대개 외국인이었다. 해발고도가 3,600미터 이상인 페루 고지대에는 미국 세로데파스코Cerro de Pasco 구리 회사 소유의 최첨단 광업단지가 들어섰는데, 원주민 광부들이 사는 조그만 흙빛 오두막들이 그 주변을 에워싸고 있어서 마치 20세기판 포토시처럼 보였다.

아마존의 우림 지대에는 신식민주의가 고무 붐을 불러일으켰다. 고무나무 수액은 특히 미국에서 타이어를 만드는 원료로 사용되었는데, 채취자들은 아마존 유역 깊은 곳에서 주로 강둑을 따라 흩어져 살고 있었다. 브라질 쪽에서 수액을 채취하던 사람들 대부분은 브라질 동북부의 건조한 목초지대에서 가뭄을 피해 이주해 온 사람들이었으나, 콜롬비아·에콰도르·페루 쪽에서 수액을 채취하던 사람들은 준정착 원주민인 경우가 많았다. 그런데 원주민들이 이 일을 하게 된 것은 자신의 필요나 바람 때문이 아니라, 강압 때문이었다. 이들은 임금도 쥐꼬리만 해서 고무 회사가 그들에게 파는 식료품과 물자를 겨우 살 수 있을 정도였다. 반면 증기선을 이용해 노동자들에게 필요한 장비를 공급해 주고 정기적으로 고무 수액을 수거해 가는 국제 무역상과 고무 회사들은 막대한 수익을 올렸다. 1910년 브라질 수출 이익의 25퍼센트는 고무 수출에서 나온 것이었다. 고무 무역으로 재미를 본 고무귀족Rubber baron들은 말 그대로 돈을 어떻게 써야 할지 모를 정도였다. 제대로 세탁한답시고 셔츠를 프랑스 파리에 보낼 수도 있지 않았을까? 아마존강 상류 1,600킬로미터 지점의 빽빽한 밀림 속에 위치한 브라질의 도시 마나우스에서는 고무귀족들이 오페라하우스를 짓고 연주자들을 불러들였다고 한다. 전설적인 테너 엔리코 카루소도 초청을 받았다는 이야기가 있지만, 이는 사실이 아니다. 하지만 이러한 고무 붐으로 원주민들의 삶은 황폐해졌고, 여러 원주민 부족이 술과 전염병으로 떼죽음을 당했다. 1920년대에 말레이시아 고무가 아마존 고무보다 훨씬 싼 가격으로 공급되기 시작하자 고무귀족들은 잽싸게 이곳을 떴고, 다시는 돌아오지 않았다. 수액 채취자들마저 생존을 위해 다른 길을 찾아 떠나자, 이제 마나우스에는 진보를 상기시키는 오페라하우스만 덩그러니 서 있게 되었다.

한편 야자수가 우거진 카리브해 연안은 바나나 때문에 신식민주의의 악몽을 경험하게 되었다. 1880년대와 1890년대에 미국의 바나나 회사들이 이곳에서 성공을 거두었고, 곧 세계 최초의 다국적 기업으로 성장했다. 20세기 초에는 일부 바나나 회사들이 합병을 단행하여, 코스타리카·온두라스·과테말라·니카라과·파나마·콜롬비아·베네수엘라에 바나나 제국을 거느린 유나이티드프루트사The United Fruit Company가 탄생했다. 바나나 회사들의 경제력은 현지 정부들을 압도했다. 몇몇 중앙아메리카 국가들은 주지사나 장관, 심지어는 대통령까지 유나이티드프루트사가 마음대로 주무를 수 있는 '바나나 공화국banana republic'으로 전락하고 말았다. 바나나 회사들은 플랜테이션 부지로 수백만 에이커의 땅을 소유했고, 장차 사용할 부지로 수백만 에이커의 땅을 추가로 매입했으며, 어쩌면 일어날지도 모를 경쟁을 예방하기 위해 또다시 수백만 에이커를 더 확보했다. 상하기 쉬운 바나나 플랜테이션 사업에서는 신속한 수송이 필수였으므로 바나나 회사들이 자사 전용 철로를 부설하는 경우도 있었고, 철도 건설업자들이 장려금으로 받은 철로 주변의 토지를 이용해 바나나 플랜테이션을 하는 경우도 있었다.

바나나 회사들은 미국에서 온 관리자와 기술자, 농학자들이 그들의 가족과 함께 살아갈 기업 도시를 만들었다. 마치 미국 지방도시의 축소판마냥 깔끔하게 손질된 잔디 위에 미국 양식의 집들이 늘어선 이 도시는 주변 지역과 사실상 분리되어 있었다. 바나나를 싣고 미국으로 간 회사 선박들이 신문과 옷, 영화와 식품을 싣고 돌아왔으므로 식민지 정착민들은 마치 고국에서처럼 살 수 있었다. 그러나 이러한 집단 거주지는 현지 국가의 발전에는 아무런 도움도 되지 않았다. 유나이티드프루트사와 같은 회사들은 자국 백인들을 관리인으로 세우고 '현지인'들을 고용해 과일을 수확했다. 현지 주지사와 장관들은 바나나 회사 중역들과 친밀한 관계를 유지하며 자기 이익을 챙겼다. 바나나 회사에 토지를 판매한 자들 역시 이득을 보았다. 바나나 회사들은 또한 자사에 매우 유리한 조건으로 세금을 지불했다. 병충해를 피하기 위해서나 아니면 새로운 전략 수립을 위해 회사들이 철수하게 되면, 그곳에는 땅도 없고 교육도 받지 못한 실직 노동자들과 그들의 절단된 손가락만 덩그러니 남았다.

농업 자본주의가 농촌을 파고들자 농촌 주민들은 도시로 이주했다. 그러나 1900년에도 이러한 이촌향도 추세는 그리 두드러지지 않았다. 오늘날 세계적인 거대 도시 중 하나인 멕시코시의 인구도 20세기 초에는 35만여 명에 불과했다. 보고타나 리마의 인구도 10만 명 정도였다. 당시 라틴아메리카의 전체 인구는 6,300만 명 정도였는데, 이들 대부분은 농촌에 거주하고 있었다. 그러나 도시는 점점 커지기 시작했고, 농촌과 유럽으로부터 새로운 이주민들을 끌어들이면서 비약적으로 성장했다. 로사스가 권좌에서 물러나던 1852년 10만 명 정도였던 부에노스아이레스의 인구는, 신식민주의 시대가 끝나 가던 1930년경에는 200만 명으로 늘어났다. 부에노스아이레스는 1900년에 이미 라틴아메리카에서 가장 큰 도시로 부상했는데, 당시의 인구는 70만 명 정도였다. 라틴아메리카에서 두 번째로 큰 도시는 이탈리아와 에스파냐 이주민들뿐 아니라 포르투갈인들까지 자석처럼 끌어들인 히우지자네이루였고, 인구는 50만 명 정도였다. 우루과이의 몬테비데오와 칠레의 산티아고, 쿠바의 아바나, 브라질의 상파울루가 그 뒤를 이었는데, 이 도시들의 평균 인구는

25만 명 정도였다. 이 무렵 라틴아메리카 국가들의 수도에는 전기와 전화가 도입되었고, 시가전차도 운행되고 있었다. 또 부에노스아이레스와 멕시코시, 히우지자네이루에는 파리를 흉내 낸 화려한 거리들이 들어서고 있었다.

신식민주의 시대의 도시들 중 규모가 제일 큰 네다섯 곳을 제외하면, 공장이나 굴뚝이 있는 도시는 없었다. 라틴아메리카 대부분이 아직 공업화되지 않았던 것이다. 도시는 주로 상업·행정·서비스의 중심지였을 뿐이다. 지주 가문들이 수출로 번 돈을 풀자, 도시가 비로소 북적거리기 시작했다.

지주들은 농작물과 가축, 광물을 팔아 번 돈으로 저택과 피아노, 가구, 도자기, 예술품, 자동차 같은 것들을 구입했다. 라틴아메리카 전역의 지주 가문들은 새로운 문화 지평을 맛보는 짜릿한 기분으로 20세기를 맞이했다. 일이 잘 풀리자 그들은 농장이나 플랜테이션의 감독을 친척이나 관리인에게 맡기고, 점차 도시로 이주하기 시작했다. 그들은 이따금씩 시골로 돌아와 며칠간의 휴가를 보냈지만, 이는 시골의 별미를 맛보거나 도시 이야기로 충직한 하인들을 놀라게 해 주기 위해서였다.

도시에 거주하게 된 지주들은 자녀 교육을 점점 더 중요하게 생각하게 되었다. 공학이나 건축학, 농학, 의학을 공부하는 사람들도 있었지만, 가장 인기 있는 분야는 법학이었다. 실제로 1900년경에는 젊어서 법학 박사 학위를 받은 후, 법조계가 아니라 정계로 진출하는 것이 모든 지주 아들들의 꿈이었다. 참고로 당시에는 대학만 졸업하면 모두 '박사'라고 불렀다. 교육과 도시 생활은 서로 잘 어울렸다. 농촌에서는 초등 교육조차도 제대로 받을 수 없었다. 이런 까닭에 도시화가 제일 많이 진척된 아

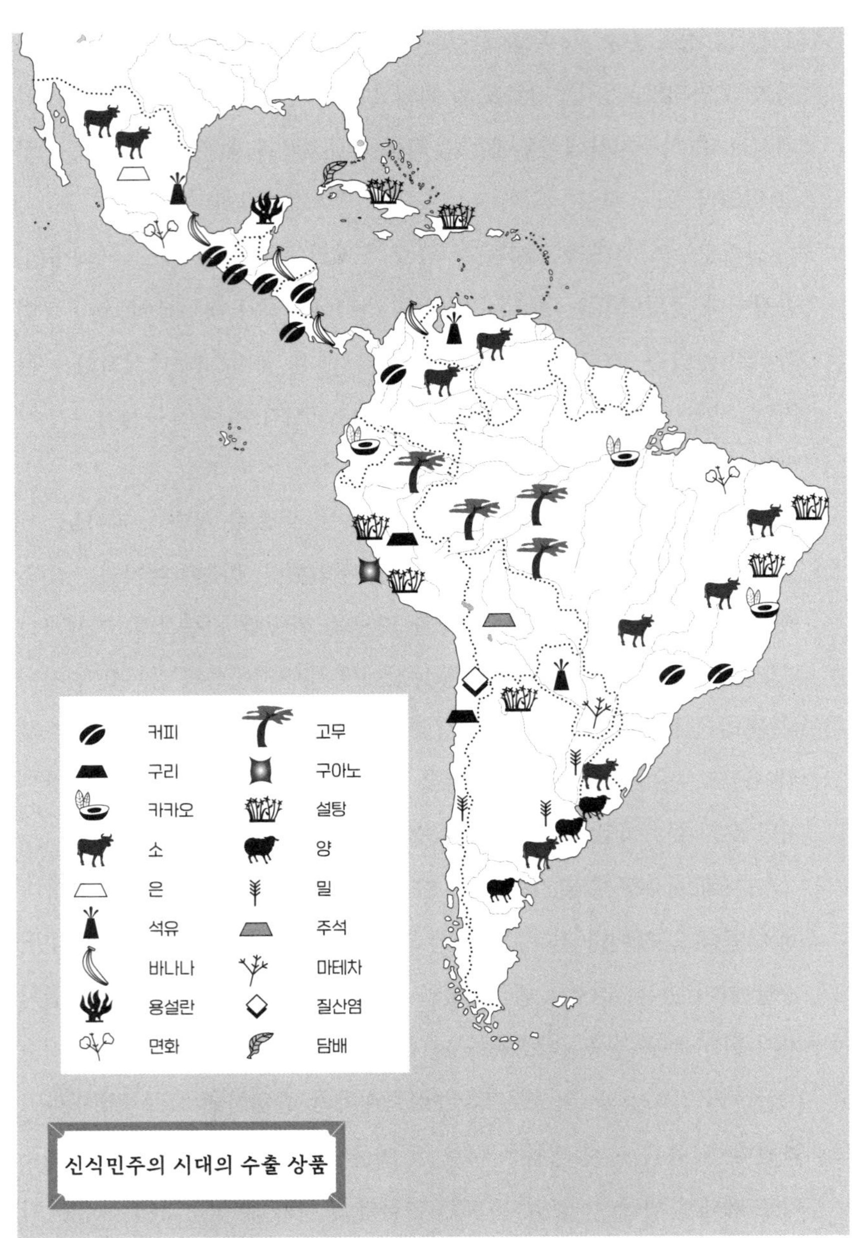
커피
구리
카카오
소
은
석유
바나나
용설란
면화
고무
구아노
설탕
양
밀
주석
마테차
질산염
담배
신식민주의 시대의 수출 상품

르헨티나와 우루과이의 식자율이 라틴아메리카에서 제일 높았다. 실제로 1900년경에는 이 두 나라 국민 대다수가 글을 읽을 줄 알게 되었다. 하지만 라틴아메리카에서는 국민 절반 이상이 문맹인 나라가 대부분이었다. 농업에 종사하는 인구가 많았던 브라질에서는 농촌에 학교가 거의 없었기 때문에 10명 중 8명은 문맹이었다.

하지만 이 시기에도 재능 있는 혼혈인들이 서서히 백인 중산층 세계로 진출했다. 교육은 매우 희소하고 진귀한 상품과도 같아서, 엘리트가 아닌 라틴아메리카인들은 교육을 받을 기회가 거의 없었다. 하지만 머지않아 그들에게도 교육의 문이 열리게 되었다.

오늘날에도 브라질 최고의 소설가로 인정받고 있는 조아킹 마리아 마샤두 지 아시스와 같은 문학 천재들이 간혹 이 문을 통과했다. 브라질 엘리트들은, '밀크커피' 같은 마샤두 지 아시스의 혼혈 피부에 대해 어떤 생각을 가지고 있는지와는 관계없이, 그의 문학적 완결성에 대해서만큼은 경외심을 표했다. 마샤두 지 아시스의 어머니는 세탁부였다. 그 역시 식자공으로 일을 시작했지만, 곧 신문 기자가 되었다. 1897년에 그는 브라질 문학아카데미 원장으로 취임하여 저명한 백인 인사들(시인, 정치인, 학자)을 이끌었다. 니카라과의 어느 작은 도시에서 갈색 피부를 가진 메스티소 신동으로 태어난 루벤 다리오 역시 문학적 천재성으로 세계인들의 찬사를 받았다. 신식민주의 시대의 인종 차별적 풍토 속에서도 예술, 특히 문학을 소중하게 여긴 라틴아메리카 사람들은 마샤두 지 아시스나 다리오 같은 문인들에게 미국의 어떤 유색인도 누리지 못한 지위를 선사했다. 다리오는 에스파냐어로 시를 쓴 가장 영향력 있는 시인 중 한 사람이 되었다. 그는 특유의 상상력과 문체로 에스파냐어권 문명이 표현할 수 있는 가장 높은 경지의 예술을 구현한 위대한 거장으로 숭상되었는데, 에스파냐어를 쓰는 모든 사람들이 이렇게 인정한 것은 그가 처음이었다.

사실 삶의 이력이 전형적이지 않은 이 두 작가는 예외적인 경우이다. 그럼에도 불구하고 재능 있는 메스티소들은 라틴아메리카 국가의 중산층으로 계속 진출하였다. 게다가 이들은 미국의 흑인들보다는 더 많은 기회를 얻었고, 사회적 편견에는 덜 시달렸다. 이는 라틴아메리카 전역에서 서서히 그리고 꾸준하게 일어나고 있던 변화 과정의 일환이었다. 그 결과 20세기 전환기가 되면 멕시코 중산층 사회에서 메스티소가 차지하는 비중이 눈에 띄게 높아지게 되는데, 이런 상황은 다른 나라에서도 크게 다르지 않았다.

대부분의 라틴아메리카 국가에서는 20세기 중반이 되어서야 도시화가 이루어진다. 1930년까지만 해도 인구와 권력의 대부분은 지주들이 국가의 부와 선거 제도를 장악하고 있던 농촌에 있었다. 칠레나 브라질은 물론이고 사실상 라틴아메리카의 모든 나라에서는 선거일에 지주가 피후견인들을 투표소에 데리고 가서 "자신에게 표를 던지게" 했는데, 라틴아메리카에서는 이것이 바로 강력한 정부를 지탱해 주는 기둥이었다. 이런 식의 "선거 관리"가 신식민주의 시대 정치 체제의 핵심이었음을 고려하면, 그들의 통치는 자유주의라는 이름에 전혀 걸맞지 않은 것이었다고 말할 수 있겠다.

권위주의 통치: 과두제와 독재

자유주의자들이 대거 재집권한 1860년대와 1870년대에 재미있는 일이 벌어졌다. 다시 정권을 잡고 나서는 과거 보수주의자들이 통치하던 시절에 자신들이 요구했던 정치적 자유에 대해서는 까마득하게 잊어버린 자유주의자들 때문이었다. 자유주의자들은 민주주의보다는 수출 증대를 통한 물질적 진보가 먼저라고 생각했다. 경제 성장을 위해서는 수출 작물과 그것을 운반할 철도가 필요했고, 수출 작물과 철도를 위해서는 법과 질서가 필요했다. 다시 말해 유능하고 안정적인 정부가 필요했고, 대중 정치가 아니라 나라에서 "제일 훌륭하고 똑똑한 사람들"이 다스리는 "과학적" 통치가 필요했다. 대부분의 경우에는 가장 부유하고, 피부색도 가장 하얀 사람들이 나라에서 제일 훌륭하고 똑똑한 사람들이었는데, 그들이 통치의 명분으로 삼은 철학은 실증주의positivism였다. 실증주의는 질서와 진보를 위해 권위주의적 처방을 내리고, 유럽의 규범을 보편적 표준으로 삼는 프랑스의 철학 사조였다. 1890년대에 아직 신생 공화국이었던 브라질 국기에는 "질서와 진보"라는 실증주의 구호가 새겨져 있었다고 한다.

지배 구조는 한층 더 가지런해졌다. 수출 호황이 계속되면서 정부의 관세 수입도 늘어났다. 군대와 경찰은 최신 무기를 지급받았으며, 유럽의 군사 고문을 초청하여 새로운 훈련도 받았다. 이제 한 나라의 대통령이 지방의 카우디요보다 훨씬 더 막강한 화력을 동원할 수 있게 되었다. 또한 철도와 전신 덕분에 반란을 진압할 군대도 보다 신속하게 투입할 수 있게 되었다. 엘리트 가문들이 수출 호황에 정신이 팔려 있는 바람에 내전도 줄어들었다. 정부의 세수 증가로 관료 체제가 확대되고 학교 수도 늘어났는데, 이는 그곳에서 일할 중산층의 일자리도 늘어났음을 의미한다. 사회가 더욱 안정되고 번영하면서 외국인 투자가 늘어나고 무역이 활기를 띠는 선순환이 이어졌다. 대부분의 국가에서 걸핏하면 일어나던 혁명도 1900년경에는 모두 옛일이 되었다. 이제 안정된 권위주의 정부가 신식민주의 시대를 주도해 나갔다.

그렇지만 이러한 행복을 누리지 못한 대다수의 사람들은 어땠을까? 그들은 진보에 거의 아무런 매력도 느끼지 못했고, 진보로 인해 오히려 피해를 보았다. 그렇다면 그들은 왜 가만히 있었을까? 그들에게는 아무런 발언권도 없었다는 게 가장 큰 이유였다. 농촌 주민 대다수는 소득이 낮은 데다가, 문맹이어서 참정권을 제대로 행사하지 못했다. 게다가 선거를 조작하던 당시의 관행 때문에 그들의 정치적 영향력은 더욱 미미해졌다. 신식민주의 시대에 라틴아메리카의 권위주의 정부들이 자행한 선거 부정은 가히 예술적인 수준이었다.

선거는 피후견인 관계망을 거느린 경쟁 세력들이 벌인 주도권 쟁탈전이자 여러 단위에서 펼쳐진 힘의 시험대였다. 전국 단위에서는 집권 여당이 자신들에게 호의적인 인물들을 선거 관리인으로 임명했다. 이렇게 하면 시작부터 유리했다. 지역 단위에서의 선거는 서로 상대방을 제지하면서 가능한 한 많은 표를 얻으려는 파벌들이 수단과 방법을 가리지 않고 벌이는 일종의 경연이었다. 대지주가 투표와 피후견인들의 전투력을 관리하는 농촌에서는 선거 부정이 만연했다. 수출 대호황이 지속되는 동안, 대부분의 정부는 지주들로부터 확고한 지지를 받으며 안정적으로 과반수를 확보했다. 선거 절차를 관리하는 판사들과 지역 당국도 선거의 최종 결과에 영향을 미쳤다. 투표자 명부를 관리했던 그들은 마음에 드는 후보를 위해서라면 미심쩍은 사람에게도 투표권을 부여한 반면, 정적의 피후견인들에게는 "죄송합니다만, 당신의 이름이 투표자 명부에 없네요."라고 하면서 투표권을 박탈하기도 했다.

이런 식의 선거 부정은 모르는 사람이 없었다. 야당 대표들과 야당 기관지들이 이러한 부정을 맹렬히 비난했지만, 선거 부정을 막기란 매우 어려웠다. 많은 라틴아메리카의 선거 제도들이 위로부터의 '조작'이 가능하도록 변천해 왔기 때문이다. 사람들은 선거 부정을 당연한 것으로 여겼고, 그것을 참고 견디며 살아가는 법을 터득했다.

1880년 이후의 권위주의 정부들은 공화제의 틀을 깨뜨리지 않았지만, 실제로는 독재나 과두제oligarchy의 길을 걸었다. 그리스어로 '소수에 의한 통치'를 의미하는 과두제는 소수 지배 계층의 이익을 대변했다. 과두제하에서도 선거는 피후견인 관계망의 세력을 측정하는 절차에 불과했다. 투표가 자유롭게 진행되지 않고 집계가 공정하게 이루어지지 않았을 때에는 과두 세력이 그 내용과 장소를 공개하여 권력을 협상하는 정보로 활용하기도 했다. 그런가 하면 독재 체제는 전권을 지닌 한 사람에게 권력이 집중된 체제였다. 독재자가 선거를 실시한다면 그것은 필시 합법성의 분위기를 연출하기 위해서이거나, 아니면 외국 우방들에게 좋은 인상을 심어 주기 위해서였을 것이다. 신식민주의 정부들은 지주들의 지지를 얻고 절차상의 합법성을 그럴듯하게 보여 주며 관세 수입을 늘리고 근대적 군사기술을 도입하는 데에만 관심을 기울였다. 통치에 필요한 것은 이것이 전부였다. 물론 유럽이나 미국, 혹은 양측 모두와 우호 관계를 유지할 필요는 있었다.

25퍼센트의 사람들에게만 혜택을 주고 나머지는 희생시키는 방식으로 반세기에 걸쳐 진행된 경제 변혁은 이런 권력 구조 때문에 가능했다. 과두제와 독재는 외국 투자자들이 바라마지 않았던 안정성이라는 덕목을 제공해 주었다. 미국의 어느 전직 국무장관이 외교적 열정에 심취하여 멕시코 독재자 포르피리오 디아스를 "인류의 영웅으로 떠받들어야 할 위대한 인물"이라고 칭송하였을 때, 그가 염두에 두었던 것도 바로 이 덕목이었다.

'포르피리아토Porfiriato'라고 불리는 포르피리오 디아스의 치세(1876~1911년)는 라틴아메리카 신식민주의 독재의 전형을 보여 준다. 디아스는 입헌제의 외형을 유지했지만, 선거에서는 늘 그가 내세운 후보들만 당선되었다. 그는 또 정부의 실증주의 '과학'에 경도된 기술 자문단을 두고 활용하였는데, 이들은 과학자들Científicos이라고 불렸다. 자신의 집권기 중 국가의 수출입 무역액이 10배가량 증가하자 디아스는 정부의 세력을 강화하는 데 이 돈을 사용했다. 이 돈으로 그는 지방 카우디요들을 매수하거나 짓밟아 그들의 세력을 억눌렀고, 관료제를 대폭 확대하여 중산층 시민들에게 공공 일자리를 제공하였다. 그가 제시한 대안은 빵과 몽둥이, 즉 '당근과 채찍'뿐이었다. 우호적인 관계를 위해 언론사에 보조금을 주었지만, 자신을 비판하는 언론인들은 가차 없이 투옥했던 것이 그 전형적인 예이다. 이제 멕시코 전역에 철도망이 깔렸고, 수도에는 우아한 기념물이 가득한 거리가 들어섰다. 하지만 이달고가 일으킨 1810년 봉기의 100주년 기념식을 준비할 때 멕시코시 시경市警은 원주민들을 시가지에서 몰아내라는 지시를 하달받았다. 멕시코를 방문한 외국인들이 '나쁜 인상'을 받지 않도록 하기 위해서였다.

흥미롭게도 디아스에게는 믹스테카족의 피가 흐르고 있었다. 원주민들이 많이 살던 남부 지방 출신이었던 그는 프랑스와의 전쟁에 참전하여 1862년 5월 5일 프랑스군을 패퇴시킨 진정한 전쟁 영웅이었다. 이런 연유로 5월 5일은 멕시코의 국경일이 되었다. 베니토 후아레스처럼 디아스 역시 원주민 혈통을 지녔으므로 굳이 원주민 정체성의 수호자임을 자처하지 않아도 국민의 지도자라는 대중적 이미지를 얻을 수 있었다.

디아스는 농촌 지역에 기마경찰인 루랄레스Rurales를 창설하여 투자자들이 안심할 수 있는 환경을 조성했다. 당시 그는 엄청나게 많은 국가 공유지를 관리하고 있었는데, 그중 대부분은 막대한 자산을 보유한 투기꾼들과 몇몇 부자들의 수중에 넘어갔다. 원주민 마을의 공유지 역시 대부분 이때 측량 회사에 넘어갔다. 디아스는 멕시코 땅을 노린 외국인들의 투자를 환영했기에, 외국인들은 곧 멕시코 전체 토지의 25퍼센트를 소유하게 되었다. 지하에 매장된 은과 석유도 그들 차지였다. 새로 발굴한 멕시코만의 어느 유정에서 석유가 쏟아져 나오자, 사람들은 여러 나라 악센트로 떠들썩하게 찬사를 늘어놓으며 멕시코 대통령을 위해 축배를 들었다. 여기저기서 샴페인이 흘러넘쳤다. 하지만 외국인들의 진출은 은총인 동시에 저주라는 사실을 디아스도 알고 있었다. 이러한 상황을 그는 다음과 같이 재치 있게 표현했다. “가련한 멕시코여! 하느님에게서는 너무 멀리 떨어져 있고, 미국에는 너무 가까이 있구나.”

선거 조작과 샴페인을 제외하면, 신식민주의 시대 브라질의 통치 체제는 멕시코의 독재 체제와 완전히 달랐다. 브라질의 통치 체제는 과두제의 가능성을 보여 주는 매우 분권적인 지배 체제였다. 황제가 사라진 상황에서, 서로 멀리 떨어져 살던 지주 가문들이 광대한 영토를 어떻게 관리할 수 있었을까? 브라질 제1공화국(1889~1930년)은 허약한 중앙정부와 22개의 주로 구성된 연방제 국가였다. 브라질 공화국이 내건 첫 번째 원칙은 지주 과두 세력에게 지역 자치를 허용한다는 것이었는데, 이는 멕시코의 포르피리오 체제와는 완전히 상반되는 것이었다. 사실 이 당시는 커피 농장주·사탕수수 농장주·카카오귀족·고무귀족·목축업자들이 브라질 각지의 선거를 마음대로 주무르던 시절이었고, 지역의 여러 과두 세력들이 주의 통치를 놓고 서로 협상하던 시절이었다. 여기서 중요한 것은 새로운 연방제하에서도 수출 수익은 각 주가 자체적으로 관리하고 있었다는 사실이다. 사실상 차기 대통령도 주지사들이 모여 선정했다. 당시 영향력이 제일 컸던 주는 커피 생산을 주도한 상파울루와 미나스제라이스였기에, 대통령은 이 두 주에서 번갈아 가며 배출되었다.

상파울루와 미나스제라이스의 과두 세력들은 이미 자치권을 누리고 있었고 그 권리를 놓치지 않으려 했기에, 그들이 배출한 연방 대통령은 할 일이 거의 없었다. 정부의 공화주의자들은 브라질에서 편안하게 사업할 수 있도록 문을 활짝 열어 놓고 비켜서 있을 뿐이었다. 연방정부가 직접 나서서 일을 주도했던 예외적인 경우는 1906년에 딱 한 번 있었다. 당시 연방정부는 과잉생산된 커피 수백만 톤을 사들여 커피 가격 폭락을 막으려 했다. 중앙정부를 장악하고 있던 커피 농장주들의 사익을 위해 빠듯한 연방 예산까지 투입했지만, 아무런 효과도 거두지 못했다. 농장주들은 결국 엄청난 양의 커피 재고를 불태워 버렸다.

그런가 하면, 브라질 동북부에서는 자유주의적 진보에 격렬하게 저항하는 사건이 몇 차례 일어났다. 1874~1875년에는 미터법 도량형 시행에 반대하는 농민들이 시장에서 폭동을 일으켰다. 농민들은 이 제도가 자신들을 기만하기 위한 것이라고 생각했다. 성난 군중은 변호사들이 법적 소유권이 없는 농가들을 추방할 때 써먹곤 했던 공문서와 기록물들을 모두 불태워 버렸다. 1890년대에는 동북부의 건조한 오지에서 활약하며 로빈 후드급 명성을 누린 노상강도들이 민중의 영웅으로 떠올랐다.

이 지역에서는 이들의 이야기가 발라드의 주제로 등장할 정도였다. 찢어지게 가난한 이 지역에는 무너진 교회를 수리하고 과거의 종교적 열정을 되살리며 이따금씩 기적의 일꾼이라는 명성을 얻기도 하는 떠돌이 성자에 관한 이야기도 전해지고 있었다. 1893~1897년에는 근대 물질주의와 '신을 믿지 않는 공화국'에 반대하는 설교를 한 안토니우 콘셀례이루(상담자 안토니우) 주변에 수천 명의 열혈 신도들이 몰려들었다. 바이아주 세르탕 지대에 위치한 안토니우의 활동 근거지 카누도스는 오지의 벽촌이었으나, 순식간에 이 주의 수도 다음가는 큰 도시로 변모했다. 진보에 반대하는 광신적인 예언자의 출현에 놀란 연방 정부는 안토니우의 "성도聖都" 카누도스에 여러 차례 원정대를 보내 주민을 학살했는데, 그 수가 적어도 만 명은 넘었다고 한다. 뛰어난 작가이자 공병工兵이었던 에우클리데스 다 쿠냐가 쓴 유명한 연대기 『오지』(1902년)에 따르면, 브라질 실증주의의 온상인 근대식 군대에 의해 옹호된 '문명'과 상담자와 그를 따르는 경건한 신도들로 대표된 '야만' 사이의 격렬한 전투가 바로 이곳 카누도스에서 벌어졌다.

자신감 넘쳤던 진보의 군대는 '말하는 십자가'를 신봉하던 유카탄반도의 크루솝인들을 제거(1901년)했을 때처럼 무자비하게 카누도스를 짓밟았다. 다 쿠냐는 거듭되는 브라질 군대의 학살에 과감히 항거한 카누도스 사람들에게 찬사를 보내면서도, 진보와 문명을 방해하는 것은 미친 짓이라고 생각했다. 탁월한 가우초들의 이야기를 늘어놓으면서도 이들이 멸종할 수밖에 없다고 혹평한 사르미엔토의 작품 『파쿤도』를 연상시키기도 하는 다 쿠냐의 『오지』는 브라질 문학을 대표하는 위대한 고전이 되었다. 진보는 운명이었다. 1900년경 다 쿠냐와 서구 식자층 대다수는 이런 순수하면서도 단순한 생각을 공유하고 있었다. 신식민주의적인 사고방식은—신식민주의 경제와 마찬가지로—라틴아메리카 바깥 세계의 영향을 강하게 받았다.

외부 세계와의 연결

물론 외부 세계의 영향이 나쁘기만 한 것은 아니었다. 1910년대와 1920년대에 참정권 운동을 벌였던 라틴아메리카 여성들은 유럽과 미국의 사례에서 영감을 받은 것이 분명하다. 근대 페미니즘 운동은 외부 세계의 영향이 가장 컸던 도시에서 일어났다. 하지만 지방의 마을과 소도시에서는 가부장제와 전통 예법이 사실상 아무런 도전도 받지 않고 그대로 유지되었다. 페미니즘 운동을 이끌었던 지도자들의 생애를 살펴보면 외부 세계의 영향이 분명히 드러나는데, 이들 중 상당수는 에스파냐식이나 포르투갈식 성姓이 아니라, 외국 성(구코프스키·샤이너·라페리어·모로—이들은 모두 아르헨티나 출신 페미니즘 운동가이다.)을 쓰고 있었다.

그렇다면 이제 1909년 우루과이 여성 최초로 의학사 학위를 받은 파울리나 루이시의 사례를 살펴보자. 이주민들이 많이 살고 있었던 몬테비데오에서는 그녀와 같은 이탈리아식 이름이 흔했다. 1906년 아직 학생이었던 루이시는 프랑스의 성교육 교과서를 사용하자고 주장하여 아나키스트라 불리게 되었다. 하지만 이런 논란 속에서도 루이시는 타인들로부터 존경을 받았다. 그녀는 여러 국제 여성회의에 우루과이 대표로 참가하였으며, 유럽도 두루 여행하였다. 루이시는 1919년 우루과이에서 여성 참정권 운동을 시작했는데, 이와 관련된 어느 인터뷰에서는 페미니스트로서의 견해를 밝히면서도 얌전하게 뜨개질하는 모습을 보여 주는 재치를 발휘하기도 했다. 1922년 미국에서 열린 '아메리카여성회의'에서 그녀는 명예 부의장으로 선출되었고, 이 회의에서 만난 브라질의 대표 페미니스트 베르타 루츠에게도 여러 가지 조언을 아끼지 않았다. 이 당시 루츠는 루이시보다 훨씬 젊었다.

베르타 루츠는 아버지가 스위스계 브라질인이었고, 어머니는 영국인이었다. 개구리를 잡아 관찰하는 것을 좋아했던 루츠는 생물학자가 되었다. 어머니 세대의 브라질 여성으로서는 상상할 수도 없는 직업이었다. 진보의 중심지인 상파울루에서 자란 그녀는 젊은 시절 유럽에서 7년간 유학했다. 1918년에 브라질로 돌아온 그녀는 신문에 페미니스트 동원 기사를 냈다. 이 기사에서 루츠는 브라질 여성들이 유럽이나 미국 여성들보다 "뒤처져 있지만", 그들에게도 기회가 주어진다면 "브라질의 진보를 위해 중요한 역할"을 할 것이라고 썼다. 루츠는 또한 1922년 아메리카여성회의에 참석하여 미국 페미니즘의 선구자인 캐리 채프먼 캐트와 각별한 친분을 쌓았다. 루츠가 '브라질 여성진보연맹'을 조직하기로 한 것도 사실 '볼티모어회의'를 마친 후 캐트와 이야기를 나누면서였다. 브라질 여성들은 우루과이나 아르헨티나 그리고 다른 많은 라틴아메리카 여성들보다 빠른 1932년에 참정권을 획득하였는데, 이는 모두 루츠와 루츠가 조직한 연맹 덕분이었다.

오늘날 국제 페미니즘 운동이 파울리나 루이시나 베르타 루츠에게 끼친 긍정적 영향에 대해 의문을 제기하는 사람은 거의 없을 것이다. 사실 신식민주의가 한창이던 시절에는 오늘날 우리가 '신식민주의'라고 부르는 외부 세계의 강력한 영향이 해로운 것으로 생각되지 않았다. 강력한 진보의 유행이 오히려 보편적인 것처럼 보였다. 게다가 진보는 유럽에서 시작되어 나머지 세계로 퍼져 나갔기에, 자유주의자들은 유럽 지향적인 것이 곧 진보라고 생각했다. 그 당시에는 이런 생각을 떨쳐 버리기 어려웠을 것이다. 그래서 신식민주의란 라틴아메리카가 무역과 금융에서는 물론이고, 이념과 가치에 있어서도 영국과 미국이 지배하는 국제 체제에 편입된다는 것을 의미했다. 하지만 외부 열강들과 갈등이 생기자, 라틴아메리카인들도 신식민주의에 내재한 '식민성'을 느끼기 시작한다.

19세기 말까지 라틴아메리카에서 가장 큰 영향력을 행사한 국가는 물론 영국이었다. 1820년대에 벌어진 영국과의 전쟁에서 에스파냐와 포르투갈이 패배한 이후, 영국은 라틴아메리카에서 서서히 부상하기 시작했다. 대영 제국은 이후 근 한 세기 동안 압도적인 해군력을 자랑하였지만, 유독 라틴아메리카에서는 이렇다 할 군사적 업적을 쌓지 못했다. 아르헨티나는 독립전쟁 때 그랬던 것처럼 이 시기에도 영국군의 공격을 받았다. 그러나 영국이 점령한 곳은 에스파냐어로는 '말비나스 제도', 영어로는 '포클랜드 제도'로 불리는 남태평양의 춥고 외딴 섬 몇 개뿐이었다. 사실 영국은 라틴아메리카에 식민지를 둘 필요성을 별로 느끼지 못했다. 이미 다른 곳에 거느리고 있는 식민지들만으로도 충분했기 때문이었다. 당시 남아프리카와 인도, 오스트레일리아, 캐나다, 자메이카 등이 이미 영국의 지배하에 있었다. 하지만 상업과 금융에서는 달랐다. 라틴아메리카에서 영국은 상업과 금융 부문을 맹렬하게 확대했다. 1914년 라틴아메리카 전체의 해외 투자금과 부채 규모는 100억 달러 정도였는데, 그중 절반은 영국인들이 투자한 것이었다.(2위와 3위는 미국과 프랑스였다.) 프랑스나 미국 외교관들과 비교하면, 영국 외교관들은 성품이 매우 온화한 편이었다. 영국 파운드화가 모든 것을 다 말해 주었기 때문이다.

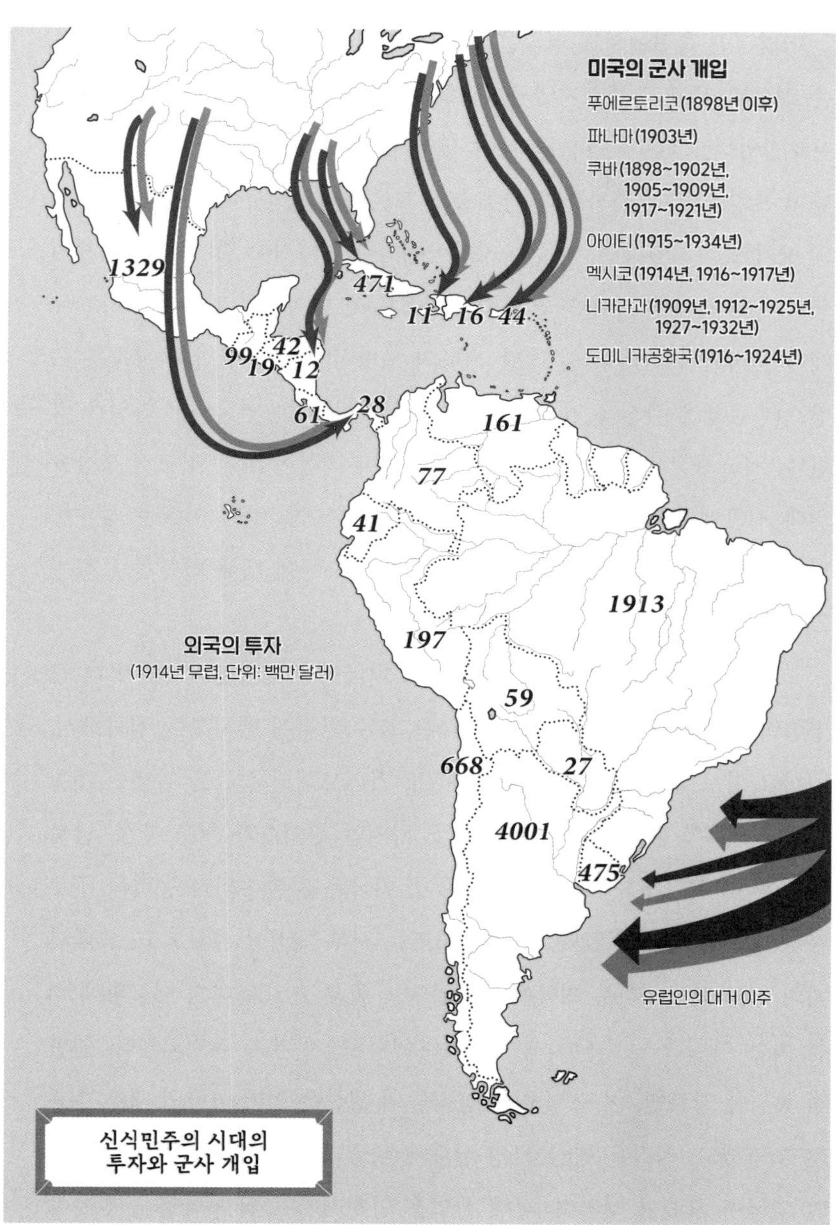
미국의 군사 개입
푸에르토리코(1898년 이후)
파나마(1903년)
쿠바(1898~1902년,
1905~1909년,
1917~1921년)
아이티(1915~1934년)
멕시코(1914년, 1916~1917년)
니카라과(1909년, 1912~1925년,
1927~1932년)
도미니카공화국(1916~1924년)
1329
471
11
16
44
42
99
19
12
61
28
161
77
41
1913
197
59
668
27
4001
475
외국의 투자
(1914년 무렵, 단위: 백만 달러)
유럽인의 대거 이주
신식민주의 시대의
투자와 군사 개입

이념적인 측면에서도 영국은 교묘하면서도 강한 영향을 끼쳤다. 영국은 진보와 문명의 중심지였기에, 라틴아메리카 자유주의자들의 마음을 사로잡았다. 라틴아메리카인들이 생각하는 문학과 예술과 문화의 이상향이 프랑스였고, 중산층과 상류층의 "고상한" 여성들이 동경하는 유행의 메카가 파리였다면, 영국은 라틴아메리카가 따라야 할 정치와 경제의 원형이었다. 예를 들어 영국 의회의 자유당과 보수당은 대부분의 라틴아메리카 국가가 따라야 할 정당 제도의 모범이었다. 우아한 여성들은 프랑스의 유행에 관심을 기울였고, "고상한" 신사들은 영국의 스타일을 따랐다. 서늘하고 늘 안개 자욱한 영국 기후에 적합한 검은색 모직 정장을 열대 지방에서 입는다는 것이 몹시 불편한 일이었지만, 어쨌든 상류층 남성들은 그런 정장을 입었다. 이는 유럽의 모범에 대해 헌신을 표하는 그들만의 방식이었다.

그러나 1890년대가 되면 영국보다는 미국이 라틴아메리카에서 더 큰 영향력을 발휘하게 된다. 사실 미국은 1840년대에 멕시코를 침략해서, 멕시코 영토 일부를 탈취한 바 있다. 또 카리브해의 섬들을 탐냈던 대통령이나 국무장관도 한둘이 아니었다. 하지만 산업화와 철도 부설, 남북전쟁이나 서부 개척에서 알 수 있듯이, 미국은 자본주의적 동력을 주로 자국 내부에 투입해 왔다. 이러한 기조는 서부 개척이 완료되고, 그때까지의 미국 역사에서는 최악이었던 공황—물론 1930년대의 대공황에 비할 바는 아니다—이 닥치게 되는 1890년대까지 계속 유지되었다. 일반적 통념에 따르면, 이 당시 미국 공장들의 생산은 이미 미국의 내부 수요를 초과했고, 시장은 공급 과잉 상태에 빠졌다. 미국은 이제, 19세기 초반 영국이 그랬던 것처럼, 국내 산업을 안정시키기 위해 제품을 수출해야 할 처지에 놓이게 되었다. 해외 시장, 특히 아시아와 라틴아메리카 시장을 개척하기 위해 곧 미국 제조업자 협회가 설립되었다. 동시에 미국 사회 일각에서는 군사적 팽창을 주장하기도 했다. 영국과 프랑스를 비롯한 유럽의 여러 나라들, 그리고 러시아와 일본까지도 아시아와 아프리카에서 식민지를 막 확보했을 때였다. 미국의 제국주의자들은 이러한 식민지들이 경쟁국들에게 원료와 독점 시장을 제공하고 있다고 경고하면서, 미국도 라틴아메리카에 있는 "미국의 뒷마당"을 식민지로 삼아야 한다고 주장했다. 1890년대 미국의 해군 전략가였던 앨프리드 세이어 머핸은 대서양과 태평양을 잇는 운하 건설과 강력한 해군 양성을 주장했고, 1896년 대통령 선거에서 승리한 공화당 역시 선거전 때 대서양과 태평양을 잇는 운하 건설, 태평양 한가운데에 있어 전략적으로 중요한 하와이 제도의 합병, 에스파냐로부터 독립하기 위해 투쟁하고 있는 쿠바에 대한 개입을 주장했다.

1898년 미국은 에스파냐에 전쟁을 선포한 후, 에스파냐의 식민지인 푸에르토리코와 쿠바, 필리핀 군도를 침략했다. 전쟁은 불과 몇 주 만에 끝났는데, 쿠바와 필리핀에서 수년간 계속된 독립 운동가들의 반란으로 에스파냐의 군 전력이 크게 약화된 것도 이런 상황에 일부 영향을 끼쳤다. 당시 쿠바의 독립 운동은 뉴욕에 거주하던 쿠바인 망명자들이 이끌고 있었는데, 때마침 뉴욕에서는 양대 신문사 간에 치열한 판매 부수 경쟁이 벌어지고 있었다. 이들 두 신문사는 매출을 높이기 위해 에스파냐인들이 자행한 것으로 추정되는 잔혹 행위와 관련된 자극적인 이야기들을 앞다투어 보도했다. '옐로 저널리즘yellow journalism'이라는 용어는 바로 이때 생겨난 것이다. 그 결과 미국의 여론은 에스파냐의 폭정에서 쿠바를 '구출해야' 한다는 쪽으로 기울었다. 하지만 이 전쟁은 미국의 전략적·경제적 이익에만 도움이 되었을 뿐, '구출된' 쿠바인들에게는 아무런 도움도 되지 않았다. 에스파냐로부터 쿠바와 필리핀의 섬들을 빼앗은 후 미국은 양국의 독립 운동가들을 도적 떼처럼 다루었다. 이후 미국은 쿠바를 35년간이나 보호령으로 삼았는데, 쿠바 헌법에 삽입된 특별 조항인 플랫 수정안Platt Amendment에 따르면 미국 정부는 필요하다고 판단될 경우 언제든 해병대를 투입할 수 있었다. 미국이 아시아 무역의 관문으로 여겼던 필리핀에서도 상황은 똑같았는데, 미국은 이곳을 1940년대까지 직접 통치했다. 하와이 제도 역시 1898년 미국에 합병되었다. 결국 이때 미국이 영구 식민지로 삼은 곳은 하와이 제도와 푸에르토리코뿐이었다. 그러나 미국 국무장관의 말처럼 이 "작지만 화려한 전쟁" 덕분에 미국의 군사력은 카리브해역에 영구 입성하게 되었다.

그런데 바로 이 전쟁을 마음껏 즐긴 이가 한 사람 있었으니, 그는 바로 훗날 미국 대통령이 되는 시어도어 루스벨트였다. 그가 지휘한 특수기병대인 '러프 라이더스Rough Riders'는 그의 정치 이력에 큰 도움이 되었다. 앨프리드 세이어 머핸을 추종하였던 그는 1890년대에 해군 장관을 역임하였고, 대통령이던 1903년에는 파나마 지역에 미군 기지를 확보하면서 파나마 운하 건설 및 관리권을 따냈다. 하지만 이 과정에서 루스벨트가 허세를 부리는 바람에 미국에 우호적이던 라틴아메리카인들 상당수가 불쾌감을 느끼게 되었다. 게다가 당시 파나마 지역은 아직 콜롬비아에 속해 있었다. 머핸의 꿈을 실현하기 위해 루스벨트는 파나마의 분리 독립을 지원하였고, 파나마 정부 수립 직후 며칠 만에 운하 관련 권리를 사들였다. 그러나 나중에 미국 의회까지 나서서 사과를 하게 되는 이 수상한 거래에 파나마 현지인들은 아무도 참여하지 않았다. 물론 루스벨트는 자신의 이러한 강압적인 행동에 별로 개의치 않았다. 라틴아메리카 사람들을 지칭할 때면 그는 늘 비속어를 썼다. 그에게 라틴아메리카 사람들은 동등하게 대우할 만한 가치가 없는 사람들이었다.

루스벨트의 인종 차별적 태도가 유별났던 것도 아니다. 사실 라틴아메리카 사람들을 대하는 미국인들의 태도는 이러저러한 편견으로 가득 차 있었다. 미국 병사들은 북아메리카 서부에 대한 원주민들과 멕시코의 소유권 주장을 19세기 내내 묵살해 왔는데, 이는 인종과 문화의 우월성에 따른 자연스러운 결과라는 것이 많은 미국인들의 생각이었다. 20세기 초 멕시코와 중앙아메리카, 그리고 카리브해역에서 확고한 군사적 기반을 다진 미국은 라틴아메리카의 외교와 무역 분야에서 오랫동안 영국이 차지해 왔던 지배적 위치를 점차 따라잡았다. 그리고 이러한 경비대 교체는 제1차 세계대전(1914~1918년)으로 영국이 치명적인 손상을 입으면서 마무리되었다. 1920년대가 되면 미국의 헤게모니는 남아메리카 남쪽까지 확장된다. 라틴아메리카에서 영국의 영향력은 불과 몇 년 만에 미국에서 비교적 멀리 떨어져 있는 아르헨티나로 국한되었다.

선교는 물론이고 외교나 사업에서까지도 영국인들보다는 미국인들이 더 고결해 보였다. 하지만 양측이 지닌 전반적인 관점은 대동소이했다. 당대에 큰 존경을 받았던 영국인 작가 러디어드 키플링이 1898년 이후의 팽창기에 비유럽인들을 "문명화할 백인의 책무를 짊어져야" 할 나라는 미국이라고 주장했던 것은 너무나도 잘 알려진 사실이다. 미국 외교관들은 라틴아메리카에서 자신들이 해야 할 역할을 제대로 알고 있었다. 일부 미국인들은 미국의 대對라틴아메리카 팽창이 불가항력적이고 불가피한 "천명"이라는 생각을 갖고 여러 세대에 걸쳐 상상의 나래를 펴 왔다. 1840년대에 미국의 한 상원의원은 급기야 이렇게 선언했다. "멕시코인은 원주민이고, 따라서 멕시코인은 원주민과 같은 운명의 길을 걸어야 한다." 가톨릭을 믿는 에스파냐에 대해 해묵은 편견을 지니고 있던 프로테스탄트들은 라틴아메리카의 원주민과 메스티소와 흑인들이 인종적으로 열등하다고 생각하기도 했다. 영성 깊었던 미국의 프로테스탄트 목사 조사이어 스트롱 역시 이렇게 썼다. "위대한 우리 백인들이 중앙아메리카와 남아메리카로 내려갈 것이다." 그의 백인 우월주의 사상은 유별난 것이 아니었다. 미국의 외교 정책을 수립한 핵심 설계자 앨프리드 비버리지 상원의원 역시 이렇게 말했다. "하느님께서 세계의 부흥을 이끌어 낼 국민으로 미국인들을 선택하셨다." 이러한 미국인들에 비하면 영국 제국주의자들은 좀 더 실용적이어서, 종교적인 의지는 덜 드러내는 편이었다.

미국의 오만한 우월 의식은 그들이 자신들의 '뒷마당'이라고 생각했던 곳에서 더욱 노골적이 되었다. 잘 알려져 있다시피 1823년 이래 미국 외교관들은 유럽 열강이 아메리카 대륙에 개입해서는 안 된다는 주장을 되풀이해 왔다. 사실 이런 먼로 선언은 이후 반세기 가까이 한낱 외침에 불과했다. 그러나 이제 남과 북의 아메리카 대륙이 특별한 관계를 맺고 있다는 생각이 미국의 우월 의식과 합쳐졌다. 그리고 바로 이것이 미국의 대對라틴아메리카 외교 정책의 항구적인 전제가 되었다. 1905년 시어도어 루스벨트는 먼로 선언에서 한 가지 결론을 이끌어냈는데, 이를 통해 미국 해병대는 라틴아메리카에 대한 유럽의 군사 개입을 막는 일종의 아메리카 대륙 경찰이 되었다. 유럽 열강들은 부채를 돌려받기 위해 종종 포함 외교를 펼쳐 왔는데, 이러한 유럽의 개입을 미국 정부가 더 이상 눈감아 주어서는 안 된다는 것이 루스벨트의 생각이었다. 게다가 그는 "문명화된 국가"가 무능한 라틴아메리카 정부들을 이따금씩 바른 길로 이끌어 주어야 한다고 생각했다. 이 무렵 미국 신문의 만화에는 버르장머리 없는 "검둥이 소년"으로 희화화된 쿠바·푸에르토리코·니카라과 같은 나라들을 상대하는 엉클 샘이 자주 등장했는데, 여기서 엉클 샘은 때로는 어린애 같은 장난꾸러기들을 꾸짖는, 엄격하면서도 자상한 선생님으로 묘사되었다. 이와 마찬가지로 먼로 선언의 외연을 확장한 루스벨트의 결론에 따라 미국도 국제 무역상 혹은 금융상 '필요한' 경우 라틴아메리카 국가들을 군사적으로 길들이는 정책을 폈는데, 그럴 일은 생각보다 꽤 자주 발생했다. 신식민주의 시대가 끝나 갈 무렵인 1929년에는 미국의 대외 투자 중 40퍼센트가 라틴아메리카에 집중되어 있었다.

한편 미국 외교관들은 국가 간 자유무역의 이상에 기반을 둔—결국 신식민주의의 불평등한 현실에 기반을 둔—범아메리카연합Pan-American Union을 창설했다. 초창기에 이 기구의 구성원은 주미 라틴아메리카 대사들이었고, 의장은 미국의 국무장관이 맡았으며, 본부는 워싱턴 D.C.에 있었다. 정기적으로 개최된 회의에서 미국의 역대 국무장관들은 무역을 장려했던 반면, 라틴아메리카 대표자들은 미국의 라틴아메리카 개입에 분노의 목소리를 드높였다. 라틴아메리카 대표자들이 의기투합하여 벌인 시위는 1928년 개최된 아바나 회의에서 정점에 달했다.

당시 라틴아메리카의 외교관들은 시위할 일이 많았다. 앞서 언급한 푸에르토리코·쿠바·파나마에 대한 군사 개입 외에도, 미군은 니카라과(1912~1933년)·아이티(1915~1934년)·도미니카 공화국(1916~1924년)을 점령했다. 미군의 개입은 도미니카 공화국에서처럼 때로는 평화적인 채권 추심 작전—이 작전에는 "골치 아픈 경찰 업무"뿐만 아니라 공공 의료와 위생 업무도 포함되었다—으로 나타나기도 했고, 니카라과에서처럼 폭력적인 무력 간섭으로 나타나기도 했다. 1920년대 후반 미국 해병대는 니카라과의 애국 게릴라 단체와 5년간이나 전쟁을 벌였다. 이 전쟁에서 미국에 맞서 싸우며, 미국의 '제국주의'를 비난했던 게릴라 지도자 아우구스토 세사르 산디노는 훗날의 피델 카스트로처럼 수많은 라틴아메리카인들의 영웅이 되었다. 여러 차례의 군사 개입을 통해 미국은 라틴아메리카에 새로운 지도자들을 세웠다. 하지만 탐욕과 미국 정책에 대한 굴종으로 악명 높았던 이들은 아주 오랫동안 독재를 자행하면서 부패하고 옹졸한 폭군으로 전락했다.

미국의 쿠바 점령과 푸에르토리코 점령에 충격을 받은 라틴아메리카의 저명 문필가들도 시위를 하기 시작했다. 루벤 다리오는 '무신론자' 루스벨트에 대한 분노를 시로 표현했고, 쿠바의 시인 호세 마르티는 "우리 아메리카"를 수호하자는 문학 운동을 펼쳤다.(그가 말하는 "우리 아메리카"에서 미국은 물론 제외된다.) 쿠바 독립의 '사도使徒'라 불렸던 쿠바 독립 운동의 위대한 영웅 호세 마르티는 젊은 시절부터 에스파냐 식민주의와 맞서 싸우기 시작했다. 열여섯 살 때 망명길에 올라야 했던 그는 '쿠바 해방' 운동에 자신의 일생을 바쳤다. 그는 멕시코에서 잡지 편집자로 일했고, 과테말라로 가서는 과테말라 대학교에서 강의했다. 또 1881년부터 1895년까지는 뉴욕의 쿠바 독립 운동 단체에서 일하며 글을 썼다. 그는 여러 라틴아메리카 지역 신문에 미국에 관한 기사를 게재하였는데, 그중에는 부에노스아이레스처럼 멀리 떨어져 있는 지역의 신문도 있었다. 마르티는 미국을 가까이에서 경험했다. 그러나 미국에 대한 가장 매서운 경고장은 사실 멀리 있던 우루과이 수필가 호세 엔리케 로도에게서 날아왔다. 그의 책 『아리엘』(1900년)은 시대를 초월해 모든 라틴아메리카 교사들과 지식인들에게 영감을 주었다. 마르티처럼 로도도 미국을 존중하였다. 하지만 그는 미국의 실용주의에 대해 이질감을 느꼈다. 로도는 미국 문화가 천박한 물질주의에 젖어 있다고 비난하였고, 라틴아메리카인들에게는 요정 아리엘Ariel로 상징되는 보다 나은 문화를 개발할 것을 주문했다. 20세기 초반 라틴아메리카의 저명 문필가 몇몇이 이제 미국과 유럽의 진보 모델에 의문을 제기하기 시작했다.

하지만 이들의 작업은 무척 힘이 들었다. 새 시대의 도래를 알리는 영화가 등장하면서 라틴아메리카인들의 상상력에 미치는 유럽과 미국의 영향력이 종전보다 더 커졌기 때문이다. 라틴아메리카에서 영화가 처음으로 상영된 것은 1890년대로, 유럽이나 미국보다 그리 뒤지지 않았다. 영화 산업을 개척한 뤼미에르 형제의 대리인들이 포르피리오 디아스에게 깜빡거리는 파리의 모습을 보여 준 지 6년 만인 1902년, 멕시코에는 이미 200개 이상의 영화관이 성업 중이었다. 초창기에는 아르헨티나가 세계 최초로 애니메이션 영화를 개발하는 등 혁신을 선보이기도 했지만, 라틴아메리카는 곧 미국 영화에 굴복하고 말았다. 이후 이러한 미국 영화의 침략은 20세기 내내 이어지게 된다. 당시 미국 영화는 거대한 내수시장을 확보하고 있어 유리했다. 이는 지금도 마찬가지다. 그 무렵 세계 영화관의 절반이 미국에 있었고, 할리우드는 이 영화관들에 대해 특권적 지위를 누리고 있었다. 가장 많은 제작 비용과 가장 매력적인 스타들을 제공할 수 있었던 할리우드는 곧 세상에서 가장 비싼 예술 분야를 장악했다. 이제 할리우드는 사람들이 영화에 거는 기대를 표현해 내기 시작했다. 유럽이 제1차 세계대전을 치르며 기반을 잃고 있을 때, 미국은 다른 분야에서와 마찬가지로 영화에서도 세력을 키워 나갔다. 제1차 세계대전이 끝난 후 라틴아메리카 관객들이 관람한 영화 중 95퍼센트는 할리우드에서 제작된 것이었다.

1920년대가 되면, 이전부터 미국의 영향을 경고해 왔던 루벤 다리오와 호세 마르티, 호세 엔리케 로도의 말이 라틴아메리카인들의 가슴에 와닿기 시작한다. 사람들은 이제 미국 해병대와 맞서 싸운 산디노에게 찬사를 보냈다. 그리고 라틴아메리카 전역에서는 곧 민족주의의 물결이 일었다. 민족주의 정서와 신식민주의라는 틀은 서로 잘 맞지 않았기에, 민족주의자들은 그것을 깨뜨릴 수 있는 정치적 동력을 만들어 냈다. 이제 신식민주의라는 틀이 지닌 한계가 불쾌할 정도로 분명해지기 시작했다. 신식민주의 라틴아메리카는 경제적인 성장을 이루었지만, 심각할 정도로 저개발 상태에 빠져 있었다. 반세기 동안 농산물 수출은 호황을 누렸지만, 공업은 여전히 허약했다. 지주, 외국인 투자자, 중산층은 대체로 혜택을 누렸다. 하지만 많은 평범한 사람들, 특히 농촌 주민들의 생활수준은 더 나빠졌다. 정부는 비교적 안정되었지만, 정치적 민주화가 진전된 경우는 드물었고, 대개는 후퇴했다. 많은 라틴아메리카 정부가 처음에는 영국에 의해, 그다음에는 미국에 의해 좌지우지되는 것처럼 보였다.

그런데 이러한 신식민주의의 틀도 나폴레옹 전쟁 못지않은 영향을 끼친 국제적인 사건 하나로 산산조각이 나 버렸다. 1929년 뉴욕 주식시장이 폭락하고, 국제 무역과 금융 체제가 여지없이 무너져 내리자, 세계는 대공황과 전쟁으로 이어지는 격동의 20년 속에서 허우적거리게 되었다.

라틴아메리카 수출품에 대한 수요가 곤두박질쳤고, 멕시코에서 브라질과 아르헨티나에 이르는 라틴아메리카 전 지역에서 진보의 수입이 중단되었다. 이로써 신식민주의에 대한 외부의 지원이 사라져 버렸다. 신식민주의에 대한 내부의 지원 역시 오래가지 못했다. 라틴아메리카 각지의 민족주의자들이 과두 세력과 자유주의 독재자들을 타도하면서, 신식민주의에 대한 내부의 지원도 곧 사라지게 될 터였다.

반대 흐름

라틴아메리카로의 새로운 이주

규모와 영향에 있어서 과거 아프리카 노예들의 강제 이주에 버금가는 새로운 이주가 발생하면서 1870~1930년에는 라틴아메리카의 일부가 완전히 탈바꿈했다. 새로운 이주민들은 주로 모국의 경제적 변화 속에서 난민으로 전락한 남유럽 출신 노동자들이었다. 그들은 더 나은 삶을 찾아 신세계로 향했다. 이러한 이민 물결은 제1차 세계대전 직전에 최고조에 달했던 미국으로의 이주와 흡사했다. 이러한 새로운 이주로 인해 아르헨티나와 우루과이, 브라질 남부 지방은 남아메리카에서 가장 유럽적인 사회라는 독특한 정체성을 갖게 되었다.

출신 국가	이민자 수(단위: 만 명)	출신 국가	이민자 수(단위: 만 명)
이탈리아	420	독일	30
에스파냐	300	프랑스	30
포르투갈	120	러시아	30

출처: Magnus Mörner, *Adventures and Proletarians: The Story of Migrants in Latin America* (Pittsburgh: Univ. of Pittsburgh Press, 1985), p.50.

유럽 이주민들의 90퍼센트는 앞서 언급한 세 나라에다 칠레를 더한 남미의 원뿔 지역으로 갔다. 왜 그랬을까? 유럽 이주민들은, 마지막에는 대개 부에노스아이레스나 상파울루 같은 도시에 정착했지만, 처음에는 농사를 지을 생각이었다. 하지만 라틴아메리카 대부분은 그들에게 맞지 않는 열대 지방이었기에, 그들은 농사지을 엄두를 내지 못했다. 반면 남미 원뿔 지역에서는 밀이나 포도 같은 유럽의 주요 작물들을 재배할 수가 있었다. 이 밖에도 농업 노동자였던 유럽 이주민들은 라틴아메리카의 노예 제도와 채무 노동을 두려워했다. 그런데 대륙의 남단은 이런 제도들로부터 상대적으로 자유로웠다. 게다가 남미 원뿔 지역 여기저기에 흩어진 정주지에는 정착 원주민들이나 수익성이 좋은 플랜테이션 작물이 없어서 최악의 식민지 수탈은 피할 수 있었다. 이베리아 제국 시절에는 제일 가난했던 이 지역이, 20세기에는 새로운 이주민들 덕분에 라틴아메리카에서 가장 부유한 지역이 되었다.

유럽 출신 이주민들의 목적지는 대개 아르헨티나였다. 이 시기에 500만 명이 넘는 유럽인 이주민들이 토양이 비옥한 부에노스아이레스 인근 지역으로 몰려들었다. 1914년, 부에노스아이레스는 인구의 절반이 유럽인 이주민들로 이루어진 남아메리카판 시카고가 되었다. 같은 해에 아르헨티나 역시 인구의 30퍼센트가 외국 태생이었다. 이탈리아인과 에스파냐인이 압도적으로 많았고, 아일랜드인이나 러시아·동유럽 출신 유대인, 독일인, 오스트리아인, 프랑스인, 영국인, 스위스인도 있었다. 새로운 이주민들은 대개 식민지 시대에 지어진 퇴락한 공동주택의 비좁은 방에서 살았다. 그들은 미국에서처럼 동족끼리 거주 구역을 형성하며 살지는 않았기에, 부에노스아이레스의 공동주택에는 늘 여러 민족이 함께 살고 있었다. 아르헨티나의 어느 사회사학자는 20세기 초반 부에노스아이레스 포토시 거리에 위치한 공동주택을 대상으로 인구 조사를 실시하고 그 내용을 아래와 같이 기록하고 있다.

> 이 공동주택에는 207명의 입주민이 30개의 방에 나뉘어 살고 있었다. 이들은 열 명에서 열다섯 명 정도의 가족 구성원과 다섯 명에서 열 명 정도의 하인을 거느린 어느 부유한 가정 하나가 차지했을 정도의 공간을 공유하고 있었다. 일부 핵가족은 단칸방에 살았다. 60대의 에스파냐인 세탁부가 네 명의 자녀와 함께 살고 있었는데, 과부가 된 장녀는 아르헨티나에서 태어난 여섯 살짜리 아들을 데리고 있었다. 어느 이탈리아인 제화공 부부는 모국에서 태어난 세 명의 자녀들을 데리고 살고 있었으며, 프랑스인 석공은 세탁부인 프랑스인 아내 그리고 부에노스아이레스에서 태어난 네 명의 자녀들과 함께 살고 있었다. 과부가 된 에스파냐인 세탁부는 다섯 명의 자녀들을 데리고 살고 있었는데, 위로 세 명은 우루과이에서 태어났고, 아래로 두 명은 부에노스아이레스에서 태어났다. 물론 독신 남성이나 아내를 유럽에 두고 온 기혼 남성들이 단칸방에 집단으로 모여 사는 경우가 더 흔했다.*

---

* James R. Scobie, *Buenos Aires: Plaza to Suburb*, 1870–1910 (New York: Oxford Univ. Press, 1974), p. 51.

이주민들 상당수는 거대 도시 부에노스아이레스에서 더 나은 기회를 얻을 수 있을 것이라는 판단이 설 때까지는 소작농이나 분익소작농(分益小作農)으로 일했다. 이 이주민들은 활기 넘치던 20세기 초에 아르헨티나 국민이 되었다. 그들은 탱고 춤을 추고 탱고의 가사를 기록하는 데 사용되는 '룬파르도(lunfardo)'(이탈리어와 에스파냐어가 뒤섞인 속어)를 만들어 냈다. 룬파르도는 부에노스아이레스, 그리고 부에노스아이레스와 꼭 닮은 우루과이 몬테비데오 시민들 특유의 언어가 되었다.

1870~1930년 사이에 아르헨티나에 이어 두 번째로 많은 이주민들이 정착한 곳은 브라질 남부 지방이었다. 이곳에서는 이탈리아인들뿐 아니라, 포르투갈인·에스파냐인·독일인·동유럽 유대인들도 환영했다. 아르헨티나와 우루과이로 갔던 이주민들이 결국 부에노스아이레스와 몬테비데오에 정착한 것처럼, 브라질로 온 이주민들 역시 히우지자네이루와 상파울루로 향했다. 한편 상파울루에는 특이하게도 상당수의 일본인들이 이주해 왔다. 이탈리아인 농부들은 상파울루 외곽 지역의 커피 플랜테이션 농장에서 분익소작농으로 일하기 시작했다. 하지만 아르헨티나에서와 마찬가지로 이들 역시 곧 도시로 떠났다. 그러나 더 멀리 남쪽에 위치한 파라나주와 산타카타리나주, 히우그란지두술주에서는(칠레 남부 지방에서도) 이주민들이 토지를 하사받았다. 이곳에서는 민족적 특성이 뚜렷한 거주지들이 등장했다. 예를 들어 독일인들은 별도로 모여 살면서 독일어를 사용했고, 유럽의 농작물을 재배하였으며, 오늘날까지도 고유한 문화적 특징을 잘 유지하고 있는 깔끔하고 자그마한 정착지를 만들었다. 그러나 그 나름의 독자성에도 불구하고 이들 이주민들도 점차 브라질과 칠레의 국민 생활 속으로 편입되어 갔다.

유럽인 이주민들이 이 밖의 다른 라틴아메리카 국가로 가는 경우는 드물었다. 남미 원뿔 지역을 제외하면, 이주민 물결의 규모가 제일 컸던 곳은 쿠바였다. 쿠바로 이주한 에스파냐인들은 쿠바가 독립한 이후에도 여전히 아바나나 다른 도시에 살면서 점원, 장인, 노동자로 일했다. 그런가 하면, 라틴아메리카 속어로 '투르코스(turcos)' 또는 '튀르크인(Turks)'으로 통칭되는 중동 출신 이주민들은 라틴아메리카 대륙 전역에서 소매업에 종사했다. 2000년까지 중동 출신 이주민의 후손 중 세 명이 아르헨티나와 콜롬비아, 에콰도르에서 대통령으로 선출되었다. 또 일본인 혈통을 가진 후손 한 명도 페루의 대통령이 되었다.

제7장

민족주의

민 족 주 의
1910
~
1945년
LATIN AMERICA
1910년
멕시코 혁명
발발
1929년
신식민주의 질서를
무너뜨린
미국 주식시장 붕괴
1930년
수입대체
공업화
1937~
1945년
브라질의
신국가
1945년
가브리엘라
미스트랄,
노벨상 수상

N a t i o n a l i s m

민족주의

민족이 내부 통합을 이루기 위해서는 먼저 자신들이 어떤 사람들인지를 알아야 한다. 다시 말해 민족 정체성에 대해 분명하고 확실한 의식을 지니고 있어야 한다. 라틴아메리카에서는 4세기에 걸친 문화 변용(창조적 문화 교류 과정)으로 언어와 관습, 사고방식에 다양한 차이가 생겨났다. 또 문화 변용과 더불어 전개된 인종 혼합을 통해 독특한 인구 집단이 등장했다.

식민지 시대의 유럽인 통치자들은 아메리카적인 것에 부정적 의미를 부여했다. 이것은 본질적으로 '정치적' 행위였다. 그 후 1810~1825년에는 토착주의적 수사("아메리카노여, 그대들이 이 땅의 진정한 자녀들이다!")를 외치며 독립 운동에 뛰어든 크리오요들이 이런 사고방식을 바꿔 놓았다. 이것 역시 정치적 문제로서, 커다란 변화였다. 그러나 에스파냐와 포르투갈이 물러나면서 토착주의는 시들해졌다.(물론 외세의 개입이 있을 때에는 예외적으로 되살아났다.) 20세기에 라틴아메리카를 휩쓴 '새로운 민족주의'는 종전의 토착주의 정신과는 다른 새로운 물결이었다. 이제는 경제적 의제가 아주 중요해졌다.

새로운 민족주의자들은 어떤 사람들이었고, 그들이 추구한 것은 무엇이었을까? 이들은 대개 도시에 거주하는 중산층으로, 이주해 온 지 얼마 되지 않은 이민자이거나 혼혈인이었다. 지주들과 비교하면, 그들은 수출 호황의 혜택을 별로 누리지 못했다. 그들은 유럽이나 미국으로 여행을 떠날 형편도 되지 못했고, 자신들이 원했던 "진보적인 것들"을 수입할 여유도 없었다. 신식민주의 시대에는 라틴아메리카 엘리트들이 유럽 문화의 거품을 만들어 낸 바 있지만, 그 거품 속으로 다 들어가기에는 중산층 민족주의자들의 수가 너무 많았다. 이에 그들은 보다 원대하고 야심 찬 이상, 무엇보다도 보다 폭넓은 변화의 이상을 실현하는 데 몰두했다. 새로운 민족주의자들은 신식민주의의 거품을 터뜨려 라틴아메리카의 공기를 호흡하려 했다. 그들은 새로 생긴 공장들이 연기를 뿜어 낼 때 자부심을 느꼈다. 그들이 바란 실제 목표가 공업화였기 때문이다.

신식민주의 시대의 엘리트들과는 달리 민족주의자들은 라틴아메리카인의 피부색에 대해서도 편안하게 생각했다. 민족주의자들은 라틴아메리카의 인종적·문화적 차이들이 어떤 의미를 지니는지를 긍정적으로 재해석해 집단의 자존심을 고취시켰다. 그리고 유럽으로부터 심리적 독립을 선언했다. 즉 그들은 이제 더 이상 유럽의 유행을 따르지 않고, 미술·음악·춤·문학에서 그들 나름의 양식을 만들어 내려 했다. 그들은 여전히 할리우드에서 제작된 영화를 보고 미국의 재즈 음악을 듣기는 했지만, 탱고를 가르치기 위해 파리를 방문하거나 룸바rumba를 공연하기 위해 뉴욕에 들르기도 했다.

민족주의는 '핵심 지지 세력'인 도시 중산층을 넘어서까지 그 매력이 널리 확산되면서 특별한 힘을 얻었다. 사실 400여 년간 지속된 식민지 시대와 신식민주의 시대의 착취는 라틴아메리카에 쓰라린 아픔과 분열의 유산을 남겼다. 이후 1820년대에 달성한 독립으로 국가의 외형이 갖추어지기는 했지만, 이것이 통합된 국민사회 건설로 이어지지는 못했다. 신식민주의는 공식적으로 인종 차별주의 정책을 취했고, 주요 도시들을 연결하기보다는 수출 상품과 항구를 연결하는 철도 건설에만 치중하였기에, 민족 통합에는 아무런 도움도 되지 못했다. 반면 모든 사람이 소속감을 느껴야 하고, 진보의 혜택은 공유되어야 하며, 산업 발전이 우선되어야 한다는 민족주의자들의 간단명료한 주장은 민족 통합의 주요 원리를 제공했다. 또 제국주의를 외국의 군사적 개입이자 경제적 간섭이라고 본 민족주의자들의 비판은 분노의 초점을 외부로 향하게 만들었다. 정치적인 측면에서는 공동의 적이 있다는 것이 유용하다. 민족주의 수사修辭도 다른 수사들과 마찬가지로 때로는 공허했다. 그리고 나중에 살펴보겠지만, 민족주의에는 어두운 측면도 있었다. 하지만 백인 우월주의를 거부하고, 오랫동안 도외시해 온 공공복지에 실제적 관심을 기울인 민족주의가 던진 정치적 메시지는 새롭고 흥미로웠다. 민족주의는 자유주의가 해내지 못한 범사회적 지지를 이끌어 냈다. 이런 점에서 민족주의의 등장은 라틴아메리카 역사에서 분명 하나의 분수령을 이룬다.

라틴아메리카 민족주의는 라틴아메리카 고유의 역사적 경험과 문화를 찬미한다. 라틴아메리카의 '종족 민족주의ethnic nationalism'는 정치적 이상과 기본 원리의 공유에 초점을 두는 미국 쪽보다는, 독일이나 프랑스 쪽에 더 가깝다. 종종 시민 민족주의civic nationalism라 불리기도 하는 미국의 민족주의에는 민속의상이나 전통음식 같은, 종족의 정체성을 드러내는 표식들이 부족하다. 반면 라틴아메리카 민족주의자들은 이런 것들을 매우 소중하게 여겼다. 이 밖에도 종족 민족주의는 인종 관념이나 인종적 순수성 관념을 강조하는 경향이 있다. 1930년대의 독일 나치즘이 그 극단적 사례다.

라틴아메리카 민족주의는 혼혈 인종인 메스티소의 정체성을 강조한다. 인종적 낙관론자들은 신식민주의 시대인 1890년대에 유럽과 미국에서 넘어온 "과학적 인종주의scientific racism"의 영향을 받았다. 그들은 시간이 흐르면 이주와 결혼을 통해 라틴아메리카 사람들의 피부가 하얗게 될 것이라고, 또 그렇게 되어야 한다고 생각했다. 이들은 정말로 낙관론자들이었다! 반면 인종적 회의론자들은 인종 혼합이 퇴보로 이어질 수밖에 없다고 주장했다. 그러므로 신식민주의 시대의 미래상에서 라틴아메리카인 다수를 구성하고 있는 유색인들은 제거되거나, 아니면 적어도 그 수를 단계적으로 줄여 나가야 할 대상으로 제시되었다.

이와는 달리 라틴아메리카 민족주의자들은 원주민과 유럽인, 아프리카인 유전자의 혼합을 찬미했다. 나라마다 다른 신체적 특성은 사람들이 각자의 환경에 적응한 결과일 뿐이라고 주장하는 민족주의자들도 일부 있었다. 신식민주의 시대였던 1902년, 에우클리데스 다 쿠냐는 브라질 오지의 혼혈인들이 브라질 민족성의 "기반"이라고 말했다. 하지만 그는 아직도 혼혈인이 유럽인보다 열등하다고 생각했다. 한 세대 뒤인 1930년대에는 '열등 인종'이라는 개념이 라틴아메리카에서 공식적으로(인종주의자들의 마음속에서는 아닐지라도) 사라지기 시작했고, 그 대신 메스티소 민족주의mestizo nationalism가 부각되었다. 쿠바의 시인 니콜라스 기옌이 쓴 시 「두 조상의 발라드」(1935년)를 예로 들어 보자. 이 시에서 그는 노예와 정복자를 암시하는 두 조상을 찬미하는데, 시의 일부를 번역하면 이렇다.

나를 지켜 주시는 두 조상들은
오직 나만이 볼 수 있는 그림자이다.
흑인 조상은
생가죽을 씌운 북과
뼈를 갈아 만든 창으로
날 지켜 주신다.

백인 조상은
주름 잡힌 옷깃과
회색의 갑옷으로
날 지켜 주신다.

돌덩이 같은 근육을 지닌
맨발의 흑인 조상과
남극의 유리 같은 눈동자를 지닌
백인 조상

그 두 조상들이
한밤에 꾸는 꿈속에서
꿈을 꾸며 배회하다가
내게로 왔다.

이 시에서 혼혈의 비유로 등장하는 두 조상은 시인의 인종적 정체성을 밝혀 주고 있지만, 넓은 의미에서 보면 메스티소 (또는 물라토) 국가인 쿠바의 혈통 신화를 보여 주는 것이기도 하다. 기옌의 시에는 아프리카 타악기 리듬과 잘 어울리는 음악성이 있다. 또 일부 시에서 기옌은 쿠바 흑인들의 말투를 흉내 내기도 했다. 이것은 이전 시기 라틴아메리카 역사에서 전형적으로 나타났던 유럽 중심의 미학을 단호하게 거부한다는 암시였다. 그는 아프리카계 쿠바 시인 중 가장 큰 찬사를 받았지만, 이런 생각을 가진 시인이 그뿐만은 아니었다. 그는 프랑스령 카리브해 역에서 일어나고 있던 네그뤼티드 운동Négritude movement(흑인 정체성 회복 운동—옮긴이)을 포함하는 보다 광범한 흐름의 문학과 예술 사조에 속해 있었다. 더 나아가 쿠바의 알레호 카르펜티어, 페루의 시로 알레그리아, 과테말라의 미겔 앙헬 아스투리아스 같은 당대의 저명한 소설가들도 아프리카인과 원주민을 주제로 삼아 자기 나라를 세계 문학계에 알렸다. 이들 민족주의 문인들은 유럽 인종의 우월성 논리를 거부했을 뿐만 아니라, 인종 혼합이라는 관념을 애국의 영예라는 특별한 지위로 격상시켰다. 히틀러의 나치 당원들이 유럽에서 백인 우월주의를 성공적으로 떠벌리고 있을 때조차도 이들은 기조를 바꾸지 않았다.

민족주의자들의 집권

라틴아메리카의 민족주의 운동은 어느 나라에서 가장 먼저 시작되었을까? 신식민주의의 폐해가 가장 극심했던 나라, 거듭된 외세의 침략에서 민족주의의 동력을 얻은 나라, 혼혈인이 절반이 넘는 나라, 비유럽인 혈통의 대통령을 선출한 나라인 멕시코였다. 이달고가 일으킨 1810년 봉기로부터 100년이 되는 해에 20세기 최초로 대규모 사회혁명, 즉 대문자 R로 시작되는 혁명인 멕시코 혁명Revolución Mexicana이 일어났다.

1910년, 34년간이나 멕시코를 통치해 온 포르피리오 디아스가 노쇠하자 개혁가들은 멕시코 북부 지방 출신의 날씬한 신사, 프란시스코 마데로를 대통령 후보로 지지했다. 마데로가 원했던 것은 디아스가 멕시코 엘리트들에게 더 많은 권력을 나누어 주어야 한다는 것뿐이었다. 그러나 늙은 독재자는 이를 거절했다. 그가 마데로를 투옥시켰다가 국외로 추방하자, 마데로의 주장은 급속도로 확산되었다. 마데로는 이제 급진적인 인물로 변했다. 그는 여러 원주민 마을에서 부당하게 탈취했던 토지를 반환하라라고 주장했다. 그러자 '아네네쿠일코'(진보를 표방했던 신식민주의 시대에 날로 늘어나는 사탕수수 플랜테이션 농장에 토지를 빼앗겼던 수많은 마을 중 하나)의 지도자 에밀리아노 사파타가 마데로의 민족 운동을 지지하며 봉기했다. 사파타의 이미지—챙 넓은 모자, 검은 콧수염, 가슴에 둘러맨 탄띠, 그리고 백마를 탄 모습—는 멕시코 혁명의 아이콘으로 떠올랐고, 곧 멕시코 곳곳에서 사파타 같은 지도자들이 봉기했다. 이들과 싸울 능력도, 의지도 없었던 디아스는 1911년 파리로 망명했다.

멕시코는 배경과 목표가 서로 다른 수많은 '혁명가들'로 갑자기 붐비게 되었다. 하지만 디아스의 축출에 대해서만큼은 의견이 일치했다. 그렇다면 이제 누가 멕시코를 통치하게 되는가? 마데로가 제일 먼저 시도했지만 실패했다. 그는 멕시코 주재 미국 대사에게 암묵적 승인을 받은 어느 장군에 의해 축출되었고, 1913년에 암살당하고 말았다. 이후 1914년부터 1920년까지 격동의 세월이 이어졌다. 여러 세력의 각축 속에서 군인들은 처자식을 대동한 채 전국을 누비고 다녔고, 제1차 세계대전 때 등장한 신무기들, 특히 기관총이 죽음의 춤에 어울리는 짧고 날카로운 스타카토 음악을 더해 주었다. 이 당시 남부 지방에서는 사파타와 같은 농민 게릴라들이 활동하고 있었지만, 북부에서는 전직 카우보이·광부·철도 노동자·유전油田 잡역부들로 군대를 조직하며 세력을 키운 판초 비야가 있었다. 치와와주를 중심으로 활약하던 그는 후에 자신의 활동 무대를 전국으로 확대했다. 그러나 이 경쟁에서 최종적으로 우위를 점한 것은 조직이 잘 갖추어져 있던 중산층 중심의 제3세력이었다. 1917년 혁명적 성격을 띤 멕시코 헌법의 초안을 마련한 것도 바로 이들이었다. 이른바 입헌주의자Constitutionalist—라틴아메리카 전역에서 민족주의 핵심 지지층의 전형적인 모습이었다—라고 불렸던 이들이 멕시코 혁명의 최종 승자였으며, 이후 20세기 멕시코의 운명은 이들의 정치적 계승자들에 의해 결정되었다.

오늘날까지도 이어지고 있는 1917년의 멕시코 헌법에서는 민족주의적 정서가 강하게 느껴진다. 예를 들어 보자. 당시의 헌법 제27조는 외국 기업이 소유하고 있던 석유 채굴권의 국가 귀속을 규정하고 있을 뿐 아니라, '에히도ejido'라고 불리던 공유지를 마을에 되돌려 주고 대농장을 분할하여 토지 없는 농민들에게 분배할 수 있도록 길을 터놓았다. 제123조도 마찬가지다. 이 조항은 각종 노동 관련 법령, 연금과 사회적 편익, 노조 결성과 파업에 관한 권리 등 시대를 앞선 선구적인 보호 장치들을 규정하고 있다. (물론 현실에서 실제 적용할 때는 달라졌을 것이다.) 이 밖에도 새 헌법은 외국인들이 누리던 특권을 엄격히 제한하였고, 이전 시대 멕시코 급진주의자들의 유산을 이어받아 가톨릭교회의 권리들을 억제했다. 이로써 멕시코 교회는 누대에 걸쳐 쌓아 올린 엄청난 재산을 잃게 되었고, 이제 더 이상 부동산도 소유할 수 없게 되었다. 성직자의 수는 법으로 제한되었고, 외출하거나 초등학교에서 학생들을 가르칠 때 사제복을 입을 수도 없게 되었다. 반교권적 움직임은 구식 문화 헤게모니와 결부된 전통을 파괴하려는 혁명가들의 노력에서도 나타났다. 1920년대에는 입헌주의 운동으로 부상한 지도자들이 자신들의 지배력을 강화했다. 이들은 사파타와 비야를 제거하였고, 반기를 든 카우디요들을 진압하였으며, 농촌에서 무장 반란을 일으킨 가톨릭 전통주의자들의 도전도 물리쳤다. 반혁명에 가담했던 신앙심 깊은 농민들은 걸핏하면 "그리스도 왕 만세!"를 외쳐 댔기 때문에 '크리스테로Cristero'라고 불렸다. 입헌주의자들은 결국 외형만 바꿔 가며 20세기 말까지 계속될 일당 체제를 만들어 냈다.

이 정당의 이름은 처음에는 국민혁명당이었으나, 이후 멕시코혁명당을 거쳐 결국 '제도혁명당'이 되었다. 이처럼 명칭은 조금씩 달라졌으나, 당명에 붙은 '혁명당'이라는 꼬리표는 70여 년간 변함이 없었다. 당을 대표했던 영웅은 혁명가이자 민족주의자로 묘사된 마데로와 사파타, 비야였다. 막대한 피해와 엄청난 인명 손실(백만 명 사망)을 입기는 했지만, 멕시코 혁명은 민족을 형성하는 매우 중대한 경험이었다. 혁명은 이전에는 볼 수 없었던 강력한 충성심을 만들어 냈고, 미래 세대가 멕시코 정치를 상상할 때마다 등장하는 전범典範이 되었다. 한편 멕시코 혁명 기간 중 미국은 두 차례에 걸쳐 개입했다. 뉴멕시코의 마을을 습격한 비야를 응징하기 위한 침략과 베라크루스 항구 점령이 그것이었다. 하지만 이러한 미국의 개입은 혁명에 민족주의적 열망을 더해 주었을 뿐이다. 새 정부는 가난에 허덕이는 대다수의 농촌 주민들에게 다소나마 물질적 혜택을 제공해 주었다. 도로 건설 정책으로 농민들은 서서히 고립에서 벗어나기 시작했고, 충분할 정도는 아니지만 모든 사람들이 얼마간의 토지를 분배받았다. 또한 공교육이 시작되면서 80퍼센트에 육박하던 멕시코의 문맹률도 떨어지기 시작했다. 1920년대에 멕시코의 교육부 장관은 아메리카 대륙을 대표하는 문화 민족주의자 호세 바스콘셀로스였다. 그는 메스티소를 '우주적 인종'이라 부르며, 그들의 승리를 찬미한 인물이었다.

'우주적 인종'이란 표현이 이목을 끌기는 하지만, 그것이 구체적으로 무엇을 의미하는지는 불분명하다.

1929년에 결혼한 디에고 리베라와 프리다 칼로는 혁명적 민족주의를 그림으로 표현한, 멕시코를 대표하는 화가이다. 디에고 리베라는 덩치가 크고 얼굴이 못생겼지만, 매력적이었고 재능도 뛰어났다. 벽과 천장에 그림을 그리는 벽화가이자 공공미술가였던 그는 작업대 위에서 며칠씩 먹고 자며 폭풍처럼 그림을 그렸다. 그는 벽화를 통해 주로 멕시코 원주민들의 전통을 표현했다. 1923년부터 1928년까지 그는 바스콘셀로스가 장관으로 일하던 교육부 건물에 벽화를 그렸는데, 주로 혁명으로 생겨난 야외 학교와 토지를 분배받은 원주민 농민들의 모습이었다. 또 1929년과 1930년에는 정복자들의 후손이 건설한 대통령궁에 사람들로 붐비는 아스테카 제국의 수도 테노치티틀란의 화려한 모습을 그려 넣었다. 이 벽화에는 탐욕적이고 위선적인 학살을 자행한 에스파냐인들의 정복 장면과, 원주민을 학살하고 노예로 삼으며 황금을 세는 정복자들을 지켜보는 코르테스Cortés의 모습이 묘사되어 있다. 벽화 속 코르테스의 모습은 트롤troll(북유럽 신화와 전설에 등장하는 상상의 괴물—옮긴이)과 묘하게 닮아 있다. 이 그림을 통해 리베라가 전하려 했던 민족주의적 메시지는 지금도 생생하고, 앞으로도 그럴 것이다. 그는 젖은 벽토에 프레스코 기법으로 그림을 그렸기에, 벽과 그림은 하나가 되었다.

이와는 달리, 프리다 칼로는 작은 크기의 초상화를 그렸다. 그녀는 침대에 누워 그림을 그렸다. 어린 시절 소아마비로 죽을 고비를 넘긴 데다, 십여 차례나 수술해야 하는 끔찍한 교통사고를 당했기 때문이다. 식민지 시대의 알레이자징유처럼, 그림을 그리는 동안 그녀의 몸은 말 그대로 으스러졌다. 그녀의 작품들은 자신의 고통과 유머와 환상의 세계를 탐구한 것이었다. 칼로는 이렇게 말했다. "나는 나 자신의 실재를 그린다." 1930년대 말 유럽의 초현실주의 화가들이 칼로에게 찬사를 보내기 시작했다. 하지만 칼로가 멕시코를 비롯한 세계 곳곳에서 인정을 받게 된 것은 이보다 더 후대의 일이었다. 그녀는 머리를 화려하게 장식하는 전통적 헤어스타일과 콜럼버스 이전 시대의 보석, 소아마비로 볼품없게 된 다리를 가리기 위해 걸친 긴 테우아나Tehuana(멕시코 남부의 민속의상) 등을 활용하여 자신만의 방식으로 민족주의를 표현했다. 그녀는 리베라가 미국에서 작품 활동을 하던 1930년대에 이러한 의상을 특히 즐겨 입었다. 그녀는 또 '죽은 자의 날' 축제 때 장식품으로 흔히 사용되는 종이반죽 해골 같은 멕시코 민속 예술품을 좋아했다.

디에고 리베라와 프리다 칼로가 표현한 민족주의는 1920년대와 1930년대의 멕시코에 폭넓은 영향을 미쳤다. 이 당시에는 민족적인 것들—민속음악 코리도corrido와 민속춤 하라베jarabe, 전통음식 타말tamal과 몰레mole, 옛날식 길거리 연극 카르파carpa, 종이반죽 해골 같은 민속 공예품 등—이 크게 유행했다. 멕시코의 영화 역시 멕시코판 "노래하는 카우보이"였던 호르헤 네그레테 같은 배우들을 마초 차로charro(민속의상을 입은 멕시코의 카우보이—옮긴이)로 등장시키며 할리우드 영화와 경쟁을 벌였다. 한편 멕시코 혁명가들의 민족주의에는 마르크스주의가 함축되어 있는 경우가 많았다. 디에고 리베라와 프리다 칼로가 공산당에 가입한 것도 그런 맥락에서 이해할 수 있겠다. 칼로 부부는 망명을 온 러시아 혁명가 레온 트로츠키가 몇 개월간 자기 집에 묵을 수 있게 배려하기도 했다.

멕시코에서 멀리 떨어진 아르헨티나와 우루과이에서는 민족주의가 좀 다른 모습으로 등장했다. 라틴아메리카에서 도시화 비율이나 식자 비율, 중산층 인구 비율이 제일 높았던 이 지역에서는 민족주의를 지지하는 핵심 세력의 힘이 멕시코에서보다 훨씬 더 컸다. 따라서 아르헨티나와 우루과이의 민족주의자들은 혁명을 일으키지 않고도 정권을 잡을 수 있었다. 우루과이에는 세계에서 가장 진보적인 정부가 들어섰다.

19세기 내내 우루과이는 상대적으로 강한 주변 국가들과의 전쟁으로 피폐해진 작은 나라에 불과했다. 우루과이는 자국 내부의 정치적 갈등이 이웃 나라인 아르헨티나 내부의 정치적 갈등과 얽히면서 꼼짝할 수가 없었다. 하지만 1880년 이후의 수출 호황기에 접어들면서부터는 아르헨티나 못지않은 경이적인 경제 성장을 이룩했다. 물론 이러한 엄청난 번영은 아르헨티나에서처럼 부정선거를 통해 관리되었다. 우루과이가 낳은 위대한 민족주의 개혁가는 호세 바트예 이 오르도녜스였는데, 정치에 입문할 당시 그는 완고하고 보수적이었다. 그는 자신의 첫 번째 대통령 재임기(1903~1907년) 내내 정적 숙청에 몰두했다. 하지만 이주민들이 압도적으로 많은 몬테비데오에서 중산층과 노동자 계급으로부터 광범한 지지를 받고 시작한 두 번째 재임기(1911~1915년)에는 그의 이름을 따 바트예주의Batllismo로 알려진 개혁 운동에 박차를 가했다.

바트예주의는 인종이나 문화적 독특성을 강조하지 않았다. 그것은 오히려 시민 민족주의나 '경제적' 민족주의에 더 가까웠다. 바트예주의는 '외국의 경제적 제국주의'에 대한 국가적 대응을 의미했다. 그러다 보니 우루과이 정부는 경제 문제에 전례가 없을 정도로 강하게 개입하게 되었다. 국내 산업을 위한 보호관세 조치, 영국이 소유하고 있던 철도와 몬테비데오 항만 시설을 포함한 각종 공공시설의 국가 독점, 관광호텔과

육류 가공 공장의 국유화, 금융 확대를 위한 국영은행 신설 등이 그 대표적인 예이다. "근대 산업이 인간을 파괴하도록 내버려 두어서는 안 된다."는 바트예의 방침에 따라 우루과이는 아메리카 대륙 최초로 최저 임금, 법정 근로 조건, 상해보험, 유급 휴가, 퇴직연금을 갖춘 복지국가로 변신했다. 1870년대부터 우루과이가 특별히 자부심을 느껴 왔던 공교육에 대한 지원 역시 확대되었고, 여성들의 대학 입학도 가능해졌다.

바트예주의를 통해 우루과이는 이전과는 전혀 다른 모습으로 탈바꿈했다. 하지만 이런 개혁이 가능했던 것은 그때가 야심 찬 사회 정책에 재정을 쏟아부을 수 있는 '번영의 시대'였기 때문이기도 하다. 게다가 그의 개혁 운동은 도시를 대상으로 한 것이었다. 이 때문에 농촌 지역에는 사실상 아무런 개혁의 손길도 미치지 않았다. 바트예주의는 또한 교권주의를 적극 반대하였다. 그 결과 우루과이 사회는 아메리카 대륙에서 가장 세속적인 사회로 탈바꿈했다. 예전 같으면 엄숙한 종교 행렬로 차분히 가라앉았을 가톨릭교의 성주간(Semana Santa)도 관광주간으로 바뀌었다. 바트예는 심지어 대통령제를 폐지하고 행정위원회 제도를 신설하는 계획을 수립하기도 했다. 카우디요 지배가 영원히 발붙이지 못하도록 만들기 위해서였다. 하지만 얄궂게도 많은 사람들은 바트예를 카우디요로 생각했다. 19세기의 군인 카우디요들과는 다른 '시민 카우디요' 말이다.

1916년 라플라타강 건너편에 위치한 아르헨티나에서는 도시의 이익을 대변하는 또 다른 '시민 카우디요'가 선거를 통해 지주 과두제를 무너뜨렸다. 믿기 어렵겠지만, 이는 사실이었다. 사람들은 이 사건을 '선거 혁명'이라고 불렀다. 선거에서 승리한 이폴리토 이리고옌은 중산 계급 중심의 개혁 정당을 표방했지만, 노동자 계급으로부터도 상당한 지지를 받았던 '급진시민연합Unión Cívica Radical'의 리더였다. 1916년 선거에서 급진시민연합이 승리하자, 기쁨에 찬 군중들은 이리고옌이 탄 마차를 끌고 부에노스아이레스 시가지를 누볐는데, 이때 많은 시민들이 발코니에서 꽃을 뿌렸다고 한다.

급진시민연합은 라틴아메리카 역사상 처음으로 진정한 대중 기반의 정당을 만들면서, 당의 입지를 견고하게 다졌다. 급진시민연합은 지지자들에게 수당과 공공 일자리를 제공해 주었다. 물론 후견인 정치와는 완전히 다른 맥락에서였다. 하지만 이들이 추진한 개혁이 우루과이에서 진행된 개혁만큼 인상적이지는 못했다. 급진시민연합은 경제적 민족주의를 주장했지만, 외국 자본의 역할은 줄어들지 않았다. 경제적 민족주의와 관련하여 이리고옌이 취한 중요한 조치 중 하나는 석유 생산을 감독할 정부 기관을 신설하는 것이었다.

그럼에도 불구하고 이리고옌의 집권기에 중대한 변화가 일어났다. 이는 그가 추진한 것 때문이라기보다는 그가 대변한 것 때문에 나타난 변화였다. 민중의 대변자를 자처했던 이리고옌은 평소 허름한 옷을 걸치고 다녔으며 사교에도 서툴렀다. 그는 부에노스아이레스의 우아한 엘리트들을 싫어했고, 그들도 이리고옌을 좋아하지 않았다. 이리고옌은 일종의 시민종교라 할 수 있는 도덕적인 조항들로 정치의 틀을 짰다. 그는 결혼을 하지 않은 채, 정적들이 대통령의 '굴'이라고 부른 소박한 주택에서 믿기 어려울 정도로 검소하고 조용하게 살았다. 이리고옌이 권력에 얼마나 무관심했는지를 보여 주는 유명한 일화가 있다. 어느 날 한 친구가 그에게 기념품을 선물로 받고 싶다고 하자, 그는 훈장과 메달이 가득 담긴 나무상자를 가리키며 "마음대로 가져가라."고 대답했다고 한다.

당시 아르헨티나인이라면 누구라도 대통령을 방문해, 사소한 지원을 부탁할 수 있었다. 이리고옌은 유럽에는 거의 관심을 두지 않았지만, 미국에 대해서는 달랐다. 그는 아메리카 대륙에 대한 미국의 주도권을 거부하는 외교 전통을 고수했다. 그는 제1차 세계대전 때 미국의 압력에도 불구하고 중립을 유지하는 정책을 고수했다. 이리고옌이 자신의 이력에 남긴 최대 오점은 1919년 '비극의 주간'에 있었던 난폭한 노조 탄압과, 1921년 파타고니아 지방 목동들이 일으킨 파업에 대한 과격한 진압뿐이었다. 임기 만료 후 그는 같은 당의 마르셀로 알베아르에게 대통령직을 넘겨주었지만, 1928년에 다시 대통령직에 오른다. 하지만 그는 이미 노망이 들었고, 격동의 아르헨티나를 이끌기에는 역부족이었다. 그는 곧 대중의 지지를 잃고 대통령 관저를 떠나야 했다. 하지만 몇 년 뒤에 치른 그의 장례식에는 수많은 부에노스아이레스 시민들이 모여들었다고 한다.

바트예와 이리고옌은 비록 말을 탄 장군은 아니었지만 탁월한 지도자였으며, 카우디요였다. 민족주의 정치는 대개 이런 지도자들을 중심으로 펼쳐진 대중 정치였다. 망명지에서 페루 민족주의자들을 지도한 빅토르 라울 아야 델라 토레도 그런 지도자 가운데 한 사람이었다.

아야 델라 토레는 페루의 친미 독재자에 반대하는 학생 시위를 주도했다는 이유로 1920년 국외로 추방되었다. 이 젊은 급진주의 지식인은 자신에게 강한 혁명의 인상을 남긴 멕시코에서 '아메리카인민혁명동맹 APRA'이라는 국제 정당을 창당했는데, 이는 라틴아메리카를 내리누르던 경제적 제국주의에 대항하기 위한 일종의 집단 자위책이었다. 그는 원주민 전통을 강조하기 위해 '원주민-아메리카Indo-America'라는 용어를 즐겨 사용했다. 이는 리베라 같은 멕시코 벽화가들이 했던 것과 똑같은 방식이었다. 원주민 전통을 강조하는 이러한 민족주의를 우리는 '원주민주의indigenismo'라고 부른다. 1920년대 페루의 젊은 지식인 호세 카를로스 마리아테기는 잉카 모델과 마르크스 이론을 결합하여 원주민 사회주의를 상상하기도 했다. 하지만 페루는 멕시코보다 인종 갈등이 훨씬 첨예한 곳이었다. 페루에서 원주민들은 주로 고지대에 살았고, 백인들과 흑인들은 대개 해변에서 살았다. 따라서 이 나라에서는 원주민주의가 사회를 통합하는 역할을 하지 못했다.

아메리카인민혁명동맹은 국제 정당으로 성공하지는 못했다. 하지만 이 운동은 원주민주의를—단순한 이론이나 허구가 아니라—실천적 이념으로 만들려는 시도였고, 페루에 강한 충격을 주었다. 당이 대중 집회를 개최하면, 길거리를 가득 메운 빈민들과 중산층이 과두제와 제국주의에 대해 분개하며 '최고 지도자'인 아야 델라 토레에게 충성을 다짐했다. 아메리카인민혁명동맹은 1932년 부정 속에 치러진 선거에서 '패배'한 후 봉기했지만, 곧 군대에 의해 진압되었다. 이후 많은 사람들이 집단 처형을 당했고, 아메리카인민혁명동맹의 페루 내 정치 활동도 금지되었다. 그런데도 불법화된 이 정당과 영구 추방된 정당 지도자의 인기는 시간이 갈수록 높아지기만 했다.

아메리카인민혁명동맹의 열렬한 투사이자 고위 간부였던 시로 알레그리아는 페루를 탈출할 수밖에 없었던 민족주의자 가운데 한 사람이었다. 칠레에 정착한 그는 원주민주의에서 영감을 받아 소설을 쓰기 시작했다. 페루의 소설가들은 클로린다 마토 데 투르네르 시대 때부터 수십 년 동안 원주민주의를 개척해 왔다. 하지만 최고의 원주민주의 소설은 아메리카인민혁명동맹에서 나왔는데, 알레그리아가 쓴 『세상은 넓고 낯설다』(1941년)가 바로 그것이다. 알레그리아와 같은 작가들이 원주민을 옹호하기는 했지만, 사실 원주민주의의 궁극적 목표는 보다 넓은 세상에 적응하도록 원주민들을 계몽하는 것이었다. 알레그리아가 뉴욕 출판 경진대회를 겨냥해 이 작품을 쓴 것은 그렇게 이상한 일이 아니었다. 그는 이 경진대회에서 상을 받았으며, 1930~1940년대에 비유럽적 기원을 모색한 라틴아메리카 작가 중 가장 유명한 인물이 되었다.

민족주의자들이 라틴아메리카의 모든 나라에서 권력을 차지한 것은 아니었다. 하지만 민족주의자가 통치하지 않는 국가에서도 민족주의가 정치적인 힘을 발휘했다. 당시 민족주의자들이 집권하지 못한 여러 나라에서 보수주의자들은 민족주의의 영향을 제한적으로 수용하거나, 아니면 그것을 억제했다. 콜롬비아가 바로 그런 경우였다. 이곳에서 민족주의 개혁가들은 농촌의 전통적인 후견인-피후견인 관계망을 무너뜨리고 도시 노동자들을 조직화하여 그들의 이익에 직접 호소하려 했으나, 보수주의자들의 영향이 너무 커서 이렇다 할 성공을 거두지 못했다. 지역마다 농촌의 과두 세력들이 자신들의 입장을 고수하는 가운데, 불같은 대중 지도자 호르헤 엘리에세르 가이탄을 추종하는 세력이 날로 늘어났다. 이런 와중에 가이탄은 미국계 다국적 기업이 자사에서 일하던 바나나 농장 노동자들을 학살한 사건을 비판했고, 곧 전국적으로 유명해지게 되었다. 그가 권력과 특권을 강하게 비판하기 시작하면서, '과두제'라는 단어는 콜롬비아에서 흔히 쓰이는 일상용어가 되었다. 이러한 불만은 20년 후 결국 폭력의 형태로 폭발하게 된다.

다른 여러 나라에서도 제대로 된 민족주의 개혁이 지체되었다. 석유 재산에도 불구하고 혹은 어쩌면 석유 재산 때문에(영업권 때문에 모든 석유가 외국 기업으로 흘러들어 갔다.) 베네수엘라도 그런 나라에 속하게 되었다. 베네수엘라의 통치자들은 펄펄 솟아나는 검은 황금으로 손쉽게 돈을 벌 수 있었기에, 민족주의 운동의 본질이라 할 수 있는 대중 운동을 피할 수 있었다. 당시 대중 운동을 주도한 것은 라틴아메리카 정치 무대에 새롭게 등장한 사회주의와 공산주의의 풀뿌리 조직 운동가들이었다. 칠레에서는 마르마두케 그로베라는 지도자와 관련이 있는 '사회주의 공화국' 시기—이 공화국은 딱 13일간 유지되었다—에 이런 종류의 대중 운동이 많이 일어났다. 하지만 칠레의 우파 민족주의자들이 좌파 민족주의자들을 성공적으로 견제하였기에, 어떤 정권도 권력을 확고히 다지지는 못했다. 1933년 쿠바에서는 부사관이었던 풀헨시오 바티스타가 다른 부사관들과 사병들은 물론이고, 존경받는 대학교수들과 좌파 대학생들까지 아우르는 폭넓은 민족주의 연합을 결성한 후, 당시 평판이 나빴던 신식민지형 독재자를 타도했다. 바티스타는 부사관이 되기 전에는 사탕수수 농장에서 일하던 가난한 노동자였고, 니콜라스 기옌이 자신의 시 「두 조상의 발라드」에서 상징적으로 표현했던 것과 비슷한 민족주의의 열망을 대변한 물라토였다. 하지만 바티스타가 정말 바란 것은 권력이었다. 그는 미국의 지침을 비굴할 정도로 충실히 따르면서, 미국의 위성국이나 다름없게 된 쿠바를 수십 년간 통치했다. 그가 보여 주었던 민족주의의 몸짓은 단순한 겉치레로 전락하고 말았다.

민족주의는 대중 동원을 경제 변혁과 결합시킬 수 있는 안정된 정부가 들어섰을 때 가장 놀라운 변화를 만들어 냈다. 변혁의 핵심은 대공황을 불러일으킨 신식민주의 시대의 수출 주도형 경제 성장 모델을 폐기하는 것이었다.

1930년대의 수입대체공업화

1930년대에 발생한 대공황의 여파로 라틴아메리카 전역에서 신식민주의는 막을 내렸고, 민족주의 운동이 활기를 띠기 시작했다. 1929년 뉴욕 주식시장 폭락 후 몇 년간 라틴아메리카의 국제 무역 규모는 이전의 절반으로 줄어들었다. 수출 호황에 의존하던 정부들도 도처에서 무너져 내렸다.

그러나 국제 무역의 붕괴는 해가 거듭될수록 긍정적인 효과를 낳았다. 이 현상이 이른바 수입대체공업화인데, 발음하기 어려운 관계로 사람들은 이를 줄여서 ISI[Import-Substitution Industrialization]라고 부른다. 이 명칭은 사실 여러 가지 의미를 담고 있다. 수출 이익이 갈수록 감소하고 그와 함께 공산품 수입 능력도 점차 줄어들게 되자, 수입 감소로 생긴 틈새시장을 라틴아메리카 제조업자들이 메우면서 수입대체공업화가 일어났다. 무역이 관계 당사자들 모두에게 늘 유익하다고 믿어 왔던 사람들은 이제 놀라운 사실을 고민해야 했다. 미국과 유럽의 공장들을 불황에 빠뜨린 1930년대의 무역 중단이 라틴아메리카에서는 정반대의 효과, 즉 공업화가 시작되도록 만드는 효과를 낳았기 때문이다. 경제적 제국주의를 비판해 온 민족주의자들에게는 이러한 수입대체공업화가 기존의 수출입 무역을 대체하는 설득력 있는 대안이 되었다.

수입대체공업화는 사실 1930년대 이전에, 즉 제1차 세계대전으로 수출입이 중단된 1914~1918년에 이미 시작되었다. 부에노스아이레스와 상파울루, 히우지자네이루, 멕시코시는 당시에 이미 공업 중심지로 부상하고 있었지만, 라틴아메리카의 공업은 여전히 이류였다. 1930년대까지만 해도 수출 부문에서는 공업이 농업이나 광업을 따라잡을 수 없었다.

하지만 변화가 시작되자, 라틴아메리카의 공업 생산량은 현저하게 증가했다. 공업화는 민족주의자들에게 자부심을 심어 주었다. 그들에게 공업화는 신식민지의 그늘에서 벗어나 나라의 운명을 스스로 관리하게 되는 것을 의미했다. 따라서 1930년대와 1940년대의 민족주의 정부들은 임금 및 가격 책정, 생산량 규제, 환율 조정, 근로보호법 제정 등과 같은 바트 예식 경제 개입 정책을 채택했다. 이들은 또 은행·공공시설·핵심 산업의 국유화 조치를 강화했다.

불행하게도 라틴아메리카 국가들 모두가 수입대체공업화의 혜택을 누리지는 못했다. 대체로 국내 시장의 규모가 클수록 수입대체공업이 번창할 가능성도 커진다. 따라서 인구가 많은 브라질과 멕시코, 아르헨티나가 수입대체공업화의 혜택을 보았다. 인구가 얼마 되지 않은 칠레와 우루과이도 상당한 정도로 수입대체공업화를 이룩했다. 이곳에서는 상대적으로 높은 생활수준 덕분에 일인당 소비 지출이 많았다. 하지만 가난한 농촌 주민들이 압도적 다수를 이루는 조그만 나라에서는 여러 공장에서 생산하는 제품들을 다 소비할 수 없었다. 따라서 에콰도르와 볼리비아, 니카라과, 온두라스, 파라과이, 도미니카 공화국 같은 나라에서는 수입대체공업화라는 것이 별 역할을 하지 못했다.

또한 수입대체공업화가 모든 분야의 공업을 성장시켰던 것도 아니다. 이것은 규모가 큰 국가에서도 마찬가지였다. 비누와 성냥·맥주·비스킷·신발·아스피린·값싼 의류와 같은 대량 소비재를 생산하는 경공업 분야는 수입대체공업화의 시장 기회를 최대한 활용했지만, 자동차·라디오·냉장고와 같은 '내구재'를 생산하는 중공업 분야는 그 기회를 제대로 살리지 못했다. 중공업 분야는 수입에 의존할 수밖에 없는 시설 장비들과 강철이 필요했다. 국내에 제철 공장을 세웠다는 것은 주요 공업국 대열에 합류하였음을 의미했다. 1940년대에 라틴아메리카에서 제철 공장을 세운 나라는 브라질, 멕시코, 아르헨티나, 칠레뿐이었다.

수입대체공업화가 가장 성공적이었던 나라는 브라질이다. 1930년 브라질은 라틴아메리카 제2의 인구 대국보다도 두 배나 더 많은 인구를 자랑했지만, 시골이 압도적으로 많았던 관계로 주로 농산물 수출에 의존하고 있었다. 하지만 브라질 국내총생산에서 공업이 차지하는 비율이 농업이 차지하는 비율을 추월하는 데는 그로부터 채 20년도 걸리지 않았다. 이러한 성과는 주로 시장의 힘에서 비롯된 것이기는 하지만, 경제적 민족주의도 일정한 역할을 했다. 브라질 민족주의 정치에 관한 이야기는 브라질 대통령 중 가장 유명하고 또 가장 많은 사랑을 받은 지도자 제툴리우 바르가스를 중심으로 전개된다.

미국과 브라질의 유사점을 찾는 사람들이라면 아마도 제툴리우 바르가스를 브라질의 프랭클린 루스벨트라고 부를 것이다. 라틴아메리카인들의 관점에서 볼 때, 프랭클린 루스벨트와 그의 친척인 시어도어 루스벨트는 정반대여서 전혀 혼동되지 않았다. 라틴아메리카인들에게 시어도어 루스벨트는 적으로 보였던 반면, 프랭클린 루스벨트는 친구로 보였다. 바르가스의 집권 제1기(1930~1945년)는 다선 대통령 프랭클린 루스벨트의 집권기와 겹친다. 나중에 다시 대통령이 되어, 총 19년 동안 대통령에 봉직한 바르가스는 프랭클린 루스벨트와 마찬가지로 라디오를 정치에 활용한 것으로 유명하다. 그는 중앙정부를 크게 확대했다. 두 사람 모두 체격은 볼품없었지만 능수능란한 정치인이었다. 프랭클린 루스벨트는 소아마비로 다리를 절었고 바르가스 역시 키가 작았지만, 두 사람 모두 다른 사람들을 유쾌하게 만들 정도로 낙천적이었다. 하지만 둘 다 집무실에서 죽음을 맞이했다. 바르가스의 경우에는 자살이었다.

라틴아메리카 최대의 과두 공화제 국가인 '커피 왕국' 브라질은 1920년대에 들어 흔들리기 시작했다. 반정부적인 생각을 가진 일부 소장파 장교들—역사에는 이들을 테넨테스Tenentes(하급 장교들)라고 불렀다—은 과두제 정치의 부패가 절망적인 상태에 이르렀다고 보고 몇 차례에 걸쳐 필사적으로 봉기했다. 1922년 히우지자네이루의 화려한 코파카바나 해변에서 일으킨 유혈 저항이 그중 하나였다. 얼마 후에는 다른 하급 장교들이 천 명의 무장 부대를 만들어 2년 동안 브라질 오지를 두루 돌아다니며 혁명적 민족주의 이상을 지지해 달라고 호소했다. 당시에는 계속된 생산 과잉으로 커피 경제가 위기를 겪고 있었다. 브라질 정부가 1927년까지 펼친 커피 가격 안정책은 별 효과가 없어서, 팔리지 않는 커피가 계속 쌓여 갔다. 이때 대공황이 일어났고, 세계 시장에서 이미 떨어질 대로 떨어진 커피 가격은 다시 1/3 이하로 곤두박질쳤다.

바르가스의 성공은 1929년의 대공황이 정치에 어떤 영향을 끼쳤는지를 생생하게 보여 준다. 1930년에 실시된 대통령 선거에서 커피 생산지는 아니지만 성장을 거듭하고 있던 히우그란지두술의 주지사 바르가스는 두 세대에 걸쳐 브라질을 지배하며 커피 생산자들의 이익을 대변해 온 상파울루주의 공인 후보 줄리우 프레스치스와 맞붙었다. 선거 관리인들이 결과를 조작해서 커피 왕국의 후보에게 공식 승리를 안겨 주었지만, 줄리우 프레스치스는 이미 지배력을 상실한 상태였다. 야당 세력은 물리력까지 동원하며 선거 결과에 이의를 제기했고, 결국 군부의 지원을 받은 바르가스가 대통령직에 올랐다. 이른바 '1930년 혁명'이었다. 브라질 역사에서 이 혁명은 일대 전환점이 되었다.

바르가스는 갑자기 새로운 정치적 에너지로 가득 차게 된 브라질을 7년 동안 헌정憲政 대통령에 준하는 자격으로 통치했다. 이제는 더 이상 보수주의적 자유주의와 자유주의적 보수주의가 서로 교대할 수 없게 되었다. 이미 온갖 종류의 새로운 이념들이 각축을 벌이고 있었기 때문이다. 1930년의 '혁명 세력'은 커피 왕에 맞서 싸운 좌절한 자유주의자들과 이상주의적인 청년 장교들(즉 좌절한 자유주의자들을 경멸한, 강경한 민족주의자들), 이렇게 두 부류로 구성되어 있었다. 청년 장교들은 당시 유행하기 시작한 급진적 이념을 받아들였다. 가장 유명했던 청년 장교들 중 일부는 공산당에 가입하였고, 공산당을 곧 민족해방동맹ALN의 핵심 세력으로 만들었다. 브라질의 급진좌파 세력은 민족해방동맹과 연합하면서 사상 처음으로 진정한 권력 경쟁자가 되었다. 그런가 하면, 극우 쪽에서는 스스로를 통합주의자라고 부르던 집단이 유럽 파시즘에서 영감을 받았다. 이들 통합주의자들은 팔을 쭉 뻗어 경례하였고, 나치의 갈고리 십자가를 연상시키는 상징(그리스 문자 시그마)을 사용했으며, 히틀러의 갈색 셔츠나 무솔리니의 검정색 셔츠와 마찬가지로 색깔 있는 셔츠를 입었다. 셔츠의 색깔은 브라질을 상징하는 초록색이었다.

바르가스는 자유주의자들과 보수주의자들, 공산주의자들, 하급 장교들, 통합주의자들이 서로 각축을 벌이던 1930년대 초의 정치적 분규를 잘 풀어냈다. 1937년 군대의 지원을 받아 독재 권력을 손에 쥐게 된 바르가스는 라디오 방송을 통해 브라질을 민족주의 국가로, 즉 신국가Estado Novo로 개조하겠다고 밝혔다. 신국가는 모든 입법 기관을 해산하고, 정당 활동을 금지하며, 대중 매체를 검열하는 고도의 권위주의 정부였다. 바르가스는 자유주의 정신에 입각한 연방제를 폐지하고, 중앙에서 임명한 '관리인'을 내려보내 주정부를 관리하게 했다. 또 신국가의 경찰이 마음껏 활개를 치도록 내버려 두었다. 하지만 이 모든 것에도 불구하고 바르가스의 인기는 여전했다. 왜 그랬을까?

바르가스는 실용주의적이었고, 융통성도 있었다. 게다가 그는 기본 원칙보다는 결과를 더 중시했다. 이런 점에서도 그는 프랭클린 루스벨트와 닮았다. 그는 또 언제나 민족주의자였다. 민족주의는 다양한 계층의 지지 세력을 아우르는 공통분모였고, 신국가의 정신적 활력이었다. 이제 극좌에서 극우에 이르는 모든 사람들이 민족주의자처럼 보였다. 1930년대는 세계 도처에서 민족주의 운동이 승승장구하던 시기였다.

신국가에서는 모든 것이 '민족적인 이것'이었고, '민족적인 저것'이었다. 바르가스는 심지어 중앙정부의 확고한 우위를 상징적으로 보여 주기 위해 주를 상징하는 깃발을 불태우는 화형식을 벌이기도 했다. 프랭클린 루스벨트가 뉴딜 정책을 추진하기 위해 '이해하기 매우 어려운 명칭'을 가진 기관들을 설립한 것과 다소 유사하게, 바르가스도 브라질의 공동 목표와 복지를 증진하기 위해 수십 개에 달하는 정부위원회와 부처, 기관들을 신설했다. 또 철도와 광업, 이주, 교과서, 스포츠와 레크리에이션, 수력과 전력 등을 감독할 각종 심의회와 위원회들도 마련했다. 이뿐이 아니었다. 국영 철강 회사를 설립하였고, 브라질의 양대 공업 지역인 히우지자네이루와 상파울루 사이에는 대형 제철 공장을 세웠다. 또 트럭과 항공기용 엔진을 생산하는 국영 자동차 회사도 만들었다. 신국가 정부는 외국인의 신문사 소유를 금지했다. 독일인과 이탈리아인을 비롯한 유럽인 이주민들이 농촌 마을을 설립하고 각자 자신들의 언어와 문화를 고수하며 살고 있던 브라질 최남단 지역에는 동화주의 정책을 실시했다. 신국가는 이주민들에게 포르투갈어를 사용하고 브라질 사회에 동화될 것을 강요했다.

신국가는 멕시코의 혁명당과 마찬가지로 인종 혼합을 찬미하였고, 브라질 사람들에게 자신들의 아프리카 혈통을 받아들이도록 장려했다. 질베르투 프레이리라는 젊은 인류학자는 1933년에 출간한 기념비적인 저작 『주인과 노예』에서 인종 혼합과 문화 융합의 긍정적 특성을 치켜세웠다. 브라질 사람들의 아프리카 혈통은 인종주의 이론에서처럼 민족적 장애 요인이 아니었고, 오히려 브라질 특유의 민족 정체성을 만들어 냈다는 것이다. 그는 또 이런 아프리카 혈통이 아프리카 문화의 일부 요소들을 브라질인들에게 심어 주었다고 주장했다. 브라질 사람들이 그 사실을 알고 있든 모르고 있든 간에 말이다. 브라질 사람들은 마치 간절히 바라고 있기라도 했다는 듯이 프레이리의 혼합 메시지를 환영했으며, 정부의 연구 지원으로 아프로-브라질 연구 분야는 갑자기 활기를 띠었다. 활기 넘치는 아프로-브라질의 삼바를 브라질 특유의 문화로 받아들인 것도 바로 이때부터였다. 신국가의 대중 매체는 이를 적극 장려했다.

과일로 만든 헤드기어를 트레이드마크로 삼았던 카르멘 미란다는 가수이자 무용수였고, 또 배우였다. 민족주의 삼바의 물결에 올라탄 그녀는 처음에는 자체적인 영화 산업을 보유하고 있었던 브라질에서, 그 뒤에는 미국에서 스타가 되었다. 사실 카르멘 미란다는 역설 그 자체였다. 브라질 영화에서는 멕시코에서 '차로'라고 부르는 카우보이 역할, 곧 '민족' 음악을 선보이는 '민족' 뮤지컬 배우 역을 맡았던 그녀였지만, 나중에 미국 영화에서 보여 준 그녀의 이미지는 몸을 흔들어 대는 '정열적인 라틴계' 캐리커처로, 오늘날의 민족주의적인 것과는 거리가 멀었다. 그녀는 브라질인들의 취향보다는 미국인의 입맛에 맞춰 그런 이미지를 연출했던 것이다. 그런데도 할리우드에서는 그녀의 유별난 의상이 자주 도마 위에 올랐다. 그 의상이 히우지자네이루의 고유 의상, 즉 바이아주에서 카니발 축제 때 입는 아프로-브라질의 전통의상이었기 때문이다. 미란다의 삼바 동작은 바이아주 교사들의 연구 대상이 되기도 했지만, 사실 그녀는 아프리카계 브라질인이 아니었다. 그녀는 브라질에서 자라기는 했지만, 실제로는 포르투갈인이었다. 그런데도 미란다는 춤을 통해 브라질 사람이 되었다. "내 몸 어느 한 구석이라도 브라질적이지 않은 데가 있다면 말해 보라."고 했던 미란다뿐 아니라, 1930년대에 그녀에게 박수갈채를 보낸 브라질 대중도 그녀가 브라질 사람이라고 생각했다. 아홉 차례나 열린 그녀의 남아메리카 순회공연도 매번 표가 매진되었다. 1940년 그녀가 미국 백악관에서 프랭클린 루스벨트를 위한 공연을 마치고 귀국했을 때, 히우지자네이루 시민들은 그녀를 영웅으로 환영했다. 그러나 그녀가 영어로 노래 부른다는 사실이 알려지자, 브라질에서 그녀의 인기는 뚝 떨어졌다.

브라질 전역에서 문화적 정체성을 발견하는 작업이 진행되었다. 기념비적 축제인 '1922년 상파울루 모던 아트 주간' 행사를 통해 혁신적 민족주의 사조가 브라질 예술계에 등장했는데, 여기에 참여했던 예술가 중에는 작곡가 에이토르 빌라 로부스도 있었다. 100여 년 전 쇼팽과 리스트가 민족 운동 차원에서 자국의 민속 선율을 작곡에 활용했던 것처럼, 그 역시 브라질의 민속 선율을 활용하여 클래식 음악을 작곡했다. 또 바르가스 집권기에 그는 수만 명을 수용할 수 있는 대규모 연주회를 기획하면서 음악 진흥을 위한 국가 프로그램을 성공시키기 위해 노력했다. 오늘날에도 그는 라틴아메리카 최고의 클래식 음악 작곡가로 널리 알려져 있다. 한편, 작가 오스바우지 지 앙드라지 역시 '상파울루 모던 아트 주간'을 이끈 주요 인물이었다. 그는 1928년에 펴낸 자신의 대표작 『식인풍습 선언』에서 브라질 사람 특유의 가벼운 말장난으로 이렇게 선언했다. "투피족인가 아닌가, 그것이 문제로다." 앙드라지는 투피족의 식습관을 상기하면서, 브라질 예술가들이 유럽 예술을 '먹어서' 소화시킨 다음, 그것을 원주민·아프리카인들이 브라질에 끼친 영향과 결합하여 브라질 특유의 새로운 예술로 창조해 내자고 제안했다. 그런가 하면, 브라질 북동부의 이야기꾼들은 민족주의 정서가 흠뻑 느껴지는 거대한 서사 전통을 만들고 있었다. 이들 중 한 명이 오늘날 브라질에서 가장 유명한 소설가 조르지 아마두였는데, 그의 작품들은 주로 아프리카적 전통이 깊이 뿌리내린 바이아주를 배경으로 삼고 있다. 1930년대에는 디에고 리베라와 프리다 칼로를 비롯한 다른 많은 민족주의 예술가들이 그랬던 것처럼 그 또한 혁명적 마르크스주의에 깊이 몰두해 있었다.

나중에 살펴보겠지만, 바르가스 정부도 결국 좌경화되었다. 하지만 1930년대와 1940년대에 바르가스가 실시한 정책들은 좌파에서 우파에 이르는 정치 이념의 스펙트럼 중 그 어디에도 자리매김하기 어려웠다. 기업가들과 공업 노동자들의 요구를 조정하기 위해 바르가스가 동원한 이념은 사회주의가 아니라 민족주의였다. 신국가는 공업화를 최우선 과제로 삼았기에, 수많은 노동입법을 통해 한편으로는 공장주들이 바라는 노동력이 제공되었고, 다른 한편으로는 노동자들이 바라는 보호 조치들이 취해졌다. 신국가는 정부 산하 노동조합을 수백 명 단위로 조직했지만, 노동조합에 파업권을 허용하지는 않았다. 따라서 노동자들의 불만은 정부가 해결해 주어야 했다. 이는 노동자들이 직접 나서서 조정할 수 없는 가부장적 제도였지만, 경찰력을 동원해 노동자 시위를 해결하던 종전의 방식보다는 훨씬 개선된 것이었다. 이 밖에도 공업 노동자 계급과 도시 중산층을 위해 안전보건 기준과 최저 임금, 주 48시간 노동제, 퇴직 연금 제도, 출산 수당 등과 같은 각종 사회입법들이 시행되었다.

브라질의 민족주의 운동도 아르헨티나나 우루과이에서와 마찬가지로 도시를 중심으로 전개되었다. 하지만 무장을 갖춘 농민들이 혁명을 도왔던 멕시코에서는 민족주의가 농촌 사회까지 파고들었다. 멕시코 역사상 최대 변혁기는 라사로 카르데나스가 집권했던 1934~1940년이었다.

바르가스나 프랭클린 루스벨트가 부유한 지주 가문 출신이었던 것과 달리, 카르데나스는 변변찮은 시골 마을에서 자랐다. 멕시코 혁명 때 처음 두각을 드러낸 그는 그 후 보수적인 성향을 띤 미초아칸주의 주지사가 되었다. 멕시코 서부에 위치한 척박한 이 지역은 그의 고향이기도 했다. 39살 때 혁명당의 대통령 후보가 된 카르데나스는 자신이 갖고 있던 주도권이 아니라, 대의에 충실했던 것으로 유명했다. 정권을 잡은 후에도 그는 더 나은 멕시코, 보다 공정한 멕시코의 이상을 심어 주기 위해 전국 방방곡곡을 찾아다녀 사람들을 놀라게 했다. 사실 그는 선거 운동 때부터 그렇게 했다. 그는 혁명당의 공식 후보였던 만큼 위협이 될 만한 경쟁자가 없었지만, 마치 열세 후보인 것처럼 선거 운동을 벌였다. 이 기간 동안 그는 불가피한 경우 말을 타고서라도 외딴 마을들을 방문했다. 이렇게 해서 그가 누비고 다닌 멕시코 농촌 지역이 거리로는 26,000킬로미터나 되었다. 이전에 어느 대통령 후보도 이렇게 한 적이 없었다. 카르데나스는 대통령이 되고 나서도 농촌 마을을 잊지 않았다.

카르데나스는 6년의 집권 기간 동안 4,500만 에이커에 달하는 토지를 분배했는데, 이는 그 전 24년간 멕시코에서 분배되었던 토지 면적의 두 배나 되는 양이었다. 그는 노동조합을 지지했으며, 브라질의 바르가스와는 달리 노동조합의 파업권도 보장해 주었다. 심지어 1938년에는 정부가 파업 노동자들을 지지하여 심각한 국제 분쟁이 야기되기도 했다. 파업을 벌인 사람들은 멕시코 동북부 연안 지역을 따라 시추 작업을 하던 영국과 미국의 여러 석유회사에 고용된 노동자들이었다. 회사와 파업 노동자들은 멕시코 정부에 분쟁 조정을 신청했는데, 중재 기관은 노동자들의 편을 들어 임금을 인상하고 후생을 증진하라는 판결을 내렸다. 하지만 외국인 기업주들이 이 판결을 이행하지 않았다. 결국 멕시코 대법원이 나서서 이전 판결을 심리하고 결과를 재확인했지만, 외국 기업들은 여전히 꿈쩍도 하지 않았다. 그러자 카르데나스가 나섰다. 그가 멕시코 헌법 제27조에 의거해 석유회사들을 수용하겠다고 선언하자, 외국인 기업주들은 큰 충격에 빠졌다. 멕시코 국민들로부터 이보다 더 열렬한 지지를 받았던 조치가 또 있을까? 멕시코 국민들은 정부가 외국인 기업주에게 갚아야 할 보상금을 지불할 수 있도록 자신들의 쥐꼬리만 한 소득 일부를 자발적으로 기부하기도 했다. 심지어 혁명 정부와 오랫동안 격렬하게 대립했던 가톨릭교회까지도 석유회사 수용 조치가 발표된 후에는 교회 종을 울리며 기뻐했다. 알려진 바와 같이 이러한 멕시코의 '경제적 독립 선언'은 국영 석유회사 페멕스PEMEX를 탄생시켰다. 철도는 이보다 한 해 전인 1937년에 이미 비교적 조용히 국유화된 상태였다.

한편 멕시코 정부의 석유회사 수용 조치에 영국은 멕시코와의 외교

관계 단절로 대응했다. 미국의 석유회사들도 미국 정부의 개입을 강하게 요청했지만, 프랭클린 루스벨트의 생각은 달랐다. 1930년대의 국제 정세가 위기에 빠져 있다고 본 프랭클린 루스벨트는 미국이 라틴아메리카에 동맹 세력을 가지고 있어야 한다고 생각했다. 세계대전이 임박하자 그는 라틴아메리카의 호의를 얻기 위해 가능한 모든 조치를 취했다. 사실 루스벨트는 1933년 대통령 취임 연설에서 라틴아메리카에 대한 '선린 정책'을 발표한 바 있는데, 이것이 완전히 새로운 정책은 아니었다. 공격적인 간섭주의가 득보다 실이 많다는 사실을 깨달은 공화당 출신 대통령들도 1920년대부터 이미 간섭주의 정책을 서서히 포기했기 때문이다. 1933년에 개최된 범아메리카 운동 제7차 대회에서도 프랭클린 루스벨트 정부 대표단은 타국에 대한 군사 개입을 중단하겠다고 공개적으로 선언했다. 게다가 쿠바와 파나마도 더 이상 미국 해병대가 마음대로 드나들 수 있는 '보호령'이 아니었다. 그 결과 미국-라틴아메리카 관계에 놀라운 변화가 생겨났다. 프랭클린 루스벨트는 이러한 우호적 관계를 바탕으로, 1930년대 말과 1940년대 초에 잇달아 열린 범아메리카회의를 통해 아메리카 대륙의 안전 보장 조치를 강화했다. 당시 미국에 살고 있던 카르멘 미란다는 일련의 '선린' 영화들을 제작했는데, 이는 월트 디즈니도 마찬가지였다. 1945년에 제작된 만화 영화 〈3인의 기사〉가 바로 그런 경우였다. 이 영화에서 도널드 덕은 이제 브라질 앵무새, 멕시코 수탉과 힘을 합친다.

1938년 멕시코가 단행한 석유 사업 국유화 조치가 선린 정책에 대한 일종의 시험이었다고 한다면, 미국은 그 시험에 합격했다. 라틴아메리카와 미국의 관계는 그 어느 때보다도 우호적이었다. 미국이 세계대전에 참전한 후, 라틴아메리카 국가들도 모두 연합국의 일원으로 참전했다. 어떤 의미에서든 미국과 제일 가까운 중앙아메리카와 카리브해에 위치한 작은 나라들은 참전에 즉각 서명했다. 그러나 애석하게도 가장 빨리 참전을 결정한 나라들 중 몇몇은 과거 미국 군사 개입의 '수혜 국가'였고, 참전 당시에도 친미 독재자들이 권력을 장악하고 있었다. 이 독재자들 중 몇몇은 도미니카 공화국의 라파엘 트루히요처럼 잔악한 폭군이었다. 하지만 프랭클린 루스벨트는 이렇게 말하면서 그들을 받아들였다. "그들이 비열한지는 모르겠으나, 어쨌든 우리 편이다." '적군 편이 아니라 우리 편'이라는 것이 핵심이었다. 참전 대열에 가장 늦게 합류한 국가는 칠레와 아르헨티나였다. 이들은 미국과 지리적으로도 멀리 떨어져 있고, 외교적으로도 냉담한 관계였다. 게다가 이들 나라에는 미국의 적국인 독일과 이탈리아 출신 이주민들도 많았다. 이와는 대조적으로 브라질은 라틴아메리카 국가들 중 가장 적극적인 동맹국이었다. 대서양 전쟁에서는 대서양 먼바다까지 툭 튀어나온 '브라질의 돌출부'가 지닌 전략적 중요성이 매우 컸는데, 바르가스는 미국이 그곳에 군사기지와 활주로를 건설하도록 허용해 주었다. 이 밖에도 브라질 1개 보병 사단이 이탈리아로 출정해 미군과 공동작전을 벌였다. 멕시코의 전투기 조종사들 역시 태평양에서 비행 임무를 맡았는데, 이는 미국과 멕시코의 관계 개선에 큰 기여를 했다.

브라질과 라틴아메리카 도처에서 수입대체공업화를 크게—심지어 대공황보다 더 크게—촉진시켰던 것은 제2차 세계대전이었다. 미국 정부가 버스와 자동차 대신에 탱크와 폭탄 생산을 위한 지출을 시작하면서 미국의 공업은 활기를 띠며 되살아났고, 라틴아메리카 농산물에 대한 미국 내 수요도 곧 회복되었다. 외화를 벌어들이게 된 라틴아메리카 중산층은 이제 소비 여력이 생겨났지만, 전쟁 때문에 미국이나 유럽에서 소비재를 구입할 수가 없었다. 이렇듯 수요가 증가하고 대외 경쟁이 사라지자, 라틴아메리카의 공업은 꾸준히 성장했다. 브라질의 1943년 수출 총액은 4억 4,500만 달러였고, 순이익은 1억 3,500만 달러였다. 상당수의 라틴아메리카 국가들이 미국과 유럽을 상대로 한 무역에서 사상 처음으로 흑자를 기록하게 되었다.

제2차 세계대전이 끝난 1945년, 민족주의자들은 격동의 시기 동안 라틴아메리카 주요 국가들을 성공적으로 이끌어 온 공로를 인정받을 수 있었다. 금방이라도 거대한 변화가 일어날 것처럼 보였다. 라틴아메리카의 산업들이 이전 10년간의 성장세를 앞으로도 계속 유지할 경우, 브라질, 멕시코, 아르헨티나, 그리고 어쩌면 다른 나라들까지도 세계 최고의 선진국들처럼 중공업 부문에 곧 진입하게 될 것이었다.

이와 동 시기에 일어난 대중문화의 혁신적 변화는 인종에 따른 신분제도나 정치적 배제 같은 라틴아메리카의 쓰라린 유산이 급속히 해체되고 있음을 시사해 주었다. '권력의 통로'라 할 수 있는 멕시코 정부 청사 복도에는 이제 멕시코 원주민들의 업적과 에스파냐 식민화의 폐해를 묘사하는 디에고 리베라의 거대한 벽화가 자랑스럽게 그려졌다. 히우지자네이루에서 삼바를 추는 흑인 무용수들은 이제 브라질 민족문화의 대표자로 칭송받았고, 그들의 카니발 행진도 정부로부터 보조금을 지급받게 되었다. 전반적으로 라틴아메리카인들은 자신들뿐 아니라 서로에 대해서도 자랑스러워했다. 사진과 라디오, 영화가 등장하면서 아르헨티나가 낳은 위대한 탱고 가수 카를로스 가르델은 라틴아메리카 전역에서 사랑받는 우상으로 떠올랐다. 잘생긴 가르델의 탱고가 너무도 좋았던 관객들은 필름을 되감아 노래를 다시 듣게 해 달라고 영사 기사에게 졸라 대기도 했다. 하지만 국제 순회공연이 성황리에 진행 중이던 1935년, 콜롬비아 산악지대에서 비행기가 추락하는 바람에 상승 가도를 달리던 가르델의 생애는 비극으로 막을 내렸다. 1945년에는 칠레의 시인 가브리엘라 미스트랄이 라틴아메리카에서는 처음으로 노벨상을 수상했다. 회화나 음악에서와 마찬가지로 문학에서도 라틴아메리카가 마침내 세계적인 수준에 도달한 것이다.

하지만 아직 커다란 문제들이 남아 있었다. 그중 하나는 민족주의와 수입대체공업화, 도시 중산층의 성장이 라틴아메리카 일부 지역에는 사실상 아무런 영향도 끼치지 못했다는 사실이다. 중앙아메리카가 그랬다. 이곳 국가들은 내수시장의 규모가 너무 작아 공업화를 뒷받침할 수 없었다. 따라서 파나마와 과테말라 사이의 지협에서는 대개 전통적인 지주 과두 세력이 진보적인 민족주의 연립정부에 지배권을 양도하지 않고 버텼다. 카르데나스 같은 민족주의자들이 멕시코 지주 계급의 척추를 부러뜨리고 있던 시기에도 중앙아메리카의 여러 지역에서는 낡은 사고방식을 지닌 커피 재배 과두 세력들이 여전히 지배력을 행사하고 있었다.

과테말라에서는 많은 독일인들이 커피를 재배하고 있었는데, 이들은 국가 발전에는 아무 관심이 없었다. 대공황 때부터 제2차 세계대전 때까지 과테말라를 통치했던 이는 자유주의적 권위주의자인 호르헤 우비코였다. 그는 "문명으로의 행진"을 약속하며 집권했지만, 그의 관심사는 커피 재배와 수출 장려뿐이었다. 그는 또 중앙아메리카의 여러 국가들 중에서도 과테말라가 미국과 가장 가까운 우방이 되기를 바랐다. 그가 재임하는 동안 유나이티드프루트사는 과테말라 경제를 지배하는 유일한 기업으로 성장했다. 하지만 최악의 시나리오를 자랑했던 나라는 '커피 왕국' 브라질의 축소판인 엘살바도르였다. 주술을 좋아했던 냉혹한 독재자 막시밀리아노 에르난데스 마르티네스는 엘살바도르의 왕이라 할 수 있는 커피 산업을 보호하기 위해 폭력을 서슴지 않았다. 그 결과 엘살바도르 역사에서 1932년은 '학살'의 해로 남게 되었다. 당시 희생자가 만 명이 넘었는데, 그중 상당수는 원주민들이었다. 1930년대에는 원주민으로 산다는 것이 매우 위험한 일이었기에 엘살바도르 원주민들은 점차 자신들의 종족 정체성을 포기하기 시작했다. 그들은 자신들의 전통의상을 숨겼고, 에스파냐어로만 대화를 나누었으며, 다른 혈통과 혼혈하려고 애썼다. 멕시코와 다른 여러 나라에서는 원주민주의가 공식 강령이 되었지만, 엘살바도르에서는 원주민 전통의 명맥이 사실상 끊어져 버렸다. 정말 아이러니한 일이다.

미국은 중앙아메리카와 카리브해에서 민족주의가 확산되는 것을 막으려 했다. 앞서 얘기한 대로 미국은 민족주의적 충동에 사로잡힌 쿠바의 풀헨시오 바티스타를 협력자로 끌어들였다. 당시 라틴아메리카에는 사실상 미국의 군사 개입 덕분에 통치자가 된 이들이 많았다. 니카라과의 아나스타시오 소모사와 도미니카 공화국의 라파엘 트루히요가 권좌에 오른 것도 미 해병대의 간접 지원 덕분이었다. 두 사람 모두 민족주의 이미지를 다소 효율적으로 활용하기는 했지만, 탐욕과 부패, 미국에 대한 맹종, 어떤 희생을 감수하고서라도 권력을 유지하려는 결의 측면에서는 확실히 남달랐다. 트루히요는 자기 이름이 들어가도록 수도 명칭을 바꾼 다음, "하느님과 트루히요"라는 모토를 보여 주는 대형 전광판을 세웠다. 그가 취한 조치들 중 가장 민족주의적인 조치는 아이티인 이주민을 학살한 것이었다.

심지어 민족주의의 영향력이 훨씬 더 컸던 라틴아메리카 국가에서도 민족주의의 수사는 대개 실제보다 과장되어 있었다. 원주민주의와 메스티소 민족주의가 인기를 누리기는 했지만, 인종주의적 사고방식은 라틴아메리카 그 어디에서도 사라지지 않았다. 칠레의 여류 시인 가브리엘라 미스트랄은 일찍이 메스티소 피부색을 빌미로 자신을 모멸한 칠레의 엘리트들을 끝까지 용서하지 않았다. 한편 도시화가 급격히 진행되어 기존의 주택 및 도시 서비스로는 감당할 수 없는 지경에 이르게 되었다. 라틴아메리카 대도시 외곽에는 일자리를 찾아 몰려든 농촌 이주민들이 거주하는 빈민가가 들어섰다. 사람들은 이것이 일시적인 현상이기를 바랐다. 하지만 그러는 동안 정전과 물 부족 사태가 다반사로 일어났다. 농촌은—멕시코 이외의 지역에서는—민족주의의 혜택을 거의 누리지 못했다. 연일 빈민가로 몰려드는 이주민들을 위해 더 많은 일자리가 필요했다. 하지만 기술적인 측면에서 볼 때, 라틴아메리카의 공업은 유럽이나 미국보다 한참 뒤처져 있었다. 라틴아메리카에서 공업이 번성한 것은 대공황과 제2차 세계대전 때 추진된 수입대체공업화라는 특별한 조건이 있었기 때문이다. 전후 라틴아메리카의 공업이 경쟁력을 갖추기 위해서는 기술 발전이 시급했다.

반대 흐름

20세기 포퓰리즘 지도자들

20세기 중반 라틴아메리카에는 카리스마 넘치는 지도자들이 많았다. 그들은 대개 민족주의 메시지로 대중을 열광시키는 연설가들이었고, 빈민 계층과 하층 중산 계급 유권자들에게 자신들의 메시지를 전달하는 포퓰리스트들이었다. 제2차 세계대전 이후 라틴아메리카의 정치 무대는 포퓰리즘(populism) 형태의 민족주의가 지배했다. 포퓰리스트들은 언제나 서민적인 모습이었고, 대개는 가부장적인 면모도 함께 보여 주었다. "아버지께서 제일 잘 아신다."는 식의 가부장주의는 통상 보수적이었다. 그런가 하면 포퓰리스트들은 종종 급진적인 수사를 동원해 가며 과두제와 경제적 제국주의를 맹비난했다. 따라서 포퓰리즘 지도자들의 행위를 좌파에서 우파에 이르는 정치적 스펙트럼 위의 어느 한 지점에 자리매김하기란 매우 어렵다. 그렇지만 1948~1989년의 냉전기에 미국 외교관들은 노동자 얘기를 많이 하는 지도자를 좌파로, 심지어는 공산주의자로 분류했을 것이다. 그리고 그 결과 엄청난 혼란이 발생했다. 냉전 시대 라틴아메리카에서 전개된 격동의 정치를 파악하는 데는 이 혼란을 이해하는 것이 매우 중요하다.

아메리카인민혁명동맹을 창설한 **페루의 빅토르 라울 아야 델라 토레**는 포퓰리스트의 자격을 갖춘 인물이다. 1932년 그가 대통령 선거에 출마하자, 겁을 집어먹은 리마의 엘리트들은 그를 공산주의자로 몰아세웠다. 하지만 페루 공산주의자들도 리마의 엘리트들 못지않게 그를 비난했다. 아야 델라 토레가 제기한 실제 이슈는 민족주의적인 것이었다. 구체적으로 그것은 문화적 긍지('원주민-아메리카')와 반제국주의("외국

기업들이 우리의 부를 착취해 나라 밖에다 팔고 있다.")였다. 그는 한 번도 대통령으로 선출되지 못했다. 하지만 그와 페루 유권자들 사이에 형성된 강력한 유대는 이후 사반세기 가까이 지속되었다. 아야 델라 토레와 같은 포퓰리즘 지도자들은 19세기 카우디요들과 마찬가지로 개별 국민의 충성심에 호소했다.

또 다른 유명 연설가인 **에콰도르의 호세 마리아 벨라스코 이바라**도 비슷한 마법을 부렸다. 그가 스스로에게 부여한 "민족의 화신"이라는 명칭에는 대중과의 신비로운 공감이라는 관념이 잘 드러나 있다. 이는 포퓰리스트들이 애용했던 것이다. 그는 "제게 발코니를 내어 주십시오. 그러면 대통령이 되겠습니다."라고 선언했다. 그런데 이는 허풍이 아니었다. 그는 민족주의적 수사를 활용해 1930년대부터 1960년대까지 무려 다섯 차례나 대통령으로 선출되었다. 좌파에서 우파에 이르는 정치적 스펙트럼 위에서 매번 정치적 입장을 약간씩 바꾸어 가면서 말이다. 그는 결국 임기를 다 채우지 못하고 군부에 의해 축출당했다.

콜롬비아의 호르헤 엘리에세르 가이탄은 페루의 아야 델라 토레와 마찬가지로 대통령직에 오른 적이 없었다. 하지만 그는 포퓰리즘 지도자들 중에서도 가장 불같은 연설가였을 것이다. 콜롬비아 군중들 앞에서 마이크를 잡을 때면 그는 자신이 가정교육을 제대로 받지 못해 어린 시절 많은 굴욕을 맛보았다는 이야기를 자주 했고, 군중들은 그런 그를 좋아했다. 그는 자신이 가무잡잡한 메스티소라는 얘기를 할 필요가 없었다. 너무도 분명했기에 아무도 그 사실을 모를 수가 없었다. 백인 엘리트들은 특히 그러했다. 가이탄은 1948년에 암살당했는데, 이를 계기로 라틴아메리카 최대의 도시 폭동이었던 '보고타소(Bogotazo)'가 촉발되었다. 이 사건으로 콜롬비아 수도는 아수라장으로 변했고, 무려 2천여 명이 목숨을 잃었다. 이 사건은 당대 콜롬비아인들의 마음속에 깊이 아로새겨졌다.

1930년대에 멕시코의 제도 혁명을 소생시킨 **라사로 카르데나스**도 포퓰리스트였다. 그는 호언장담을 늘어놓는 대중 연설가라기보다는, 끊임없이 발로 뛰며 보통 사람들과 스스럼없이 어울리는 풀뿌리 운동가였다. 미국의 프랭클린 루스벨트가 그랬듯이 그에게도 서민들의 탄원서가 엄청나게 쇄도했다고 한다. 카르데나스는 멕시코 전역을 끊임없이 돌아다니기를 좋아했기에 멕시코시에는 거의 머무르지 않았다. 현지에서 그는 서민들이 공손히 다가와 제기하는 불만과 요구 사항을 경청한 다음, 먼지 나는 마을 광장에 마련된 탁자에 앉아 대통령으로서 자신이 내린 결정 사항을 각지에 하달했다.

앞으로 살펴보겠지만, 신국가를 창설한 **브라질의 전 독재자 제툴리우 바르가스**는 1950년대에 다시 대통령이 된다. 그는 선거 승리를 도모하는 좌파 포퓰리스트로 복귀했다. 바르가스는 포퓰리즘의 수수께끼를 잘 보여 준다. 그가 정말로 약자를 지키는 노동자들의 후보였을까? 아니면 노동자를 대변하는 미사여구를 기회주의적으로 늘어놓는 자였을까? '둘 다'가 그 답이다. 신국가는 공산당을 탄압했다. 그리고 여러 가지 면에서 가부장적이었다. 하지만 바르가스는 민족주의 정책을 통해 빈민들에게 큰 인기를 얻었다. 환하게 웃는 "빈민들의 아버지" 바르가스. 이런 이미지를 통해 그는 당대 브라질 '길거리 문학(literatura de cordel)'(거리에서 값싸게 팔리는 대중적 서사시)의 중심 테마로 떠올랐다. 당시 길거리 문학은 브라질 하층 계급의 태도를 들여다볼 수 있는 좋은 척도였다.

아르헨티나의 에바 페론과 후안 페론은 아마도 역대 최고의 포퓰리스트이자, 가장 많은 논란을 불러일으킨 포퓰리스트일 것이다. 이들에 관한 이야기는 다음 장에서 다룰 것이다. 페론주의 운동의 토대는 차분하고 자애로운 페론과 화려한 그의 아내에게 바치는 아르헨티나 노동자들의 끝없는 충성심이었다. 이런 충성심은 노동자들의 생활 수준 향상 덕분이기도 하지만, 이보다 더 중요한 이유가 있었다. 에바 페론은 바르가스와 마찬가지로 미소를 잘 짓기로 유명했는데, 그녀의 미소는 사람들이 자신들의 꿈과 희망을 비추어 보는 빈 화면 같은 역할을 했다. 그들은 정치적으로는 좌파도 아니고 우파도 아닌 '제3의 입장'을 지지한다고 밝혔지만, 페론주의 운동은 결국 좌파와 우파로 분열되고 말았다.

제8장

혁명

혁 명
1945
~
1960년
1946년
페론, 아르헨티나
대통령에 당선
1952년
볼리비아,
민족혁명운동 집권
1954년
과테말라,
아르벤스
정권 전복
1959년
쿠바
혁명가들의
아바나 진군
1961년
피그스만
침공
LATIN AMERICA

Revolution

혁명

제2차 세계대전 이후 라틴아메리카의 공업화는 탄력을 잃어버렸다. 전후 세계에서는 1930년대의 민족주의자들이 염원해 온 경제적 자립이라는 꿈을 실현하기 어렵게 되었다. 그런가 하면, 위생과 보건 향상으로 사망률이 크게 낮아지면서 인구 증가 속도는 더욱 빨라졌다. 아르헨티나와 쿠바, 콜롬비아, 브라질은 1900년 이래 세계에서 인구 증가 속도가 가장 빨랐던 나라들이다. 1900년에 6,100만 명이었던 라틴아메리카의 인구는 1950년에는 1억 5,800만 명을 넘어섰고, 10년 뒤인 1960년에는 2억 명에 육박하게 되었다. 도시 인구도 폭발적으로 늘어났다. 제2차 세계대전 이후에는 부에노스아이레스, 히우지자네이루, 상파울루, 멕시코시, 아바나, 산티아고의 인구가 모두 100만 명을 넘어섰다. 또 1960년에는 리마와 카라카스, 보고타, 헤시피의 인구도 100만 명을 넘어섰다. 라틴아메리카 국가들은 곧 전 세계에서 도시화 비율이 가장 높은 축에 속하게 되었다. 라틴아메리카의 경제도 성장하기는 했다. 하지만 늘어난 수백만 명의 희망과 꿈은 물론이고, 그들의 기본 욕구조차 충족시키기 어려웠다.

카롤리나 마리아 지 제수스의 꿈은 남달랐다. 더 나은 삶을 찾아 도시로 온 그녀는 1947년 상파울루 빈민가에다 집을 지었다. 중고 목재와 마분지, 납작하게 누른 깡통 같은 자재로 그녀가 직접 지은 판잣집이었다. 이때 그녀는 서른세 살이었다. 미혼모였던 그녀는 마대 자루를 메고 폐지를 주워 가며 아이들을 키웠다. 하루에 25센트 정도를 벌었다. 중등 교육을 받았다는 사실을 제외하면, 그녀의 삶은 이웃과 크게 다르지 않았다. 하지만 그녀는 글을 읽고 쓸 줄 알았고, 그 덕분에 상상의 나래를 펼 수 있었다. 그녀는 쓰레기 더미에서 주워 온 공책에 자신의 삶과 꿈을 기록했다. 1958년 한 기자가 그녀를 만났을 때, 그녀가 쓴 공책은 26권이나 되었다. 기자는 그 일기를 발췌해 출판했는데, 그녀가 빈민가에서 쓴 글을 읽은 브라질 중산층 독자들은 큰 충격에 빠졌다. 그녀의 일기는 곧 베스트셀러가 되었고, 이후 13개국 언어로 번역되었다. 그녀는 일기 덕분에 빈민가를 탈출하게 되었다. 하지만 수백만 명에 달하는 사람들은 여전히 그곳에서 상한 음식을 먹으며 예방 가능한 질병으로 죽어 나가는 비참하고 절망적인 삶을 살았다.

이제 많은 라틴아메리카인들은 정말로 혁명적인 변화가 필요하다는 생각을 하기 시작했다. 더욱이 라틴아메리카의 민족주의자들은 전쟁 당시 우방이었던 미국을 다시 예전의 제국주의 국가로 바라보기 시작했다. 반미 감정의 중심에는 민족주의가 있었는데, 이는 종종 또 다른 이데올로기인 마르크스주의와 강하게 결합하였다. 하지만 전후 라틴아메리카의 민족주의자들 전부가 마르크스주의자가 된 것은 아니었다. 민중을 위해 적극적으로 활동했던 민족주의 지도자 중 마르크스주의자가 되지 않은 이들은 흔히 '포퓰리스트populist'라고 불렸다.

제2차 세계대전 이후의 포퓰리즘

포퓰리즘은 기본적으로 대중 정치와 선거 승리에 주안점을 둔 리더십 유형이었다. 전후 라틴아메리카 민주주의는 상당한 발전을 이룩했다. 여성들에게 참정권이 주어졌고, 투표 연령도 18세로 낮아졌다. 투표자가 글을 읽고 쓸 줄 아는 식자識者여야 한다는 조건도 사라졌다. 이제 많은 국가에서 투표는 법률상의 의무로 규정되었다. 브라질에서는 독재자 성향을 뚜렷이 드러냈던 제툴리우 바르가스가 1950년 선거에서 또다시 대통령으로 선출되었다. 이전 재임기 때 국민들에게 물질적 향상에 대한 희망을 안겨 주었기 때문이다. 전후 라틴아메리카에서 집권에 성공한 민족주의자들은 모두—종전의 정부들과는 달리—국민들의 자유로운 투표권에 의존했고, 기본적으로 중산층과 공업 노동자들로 이루어진 연합 세력으로부터 지지를 받았다.

하지만 이 연합 세력을 만족시키는 것은 여기저기 흩어져 있는 소수 지주들의 비위를 맞추는 일이나, 신식민주의 시대의 통치자들처럼 선거를 조작하는 일보다 훨씬 더 어려웠다. 전후의 민족주의자들은 선거 승리를 위해 포퓰리즘적인 정치 전략을 구사했다. 대규모 전국 유세를 펼치거나, 유세에 라디오를 적극 활용하는 것 등이 여기에 해당된다. 유세 때 포퓰리스트들은 농촌의 옛 과두 세력, 그리고 그들과 결탁한 나라 밖의 제국주의 세력을 향해 맹비난을 퍼부었다. 그들은 또 생활수준의 획기적 향상이라는 비전을 제시하여 노동자 계급의 표를 끌어들이되, 계급 투쟁이라는 이미지로 인해 중산 계급의 표가 떨어져 나가는 일은 생기지 않도록 전략을 짰다. 이 과정에서 민족주의는 중산층과 공업 노동자들의 목표가 서로 다르지 않다는 느낌을 심어 주는 역할을 했다.

포퓰리즘 정치는 1930년대까지 라틴아메리카 대부분의 지역을 호령했던 기존의 연합 세력, 곧 과두 세력과 경제적 이익을 노린 외국인들에게서 권력을 빼앗았다. 수출 대호황의 시대가 지나가 버리면서 지주들과 국제 금융업자들의 경제력은 약화되지만, 그들은 국제 무역이 다시 살아날 때를 대비해 복귀할 준비를 하고 있었다. 농촌 지역의 선거에서는 이들의 영향력이 여전히 컸다. 따라서 민족주의자들은 공업도시에서 압도적인 승리를 거두어야만 했다.

한편 제2차 세계대전 이후에는 라틴아메리카의 공업화 속도가 크게 둔화되기 시작했다. 외국에서 들여온 상품들이 진열장을 다시 채우면서, 수입대체공업화를 위한 기회의 문이 닫히고 말았다. 사람들은 미국산 소비재를 구매하면서 그동안 억눌렸던 소비 욕구를 해소할 수 있었다. 라틴아메리카의 제조업자들이 수입품과 경쟁하기 위해서는 자본재, 곧 공장용 신형 기계가 필요했다. 이들은 전쟁 기간에 기록한 무역수지 흑자 덕분에 유럽과 미국의 산업 장비를 구매할 여력이 있었다. 하지만 유럽이 전쟁으로 파괴된 공장들을 복구하기 시작하면서, 전 세계적으로 자본재 품귀 현상이 나타났다.

미국 기업체와 외교계의 압력을 등에 업은 미국의 경제 전문가들은 라틴아메리카가 대공황 이전의 무역 체제로 되돌아가야 한다고 조언했다. 이는 라틴아메리카 국가들이 과거에 제일 잘했던 것을 하라는 말이었다. 즉 저임금을 바탕으로 원자재와 식료품을 생산하는 나라로서의 '비교우위'에 집중해야 한다는 것이었다. 하지만 이렇게 되면 공업 국가들이 제일 잘해 온 것을 계속하도록 돕는 꼴이 될 것이었다. 다시 말해, 근대성을 상징하는 각종 장치(예를 들어 자동차와 전자제품 같은 것들)와 문화 상품

(영화와 패션 의류 같은 것들)을 그들이 계속 생산하도록 도와주게만 되는 것이다. 자유주의 경제 이론에 따르면, 비교우위에 입각한 무역을 통해 모든 사람들의 생활수준은 결국 향상될 것이었다. 반면 라틴아메리카 민족주의자들은 그렇게 하면 결국 신식민주의로 되돌아가게 될 것이라고 주장했다. 그들에게 공업화는 국가 발전의 근간이었고, 라틴아메리카와 기존 공업 국가들이 공정한 경제 게임을 벌일 수 있도록 기울어진 운동장을 바르게 해 주는 유일한 방법이었다.

이러한 '발전주의자'의 해석을 대변한 곳은 유엔이 설립한 라틴아메리카경제위원회ECLA였는데, 이 위원회를 대표한 인물은 라틴아메리카인들 중 가장 영향력이 큰 경제학자가 된 아르헨티나인 라울 프레비시였다. 그는 이미 공업화를 달성한 '중심부'(미국과 유럽)가 지배하는 세계 경제 속에서 라틴아메리카의 '주변부'적 지위(원자재 수출)를 경제학적으로 분석하는 데 초점을 맞추었다. 대부분의 라틴아메리카 경제학자들에게 프레비시의 중심부-주변부 모델, 즉 '종속이론dependency theory'은 자유주의적 비교우위론을 대체하는 행동 지침이 되었다. 그들이 고민했던 문제는 주변부에서 어떻게 비교우위를 찾을 것인가가 아니라, 어떻게 하면 주변부에서 벗어나 공업화된 중심부에 진입할 수 있는가였다.

전후 라틴아메리카 민족주의자들은 시급한 사회적 욕구와 옛 정적들의 반격, 약화된 경제 기반, 미국의 적대감 등과 같은 거센 도전에 직면했다. 포퓰리즘 정치는 주로 이런 도전들에 대한 응전이었다. 아르헨티나와 브라질 그리고 멕시코에서 일어난 사건들은 이러한 포퓰리즘의 변형들을 잘 보여 준다.

이 시기 라틴아메리카에서 가장 부유하고 가장 많이 공업화되었으며 도시 인구 비율과 문자해득률도 제일 높았던 나라는 아르헨티나였는데, 바로 이곳에서 가장 역동적인 민족주의 운동이었던 페론주의Peronismo 운동이 일어났다. 1930년대에 아르헨티나를 통치했던 군부는 가끔 우익 민족주의자 행세를 할 때도 있었지만, 대부분은 해묵은 신분제를 수호하는 역할을 했다. 페론주의 운동이라는 명칭을 만들어 낸 후안 페론은 민족주의 정신이 투철한 군 장교였다. 그는 노동부 장관으로 일하면서 노동자들로부터 큰 지지를 얻었다. 그런데 이러한 페론의 영향력에 두려움을 느낀 아르헨티나 정부가 그를 해임하자, 1945년 10월 17일 엄청난 수의 노동자들이 부에노스아이레스 시내에 집결해 페론의 복귀를 요구하는 시위를 벌였다. 이때부터 페론주의자들은 10월 17일을 충성의 날로 정해 성대하게 기념한 반면, 반대 세력들은 매년 이날을 성자 페론의 날이라며 투덜거리곤 했다. 1956년 대통령 선거에서 압도적인 승리를 거둔 페론은 두려움에 사로잡힌 아르헨티나 엘리트들이 불평을 쏟아낼 수밖에 없는 일들을 벌이기 시작했다.

페론의 집권기(1946~1955년) 동안에는 공업 노동자들의 노동조합 결성이 급속도로 추진되었다. 이들 공업 노동자 계급은 그 후 수십 년간 페론주의 운동의 중심세력 역할을 하게 된다. 그리고 페론과 그의 아내 에바 두아르테는 민족주의가 유행하는 분위기 속에서 도시민들의 지지를 받지 못하고 있던 전통적인 지주 과두 세력을 향해 분노를 쏟아 냈다. 지지자들에게 '에비타Evita'라는 애칭으로 불렸던 에바 두아르테는 사실 페론주의 운동을 활성화하는 데 큰 역할을 했다. 아르헨티나 빈민들에게 호의를 베푸는 그녀의 인상적인 제스처는 주로 조직화된 노동자들로 국한되어 있던 페론주의 운동의 지지층을 넓히는 데 크게 이바지했다.

페론을 처음 만났을 무렵 에비타는 라디오 연속극에 출연하는 어엿한 배우였지만, 어린 시절 그녀는 가난하고 사회적으로도 소외당한 한낱 소녀에 불과했다. 페론주의 노동자들 상당수가 그랬던 것과 마찬가지로 그녀 역시 벽촌에서 부에노스아이레스로 상경했다. 에비타는 자신이 노동자들을 이해하고 있다고 생각했고, 대화를 나눌 때도 노동자들의 언어를 사용했다. 그녀는 프리다 칼로의 농민 복장과는 거리가 먼 유럽풍의 화려한 의상을 즐겨 입었지만, 아르헨티나 노동자들은 그런 것까지도 좋아했다. 노동자들은 에비타가 입은 화려한 의상을 보며 그녀의 성공을 함께 즐거워했다. 에비타의 의상은 마치 이렇게 말하고 있는 것 같았다. "저는 여러분들과 같은 사람입니다. 저는 여러분들을 한시도 잊은 적이 없습니다. 제 영광은 여러분들의 영광입니다." "서민들의 사랑을 받고 과두 세력의 미움을 받는" 것이 가장 자랑스럽다고 말했던 그녀는 사회구호재단을 설립했고, 그 재단을 통해 자선하기를 좋아했다.

에비타는 1947년 아르헨티나 여성들이 참정권을 획득하는 데 일조했고, '동일 노동에 대한 동일 임금 지급'을 주장하기도 했다. 하지만 그녀는 페론을 맹종하면서 전통 가부장제의 냄새를 풍겼다. 그녀는 여성으로서 가질 수 있는 최고의 바람은 결혼하고 자녀를 낳아 기르는 것이라고 생각했기에 이렇게 말하기도 했다. "우리는 거리를 활보하기 위해서가 아니라 가정주부가 되기 위해 태어났습니다." 에비타는 자신에 대해 말할 때는 '지도자'라는 단어를 쓴 적이 단 한 번도 없었다. 하지만 남편에 대해서는 이렇게 말했다. "그분이 지도자이십니다. 저는 그분의 훌륭함을 드러내는 그림자일 뿐입니다." 그녀는 또 어느 연설에서 자신은 "페론과 국민을 이어 주는 사랑의 다리"라고 소개하며, 페론보다 더 열변을 토하기도 했다. 그녀는 1952년에 암으로 급사했고, 대중은 슬픔에 잠겼다.

페론주의 경제학을 이끈 것은 민족주의였고, 미국은 이에 거세게 항의했다. 페론 정부는 아르헨티나에서 외국인이 소유하고 있던 거의 모든 것을 국유화하려고 했다. 공공시설은 물론이고 국가 경제에서 중요한 역할을 차지하는 육류 가공 공장과 은행, 보험 회사, 특히 영국인이 소유한 방대한 철도망을 매입하거나 수용했다. 그와 동시에 사회복지 사업과 그 사업을 관리할 관료 체제를 확대했다. 페론 정부는 5년에 걸친 공업화 정책에 사활을 걸었고, 농산물 수출로 그 비용을 충당했다. 하지만 그 결과는 실패에 가까웠다. 경제가 심각할 정도로 침체된 데다, 교황청과 갈등까지 빚게 되면서 중산층 지지 기반은 약화되었다.

1955년 군부는 페론을 추방했다. 하지만 노동자들의 삶을 향상시키고 그들의 존엄성을 회복시켰으며, 무엇보다도 그들에게 희망을 안겨 준 페론주의는 아르헨티나인들의 가슴속에 길이 남았다. 페론은 망명지에서도 페론주의자들을 조종할 수 있었다. 예를 들어, 페론의 원격 지시에 따라 1957년 선거에서 유권자의 25퍼센트가 무효표를 던졌다. 페론주의자들이 직접 통치할 수는 없었지만, 그들의 지지 없이는 그 누구도 통치할 수 없었다. 아르헨티나의 앞날에 험한 길이 가로놓여 있었다.

브라질에서도 아르헨티나에서와 비슷한 역사가 전개되었다. 다만 브라질에서는 포퓰리즘 연합 세력의 힘이 아르헨티나에서만큼 강하지 않았다. 농산물 수출 의존도가 높았던 브라질에서는 도시 노동자 계급과 중산 계급의 힘이 아르헨티나에서보다 훨씬 약했다. 하지만 이런 상황 속에서도 바르가스는 추진의 동력을 만들어 내는 데 성공했기에, 그의 시대는 쉽게 막을 내리지 않고 있었다. 1945년 브라질 군부가 바르가스를 권좌에서 몰아냈지만, 이 민족주의 지도자는 이미 정당을 두 개나 설립해 놓았으므로 언제든 정계에 복귀할 수 있는 상황이었다. 1950년에 그는 두 정당 중 하나인 노동자당 후보로 출마해 승리를 거두고 대통령으로 복귀했다. 하지만 결국 거의 아무것도 이루지 못한 채 1954년 자살로 생을 마감했다. 유서에서 그는 "브라질 국민의 피를 빨아먹고" 자신이 내세운 민족주의 목표들을 좌절시킨 어둠의 세력과 단체들을 맹비난했다. 브라질 대중은 바르가스의 죽음으로 깊은 슬픔에 빠졌다. 2년 전 에비타가 죽었을 때 아르헨티나인들이 그랬던 것처럼.

브라질에서 포퓰리즘 연합 세력이 좌충우돌하며 존재감을 드러낸 것은 다른 대통령들의 치세 때였다. 하지만 이들은 카롤리나 마리아 지 제수스처럼 빈곤에 허덕이는 수백만 명을 돌보는 일보다는, 발전에 대한 열망이 더 컸다. 이들은 인플레이션을 유발할 정도로 엄청난 예산을 투입해 초현대적 디자인의 대형 아파트 단지들이 위풍을 자랑하는 새로운 수도 브라질리아를 건설했다. 인구밀도가 희박한 내륙 지역에 새로운 수도를 건설한 것은 변경을 개척하겠다는 긍정적인 신호였다. 국제 공모전을 통해 선정된 브라질리아의 도시 디자인에는 르 코르뷔지에가 주창한 초현대적 도시 계획이 반영되었다. 오스카 니마이어는 반지하 대성당 같은 매우 독창적인 공공건물들을 설계하면서 20세기 라틴아메리카에서 가장 유명한 건축가로 떠올랐다. 이러한 '초현대식' 도시의 신기루는 1950년대 말 마침내 그 모습을 드러냈다. 카롤리나 지 제수스가 자신의 일기장에서 가슴 아픈 고난의 시절로 묘사했던 바로 그 시기였다. 1960년에 수도가 된 브라질리아는 바르가스 이후의 시대를 상징적으로 보여 준다.

한편 멕시코에서는 '혁명'보다 '제도'를 강조한 제도혁명당PRI이 이 시기를 상징적으로 보여 준다. 멕시코에서는 이제 제도혁명당이 군부를 확실하게 장악하였고, 정치 체제 측면에서도 놀라울 정도로 안정적인 일당 체제를 유지하고 있었다. 하지만 퇴임하는 대통령이 제도혁명당의 차기 대통령 후보를 지명하는 시스템이 민주주의적인 것인지에 대해서는 의문이 남는다. (실제로 이렇게 지명된 후보가 선거에서 패배한 적은 한 번도 없었다.) 이제 제도혁명당에서 '혁명적인' 것이라고는 멕시코 혁명의 영웅들과 구호들에 대한 민족주의자들의 애정뿐이었다. 사회 정의를 위한 투쟁과 억압받는 민중의 해방이라는 멕시코 혁명의 대의는 완전히 자취를 감추었다.

그러나 멕시코의 공업은 계속 성장했다. 지주들의 권력은 확실하게 무너졌고, 토지 개혁의 혜택을 입은 사람들은 제도혁명당을 지지했다. 멕시코 정부는 '에히도'라 불리던 회복 공유지에서 재배한 곡물을 시중에 풀어 곡물 가격을 저렴하게 유지했고, 이를 토대로 도시의 생활수준을 높일 수 있었다. 멕시코 혁명은 주로 시골 지역에서 일어났지만, 최종적인 승자는 도시 주민들이었다. 공업화는 계속되었다. 다른 나라에서는 물가가 천정부지로 치솟았지만, 멕시코의 통화는 매우 안정적이었다. 브라질에서와 마찬가지로 멕시코에서도 경제 규모가 전반적으로 커졌지만, 부의 재분배는 이루어지지 않았다. 멕시코인 대다수는 제도혁명당이 집권한 반세기 동안 복지가 크게 나아졌다고 보지 않았다.

냉전의 시작

대부분의 라틴아메리카인들에게 1950년대는 좌절의 시대였다. 이제 유럽을 대신해 진보의 궁극적 모델로 확실히 부상한 미국은 전후에 눈부신 번영을 이룩했다. 미국의 생활수준은 예전에는 상상할 수 없을 정도로 향상되었다. 고급 잡지와 영화는 라틴아메리카인들이 바라는 것을 구체적으로 보여 주었다. 미국의 미디어들은 냉장고와 자동차 정도는 갖추고 있어야 괜찮은 인생이라고 떠들어 댔다. 하지만 대부분의 라틴아메리카인들에게 냉장고 장만은 허리가 휠 만한 일이었고, 자동차는 감히 엄두도 못 낼 물건이었다. 미국이 라틴아메리카인들에게 "괜찮은 인생"의 모델을 보여 주긴 했지만, 그런 인생을 쟁취하는 데는 아무런 도움도 주지 못했다.

아메리카 대륙에서 타의 추종을 불허하는 세계 제일의 초강대국이 된 미국은 이제 더 이상 우호적인 이웃으로 보이지 않았다. 1947년 미국이 마셜 플랜Marshall Plan을 발표하자 라틴아메리카는 환멸을 느끼기 시작했다. 마셜 플랜의 핵심은 유럽 재건에 막대한 자금을 쏟아부어, 유럽의 전후 번영을 지원하고 공산주의를 차단하는 것이었다. 마셜 플랜은 제2차 세계대전 때 미국의 적이었던 나라들까지 원조 대상 국가에 포함시키고 있었으므로, 미국의 동맹국으로 참전하였고 이후 번영을 위해 몸부림치고 있던 라틴아메리카 국가들도 그와 비슷한 규모의 원조를 내심 기대했다. 하지만 라틴아메리카에 대한 미국의 원조 규모는 1946~1959년 미국이 지원한 대외 원조금 총액의 2퍼센트에 불과했다. '아메리카대륙회의' 때 라틴아메리카 외교관들이 이 문제를 제기했지만, 미국은 다른 곳에 우선 순위를 두고 있었다. 미국은 소련군이 인접해 있는 데다가 일부 국가에서 공산당의 활동이 활발한 서유럽을 가장 위험한 지역으로 보았고, 아시아 지역이 그다음으로 위험하다고 생각했다. 미국의 정책 입안자들은 라틴아메리카 문제에는 거의 관심이 없었다.

라틴아메리카 국가들은 원조 대신 오히려 가벼운 외교적 압박을 받았다. 미국은 1947년 아메리카 대륙 국가 대표들을 불러 모은 다음, 범아메리카 방위 동맹 결성에 관한 내용을 담고 있는 히우 조약에 서명하게 했다. 1949년 중국에서는 공산주의 혁명이 승리를 거두었고, 소비에트 러시아에서는 핵폭탄 실험이 있었다. 이제 냉전이 본격적으로 시작되었다.

미국인들은 커피를 즐겨 마시고 바나나를 대량으로 소비하는 대신, 무기 생산을 줄이고(하지만 '군산복합체'가 전후 미국 경제의 기둥 구실을 했다.) 소비재를 수출하려고 했다. 보다 정교한 기술을 필요로 하는 중공업 기반의 기업들이 라틴아메리카에 등장하기 시작했지만, 이들은 대개 미국 다국적 기업의 자회사들이었다. 이 공장들은 마치 관례처럼 미국 공장에서 폐기 처분한 중고 기계들과 노후 설비를 들여와 쓰고 있었으므로, 미국에 있는 공장들과는 경쟁이 되지 않았다. 경제적 독립에 심혈을 기울이던 라틴아메리카 민족주의자들에게 이는 쓰라린 일이었다. '라틴아메리카경제위원회'의 분석에 따르면, 이런 종류의 공업화는 라틴아메리카의 경제적 종속을 심화시킬 뿐이었다. 하지만 미국의 정책 입안자들은 생각이 달랐다. 그들이 보기에 다국적 기업의 팽창은 세계 자본주의 발전 과정에서 나타나는 자연스러운 현상이었다. 그들은 또 자유시장 자본주의는 "미국적인 것"이며, 미국의 번영은 국내외의 자유시장 자본주의에 달려 있다고 보았다. 따라서 라틴아메리카의 경제적 민족주의는 그 종류가 무엇이든 "비미국적인 것"이었으며, 사라져야 할 대상이었다.

미국 국무부는 미국 내부에서 진행되고 있던 반공산주의 마녀사냥에 휘말려, 라틴아메리카가 제기한 모든 이의를 '공산주의 확산'의 신호로 간주하기 시작했다. 미국은 주로 '미주기구OAS'를 통해 반공 외교를 펼쳤다. 기존의 범아메리카연합을 확대 개편한 미주기구는 미국이 독점적으로 운영하지는 않았지만 그 지배력은 여전했다. 이 기구에서 도미니카 공화국의 라파엘 트루히요, 아이티의 "파파 독" 뒤발리에, 니카라과의 아나스타시오 소모사와 같은 고약한 독재자들은 이구동성으로 미국의 노선을 지지했고, 1국 1표를 토대로 멕시코·브라질·아르헨티나처럼 비교적 규모가 큰 국가들이 제기한 반대 의견을 묵살했다. 1954년 미주기구는 마르크스주의 혁명 이데올로기들이 아메리카 대륙과는 전혀 맞지 않다는 내용을 골자로 하는 '카라카스 선언'을 발표했는데, 이로 인해 농민·노동자·대학생들이 추진했던 마르크스주의 혁명 운동들은 외부 세력의 침입으로 간주되기 시작했다. 미국 외교관들도 서서히 냉전이라는 색안경을 끼고 라틴아메리카를 바라보기 시작했다. 그러자 이제 도처에서 붉은색—아니면 적어도 분홍색—이 보이기 시작했다.

베네수엘라를 예로 들어 보자. 베네수엘라 주재 미국 외교관들은 1954년 미주기구 회의를 주최했던 독재자 마르코스 페레스 히메네스를 공개적으로 지지했는데, 이는 민주행동당의 민족주의자들보다는 페레스 히메네스가 차라리 더 낫다고 생각했기 때문이었다. 사실 민주행동당은 1947년에 치른 자유선거에서 압도적인 승리를 거둔 바 있었지만, 미국 국무부가 보기에는 지나치게 분홍색이었다. 반면 민주행동당과 공산당을 불법 단체로 규정한 독재자 페레스 히메네스는 미국 석유회사들을 확실히 우호적으로 대하는 것처럼 보였다. 참고로 당시에는 베네수엘라의 석유 생산이 호황을 누리고 있었다. 페레스 히메네스는 트루히요·뒤발리에·소모사처럼 도덕적으로는 문제가 많았지만, 미국이 하수인으로 쓰기에는 안성맞춤이었다.

미주기구 회의에 참석했던 과테말라 대표는 카라카스 선언에 유일하게 반대표를 던졌고, 미국의 압력에 맞서 라틴아메리카가 연대할 것을 주장했다. 과테말라 정부는 아메리카 대륙에서 가장 짙은 분홍색이었다. 미국 국무부는 이런 과테말라 정부를 제압하려 했고, 이를 위해 라틴아메리카 국가들의 내정 문제에 간섭하지 않겠다던 1933년의 약속까지 폐기해 버렸다. 하지만 미국이 해병대를 파병했던 것은 아니다. 미국은 타격 대상인 과테말라 정부에 불만을 품은 현지의 적들을 모아 대리 부대 proxy force를 조직하는 간접적인 군사 개입 작전을 선택했다. 대리 부대는 무기를 지급받았고, 대개는 비밀리에 훈련을 받았는데, 이 업무를 담당한 부서는 냉전 시대에 새로운 주역으로 떠오른 미국 중앙정보국CIA이었다.

사실 오랜 독재정치를 종식시킨 과테말라는 1944년부터 1954년까지 흥겹고 희망찬 '십 년간의 봄'을 만끽하고 있었다. 민주적으로 치러진 두 차례의 선거에서 민족주의 후보들이 너끈하게 승리하고 연이어 대통령에 당선되었다. 이는 과테말라 역사에서 전례가 없는 일이었다. 이들 개혁 성향의 대통령들 중 먼저 대통령직에 오른 인물은 후안 호세 아레발로였다. 국외로 추방당했던 그는 귀국 후 대학교수가 되어 사회보장법과 새로운 노동법, 헌법 같은 입법상의 발전을 감독했다. 그는 급진적인 것과는 거리가 멀었지만, 자신의 철학은 '영적 사회주의'라고 말했다. 이 말에 미국 외교관들과 과테말라에 대규모 바나나 플랜테이션을 보유하고 있던 유나이티드프루트사의 임원들은 잔뜩 긴장했다. 아레발로가 이끈 민족주의 정부가 과테말라 노동자들에게 더 나은 급여를 지불하라고 촉구하자, 워싱턴에서는 이를 '공산주의적' 조처라고 비난했다.

개혁 성향의 대통령들 중 아레발로에 이어 두 번째로 대통령직에 오른 이는 이상주의적 성향을 지닌 37세의 군 장교 하코보 아르벤스였다.

그는 연설이나 입법을 뛰어넘어 현장에서 커다란 변화들을 추구했다. 당시 과테말라는 인구 절반이 문맹인 마야족 농민들이었는데, 과테말라 사회에서 엄청난 영향력을 지닌 커피 플랜테이션 농장주들은 이들을 동물처럼 부려 먹고 있었다. 이에 아르벤스는 대농장을 몰수하여 농민들에게 분배하기 시작했다. 아르벤스 정부는 더 나아가 외국인 소유의 철도와 유나이티드프루트사 소유의 토지까지 수용했는데, 미국과 과테말라에서는 이를 공산주의적 조치라고 비난하는 목소리가 빗발쳤다.

사실 아르벤스 정부는 다른 나라 민족주의 정부들이나 1930년대의 미국 정부가 시행했던 것과 똑같은 조치들을 취했을 뿐이다. 하지만 과테말라는 규모가 작은 데다 지리적으로도 미국과 가까워서 예전에는 미국의 뜻을 거스른 적이 없었던 나라였다. 설상가상으로 당시 과테말라 민족주의자들 사이에서는—미국 외교관들이 우려했던 대로—마르크스주의 사상이 점차 확산되고 있었다. 아르벤스는 물론이고, 토지 개혁을 위해 애썼던 민중 지도자들과 노동조합 건설을 추진했던 현장 활동가들 상당수가 마르크스의 사상을 받아들였고, 그들 중 일부는 공산당에 가입하기도 했다. 과테말라인들 역시 수백만 명에 달하는 다른 라틴아메리카 국가의 민족주의자들과 생각이 다르지 않았다. 그들에게 미국은 자신들에게 남은 마지막 한 방울의 피까지 짜내려는 제국주의 적국이었다. 당시 미국 국무장관 존 포스터 덜레스와 미국의 주요 정책 입안자들 상당수는 유나이티드프루트사라는 '바나나 제국'과 개인적으로 이해관계가 얽혀 있었다. 이는 1954년 미국 중앙정보국 국장을 지낸 존의 동생 알렌 덜레스도 마찬가지였다.

과테말라의 장군들 대부분은 아르벤스보다 훨씬 더 보수적이었기에,

아르벤스 정부에서 활동하던 혁명가들은 민병대를 무장시켜 군부의 대항 세력으로 육성하려 했다. 이들은 체코슬로바키아와 소련 지배하의 여러 동유럽 국가에서 무기를 들여올 계획을 세웠다. 하지만 이는 미국의 정책 입안자들로서는 간과할 수 없는 일이었다. 온두라스에 있던 미국의 대리 부대가 곧 국경을 넘어 과테말라로 진격해 왔는데, 이런 상황에서 과테말라 군부는 이 소규모 침략군에 맞서 싸우는 대신, 그들과 합류하여 아르벤스를 축출해 버렸다. 미국 국무부는 과테말라에서 '민주주의'가 기념비적인 승리를 거두었다고 발표했지만, 아르벤스 이후 전개된 과테말라 군부의 통치는 누가 보더라도 잔악무도했다. 1954년의 개입이 비극적 결과를 초래하는 과잉행동이었다는 쪽으로 미국 외교관들의 생각이 바뀐 것은 수십 년간 소름 끼칠 정도로 많은 사망자가 발생한 후였다. 이제 그 이유를 알아내기 위해 과테말라와 볼리비아를 비교해 보자. 볼리비아와 과테말라는 인구 규모가 비슷했고, 인구 구성상으로도 원주민들이 다수를 이루고 있었다. 또 양국이 안고 있는 문제 역시 비슷했다.

과테말라의 아르벤스 정부가 최종 국면으로 치닫고 있던 1952년, 볼리비아에서는 '민족혁명운동MNR'이 정권을 잡았다. 민족혁명운동 정부는 아르벤스 정부만큼이나 민족주의적이었고, 마르크스주의의 영향도 분명하게 느껴졌다. 하지만 볼리비아는 미국과 멀리 떨어져 있었고, 민족혁명운동의 기업 수용 조치에 미국 기업들은 거의 영향을 받지 않았다. 게다가 모스크바 지향의 공산당 활동 역시 그리 두드러지지 않았다. 이런 이유로 미국 국무부는 민족혁명운동에 대해 '건설적 포용' 정책을 펴기로 결정하였고, 대리 부대를 무장시키는 대신 원조를 제공하였다.

볼리비아의 부는 주석 채광에 달려 있었는데, 채광된 주석 상당량은 유럽에 거주하며 상상을 초월하는 부를 자랑하던 볼리비아의 3대 가문에 의해 관리되고 있었다. 이들 가운데 제일 부유한 파티뇨 가문의 젊은 상속자 한 사람이 버는 돈이 이 나라 공교육 예산보다도 많았다고 한다. 광부 노조와 민병대는 민족혁명운동 정부를 지지했다. 이들은 자신들의 연장이나 마찬가지인 다이너마이트를 짓궂은 아이들이 폭죽을 터뜨리듯 내던지며 자신들의 불만을 표출했다. 민족혁명운동 정부는 주석 광산을 국유화했고, 광부들의 임금과 수당도 대폭 인상해 주었다.

여러 세대에 걸쳐 서서히 농민 공동체의 공유지를 빼앗겨 왔던 볼리비아 원주민들은 이제 주도권을 쥐게 되었다. 민족혁명운동 정부는 대규모 토지 개혁을 실시했고, 가난한 농민 6만여 세대는 농사지을 땅을 갖게 되었다. 혁명 정부는 또 볼리비아 군부 권력을 대폭 축소해, 옛 모습을 거의 알아볼 수 없을 정도로 만들어 놓았다. 과테말라에서 일어났던 사건들을 생각해 보면, 이는 분명 중요한 업적이었다.

그러나 이러한 혁명적인 변화로 중산층은 타격을 입었다. 토지를 소유하게 된 농민들은 가족을 부양하기가 훨씬 수월해졌다. 하지만 이들이 시장에 내다 파는 곡물의 양을 줄이는 바람에, 곡물 가격이 올랐다. 또 광부들의 근로 여건 개선으로 수출업자의 수익도 그만큼 줄어들었다. 게다가 주석은 계속 외국에서 제련되었고, 제련업자들은 최대한 낮은 가격에 주석을 구입해 가려 했기 때문에 볼리비아의 주석 광산들은 적자 상태에 빠지기 시작했다. 그 결과 민족혁명운동 정부 내에서는 상대적으로 더 보수적인 인사들의 세력이 커지게 되었는데, 여기에 미국의 원조가 더해지면서 이들의 입지는 더욱 강화되었다. 장기적으로 볼 때 미국이 볼리비아 혁명 세력과 맺은 '건설적 포용' 정책은 과테말라에서 전개한 개입 작전보다 더 효율적인 것으로 드러났다. 볼리비아의 농민과 광부들은 자신들이 받아야 할 토지와 임금을 받았고, 볼리비아 정부는 소비에트 러시아에 접근하지 않았다.

1950년대에는 냉전의 전선이 라틴아메리카에서 일어난 모든 것들에 영향을 미치기 시작했다. 심지어 문학도 예외가 아니었다. 라틴아메리카에서 문학은 언제나 정치적이었는데, 냉전 시대의 작가들 대부분은 좌파의 편에 섰다.

노벨상을 수상한 파블로 네루다를 예로 들어 보자. 20세기 라틴아메리카에서 가장 큰 인기를 얻은 파블로 네루다는 활동적이고 솔직하며 민주적이었다. 1924년에 출판된 시집『스무 편의 사랑의 시와 한 편의 절망의 노래』는 에스파냐어로 된 시집 가운데 가장 널리 애송되는 시집이다. 네루다가 가장 많이 다룬 주제는 '아메리카' 그 자체였다. 여기서 아메리카는 물론 에스파냐어권 아메리카를 의미한다. 하지만 그는 세계를 두루 돌아다녔다. 그보다 먼저 노벨문학상을 받은 칠레의 시인 가브리엘라 미스트랄과 마찬가지로 네루다도 1927년부터 1945년까지 아시아, 유럽, 아메리카에서 영사 신분으로 외교관 생활을 했다. 문학적 재능이 있는 사람에게 제공되는 이러한 배려는 라틴아메리카의 미풍양속이다. 네루다의 마음은 늘 '민중'과 함께했는데, 20세기 중반 라틴아메리카에서 이러한 자세는 혁명가들의 편에 선다는 것을 의미했다. 제2차 세계대전이 끝난 뒤 칠레로 귀국해 혁명적 정치에 투신했던 네루다는 1945년 칠레 공산당 상원의원으로 선출되었다. 1950년대와 1960년대에 냉전이 라틴아메리카로 확산되면서 위대한 시인의 명성은 절정에 달했다.

세계적인 명성을 누린 또 다른 문학 거장은 아르헨티나의 작가 호르헤 루이스 보르헤스였다. 그는 네루다와는 여러 면에서 대조적이어서 흥미롭다. 네루다를 비롯한 상당수의 라틴아메리카 작가들처럼 보르헤스도 국제적 성향이 강했다. 몇 년간 스위스에서 살았고, 케임브리지에서도 잠깐 공부한 적이 있었던 그는 독일어와 프랑스어로 된 저작들, 그리고 특히 영어로 된 저작들을 많이 번역했다. 보르헤스는 영어를 좋아해서 영어로 시도 몇 편 쓸 정도였다. 술을 진탕 마시고 횡설수설하는 네루다와는 반대로, 보르헤스는 내성적이었으며 책을 좋아했다. 그는 자신의 고향인 부에노스아이레스를 오래 비운 적이 거의 없었다. 생애 대부분을 시각 장애인으로 살았던 보르헤스의 세계는 그의 책 두 권의 제목처럼 은밀하고 어슴푸레한 '픽션들'과 '꿈의 호랑이들'의 무대였다. 그는 투박한 가우초들과 왁자지껄 떠들어 대는 부에노스아이레스 빈민들을 문학의 주제로 삼았다. 그는 이들을 아르헨티나 민족 문학의 주제로는 좋아했지만, 그렇다고 해서 그가 '민중의 사람'이었던 것은 아니다. 그는 페론과 오랫동안 대립해 온 군부의 입장에 공감했다. 하지만 보르헤스는 눈이 휘둥그레질 정도로 혁신적이고 상상력이 풍부한 단편 소설들을 썼다. 문학에 있어서만큼은 네루다보다 영향력이 더 컸던 보르헤스였지만, 노벨상은 끝내 받지 못했다. 우파적이었던 그의 입장이 사람들에게 인기가 없었기 때문이라는 것이 중론이었다.

쿠바 혁명

1950년대 이후 라틴아메리카의 민족주의자들은 마르크스주의의 역사관과 혁명적 미래상을 점점 더 많이 받아들였다. 거침없이 말을 내뱉는 대학생들은 물론이고, 영향력 있는 시인과 소설가·화가·민중가수·

사회과학자들까지도 마르크스주의의 혁명적 이상을 이야기했다. 이는 미국이 반공주의를 대라틴아메리카 정책의 지상 과제로 삼은 것에 대한 반발이기도 했다.

그런데 마르크스주의 이데올로기가 라틴아메리카의 민족주의자들 사이에서 확산되는 현상이 소비에트 러시아와는 거의 관련이 없었다. 소비에트 러시아는 멀리 떨어져 있는 데다, 별 도움도 되지 않는 그저 그런 동맹국일 뿐이었다. 불평등과 부당함이 없는 완벽한 미래에 대한 마르크스주의의 꿈이 다른 지역에서보다 라틴아메리카에서 더 설득력을 가졌던 것도 아니다. 신식민주의의 잔재를 청산하는 일에 몰두한 라틴아메리카 민족주의자들이 특히 그럴듯하게 생각한 것은 마르크스주의의 역사 분석이었다. 계급 착취를 강조하는 마르크스주의의 자본주의관은 라틴아메리카의 경험을 설명하는 데 적절해 보였다. 피지배 국가 내의 특권 계급이 외부자들의 제국주의 정책에 협력하면서 이익을 보려 한다는 레닌의 제국주의론도 라틴아메리카에 꽤 잘 들어맞아 보였다. 1950년대에 세계 도처에서는 탈식민화와 민족자결을 위해 마르크스주의와 민족주의 투쟁이 서로 협력하고 있었다. 많은 라틴아메리카인들은 제국주의 미국이 마르크스주의를 정말로 싫어하고 두려워한다면 그것을 연구해야 할 이유가 더욱 분명하다고 생각했다.

마르크스주의자들은 라틴아메리카의 큰 문제들이 잘못된 정책이나 그릇된 결정에서 비롯된 것이 아니라, 정복으로 생겨난 사회구조 속에 녹아들어 있으면서 수 세기 동안 불평등을 조장하는 데 동원된 불공평에서 비롯되었다고 진단했다. 그 예후는 심각했다. 인구가 급격히 늘고 도시화가 급속히 진행되면서, 사회에 필요한 기본 필수품들이 턱없이 부족해졌다. 길거리와 쓰레기 처리장 일대를 떠도는 아이들의 비참함은 이루 말할 수 없었다. 이것은 오늘날에도 마찬가지다. 라틴아메리카가 추천받은 처방은 개혁이 아니라 혁명이었다. 마르크스주의자들에 따르면, 혁명은 단순히 기존의 부패 정부를 전복시키고 더 나은 새 정부를 수립하는 것이 아니라, 비참함을 아랑곳 않고—더 심하게는 비참함을 대가로—오랫동안 특권을 누려 온 부자들과 권력자들을 타도하고 모든 사람들에게 부를 재분배하여 사회의 계층 구조를 전면 개조하는 것이었다. 사회혁명가들은 오랫동안 노예와 채무 노동자를 착취해 온 사람들의 재산을 주저 없이 몰수했다. 그들에게 미국의 다국적 기업들은—선풍적인 인기를 끈 어느 책 제목처럼—'수탈된 대지'에서 부를 빨아올리는 새로운 형태의 에스파냐 제국 또는 포르투갈 제국이었다. 아스피린으로는 이런 암을 치료할 수 없으니 대수술을 감행해야 한다는 것이 이들 마르크스주의 혁명가들의 생각이었다.

나중에 '체' 게바라로 알려지게 되는 아르헨티나의 의대생 에르네스토 게바라는 1950년대 초에 이런 결론에 도달했다. 체 게바라의 집안에는 반골 기질이 있었다. 그의 어머니는 공공장소에서 버젓이 담배를 피워 아들보다 먼저 급진주의자라는 평판을 얻은 바 있다. 체 게바라는 라틴아메리카의 가난이 막강한 힘을 지닌 제국주의적 국제 경제 체제와 연결되어 있고, 그 체제에 의해 유지되고 있다고 생각했다. 따라서 희생자들인 라틴아메리카 국가들이 이런 체제에서 벗어날 수 있는 길은 단체 행동뿐이라는 것이 그의 결론이었다. 체 게바라는 안데스 산지에 거주하는 원주민들의 가난과 억압을 직접 살펴보기 위해 오토바이를 타고 수천 킬로미터를 달리면서 '국제주의자'로서의 소명의식을 보여 주기 시작했다.

이 여행 후 과테말라에서 아르벤스가 개혁을 추진하고 있다는 소식을 접한 체 게바라는 개혁에 동참하기 위해 그곳으로 갔다. 그러나 1954년 미국의 지원을 받은 군 장교들에 의해 아르벤스가 축출되자, 체 게바라도 멕시코로 피신할 수밖에 없는 처지가 되었다. 이제 그는 집을 떠날 때 자신의 아버지에게 말한 대로 '아메리카의 전사'이자 진정한 마르크스주의 혁명가가 되었다. 자본주의자들의 제국주의에 맞서 세계 곳곳에서 벌어지고 있는 전투를 그는 모두 자신의 전투라고 생각했다.

체 게바라는 멕시코에서 자신과는 다른 부류의 혁명가인 피델 카스트로를 만났다. 카스트로는 자신의 조국인 쿠바의 정치적 전통과 투쟁에 몰두한 열렬한 민족주의자였다. 사탕수수 재배 농민의 아들로 태어난 그는 1940년대 말 법학을 공부하였는데, 이때 이상주의적이고 온건한 사회주의와 반제국주의를 내건 학생 운동에서 큰 영향을 받았다. 1950년대에 쿠바의 반제국주의 운동이 공격 대상으로 삼은 나라는 라틴아메리카의 다른 지역들과 마찬가지로 미국이었다. 게다가 쿠바 민족주의자들의 반제국주의 정신은 라틴아메리카 여러 나라 중에서도 가장 투철했다. 1948년 콜롬비아의 보고타에서 미국 외교관들이 미주기구를 창설했을 때, 카스트로는 그곳으로 가서 학생 운동가들이 주도하는 반제국주의 집회에 참석하기도 했다. 체 게바라는 국제주의자였고, 피델 카스트로는 민족주의자였다. 하지만 미국에 반대한다는 점에서는 이 둘의 의견이 다르지 않았다.

체 게바라와 피델 카스트로가 멕시코에서 만나게 된 것은 피델 카스트로가 동생 라울 카스트로를 비롯한 동료 몇 명과 함께 쿠바에서 추방당했기 때문이다. 미국의 지원을 등에 업은 미국의 '하수인' 풀헨시오 바티스타의 군사 독재에 항거한 것이 그들의 죄목이었다. 바티스타가 문민

정부를 전복한 직후인 1953년, 카스트로 형제는 독재자의 군대에 공격을 감행했으나 처참하게 실패하고 말았다. 이 공격에서 많은 학생들이 목숨을 잃기는 했지만, 그들이 보여 준 저항의 몸짓은 쿠바 국민들의 지지를 얻었다. 독재자 바티스타는 자비를 베푸는 차원에서 카스트로 형제를 배에 태워 멕시코로 추방했다. 1956년 말 카스트로 형제는 바티스타를 겨냥해 다시 소규모 공격을 감행할 채비를 했다. 카스트로 형제가 보기에 바티스타는 미국의 지원을 받으면서 미주기구 회의 때마다 미국의 반공주의를 적극 지지하는 제국주의의 앞잡이일 뿐이었다.

이상에 불타는 중산층 청년들로 구성된 82명의 침략자들은—아무리 봐도 기습용으로는 어울리지 않고, 이름조차 전혀 호전적이지 않은—작고 낡은 요트 '할머니호Granma'에 몸을 비집고 올라탔다. 하지만 그들의 쿠바 상륙은 뜻대로 진행되지 못했다. 일이 이렇게 된 것은 지역 농민들이 그들의 상륙을 쿠바 군대에 신고했기 때문이기도 하다. 부대원들 가운데 살아남은 자들은 12명에 불과했다. 예수의 제자들 수와 같은 이 12라는 수는 게릴라 부대의 물리적 취약성과 정신적 우월성을 상징한다. 아무튼 전설은 바로 이 12명의 생존자에 의해 만들어졌다. 피델 카스트로와 라울 카스트로 그리고 체 게바라는 간신히 쿠바 동부의 시에라마에스트라 산악지대로 피신했고, 그곳에서 무려 2년간 쿠바 정규군과 목숨을 건 숨바꼭질을 했다. 그러는 동안 그들의 처지를 동정하는 기사들이 『뉴욕타임스』에 연재되기도 했고, 심지어 미국 정부까지도 바티스타에 대한 지원을 재검토하기 시작했다. 물론 쿠바인들은 독재자에 대한 이들의 저항을 만장일치로 지지했다. 앞날이 불투명해진 바티스타는 1958년 12월 31일 서둘러 쿠바를 떠났고, 수염이 덥수룩한 게릴라 대원들은 떠들썩한 환영을 받으며 아바나에 입성했다.

그들은 면도도 하지 않았고, 카키색 군복도 벗지 않았다. 혁명이 이제 막 시작되었을 뿐이라는 사실을 보여 주기 위해서였다. 혁명가들은 단 3개월 사이에 483명을 재판에 회부하여 처형하는 등 독재자의 심복들을 가혹하게 처벌했다. 끊임없이 계속된 군중집회와 텔레비전 연설을 통해 카스트로는 새로운 쿠바에 대한 자신의 비전을 설명했다. 혁명 정부는 대중의 열렬한 지지를 받았다. 20세기 라틴아메리카를 휩쓸고 지나간 민족주의 혁명들을 지켜본 사람이라면 누구나 앞으로 일이 어떻게 전개될지를 짐작할 수 있었다. 외국 기업의 수용이나 토지 개혁 등과 같은, '경제적 제국주의'에 반대하는 조치들이 바로 그것이었다. 이중 토지 개혁은 1959년 5월에 곧바로 시작되었다.

새로운 쿠바 정부는 냉전에서 어느 편에 설 것인가? 미국 국무부가 고민했던 중요한 문제는 바로 이것이었다. 이는 미국이 쿠바에서 누리고 있던 엄청난 경제적 이권조차 무색하게 만들 만큼 중대한 문제였다. 미국은 자국 해안에서 '불과 150킬로미터밖에 떨어져 있지 않은 공산주의의 교두보'를 가만히 두고 볼 수는 없었을 것이다. 그렇다면 카스트로가 공산주의자였을까?

카스트로는 모스크바의 노선을 따르는 쿠바 공산당과 가깝게 지낸 적이 없었다. 1940년대에 급진적 학생 운동가였을 때도 그랬고, 1950년대에 게릴라 지도자로 있을 때도 마찬가지였다. 게다가 공산당은 바티스타를 몰아내는 데 별 역할을 하지 않았다. 그러나 그가 텔레비전 방송에서 '진정한 혁명'을 위한 구조적 변화를 주제로 다섯 시간에 걸쳐 대담을 나누었을 때, 그의 이상이 마르크스주의의 영향을 받았음이 확실히 드러났다. 미국인들을 안심시킬 수 있는 길은 미국처럼 국제공산주의에 반대한다는 사실을 쿠바 혁명 정부가 확실히 보여 주는 것뿐이었다. 미국은 쿠바의 혁명가들에게 그들이 투쟁해 온 목표들을 포기하라고, 다시 말해 '경제적 제국주의'의 편에 서서 '민족 해방' 세력에 맞서라고 요구했다. 하지만 피델 카스트로와 체 게바라는 그럴 생각이 전혀 없었다.

카스트로는 사태를 더욱 악화시켰다. 1960년 뉴욕을 방문한 그는 유엔UN에서 미국 제국주의를 주제로 무려 네 시간 동안이나 연설했고, 할렘 호텔에서는 미국의 정책을 비판하는 국내외 인사들과 말콤 엑스를 만났다. 또 그해 2월에는 그동안 주로 미국에만 공급해 왔던 설탕 판매 시장을 소련으로 확대하는 방안을 모색하기 시작했고, 같은 해 6월에는 값싸게 나온 소련산 원유를 사들였다. 미국인들이 소유하고 있던 쿠바의 정유공장들이 이 '붉은' 원유의 정제를 거부하자 카스트로는 그 공장들을 접수해 버렸다. 그러자 동년 7월 대응에 나선 미국 정부는 쿠바 수출 총수익의 75퍼센트를 차지하고 있던 쿠바산 설탕의 수입을 중단하는 조치를 단행했다. 쿠바 혁명 정부 역시 그냥 보고만 있지 않았다. 한 달 뒤 카스트로는 미국인들이 소유하고 있던 제당 공장과 광산뿐 아니라 전화 회사와 전기 회사까지 추가 수용하는 것으로 맞불을 놓았다. 결국 1960년 하반기에 미국은 쿠바와의 무역을 전면 금지하는 조치를 취했다. 미국 중앙정보국이 쿠바를 침략할 목적으로 대리 부대를 모집하여 훈련시키고 있다는 소식이 아바나로 흘러든 것도 이 무렵부터였다.

하지만 이번에는 대리 부대 전술이 처참하게 실패했다. 1961년 피그스만(쿠바에서는 코치노스만이라고 부름—옮긴이)에 상륙한 반反카스트로 세력은 기대와는 달리 그 어떤 내부 반란도 일으키지 못했다. 1956년부터 1958년까지 카스트로가 이끌었던 혁명군에서 유래하였으며, 따라서 카스트로에게 전적으로 충성하고 있었던 쿠바의 정규군은 침략자들을 순식간에 물리쳤다. 하지만 미국이 침략을 중단할 것 같지는 않다고 판단한 쿠바는 미국이 펼칠 새로운 침략에 대비하여 소비에트 러시아와의 군사동맹을 구체화했다. 이는 미국 정책 입안자들이 극히 우려하던 일이었다.

1962년 중반 미국은 'U-2'라 불리던 고공 정찰기를 이용해 쿠바에 건설 중인 핵미사일 시설들을 촬영하기 시작하였고, 같은 해 10월에는 매우 선명한 미사일 사진을 입수했다. 며칠 뒤 미국 대통령 존 F. 케네디는 쿠바에 배치된 미사일을 철수하라는 최후통첩을 소련에 보냈고, 세계는 숨을 죽였다. 냉전기 전체를 통틀어 가장 위험한 순간이었다. 결국 미국이 쿠바를 침공하지 않는다는 조건하에 소련도 쿠바에서 미사일을 철수하는 것으로 합의가 이루어졌다. 이후 미국 중앙정보국이 카스트로의 수염을 제거할 목적으로 폭발성 궐련을 제작하는 등 사소한 공작을 벌이긴 했지만, 더 이상의 군사적 위협은 없었다.

그러나 미국의 무역 금지 조치는 이후 수십 년간 쿠바 경제를 약화시켰다. 무역 금지 조치는 미국은 물론이고, 미국의 동맹국들까지도 쿠바와의 무역을 중단하게 만드는 것을 목표로 하고 있었다. 미국이 미주기구를 장악하고 있었기에 다른 라틴아메리카 국가들과 쿠바 사이의 무역도 결국 끊어지게 되었다. 쿠바에 대한 무역 제재는 심지어 중립국들에게도 적용되었다. 쿠바에 정박했던 선박은 미국 항구에서 환영받지 못했다. 따라서 쿠바는 대외 무역의 방향을 멀리 소비에트 러시아와 제휴한 국가들 쪽으로 과감하게 바꿀 수밖에 없게 되었다.

쿠바는 미주기구에서도 제명당했다. 덩치 큰 몇몇 라틴아메리카 국가들이 반대했지만, 소용이 없었다. 미주기구에서는 미국의 뜻에 따라 투표를 하는, 상대적으로 수가 많은 작은 나라들의 힘이 더 컸다. 라틴아메리카에서 쿠바는 미국의 정책에 맞서는 저항의 중심지이자, 마르크스주의 혁명가들의 훈련장으로 점차 변모했다. 모스크바는 대부분의 라틴아메리카 국가에서 사회혁명에 유리한 여건이 아직 조성되지 않았다는 결론을 내렸지만, 체 게바라는 쿠바의 시에라마에스트라 산지에서 익힌 경험을 토대로 새로운 게릴라 전투 이론을 발전시켰다. 그는 '할머니호' 원정대와 같은 소수의 헌신적인 게릴라 집단이 혁명의 여건을 만들어 낼 수 있다고 생각했다. 즉 이러한 소수의 집단이 게릴라 활동의 거점을 형성하면서 광범한 혁명을 불러일으킬 수 있다고 보았다. 체 게바라는 시에라마에스트라의 경험을 라틴아메리카 대륙 전체로 확산시켜 나가겠다고, 즉 안데스 산지를 '남아메리카의 시에라마에스트라'로 만들겠다고 다짐했다. 1966년에 시작한 볼리비아 작전은 이 맹세를 실천에 옮긴 것이다. 하지만 이는 결국 불행하게 끝나고 말았다.

체 게바라는 우루과이의 대머리 사업가로 위장하여 볼리비아로 들어간 다음, 총 50명의 게릴라 대원들—이들 중 30명은 볼리비아인과 국제 지원병(특히 쿠바인 지원병)이었다—과 함께 자신이 구상한 대륙 혁명을 시작했다. 하지만 이상에 불타는 소규모 혁명 부대가 이번에는 승리를 거두지 못했다. 체 게바라는 그를 무력하게 만들 뿐 아니라, 추종자들까지 낙담할 수밖에 없게 만드는 만성 천식을 앓고 있었다. 볼리비아 농민들은 게릴라들을 의심스러운 눈초리로 바라볼 뿐, 아무도 혁명 운동에 가담하지 않았다. 그러는 사이 볼리비아 정부군은 그들을 한 명씩 제거해 나갔고, 마침내 극소수만 남게 되었다. 체 게바라는 결국 체포되어 고문

당한 후, 1968년에 처형되었다. 하지만 그는 라틴아메리카 전체의 영웅으로 떠올랐다. 물론 그가 이룬 업적 때문이라기보다는, 죽음도 불사하는 그의 투혼 때문이었다.

쿠바에서의 실망감도 체 게바라가 쿠바를 떠나게 된 이유 중 하나였다. 그는 이론가이자 공상가였다. 화폐제를 폐지하고 사람들이 이상을 위해 일하도록 만들어야 진정한 사회주의가 실현될 수 있다고 생각했다. 하지만 1960년대에 쿠바 중앙은행 총재와 산업부 장관을 역임하면서 이러한 그의 생각에 변화가 생겼다. 그런 변화를 마음속으로 구상하기는 쉽지만, 실현하기는 어렵다는 사실을 깨닫게 된 것이다. 체 게바라는 설탕 중심의 쿠바 경제를 다변화하고 공업화를 추진해야 한다고 주장한 선구자였다. 그는 혁명 당시 처음으로 저개발 문제, 곧 성급한 '속성' 공업화 계획에 대해 맹공을 퍼붓기도 했다. 유럽의 소비에트 동맹국들뿐만 아니라 중국도 철석같이 원조를 약속했다. 소비에트 정부는 쿠바에 100개의 공장을 건설해 주겠다고 약속했지만, 곧 태도를 바꾸었다. 미국처럼 소비에트 러시아도 자국의 공산품과 쿠바의 설탕을 맞바꾸는 게 실제로는 더 좋았던 것이다. 혁명은 오랜 세월 동안 노예와 가난한 노동자들을 잡아먹어 온 늙은 용과도 같은 설탕을 공익을 위해 이용할 수 있을까? 1960년대 말 낙관적이었던 쿠바 혁명가들은 그럴 수 있다고 생각했다. 다른 모든 것들처럼 사탕수수 플랜테이션도 이제 국가의 소유, 즉 쿠바 국민의 재산이 되었다. 체 게바라가 사망한 후 카스트로는 연간 천만 톤의 설탕 생산이라는 놀라운 목표를 달성하기 위해 노력했다.

혁명 정부가 설탕 생산량 늘리기에 매진하자, 중산층도 마지못해 주말마다 농장으로 가서 손에 물집이 잡힐 정도로 일해야 했다. 반대 의견은 금물이었다. 어느 유명 시인은 공개적으로 침묵을 강요당했고, 그 소식을 접한 쿠바 국내외의 혁명 동조자들은 불안한 마음을 감추지 못했다.

외국인들 상당수가 쿠바 혁명을 성원했다. 나중에는 '타니아Tania'라는 게릴라 이름으로 더 잘 알려지게 된 타마라 분케—그는 당시 공산주의 국가였던 동독의 대학생이었다—는 쿠바 혁명을 자신의 투쟁으로 여겼다. 타니아는 부에노스아이레스에서 태어나 그곳에서 자랐다. 그녀의 가족은 1930년대에 나치당을 피해 부에노스아이레스로 왔다가 제2차 세계대전 후 독일로 돌아갔다. 체 게바라가 1960년 무역 사절단을 이끌고 동독을 방문했을 때, 통역을 맡았던 이가 바로 타니아였다. 라틴아메리카를 변혁시키려는 혁명 프로젝트에 감명을 받은 그녀는 쿠바로 가서 작업단과 민병대, 문맹 퇴치 운동에 투신했다. 하지만 그녀는 좀 더 영웅적인 일을 하고 싶어 했고, 1964년에 마침내 그런 일을 맡게 되었다. 비밀요원 신분으로 혼자 볼리비아에 잠입한 그녀는 그곳에서 체 게바라가 마지막으로 추진했던—하지만 결국 실패로 돌아갈—작전을 준비했다. 1967년 그녀는 다른 대부분의 동지들과 함께 죽음을 맞이했다. 체 게바라처럼 그녀 역시 죽음을 통해 혁명적 헌신과 자기희생을 드러낸 라틴아메리카 대륙의 상징이 되었다. 이후 많은 라틴아메리카인들이 그녀를 기리기 위해 딸아이의 이름을 '타니아'로 짓곤 했다.

또한 라틴아메리카 전역에서 혁명의 음악적 메아리가 울려 퍼지기도 했다. 이제 저항을 주제로 하는 민속음악이 혁명 운동을 다루는 영화의 주제음악으로 부상했다. 사실 볼리비아에서 첩보 활동을 할 때 타니아도 민속음악 수집가 행세를 했었다. 그런데 이 '새로운 노래' 운동의 정신적 어머니는 칠레 여성 비올레타 파라였다. 그녀는 1960년대 세대가 아니었다. 사실 그녀는 1960년대에 그녀 주위로 모여든 젊은 저항 가수들의 어머니뻘 되는 나이였다.(젊은이들 가운데 몇 명은 진짜로 그녀의 자녀들이었다.) 뛰어난 작사가인 파라는 칠레의 민속음악에 푹 빠져 있었다. 그녀의 음악은 혁명적인 것이라기보다는 개인적인 것이었다. 타니아가 사망한 1967년, 여러 개인사로 절망에 빠진 그녀는 자살로 생을 마감했다. 하지만 1960년대 세대에게 그녀의 음악은 라틴아메리카의 저항 정신 그 자체였다. 파라는 매우 의미심장하게도 민속음악 순회공연자들이 사용하는 천막인 카르파carpa에서 자살했고, 그녀에게 영감을 받았던 젊은 음악가들은 곧 뿔뿔이 흩어졌다. 그리고 후일 아바나가 '새로운 노래' 운동의 국제 중심지로 떠오르게 된다.

1960년대 말 쿠바 혁명은 아메리카 대륙의 모든 청년들에게 강력한 상징으로 작용했다. 일부 투철한 반공주의자들을 제외한 대부분의 라틴아메리카인들은 골리앗 같은 미국에 대항하는 다윗 같은 쿠바를 보며 통쾌함을 느꼈다. 라틴아메리카의 사회주의자들에게는 물론이고, 갈수록 늘어나는 학생들과 노조 지도자들, 일반 젊은이들에게도 쿠바 혁명은 많은 것을 시사해 주었다. 혁명은 교육의 기회를 대폭 늘려, 쿠바를 국민 모두가 글을 깨친 국가, 특히 모범적인 공중보건 국가로 거듭나게 해 주었다. 혁명 덕분에 오랫동안 방치되어 왔던 농촌 지역의 주택이 개량되었다. 혁명 이전에는 인종 편견을 가진 미국인 관광객들을 위해 제정된 법 때문에 일부 해변에는 나갈 수가 없었던 쿠바 흑인들에게도 완전한 평등이 보장되었다. 쿠바의 영화와 포스터 예술은 생동감 넘치면서도 창조적인 혁명의 약속을 라틴아메리카 전역에 전달해 주었고, 쿠바에서 제정된 '카사 델라스 아메리카스Casa de las Américas'('아메리카의 집'이라는 뜻) 역시 라틴아메리카에서 가장 권위 있는 문학상으로 자리매김하였다. 에스파냐의 장기 지배와 굴욕적인 미국의 플랫 수정 조항으로 오래도록 좌절감을 느껴 왔던 쿠바 민족주의자들은 혁명을 열렬히 환영했다. 그들은 혁명으로 얻지 '못한' 것들을 쿠바의 높아진 국제적 위상으로 보상받을 수 있다고 생각했다.

쿠바 혁명은 자유주의의 근간이 되는 개인의 자유, 즉 반정부 발언권이나 국외여행권 같은 것을 제공해 주지는 않았다. 이런 자유들은 혁명적 사고의 우선 순위에서 뒤로 밀렸다. 라틴아메리카에서 국외여행을 할 여력이 있는 사람은 극소수에 불과하다는 것이 당시 혁명가들의 생각이었다. 혁명이 대수술을 감행하는 것이라면 수술실에는 엄격한 규율이 필요할 것이다. 그렇다면 왜 누군가가 단체정신을 해치도록 내버려 두겠는가. 다수의 극빈자들에게 남부럽지 않은 삶을 살 수 있다는 희망을 갖게 해 줄 수만 있다면, 세상에서 가장 운이 좋은 시민들의 자유는 침해되어도 괜찮을 것처럼 보였다.

반공주의자들, 특히 미국과 라틴아메리카의 반공주의자들은 이러한 사회혁명의 대수술이 프랑켄슈타인 같은 기괴하고 무시무시한 괴물을 만들어 낼 것이라고 생각했다. 공산주의는 개인의 자유에 대해서는 물론이고, 가부장제나 신분제처럼 더 오래되고 더 전통적인 가치에 대해서도 도전장을 내밀었다. 반공주의자들은 이러한 혁명의 이상이 '세뇌' 아니면 바이러스 감염으로 인한 것이라고 생각했다. 국경의 남쪽에서 벌어지는 사건들을 예의 주시하고 있던 미국 반공주의자들의 관점에서 보면, 전염병이 "우리 해안에서 150킬로미터밖에 떨어져 있지 않은" "우리 뒷마당"까지 갑자기 밀어닥친 격이었다. 이제 갈등의 무대가 마련되었다.

반대 흐름

해방신학

가톨릭교회는 쿠바 혁명에서 아무런 역할도 하지 않았다. 그래서 혁명은 종교를 깡그리 무시했고, 교회 건물을 강당으로 바꿔 놓았다. 역사적으로 볼 때, 가톨릭교회는 현상 유지를 바랐던 이들의 강력한 보루였고, 따라서 혁명가들의 주요 표적이 되었다. 하지만 성직자들이 혁명가가 될 수도 있었다. 멕시코 독립 운동기에 미겔 이달고 신부와 호세 마리아 모렐로스 신부가 그런 모습을 보여 주었다. 물론 훨씬 이전인 16세기에 바르톨로메 델라스 카사스 수사가 원주민들을 대변하며 같은 길을 걸은 바 있다.

1960년대에는 라틴아메리카의 급진적인 사제들이 델라스 카사스 수사가 걸었던 길을 따랐다. 카밀로 토레스 신부도 그중 한 명이었다. 콜롬비아 상류층 출신이었던 토레스는 콜롬비아 국립대학교에서 사회학—당시 라틴아메리카에서는 가장 '체제 전복적인' 학문이었다—을 가르쳤다. 사회학자들은 마르크스주의가 선호하는 분석 대상인 사회 계급을 주로 다루었기에 '분홍색'으로 분류되었다. 토레스는 쿠바의 혁명가들처럼 '경제·사회·정치 구조의 근본적 변화'를 요구했다. 자유당이나 보수당 같은 콜롬비아의 전통 정당들이 그러한 변화를 이끌어 내지 못할 것이라고 생각했던 그는 혁명을 원했다. 그는 혁명이 "굶주린 사람들을 배불리 먹이고, 벌거벗은 사람들에게 옷을 입혀 주며, 무지한 사람들을 교육하고, 자선 활동과 우애를 실천하는 정부를 수립하는 길"이라고 믿었다. 게릴라 부대에 참여했던 토레스 신부는 1966년 전사했다.

1960년대 초에 활동했던 종교계의 혁명가들은 라틴아메리카가 안고 있는 문제들을 마르크스주의 혁명가들과 비슷한 관점에서 바라보았다. 그러나 게릴라 부대에 참여한 종교인들은 소수에 불과했다. 대다수의 종교계 혁명가들은 신앙과 선행이 총보다 더 강력하다고 믿었다. 그들은 당시 브라질 동북부의 가난한 농민들을 위해 일하고 있던 라틴아메리카 최고의 문맹 퇴치 교사 파울로 프레이리의 저작에서 영감을 받았다. 프레이리는 농민들이 능력을 갖추고 싶어 하는 똑똑한 성인들이라고 주장했다. 그는 가난한 성인들에게 글을 깨우쳐 줄 때, 학생들에게 사용하는 방식을 그대로 사용하는 것은 적절치 않다고 생각했다. 프레이리에 따르면 문맹인 성인들이 글을 배운다는 것은 그들이 자신들의 삶에 더 많은 책임을 진다는 것을 의미했다. 그래서 프레이리는 상호작용식 학습법을 개발하였는데, 그는 이 학습법을 '의식 함양'이라고 불렀다.

1968년 콜롬비아 메데인에서 역사적인 라틴아메리카 주교 회의가 개최되었는데, 여기서 주교들은 프레이리의 접근이 유용한지를 두고 토론을 벌였다. 이 토론에서 주교들은 교회가 '가난한 사람들을 먼저 생각해야' 한다는 결론에 이르렀고, 프레이리의 문맹 퇴치 모임에서처럼 신자들이 함께 모여 성경을 읽고 토론하는 기독교 '기초공동체'를 창설하는 문제를 논의했다. 주교들은 가난이라는 '제도화된 폭력'에서 사람들을 해방시켜야 한다는 얘기도 나누었다. 가난은 일반적인 의미에서는 폭력이 아니었다. 보다 정확히 말하면, 라틴아메리카의 가톨릭 주교들은 기아·무지·질병을 예방 가능한 피해로 보기 시작했다. 이 피해를 예방하지 못한 정부가 제도화된 폭력을 범하는 것일 뿐이었다. 폭력의 희생자들은 자신들이 입는 피해를 가난하기 때문에 어쩔 수 없이 겪어야 하는 당연한 것으로 보는 경우가 많았다. 기독교 기초공동체의 의식 함양은 제도화된 폭력의 실체를 드러내고 그것을 당연시하는 시각을 바로잡을 수 있었다. 이러한 가톨릭 공동체의 교육은 구식 신분제와 헤게모니의 기반을 약화시키기 위한 것이었다. 이 새로운 메시지는 천국에서의 보상을 바라며 지상의 고통을 참으라고 말하는 대신, 무료 급식소·탁아소·주민 조직·정부의 책임을 강조했다. 종교적 열망이 가득한 지역에서라면 더 좋은 결실을 맺게 될 것이었다. 이것이 가난한 이웃들과 같이 살며 함께 일한 사제들과 수녀들의 작은 바람이었다.

1968년의 주교 회의를 통해 구체화된 이 운동은 일반적으로 '해방신학(liberation theology)'이라고 불렸는데, 곧 찬반 양쪽에서 엄청난 관심을 불러일으켰다. 보수주의자들은 카밀로 토레스 신부를 가리키며 "공산주의자!"라고 외쳤는데, 사실 종교계의 혁명가들은 마르크스주의 혁명가들과 공유하는 것이 있었다. 그들은 우선 라틴아메리카에 철저하고 근본적인 변화가 필요하다는 기본 전제와 긴박감을 공유했다. 그들은 모두 가난한 사람들의 고통을 덜어 주는 일에 헌신적이었다. 그들은 또 기존의 권력 구조가 자신들에게 불리하게 짜여 있다고 생각했다. 이들 혁명가들은, 비록 이념적으로는 여러 면에서 서로 달랐지만, 논리적으로는 서로를 잠재적인 동맹 세력으로 생각할 수 있었다.

가톨릭교회 내부에서는 즉각 보수주의적 반동이 시작되었다. 해방신학 주창자들이 열변을 토하기는 했지만, 그들은 주류가 아니었다. 1970년대 말 교황직에 오른 요한 바오로 2세는 해방신학자들과 정면대결을 벌이는 데 전력을 쏟아부었다. 공산주의 국가인 폴란드 출신으로 가톨릭 지도자가 된 교황은 공산주의를 단호히 배격했다. 그는 라틴아메리카의 종교적 혁명가들이 도를 넘어섰다고 생각했다. 1978년 멕시코 푸에블라시에서 개최된 라틴아메리카 주교 회의에서 교황청의 반대 운동이 시작되었다. 교황은 해방신학에 적대적인 주교들을 조직적으로 등용하였고, 심지어는 해방신학자들에게 '침묵'을 강요하기도 했다. 그는 또 가톨릭 성직자이자 해방신학 주창자인 산디니스타 혁명(Revolución Popular Sandinista) 지도자들과 맞선 보수파 대주교를 지원하기 위해 1983년 니카라과를 방문하기도 했다. (산디니스타 혁명은 다음 장에서 다룬다.) 직접대결이 벌어진 잊지 못할 순간에 교황은 산디니스타를 지지하는 성난 군중을 향해 세 차례나 "조용히 하시오!"라고 외쳤다. 해방신학 운동은 1980년대부터 동인을 서서히 상실하게 되는데, 이때 기독교 기초공동체에 참여한 라틴아메리카 인구는 아직 1퍼센트에도 미치지 못했다.

제9장

반동

반 동
1960
~
1990년
1964년
브라질에서
군사 쿠데타 발생
1973년
칠레에서
군사 쿠데타 발생
1978년
멕시코
푸에블라에서
라틴아메리카
주교 회의 개최
1984년
『나, 리고베르타
멘추』 출판
1990년
산디니스타,
선거에서 패배
LATIN AMERICA

Reaction

반동

어떤 이들에게는 희망의 신호탄으로, 또 다른 이들에게는 위험의 신호탄으로 밤하늘의 섬광처럼 폭발한 쿠바 혁명 이후, 냉전이 라틴아메리카를 엄습했다. 쿠바 정부는 다른 라틴아메리카 국가에서 활동하고 있는 마르크스주의 혁명가들을 지원했지만, 실제로는 할 수 있는 일이 그리 많지 않았다. 쿠바는 주로 훈련과 관련된 도움을 주었을 뿐, 자금이나 무기를 지원하는 일은 드물었다. 소비에트 러시아 역시 쿠바를 제외한 지역에서는 별 역할을 하지 않았다. 그런데도 미국 국무부는 라틴아메리카의 마르크스주의 혁명가들을 소비에트의 대리 부대로 간주했고, 1960년대와 1970년대에 라틴아메리카 전역으로 확산된 반혁명적 반동 세력을 지원했다.

이 무렵 가장 주목할 만한 사례는 역시 마르크스주의와 쿠바의 관계였다. 일단 이것은 미국 국무부의 상상력이 만들어 낸 허구가 아니었다. 게다가 당시 라틴아메리카의 마르크스주의자들도 소비에트 러시아가 자신들 편이라고 믿고 있었다. 하지만 마르크스주의를 호소할 때 라틴아메리카의 마르크스주의자들은 소련의 이미지를 거의 활용하지 않았다. 이들은 소비에트 러시아의 설득으로 혁명 단체를 조직한 것이 아니었고, 소비에트 러시아의 원조에 의존하지도 않았다. 소비에트 러시아의 지령에 따라 활동한 것은 더더욱 아니었다. 라틴아메리카에는 소비에트의 대리 게릴라 부대 같은 것도 없었다. 혁명적 정서의 바탕에 있었던 것은 민족주의였다. 따라서 이들이 마르크스주의를 수용한다는 것은 부유한 소수와 미국의 다국적 기업에 맞서 힘없고 가난한 대중들의 편에 선다는 것을 의미할 뿐이었다.

이들의 반대편에는 혁명이 재앙을 불러올 것이라고 생각하는 사람들이 있었다. 이런 입장을 취하게 된 이유는 다양했다. 우선 상류층과 중산층 대부분은 자신들의 특권적 지위를 잃게 될까 두려워 반공주의자가 되었다. 하지만 반공산주의 운동에 참여한 빈민들도 많았는데, 이는 전통적인 후견인 관계망 때문이었다. 반공주의자들은 마르크스주의 사상이 라틴아메리카에는 맞지 않은 이질적인 것이라는 낙인을 찍은 다음, 혁명 운동의 국제적 연관성들을 쉴 새 없이 과장했다. 그리고 때로는 이런 전략이 성공을 거두었다. 어찌 됐건 19세기 초의 자유주의와 마찬가지로, 마르크스주의도 외부에서 들여온 이념이었다. 상당수의 라틴아메리카인들, 특히 상당수의 농촌 주민들로 이루어진 '가난하고 문화적으로 보수적인 사람들'은 급진적인 대학생들이 자신들의 입장을 대변해 줄 것이라고 믿지 않았다.

국가 안보 독트린

미국의 가장 중요한 반공주의 동맹 세력은 라틴아메리카 군대였다.

제2차 세계대전 때부터 시작된 미군과 라틴아메리카 군대 간의 실무 협상이 전후에는 노골적인 반공 동맹으로 발전했다. 미군은 이 동맹에 의거하여 라틴아메리카 군대에 항구적인 군사 지원을 약속했고, 이들에게 미국의 군사학교에서 훈련받을 기회도 제공했다. 미국 군사학교의 기본 교과 과정은 게릴라에 맞서는 방법을 가르치는 대對반란 작전으로 요약할 수 있다. 반공 동맹의 기본 논리—종종 '국가 안보 독트린'이라고 불리기도 했다—는 첫째, 라틴아메리카의 군대가 '자유세계'를 수호하는 미국의 핵심 동맹 세력이라는 것, 둘째, 이들의 특수 임무는 대對반란 작전이라는 것, 셋째, 아메리카 대륙 외부에서 공격해 오는 공산주의의 침략은 미국의 해군과 공군이 격퇴한다는 것이었다. 그러므로 라틴아메리카 군대들은 "자유를 침해하는 내부의 적들", 즉 공장·빈민가·대학교에서 활동하는 혁명 운동가들을 향해 총구를 겨누어야 했다.

라틴아메리카의 장군들은 미군과의 동맹을 매우 좋아했다. 이 동맹 덕분에 자국 내에서 권력을 강화할 수 있었기 때문이다. 게다가 이들은 국가 안보 독트린을 통해 '자유세계'나, 심지어 '서구 문명'을 수호하는 영예로운 임무까지 부여받았다. 이들은 이 임무를 수행하면서 부유하고 힘 있는 친구들을 덤으로 얻었다.

1960년대에 미국은 새로운 원조 정책으로 이러한 군사동맹을 보완했다. 좀 늦기는 했지만 미국 대통령 존 F. 케네디는 1961년 '진보를 위한 동맹Alliance for Progress'이라는 정책을 발표했다. 라틴아메리카를 위한 일종의 마셜 플랜이었던 이 정책은 물론 쿠바 혁명의 확산을 막기 위한 것이었다. 경제 발전과 정치 개혁을 자극하여 혁명의 압력을 완화시킨다는 이 계획의 기본 이념은 마셜 플랜과 똑같았다. 케네디는 라틴아메리카에

상존해 있는 공산주의의 위험을 언급하면서 이렇게 선언했다. "개혁을 방해하는 사람들은 혁명을 피할 수 없다." 라틴아메리카를 지원하는 미국의 원조는 늘어났다. 그러나 대규모 사회 변혁은 무기를 공급하고 대반란 작전용 훈련을 제공하는 것보다 더 어려웠고, 비용도 훨씬 더 많이 들었다. '진보를 위한 동맹'은 오래가지 못했다. 1970년대가 되면 라틴아메리카의 장군들은 이제 공산주의 혁명으로부터 라틴아메리카를 지켜낼 수 있는 세력은 자신들뿐이라고 생각하게 된다.

국가 안보 독트린에 물든 군대 장교들은 쿠바 혁명을 자신들의 출격 대기 신호로 여겼다. 그들은 시간이 흐를수록 상황이 더 악화될 것이라고 생각했다. 벽마다 페인트를 뿌려 쓴 혁명 구호들이 가득 차 있는 것처럼 보였다. 이제 마르크스주의는 라틴아메리카의 예술가·사회과학자·민족주의 지식인들 사이에서 주류 정치 철학으로 떠올랐다. 어느 영화 제작자에 따르면 현실의 비참함을 깨닫도록 만들기 위해 사람들에게 불쾌한 현실을 가감 없이 보여 주는 1960년대의 뉴시네마가 브라질을 비롯한 일부 국가에서 큰 성공을 거두었다고 한다. 혁명기 쿠바의 신흥 영화 산업은 곧 라틴아메리카에서 가장 영향력이 큰 산업으로 떠올랐다. 마르크스주의 사상의 유행은 특히 대학에서 강하게 느낄 수 있었다. 또 소설의 '대유행'으로 라틴아메리카의 문학이 전 세계에 널리 알려지게 되었고, 명망 있는 작가들은 혁명의 대변자가 되었다. 콜롬비아의 가브리엘 가르시아 마르케스 같은 작가는 자주 쿠바를 방문하여 피델 카스트로와 우정을 나누었다. 20세기 라틴아메리카 소설 중 가장 널리 알려진 가브리엘 가르시아 마르케스의 소설 『백 년 동안의 고독』(1967년)은 미국 바나나 회사를 상대로 파업을 일으킨 노동자 대중을 향해 정부군이

기관총을 난사한 학살 사건을 묘사하는 장면에서 절정에 이른다. 이 사건은 1928년 가르시아 마르케스의 집 근처에서 실제로 발생했던 사건으로, 유나이티드프루트사가 연관되어 있었다. 1960년대에는 멕시코의 카를로스 푸엔테스와 페루의 마리오 바르가스 요사 같은 작가들도 혁명의 나라 쿠바를 찬미했다. 또 앞서 살펴본 것처럼 오랫동안 전통과 신분제를 지탱하는 기둥 역할을 해 온 가톨릭교회에서도 혁명가들과 제휴한 반대파가 생겨났다. 라디오에서 비틀즈의 노래 가사 "소련으로 돌아왔어. 세상에, 얼마나 다행인지 몰라."가 흘러나왔을 때, 군부의 눈에는 심지어 청년들의 대항 문화까지도 국가 안보를 위협하는 요소로 보였다.

1960년대부터 1980년대까지 라틴아메리카 군부가 '내부의 적들'을 상대로 저지른 끔찍한 폭력 행위는 어쩌면 적에게 둘러싸여 있다고 믿는 피포위 심리siege mentality로 설명할 수 있을지도 모르겠다. 그 이유가 무엇이든 간에, 군부는 대반란 작전의 일환으로 곳곳에서 납치와 고문, 살인 등을 자행했고, '자유세계'는 '붉은 물결'과 싸우기 위해 라틴아메리카 군부에 의지하였다. 이제 학생 시위자, 노동 운동 지도자, 농민 운동가 등 게릴라 부대에 동조한 혐의가 있는 자라면 누구나 표적이 되었다. 라틴아메리카 군부는 이들을 길거리에서 납치하였고, 아무런 법률 기록도 남기지 않은 채 영원히 '사라지게' 만들었다. 장군들은 "이것은 전쟁"이고, 자신들은 공산주의 게릴라들을 소탕하기 위해 마땅히 해야 할 일을 하고 있을 뿐이라고 말했다. 1960년대까지는 게릴라들이 대개 도시에서 활동했다. 도시 게릴라들은 대도시에 살면서 그곳에서 싸웠다. 그들은 대도시에서 정부를 위협할 수 있었고, 군사령부 본부를 공격할 수도 있었으며, 기업가를 납치해 그 몸값으로 활동 자금을 마련할 수도 있었다. 하지만 동시에 적들이 문자 그대로 바로 코앞에 있었으므로, 상대방의 공격에 매우 취약했다. 보호 수단은 비밀 유지뿐이었다. 라틴아메리카의 보안 부대들은 게릴라의 은신처를 알아내기 위해 수감자들을 공포와 고통 속으로 몰아넣었다. 몇 주에 걸쳐 강간을 되풀이하거나 유두와 고환에 전기 충격을 가하는 고문이 자행되었다. 또 줄곧 눈을 가려 아무것도 보지 못하게 하거나, 사랑하는 사람의 고문을 지켜볼 수밖에 없게 만들어 심리적으로 고통을 느끼게 하는 방법까지 동원되었다. 당시 많은 라틴아메리카인들은 군부가 이런 고문 기술을 미국의 군사학교에서 배웠을 것이라고 생각했다. 고문 기술자들은 자신들의 행동을 정당화하기 위해 비상시국을 들먹였는데, 이러한 비상시국을 지속시킨 것이 국가 안보 독트린이었다는 점은 확실하다.

미국의 정책은 민주주의 수립을 내걸었지만, 결과적으로는 독재 체제의 등장을 촉발하는 데 기여하였을 뿐이다. 국가 안보 독트린을 앞세운 라틴아메리카 군대는 이제 경제 발전이나 공중보건과 같은 국민들의 생활에까지 보다 적극적으로 개입하기 시작했다. 그런데 이런 경험들이 축적되자 일부 장교들은 민간 정치인들을 불필요한 장애물로 여기기 시작했다. 고문을 비난할 권리와 같은 시민적 자유가 수단과 방법을 가리지 않고 적을 격파해야 할 군부의 자유를 방해한다고 생각했던 것이다. 그러므로 라틴아메리카의 민주주의를 파괴한 것은 마르크스주의로부터 민주주의를 구한다는 명분을 내세우며 시민들에게 선제공격을 감행한 군부의 장군들이었다.

장군과 제독들로 구성된 각종 행정위원회가 라틴아메리카 여러 국가를 차례로 장악했다. 1808년 나폴레옹의 에스파냐 국왕 유폐 후 에스파냐령 아메리카에 설립되었던 임시정부들처럼 이 행정위원회들도 '훈타junta'라고 불렸다. 1960년대~1980년대 군부 훈타들은 페론과 같은 예상치 못한 존재가 등장하는 것을 방지하기 위해 모든 것을 집단 통제하에 두려 했다. 정치학자들은 이러한 비개인적 성격의 새로운 독재 체제를 '관료적 권위주의bureaucratic authoritarianism'라고 불렀다. 1970년대 중반에는 관료적 권위주의라는 전염병이 남아메리카 전역을 휩쓸었는데, 이때 문민정부를 유지했던 나라는 소수에 불과했다.

군사 통치

관료적 권위주의의 전형을 보여 준 나라는 브라질이다. 미군과 함께 제2차 세계대전에 참전했던 브라질 군사 지도자들은 미국과 긴밀한 관계를 유지하고 있었다. 쿠바 혁명에 대한 대응으로 미국은 브라질 군부에 '적색' 경보를 발령했고, 브라질 장군들은 도처에서 위험을 찾아냈다. 1960년 선거를 통해 당선되었지만, 혁명적 성향이라곤 전혀 없던 브라질 대통령까지 미국으로부터의 외교적 독립을 표명하기 위해 체 게바라에게 훈장을 수여하고 나서자, 군부는 경악을 금치 못했다. 이 일로 대통령은 결국 사임했지만, 군부의 입장에서는 그가 사임할 때 중국을 방문하고 있었던 부통령이 훨씬 더 위험해 보였다. 군부는 부통령의 권력을 제한하고, 그의 일거수일투족을 예의 주시했다.

브라질 군부는 자신들의 눈앞에서 진행되고 있는 상황이 탐탁지 않았다. 우선 제툴리우 바르가스의 정치적 후계자인 주앙 굴라르가 신임 대통령으로 취임했다. 이전 바르가스 정부에서 노동부 장관을 지냈던 굴라르는 바르가스 지지층, 즉 도시 중산층과 노동자 계급으로 구성된 브라질 민족주의자 연합의 지도자 지위를 이어받았다. 하지만 쿠바 혁명 이후 공포에 사로잡힌 중산층 유권자들이 우파로 기울면서, 민족주의자 연합은 조직이 이미 흐트러진 상태였다. 이에 굴라르는 갈수록 더 급진적인 정치적 수사를 구사하며 도시 노동자들에 대한 지원 사업을 더욱 강화했다. 외국인 투자자들이 강제수용 조치를 우려하는 와중에 한 치 앞도 내다볼 수 없는 첨예한 정치적 대립이 계속되자, 브라질 경제는 완전히 망가졌다.

그러는 사이, 브라질 동북부에서는 극심한 가난 속에서 땅을 갈망하던 농민 동맹이 쿠바 혁명을 찬미하기 시작했고, 브라질 지주들은 토지 개혁에 격렬히 반발했다. 군부는 굴라르가 노동자와 농민들로 구성된 새로운 혁명 연합을 구축해, 끝까지 저항할지도 모른다는 두려움에 사로잡혔다. 군부는 결국 자국 주재 미국 대사 및 미국 육군 무관의 협력과, 해안에 대기 중이던 미국 해군의 지원을 받아 브라질을 장악했다. 당시 미국 대사는 이 쿠데타에 "20세기 중반에 거둔 가장 결정적인 자유의 승리"라는 의미를 부여했다. 하지만 1964년에 발생한 이 쿠데타 이후 군부는 브라질을 20년간이나 비민주적으로 통치했다.

브라질은 1964년 이전까지는 군사 통치를 받아 본 적이 없었다. 따라서 군부 지도자들도 표면적으로는 입헌 정부의 틀을 조심스럽게 유지했다. 법이 걸림돌이 되면 법을 개정하는 식이었다. 군부는 정적들의 정치적 권리를 10년 동안 박탈하기로 결정했다. 또 단 두 개의 정당만 합법 정당으로 인정했다. 그러자 사람들은 이 두 정당을 '예'당과 '정말이에요'당이라고 비아냥거렸다. 그래도 반대파가 등장하자, 군부는 의회 해산 명령을 내리려 했다. 하지만 이는 위헌이었다. 이들은 결국 의회를 합법적으로 해산할 수 있는 수정 조항을 공포한 후 의회 해산 명령을 내렸다. 1960년대 말과 1970년대 초 도시 게릴라들이 활동을 개시하자, 군부는 사복 차림의 '암살단'을 동원하여 그들을—그들 주변 인물이나 그들을 지원한 혐의가 있는 사람들까지—공격했다. 당시 군부는 공식 수감된 사람들과 관련된 상세한 서류철을 보관하고 있었는데, 서류들 중에는 심지어 고문으로 받아 낸 심문 내용까지 모두 기록된 것들도 있었다. 이 서류들은 후일 해방신학과 기본 인권에 공감한 어느 대주교에 의해 출판되어, 군부의 학대를 입증하는 증거로 활용되었다.

당시 브라질 군부 내에는 여러 계파가 있었는데, 1964년부터 1967년까지는 상대적으로 온건한 입헌주의자들이 집권했다. 하지만 시위가 격화되자, 좀 더 독재적인 성향을 띤 강경파가 권력을 장악하였다. 이들은 1968년부터 1974년까지 정부를 지배했는데, 이후 대중 시위가 잠시 수그러들었고 체제의 긴장도 다소 이완되었다. 미국을 보고 배우는 장군들이 있는가 하면, 브라질을 세계 강국으로 만들어야 한다고 떠들고 다니는 우익 민족주의자들도 있었다. 민족주의자들은 도로 건설과 변경 지역인 아마존강 유역 개발 계획에 특히 관심을 쏟았다. 그렇게 해 두지 않으면 방대한 영토를 잃어버릴지도 모른다고 생각했기 때문이다.

브라질 군부 역시 민족 산업을 일으키는 데 심혈을 기울였고, 내구성 소비재를 생산하는 새로운 단계의 중공업화에 몰두했다. 사실 1970년대 초반에 중산층의 시위가 잠잠해진 데는 경제가 폭발적으로 성장하기 시작한 영향도 있었다. 이후 몇 년간 브라질 정부는 자국의 경제 '기적'을 자랑했다. 경제가 성장한 것은 맞다. 하지만 기적은 아니었다. 군사정부가 새로운 산업이 번창할 여건을 만들어 냈던 것도 맞다. 하지만 그것은 가난한 다수의 희생을 담보로 한 것이었다. 군부는 이런저런 선거 연합에 얽매이지 않았기에 노동자들의 임금을 낮출 수 있었고, 심지어 불만을 품은 자들을 '사라지게' 만들 수도 있었다. 저임금·파업 금지·규제 완화·수용 금지 등과 같은 '외국인을 위한 안전한 투자 분위기'를 조성하여 국제 자본을 유치할 수 있게 된 군부는 이렇게 모은 자본을 광업·운송·제강·정유 같은 개발 우선 분야에 쏟아부을 수 있었다.

브라질에는 미숙련 노동력이 풍부했지만, 중공업화가 진척될수록 이들을 위한 일자리는 줄어들었다. 더욱이 중공업은 주로 중산층 시장을 겨냥한 제품을 생산했다. 하지만 중산층은 아직 소수였다. 따라서 브라질 국민 대부분은 1970년대 초의 '기적'에서 거의 아무런 혜택도 누리지 못했다. 군부가 실시한 정책들은 자동차, 전자제품, 가전제품을 구매할 수 있는 부유층에게 더 많은 돈과 신용을 안겨 주었다. 그러나 그것이 더 절실했던 쪽은 빈민들이었다. 실제로 1964년부터1974년까지 브라질 인구의 절반은 영양실조 상태였고, 이들이 벌어들인 소득도 국민총소득의 10퍼센트밖에 되지 않았다. 국민총소득의 대부분은 부유한 상위 10퍼센트의 몫이었다. 정말 대단한(?) 기적이다! 장군들은 나누기 전에 파이부터 키워야 한다고 말했지만, 실제로는 성장의 결과물을 나눌 마음이 없었다. 그 대신 이들은 '브라질을 위대하게'라는 자신들의 비전을 위해 세계에서 가장 큰 수력발전용 댐과 고속도로, 교량, 공항을 건설했다. 이 중 수력발전용 댐은 최악의 환경 파괴를 초래했다.

기적은 곧 끝이 났다. 1970년대 초부터 유가가 가파르게 상승했는데, 브라질은 다량의 석유를 수입하는 국가였다. 갑작스런 유가 상승으로 인한 이익, 이른바 오일달러는 한동안 사우디아라비아와 이라크 같은 산

유국에서 국제은행으로 흘러들어 갔고, 국제은행에서 다시 저리의 단기 차관으로 바뀌어 브라질처럼 석유 자원이 없는 나라로 흘러들어 왔다. 브라질 군부는 개발드라이브 전략을 유지하기 위해 수십억 달러의 오일달러를 빌리고, 비싼 석유를 수입하기 위해 다시 오일달러를 빌리는 악순환을 반복했다. 이런 상황에서 브라질이 꽤 창조적으로 대응한 것이 하나 있었는데, 바로 자동차용 바이오 연료 생산 계획이었다. 브라질 자동차 서너 대 가운데 한 대는 이렇게 생산된 바이오 연료로 굴러다닐 수 있었다. 그러나 1970년대 말 국제 이자율이 급격히 상승하자, 브라질 경제는 또다시 충격을 받았다. 국가 부채가 급증하면서 1980년대 초 브라질은 세계 최대 채무국으로 전락했다.

브라질의 공업은 이제 자국산 부품으로 자동차와 버스, 트럭을 생산할 수 있게 되었다. 브라질의 공산품 수출 총액은 1970년대 초에 커피 수출 총액을 넘어섰다. 경제적 민족주의의 꿈이 실현되는 역사적 순간이었다. 하지만 이는 자신들이 생산·수출하는 상품들을 정작 자신들은 구입할 여력이 없었기 때문에 일어난 일이기도 하다. 주요 식량 수출국으로 발돋움한 브라질에서 국민 절반이 영양실조 상태라는 것도 아이러니가 아닐 수 없다. 1978년에는 브라질의 공업 중심지 상파울루에서 노동자들이 대규모 파업을 강행했는데, 이는 군부의 억압적 사회 정책에 항의하는 대중의 저항이 다시 시작되었음을 알리는 신호탄이었다. 일찌감치 '쿠바의 위협'에서 조국을 구출해 낸 군부는 자신들의 권위주의 통치를 정당화하기 위해 경제 성장을 이용했다. 하지만 1980년대 초 국가 경제가 침체되고 대중들이 다시 시위를 벌이기 시작하자, 브라질 군부는 결국 퇴진을 준비할 수밖에 없었다.

정규군이 도시 게릴라를 상대로 '더러운 전쟁Guerra sucia'을 벌였던 아르헨티나와 우루과이에서는 군사 통치가 훨씬 더 심각한 상처를 남겼다. 당시 아르헨티나와 우루과이의 사정은 브라질과 매우 달랐다. 이 두 나라는 전반적인 생활수준뿐 아니라, 문자해득률과 평균수명 같은 지표에서도 브라질보다 훨씬 우위에 있었다. 하지만 이런 것들도 냉전이 촉발한 위기에서 두 나라를 구해 내지는 못했다.

1960년대 초반 브라질의 장군들은 공업 노동자들과 농민들이 힘을 합쳤을 때 자신들에게 어떤 일이 닥칠지를 두려워했지만, 아르헨티나의 장군들은 이미 일어났던 일, 즉 페론주의를 두려워했다. 망명한 후에도 페론은 이미 불법이 된 페론주의 운동을 여전히 직접 지도하고 있었고, 공업 노동자들 역시 여전히 그를 존경했다. 페론은 마르크스주의자였던 적이 단 한 번도 없었다. 하지만 냉전 시대의 반공주의자들은 노동자 계급의 운동을 의심의 눈초리로 바라보았다. 1955년에 페론을 축출한 아르헨티나 군부는 몇 년이 지난 후 권력 일선에서 물러나 문민 통치가 다시 시작될 수 있게 해 주었다. 하지만 1962년과 1965년의 선거에서처럼 페론주의자들이 승리를 거둘 때면, 군부는 어김없이 병영에서 나와 선거 결과를 무효화했다. 결국 브라질에서 군부가 정권을 장악한 지 2년이 지난 1966년, 아르헨티나 군부도 자신들 나름의 관료적 권위주의 국가를 완성했다. 혁명의 위협을 제거하고 임금을 억제하며 외국인 투자를 장려하겠다는 목표도 브라질과 비슷했다. 아르헨티나 군부는 공산주의자를 탄압하는 브라질 군부의 정책을 그대로 따랐지만, 강도는 훨씬 더 셌다.

그러나 페론주의의 유산에서, 그리고 이보다 더 뿌리 깊은 사회주의와 아나키즘의 사상에서 힘을 얻은 아르헨티나의 혁명 세력은 쉽게 진압되지 않았다. 게다가 아르헨티나는 같은 시기 브라질이 이룬 '기적'과 비교할 만한 경제 성장도 이루지 못했기에, 아르헨티나 군부는 이로 인한 혜택도 누리지 못했다. 결국 나눠 줄 당근이 없었던 아르헨티나 군부는 채찍에 의존했다. 1960년대 말에 시작된 살해 공작의 강도는 1970년대 들어 한층 더 높아져, 브라질에서 자행된 군사 고문과 살해는 아이들 장난처럼 보일 정도였다. 다수의 마르크스주의 게릴라 운동 단체들과 그 구성원들(대학 교육을 받은 도시 중산층 젊은이들)이 아르헨티나 군부를 상대로 끈질기게 싸웠는데, 이 중 가장 널리 알려진 게릴라 집단은 페론주의 계열 출신의 몬토네로Montonero였다. 이들은 이미 좌파 이데올로기로 노선을 바꾼 후였지만, 자신들은 여전히 페론주의자라고 생각하고 있었다. 이런 상황 속에서 아르헨티나 군부는 암살단을 동원했고, 결국 2만 명이 넘는 사람들이 '사라지게' 되었다. 심문과 고문 후 살해하고서 그 시체를 비밀리에 유기한 군부는 희생자들의 행방에 대해 전혀 아는 바가 없다고 발뺌하기 일쑤였다.

이 '더러운 전쟁'은 아르헨티나 군부가 마지못해 페론의 귀국을 허용한 후에도 계속되었다. 귀국한 페론은 1973년에 아르헨티나 대통령으로 당선되었다. 하지만 70대 후반의 고령에 병까지 얻은 페론은 이제 페론주의 게릴라로 추정되는 사람들보다는 덜 위험해 보였다. 유감스럽게도 페론은 대통령직에 오른 후 얼마 되지 않아 사망했다. 당시 부통령은 나이트클럽 무용수 출신으로, 페론의 두 번째 부인이 된 이사벨이었다. 이제 정치 지도자가 된 그녀는 에비타의 역할을 자처하고 나섰지만, 그녀에게는 에비타와 같은 카리스마가 없었다. 결국 페론주의 운동은 완전히 해체되었고, 1976년에는 새로운 군인 출신 대통령이 이사벨 페론을 대신했다. 이제 대對반란 작전은 최고조에 이르렀고, 군부의 게릴라 소탕 작전도 결국 성공을 거두었다. 장군들은 자랑스럽게 '유대-기독교 문명'의 승리를 선언했지만, 아르헨티나 경제는 그 후 20년간 침체에서 벗어나지 못했다. 군부는 1978년에 개최된 월드컵 축구 대회에서 홈팀 아르헨티나가 우승한 덕분에 잠시 인기를 얻었을 뿐이다. 그런데 이 당시 대부분의 아르헨티나인들은 군부가 벌인 이러한 '더러운 전쟁'에 주목할 생각을 하지 못했다. 아르헨티나 군부가 진실을 철저히 숨겼기 때문이다.

하지만 1970년대 말에 작은 변화가 생겼다. 실종된 이들의 어머니들이 자녀들의 사진을 들고 부에노스아이레스 오월 광장에 모여 시위를 벌이기 시작했던 것이다. 군부는 이 어머니들이 실성한 것으로 치부했고, 소름 끼치는 진실을 알고 싶지 않았던 사람들도 이를 외면했다. 하지만 이들 '오월 광장의 어머니들Las Madres de la Plaza de Mayo'은 포기하지 않았다. 그들은 실종된 자녀의 이름을 새겨 넣은 흰색 스카프를 일종의 유니폼처럼 두르고 다녔다. 무슨 일이든 하려고 필사적으로 달려든 중년의 교사와 사회 운동가, 점원 출신 어머니들은 군부가 비밀리에 저지른 '더러운 전쟁'의 산증인이자 국민의 양심이 되었다. 아르헨티나 군부는 모성애 존중과 같은 전통적 가치를 수호하는 것이 자신들의 임무라고 공공연하게 떠들고 다녔으므로, 오월 광장 어머니들을 '광장의 미친 여성들'이라고 부르면서도 감히 건드릴 수는 없었다. 하지만 말도 안 되는 것처럼 보였던 어머니들의 고발이 진실임을 전 세계가 서서히 깨닫게 되면서, 오월 광장의 어머니들은 존경을 받게 되었다. 비록 실종된 자녀들을 어머니들의 품으로 되돌려 주지는 못했지만, 그래도 상당히 의미 있는 일이었다.

라플라타강 너머의 우루과이에서도 군부가 이와 비슷한 탄압을 자행했다. 아르헨티나의 페론주의 운동 같은 것, 즉 장군들이 겁낼 만한 것이 우루과이에는 없었다. 사실 제2차 세계대전 이후 우루과이는 아르헨티나보다는 훨씬 평온한 시절을 보냈다. 심지어 1951년부터 1966년까지는 대통령제 대신 일찍이 바트예 오르도녜스가 제시한 바 있는 행정위원회 제도가 시행되기도 했다. 몇몇 경제 문제들이 있기는 했지만, 우루과이의 생활수준은 라틴아메리카 국가들이 부러워할 정도로 좋았다. 그리고 이 무렵 '투파마로Tupamaro'라 불리는 게릴라 집단이 등장하여, 체 게바라가 볼리비아에서 일으키려 했던 것과 같은 혁명을 시도했다.

투파마로는 쿠바 혁명에서 영감을 받아 1964년에 결성된 도시 게릴라 운동이었다. 이들은 우루과이에 혁명의 여건이 아직 조성되어 있지 않음을 잘 알고 있었지만, 자연 발화를 기다리지는 않았다. 그들은 직접 희망의 불씨를 지펴 좋은 본보기를 보여 줌으로써 주변 국가에 훨씬 더 큰 불을 일으키고 싶어 했다. 투파마로는 여론에 영향을 미칠 만한 작전을 기획한 후, 이를 놀라울 정도로 과감하게 수행했다. 이들이 수행한 가장 대담한 작전 중 하나는 투옥된 동지를 구출하기 위해 감옥에 땅굴을 판 일이었다. 투파마로와 싸우기 위해 우루과이 대통령은 결국 계엄령을 선포했다. 이때가 1967년이었다. 그러나 이 일을 맡았던 군부는 야금야금 권력을 장악해 가더니, 1973년에는 결국 정권을 탈취하기에 이르렀다. 정권을 잡은 군부는 곧 투파마로 조직을 와해시켰다. 이렇다 할 도시라고는 몬테비데오 하나밖에 없는 나라에서 도시 게릴라로 활동한 투파마로는 고문 등으로 은신처가 발각될 경우 곧바로 궁지에 몰렸다. 한때 다른 라틴아메리카 국가들과는 달리 민주적이었던 우루과이 사회에도 이제 관료적 권위주의라는 어두운 장막이 드리워졌다. 1970년대 말 우루과이는 인구 대비 정치범 수감자 비율이 세계에서 가장 높은 나라가 되었다.

만연한 독재 체제

안정된 민주주의 국가였던 우루과이의 슬픈 운명은 반란이 일어나거나 독재 체제가 들어설 가능성이 없는 나라들을 냉전이 어떻게 유린했는지 잘 보여 주고 있다. 하지만 이를 가장 잘 보여 주는 나라는 칠레다. 라틴아메리카 국가들 중에서 칠레의 입헌 정부 전통과 견줄 만한 나라는 없었다. 칠레 민주주의는 오랫동안 이념적 차이들을 잘 극복해 왔다. 아메리카 대륙에서 가장 오래되었을 뿐 아니라, 세력도 가장 강성했던 칠레 공산당은 1930년대부터 여러 좌파 정당들과의 선거 연합에 참여해 왔다. 하지만 무장 혁명은 지지하지 않아서 체 게바라에게 실망감을 안겨 주기도 했다.

1958년 칠레 대통령 선거에서 사회주의-공산주의 연합 세력은 거의 30퍼센트에 육박하는 표를 얻었는데, 이때 그들이 내세운 후보는 살바도르 아옌데였다. 체 게바라처럼 그도 의사이자 마르크스주의자였지만, 무장 혁명은 지지하지 않았다. 그는 칠레의 입헌주의 전통을 고수했다. 1964년 선거 때 다시 대통령직에 도전한 그는 미국 중앙정보부가 상대 후보에게 자금을 지원했음에도 불구하고 이전보다 더 많은 표를 얻었다. 이러한 아옌데의 인기에 놀란 미국 국무부는 칠레를 '진보를 위한 동맹' 프로그램의 모델로 삼았지만, 아무런 실효도 거두지 못했다. 아옌데는 결국 1970년 대통령 선거에서 승리했고, '인민연합'으로 알려진 선거

미국의 군사 개입
(직접 개입 또는 대리 부대를 통한 개입)
1980년대
1954년
1965년
1961년
1980년대
1983년
쿠바 혁명
(1959년 이후)
틀라텔롤코 학살
(1968년)
아르벤스 정부
(1950~1954년)
산디니스타민족해방전선
(1979~1990년)
파라분도마르티민족해방전선
(1979~1992년)
M-19
(1970년대~1980년대)
민족해방군, 콜롬비아혁명군
(1960년대 이후)
농민동맹
(1960년대 초)
군사 개혁주의
(1968~1980년)
센데로 루미노소[빛나는 길]
(1980~1992년)
민족혁명운동
(1952~1964년)
도시 게릴라
(1960년대 말)
인민 연합
(1970~1973년)
투파마로
(1967~1972년)
몬토네로
(1970년대)
전성기의 우익 독재 체제들
(1970년대 말)
라틴아메리카와 냉전

연합은 이제 칠레식 사회주의를 보여 줄 기회를 갖게 되었다.

하지만 토지 개혁이나 은행·구리·석탄·철강사업의 국유화 같은 야심찬 사회 변혁의 꿈은 인민연합으로서는 힘에 부치는 일이었다. 사실 아옌데는 세 명이 출마한 선거에서 36퍼센트 내외의 득표로 승리했는데, 이는 그보다 보수적인 두 낙선자의 표를 합하면 최소 63퍼센트가 된다는 의미였다. 결국 이 두 사람이 연합하여 인민연합 정부에 맞섰다. 아옌데의 정적들은 미국 중앙정보부와 강력한 동맹을 맺었고, 미국 중앙정보부는 이들에게 막대한 자금을 쏟아부었다. 중앙정보부는, 정보부 지시사항을 통해서도 명확히 밝히고 있다시피, "쿠데타로 아옌데 정부를 전복시킨다는 부동의 방침"을 채택했고, 미국 국무부 역시 아옌데 정부의 국제 신용등급을 떨어뜨리기 위해 총력을 다했다. 이런 상황에서 인민연합이 칠레 빈민들의 생활수준을 개선하기 위해 물가를 동결하고 임금을 인상하자, 세 자릿수의 인플레이션이 발생했다. 이제 그런대로 먹고살 만한 사람들(상점주나 개인 소유 화물차를 모는 소규모 자영업자)은 물론이고, 꽤 잘나가는 사람들(기업가와 법조인, 의사, 건축가)까지도 아옌데의 인민연합에 반기를 들기 시작했다. 이 과정에서도 이들은 종종 미국 중앙정보부의 지원을 받았다.

이런 와중에도 인민연합 정부는 미래에 대한 희망을 불태우던 도시 노동자들의 강력한 지지를 받고 있었다. 사실 상당수의 지지자들은 인민연합이 너무 소극적이라고 생각해 왔다. 정부가 국유화 사업에 늑장을 부리자, 노동자들이 직접 나서서 공장을 접수하기도 했다. 또 일부 노동자들은 반동 단체들에 대해 강력한 조치를 취하라고 촉구했다. 하지만 아옌데는 늘 그랬듯이 모든 일은 법이 허용하는 범위 안에서 진행되어야 한다고 주장했다. 물론 그가 낙관론을 펼칠 만도 했다. 정부의 구리 산업 수용 조치가 국민들에게 큰 지지를 받은 데다, 1971년 중간 선거에서 인민연합이 그 어느 때보다도 많은 표 차이로 승리를 거두었기 때문이다.

하지만 1973년 9월 11일, 탱크를 앞세운 칠레 군대가 시가로 진입했다. 아옌데는 국외 피신을 거부하고 대통령 집무실로 향했고, 그곳에서 군대의 공격으로 사망했다. 미국의 냉전주의자들은 이 사건을 민주주의가 거둔 또 하나의 승리라고 자평했다.

칠레의 쿠데타는 라틴아메리카 역사에서도 가장 많은 피가 뿌려진 정권 탈취 행위였다. 민요가수에서 농민 운동가와 대학교수에 이르기까지 인민연합 지지자 수천 명이 체포되어 산티아고 축구 경기장으로 끌려갔는데, 그중 상당수는 살해된 후 암매장되었다. 브라질, 아르헨티나, 우루과이에서처럼 칠레에서도 비밀리에 추진된 치밀한 고문 살해 공작으로 국민 수천 명이 희생된 것이다. 의회를 해산한 군부는 이후 17년간 포고령으로 칠레를 통치했는데, 이 기간 내내 미국 국무부의 확고한 지지를 받았다. 다만 인권을 외교 정책의 기준으로 삼아 중시했던 지미 카터 대통령 집권기는 예외였다. 냉전주의자들은 카터의 이런 정책이 비현실적이라고 조롱했지만, 카터의 정책 덕분에 칠레와 아르헨티나 군부의 유혈 축제는 확실히 억제되었다. 라틴아메리카를 지배했던 군부는 1980년 확고한 냉전주의자였던 로널드 레이건이 미국 대통령으로 당선된 후에야 비로소 안도의 한숨을 내쉴 수 있었다.

칠레의 독재 체제 역시 기본적으로는 관료적 권위주의 체제였다. 다만 1973년의 쿠데타를 지휘했던 아우구스토 피노체트만은 예외였다. 브라질이나 아르헨티나 군부 지도자들과는 비교조차 할 수 없을 정도로 막강한 권한을 그가 독점하고 있었기 때문이다. 하지만 안타깝게도, 이런 칠레의 예외적인 사례가 라틴아메리카 군사 독재의 전형으로 떠올랐다.

반면 페루는 이런 추세를 따르지 않은 흥미로운 예외에 속한다. 페루 군부는 반공주의자들의 대응에 크게 휘둘리지 않았다. 페루군 장교들이 밝힌 혁명의 대의는 공산주의적인 것도, 자본주의적인 것도 아니었다. 페루의 빈민 대중을 배려하려는 바람이 들어 있는 그들의 정책은 예전의 민족주의 정책과 대체로 비슷했다. 이들이 제시한 정책의 골자는 농촌 빈곤이 만연한 나라에서 야심 찬 토지 개혁을 실시하고, 석유 공업과 기타 공업들을 국유화하며, 원주민들을 위해 케추아어를 국가 공용어로 격상시킨다는 것이었다. 물론 종업원 주주회사를 장려하는, 좀 더 독창적인 정책들도 있었다. 전체적으로 볼 때, 1968년부터 1980년까지 계속된 페루의 군사정부를 냉전의 용어로 범주화할 수는 없을 것 같다. 독재체제였지만, 극악무도한 인권 유린을 자행하지는 않았기 때문이다.

1970년대와 1980년대에 페루 정권을 강력하게 지지했던 쿠바의 혁명 정부 역시 그들과 같은 길을 걸었다고 볼 수 있다. 쿠바 혁명 정부는 권위주의 체제였고, 피델 카스트로의 동생 라울 카스트로가 오랫동안 이끌어 온 군부가 주요 권력 기구였다. 하지만 혁명 정부는 쿠바 빈민 대중의 삶을 향상시키기 위해 꾸준히 노력했고, 반공주의 군부 특유의 대량 학살은 단 한 번도 저지르지 않았다.

반면, 멕시코는 군사 독재 추세에 철저히 맞섰다. 마르크스주의는 다른 지역 못지않게 멕시코에서도 학생 세대에 영향을 미쳤다. 하지만 멕시코에서 혁명적 사회주의는 새로운 것이 아니었다. 따라서 반공주의적 대응도 그렇게 끔찍하거나 폭력적이지 않았다. 공식적으로는 '혁명 정당'

을 표방했던 제도혁명당은 수십 년 동안 사회주의적 수사를 간헐적으로 사용해 왔다. 멕시코는 1930년대에 이미 실질적인 토지 개혁을 단행하고 일부 외국인 소유 기업들을 수용한 바 있는데, 이런 이유로 제도혁명당은 어느 정도 혁명적 정통성을 지니게 되었다. 제도혁명당은 그 후에도 공업 노동자들과 도시 중산층, 농촌 주민들을 과감하게 지원하여 그들로부터 확고한 지지를 얻어 냈다. 게다가 1960년대와 1970년대에는 석유 수출 호황이 이어졌다. 이 덕분에 제도혁명당은 그 어떤 도전에도 다 대응할 수 있었다. 제도혁명당은 1968년 올림픽 개최를 준비하던 중 일시적으로 공황 상태에 빠졌음을 보여 주는 징후를 드러냈는데, 멕시코시 틀라텔롤코 지구에서 시위를 벌이던 대학생들을 악의적으로 학살한 사건이 바로 그것이다. 멕시코 장군들에 대해 말하자면, 이들은 이미 수십 년 전부터 정치의 주역이 아니었다. 미국에서는 이미 반세기 전부터 '붉은' 멕시코를 경고하는 목소리가 높았지만, 이를 두려워하는 사람은 거의 없었다. 미국 역대 정부들은 '혁명'의 멕시코와 함께 살아가는 법을 이미 오래전부터 터득하고 있었다.

냉전 최후의 대규모 전쟁터, 중앙아메리카

1970년대 중반 이후 라틴아메리카의 혁명적 물결에도 변화가 일어났다. 보수반동적인 반공주의 독재 정부가 차례로 사라지기 시작했다. 관료적 권위주의 정부들은 1970년대 말부터 1980년대 사이에 무너졌다. 정부 자체의 실책과 과잉 대응으로 막대한 부채와 극심한 인플레이션이 유발된 데다, 반공주의 운동에서도 이미 승리를 거두었기 때문이다. 이런 마당에 독재 정부를 유지할 명분이 뭐가 있었겠는가? 아르헨티나의

경우 영국을 새로운 외부의 적으로 규정한 군부가 민족주의적 영광을 쟁취하기 위해 필사적인 노력을 기울였다. 그들은 포클랜드 제도(혹은 말비나스 제도)를 둘러싸고 영국과 벌인 1982년 전쟁에서 처음에는 대중으로부터 상당한 지지를 받았다. 하지만 변변한 군장비도 갖추지 못한 데다, 제대로 된 훈련도 받지 못한 아르헨티나 군인들이 금방 항복하자 초반의 지지는 오히려 역효과를 낳았다. 패전만큼 군부 집권자들을 수치스럽게 만드는 일이 또 있겠는가. 1983년 아르헨티나에서는 제대로 된 선거가 치러졌고, 군대는 병영으로 돌아갔다.

1984년에는 우루과이에서 민간인이 대통령에 당선되었고, 1985년 브라질에서도 같은 일이 벌어졌다. 또 이 무렵에는 페루, 에콰도르, 볼리비아에서도 헌정 질서가 회복되었다. 하지만 중앙아메리카에서는 엄청난 전투가 벌어졌다. 혁명 세력과 반동 세력이 벌인, 아메리카 30년 냉전사의 마지막 전투였다.

이제 중앙아메리카의 상황을 살펴보자. 화산과 열대림, 가파른 경사면을 굽이쳐 흐르는 강들이 있는 중앙아메리카에서는 수입대체공업화가 거의 일어나지 않았다. 모든 중앙아메리카 국가들은 일부 농산물의 수출, 특히 커피와 바나나 수출에 거의 전적으로 의존하고 있었다. 이런 나라들은 인구가 수백만 명밖에 되지 않았고, 수도의 인구조차 수십만 명 수준이었다. 다른 지역에서는 민족주의 운동으로 지주 과두 세력이 진작에 타도되었지만, 이 지역에서는 도시 노동자들과 중산층이 국가의 부를 장악하고 있는 지주들의 권력을 억제하지 못했고, 반세기가 지난 1970년대에도 여전히 그들의 지배하에 있었다. 냉전 시대 최초의 대규모 전투가 벌어졌던 과테말라에서 아르벤스 정부가 겪은 비극은 중앙아메리카 민족주의에 또 다른 장벽, 즉 자신들의 "뒷마당"이라 부르던 곳에 습관적으로 개입하는 미국이라는 장벽이 있음을 보여 준다. 중앙아메리카는 철저한 반공주의를 내세우며 미국의 지원을 즐겼던 탐욕스러운 폭군들에게 냉전 시기 내내 시달렸다.

과테말라 통치자들은 철저히 반공주의를 내세웠다. 과테말라인들은 1954년부터 줄곧 잔인한 군사정부 또는 군부가 통제하는 정부하에서 고통을 겪어 왔다. 과테말라와 엘살바도르의 지주들은 대규모 농민 반란이 일어날지도 모른다는 두려움 속에서 살고 있었다. 1970년대와 1980년대에 과테말라 군대는 도시에 거주하는 반정부 세력들(학생 운동가와 노조 지도자)과 농촌 게릴라 부대들을 상대로 '더러운 전쟁'을 벌였다. 정부는 농민들이 게릴라 부대를 지원하지 못하도록 그들을 새로운 '시범' 마을로 이주시켰는데, 이 시범 마을은 사실상 농촌의 강제수용소 같은 역할을 했다. 미국의 전략가들은 과테말라 정부의 이런 활동에 '저강도 분쟁'이라는 새로운 용어를 붙였다. 미국 국방부에서 펜대를 굴리던 전략가들이 보기에는 이 용어가 논리적이었다. 하지만 결국 쓰레기 처리장에서 시신으로 발견된 '실종' 대학생들의 가족에게는, 또 어머니나 형제가 군대의 고문을 받다가 살해된 리고베르타 멘추 같은 원주민들에게는 이 분쟁의 '강도'가 결코 약하지 않았다.

리고베르타 멘추는 농사를 지으며 전통적 관습에 따라 살려 했던 끼체 마야Quiché Maya 부족의 여성으로, 아버지는 농민 운동가였고, 형제들은 게릴라 부대원이었다. 해방신학의 영향을 받은 후 부족의 대변인 역할을 맡았던 리고베르타는 과테말라 정부가 벌인 '더러운 전쟁'의 만행을 세계에 알린 공로로 1992년 노벨평화상을 받았다. 그녀의 생애를 담은 책 『나, 리고베르타 멘추』(1984년)는 냉전 시대의 '저강도 분쟁'에 관심 있는 사람들에게는 필독서라 할 만하다. 이 책은 자신의 이야기에다 다른 사람들의 이야기를 덧붙인 것임이 후일 드러나기는 했지만, 이 책에서 그녀가 서술한 공포가 실제 있었던 것임을 부정할 수는 없다. 그녀가 이 책에서 추정한 대로 과테말라인 사망자 수는 눈덩이처럼 불어나 거의 20만 명에 육박했는데, 이러한 잔혹 행위의 95퍼센트는 군부의 소행이었다.

중앙아메리카의 또 다른 극단에 위치한 코스타리카는 지리적·사회적·정치적인 면에서 냉전의 십자포화를 피해 갔다. 정복 이전에는 원주민들이 거의 살지 않았기 때문에, 좀 더 정확히 말하면 소수의 원주민들이 정복자들에 의해 제거되었기 때문에 중앙아메리카 국가들 중 백인 인구 비율이 가장 높았던 이 나라는 착취를 일삼는 식민 지배 계급으로 인한 부담이 덜했고, 따라서 정치적 폭동이 일어날 가능성도 매우 낮았다. 이 밖에도 좀 더 혁신적이었던 코스타리카의 대통령 중 한 명이 1940년대에 군대를 폐지하는 예방 조치까지 취해 놓았다.

중앙아메리카 국가 중 인구와 지리 면에서 중간 정도에 해당하는 니카라과는 그 유명한 반제국주의자 아우구스토 세사르 산디노의 나라였다. 1920년대에 산디노가 미 해병대를 상대로 벌인 게릴라 전쟁은 라틴아메리카 전역의 민족주의자들 사이에서 큰 관심을 끌었다. 하지만 1930년대부터 니카라과는 한 가문, 곧 소모사 가문의 지배를 받게 되었다. 소모사 가문은 냉전기 라틴아메리카에서 미국의 반공주의가 어떤 심각한 부작용을 낳았는지를 잘 보여 주는 전형적인 사례다. 소모사 왕조는 산디노를 상대하기 위해 미국이 군사 개입을 감행했을 때 만들어졌다. 당시 니카라과 방위군은 영어에 능통한 초대 소모사, 즉 아나스타시오 소모사 가르시아가 지휘하고 있었는데, 그는 협상을 빌미로 산디노를 초대하여 암살한 후 방위군을 동원해 니카라과를 장악했다. 1940년대부터 1970년대까지 니카라과는 소모사 가문의 개인 영지나 다름없었다. 그들은 확실한 반공주의 동맹 세력이었지만, 민주주의라는 외형은 미국 외교관들의 기준을 충족시킬 수 있을 만큼만 남겨 놓았다. 당시 미국 대사관은 니카라과의 수도 마나과가 내려다보이는 언덕 위에 있었는데, 소모사 가문의 저택이 바로 그 인근에 있었다는 것은 여러모로 상징하는 바가 크다. 이 두 건물이 지하 통로로 연결되어 있다는 소문도 있었다. 니카라과 방위군 역시 아나스타시오 소모사 가르시아의 차남인 아나스타시오 소모사 데바일레가 맡고 있었다. 미국 육군사관학교 출신으로 1970년대에 니카라과를 통치하게 되는 그는 이 부대에 미군들과 똑

같은 장비를 지급했고, 미군과 똑같은 군사 훈련을 도입했다. 시간이 흐르면서 소모사 가문의 재산은 계속 불어나, 결국 니카라과의 노른자위 땅 20퍼센트와 니카라과 항공사 등이 소모사 한 가문의 소유가 되었다.

1961년에는 쿠바 아바나에서 니카라과의 혁명 운동이 시작되었다. 니카라과의 강력한 반제국주의 전통도 이 운동의 촉발에 영향을 미쳤다. 쿠바나 멕시코처럼 니카라과도 오랫동안 미국의 개입에 시달려 왔기에, 민족주의자들의 분노는 그 골이 매우 깊었다. 1960년대의 혁명가들은 과거에 산디노가 벌인 반제국주의 투쟁을 기억하면서 자신들의 모임을 산디니스타민족해방전선FSLN이라고 불렀다. 산디니스타들은 그 후 거의 20년간 소모사 가문에 홀로 저항했다. 1978년 자신의 권력을 과신한 독재자 아나스타시오 소모사 데바일레가 보수 야당의 기관지를 발행하던 호아킨 차모로를 암살하는 일이 벌어졌는데, 이를 계기로 니카라과의 좌파와 우파가 연합해 소모사 가문에 맞서게 되었다. 곧 광범한 봉기가 시작되었고, 노련한 산디니스타들이 지휘부를 맡았다. 니카라과 방위군은 제대로 된 무기를 갖추고 있었고 훈련도 받아 왔지만, 결국 힘없이 무너졌다. 아나스타시오 소모사 데바일레는 니카라과를 떠나 마이애미로 도망을 갔는데, 이후 전개된 그의 운명은 분쟁의 국제적 차원을 잘 보여 준다. 평판이 좋지 않았던 그는 쾌적한 망명지를 찾던 중 파라과이의 반공주의 독재자 알프레도 스트로에스네르의 환대를 받아들였다. 당시 알프레도 스트로에스네르는 세계에서 가장 오랫동안 가장 억압적인 방법으로 집권하고 있던 독재자 중 한 명이었다. 하지만 소모사는 파라과이 수도 아순시온에서 짐도 풀지 못한 채 사망했다. 평소 그를 공적으로 여긴 아르헨티나의 게릴라들이 그를 찾아냈기 때문이다. 이들이 발사한 대전

차용 로켓이 그의 방탄차 앞 유리창을 관통했다.

니카라과에서는 산디니스타민족해방전선이 비올레타 차모로—암살당한 호아킨 차모로의 미망인으로, 뒤늦게 활기를 띠기 시작한 우파 반소모사 세력의 대표였다—를 제치고 정권을 차지했다. 산디니스타민족해방전선은 확고한 혁명 계획을 가지고 있었는데, 이 중 문맹 퇴치 운동과 공중보건 운동은 쿠바에서 영감을 받은 것이었다. 이 사업을 돕기 위해 쿠바인 교사와 의사, 위생사들 수백 명이 니카라과를 찾았다. 프랑스, 에스파냐, 서독은 상당한 규모의 원조를 제공했고, 미국 대통령 지미 카터도 세심한 지원을 아끼지 않았다. 하지만 미국 대통령은 곧 로널드 레이건으로 바뀌었다. 그에게 니카라과는 냉전이라는 체스판 위에 있는 작은 칸 하나에 불과했다. 산디니스타민족해방전선이 자신들을 쿠바의 혁명 동지로 생각하는 한, 레이건은 다른 어떤 것도 고려할 필요가 없었다. 미국을 '인류의 재앙'이라고 한 산디니스타민족해방전선의 수사적 표현에서 레이건은 거울에 비친 자신의 냉전 언어를 발견했다. 이제 대립은 시간문제였다.

소모사가 믿었던 방위군은 1979년 패배를 당한 후 미국 중앙정보부의 지휘 아래 온두라스에서 다시 전열을 가다듬었는데, 이들이 바로 콘트라 반군Contras이었다. 자국 내부의 '더러운 전쟁'에서 승리를 거둔 아르헨티나 군부도 이 새로운 미군 대리 부대에 교관을 파송했다. 콘트라 반군은 니카라과와 국경을 접하고 있는 온두라스에 기지를 두고, 1980년대 내내 니카라과를 공격했다. 레이건은 그들을 "자유의 전사들"이라고 부르며 확실하게 지원했고, 온두라스는 곧 미군 장병들과 보급기지와 공군기지들로 가득 차게 되었다. 산디니스타 혁명에 불만을 품은 니카라과인들까지 부대원으로 충원한 콘트라 반군은 니카라과에 큰 혼란을 초래했고, 경제에도 심각한 손상을 끼쳤다. 하지만 니카라과 영토를 장악하지는 못했다.

물론 혼란만으로도 충분했다. 산디니스타민족해방전선은 콘트라 반군을 방어하느라 시간과 돈을 쏟아부을 수밖에 없었다. 게다가 미 해군은 니카라과의 여러 항구에 기뢰까지 매설했다. 니카라과가 다른 나라들과 교역하지 못하도록 하기 위해서였다. 니카라과 경제는 서서히 붕괴되기 시작했고, 1988년에는 다섯 자릿수의 인플레이션이 일어났다. 결국 산디니스타민족해방전선은 모든 것이 걸려 있었던 1990년 선거에서 패배했다. 젊은 산디니스타 지도자 다니엘 오르테가는 비올레타 차모로에게 충격적인 패배를 당했고, 비올레타 차모로는 라틴아메리카 최초의 여성 대통령으로 선출되었다. 1990년대에 니카라과 사회는 완전히 분열되었다. 야당 당수와 유명한 산디니스타들이 한 가족을 이루고 있었던 차모로 일가는 이를 극적으로 보여 준다. 심지어 차모로의 두 아들이 니카라과의 대표적인 신문, 즉 산디니스타계 신문인 『바리카다』와 반反산디니스타계 신문인 『프렌사』의 편집을 각각 맡고 있던 때도 있었다.

반反소모사 봉기와 뒤이은 콘트라 전쟁에서 니카라과인 수만 명이 목숨을 잃었다. 하지만 이것도 엘살바도르인들이 겪은 고통에는 비할 바가 못 된다. 소모사 가문 치하에서 시달렸던 니카라과처럼, 엘살바도르 역시 1960년대와 1970년대 내내 비민주적인 반공주의 정부 치하에서 고통을 겪었다. 니카라과가 전형적인 독재 체제였다면, 엘살바도르는 '열네 개의 가문' 혹은 '마흔 개의 가문'이라고 불렸던 지배 가문들에 의해 통치되는 전형적인 지주 과두제였다. 물론 지배 가문의 수가 정확히 몇 개인

지보다는, 소수 가문들이 과두제 통치를 했다는 사실이 더 중요하다.

1970년대가 되면서 엘살바도르 농촌 빈민들의 고통은 사회적 압력으로 작용하기 시작했다. 에스파냐인들이 정복과 식민화 사업을 펼쳤을 때, 엘살바도르 원주민들은 평지의 농경지에서 화산 등성이로 쫓겨나, 그곳에서 마을을 이루며 살았다. 비옥한 산비탈은 일단 계단식으로 조성되기만 하면 커피 재배에 안성맞춤이었기에, 커피 재배가 시작된 1870년대에는 예비 커피 경작자들도 이 산비탈에 눈독을 들였다. 그리고 곧 자유주의 개혁으로 이 소중한 원주민들의 공유지가 민영화되었다. 커피 농장주들은 수단과 방법을 가리지 않고 조금씩 산비탈을 매입해 나갔고, 엘살바도르 원주민들은 한때 자신들이 소유했던 땅의 일꾼 신세로 전락했다. 조그만 나라 엘살바도르는 아메리카 대륙에서 인구밀도가 제일 높은 나라 중 하나였기에 노동자들의 수는 많고 임금은 낮았다. 농촌 빈민들은 서서히 굶주리기 시작했다. 1920년대에 엘살바도르 공산당은 라틴아메리카에서 가장 강성한 정당으로 성장했지만, 그들이 주도했던 대규모 봉기는 '1932년 학살'로 무자비하게 짓밟히고 말았다. 엘살바도르는 이후 거의 반세기 동안 미국과 동맹을 맺은 확고한 반공주의 정부에 의해 지배되었다. 군사정부와 군대의 통제를 받는 정부들이 번갈아 가며 집권하는 식이었다. 엘살바도르는 1960년대에 '진보를 위한 동맹'의 모델 국가가 되었지만, 농촌 지역의 삶은 전혀 개선되지 않았다.

1970년대에 접어들면서 엘살바도르 교회들은 "가난한 사람들을 먼저 생각해야 한다."는 해방신학의 원칙을 받아들이기 시작했다. 엘살바도르 가톨릭교회의 최고 지도자들은 반공주의 자체가 사실상 불경한 주장이라는 결론을 내렸다. 당시 엘살바도르의 대주교였던 오스카 로메로는 조용한 사람이었다. 로마 교황청이 그를 교회의 수장으로 임명한 것도 그가 보수적인 사람인 줄 착각했기 때문이다. 하지만 반공주의 암살단이 가난한 사람들과 함께 일하던 사제와 수녀들을 공격 대상으로 삼자, 로메로는 생각을 바꾸었다. 당시는 반공주의자들이 “애국자가 되라! 신부를 죽여라!”라는 구호를 외치고 다니던 시절이었다. 성직자와 신도들이 계속 학살당하자, 로메로는 결국 군대를 비판하고 나섰다. 물론 반공주의자들은 이러한 로메로의 비판을 위험한 이단 행위로 간주했다. 1980년 어느 날 미사를 집전하고 있던 로메로 대주교는 제단 앞으로 다가온 암살범에게 저격당했고, 그 자리에서 사망했다.

니카라과의 혁명가들이 산디니스타민족해방전선을 조직할 때 그랬던 것처럼, 엘살바도르 혁명가들 역시 자신들이 만든 조직에 파라분도마르티민족해방전선FMLN이란 이름을 붙였다. 이들이 기리려는 파라분도 마르티는 1932년 원주민 봉기를 조직한 공산주의 운동가이자 순교한 좌파 영웅이었다. 1980년대에는 산디니스타민족해방전선이 미국의 지원을 받는 엘살바도르 정규군을 상대로 전투를 벌이고 있던 파라분도마르티민족해방전선을 도왔는데, 이는 과거 산디노를 도와 니카라과에서 미군을 상대로 전투를 벌였던 파라분도 마르티에게 보답하기 위한 것이었다. 하지만 산디니스타들 역시 니카라과 혁명의 명맥을 이어 가기 위해 투쟁하고 있었으므로, 이때의 도움은 약간의 군수 물자를 지원하는 데 그쳤다. 당시 레이건 행정부는 이 둘 사이의 관계에 착안해, 공산주의라는 전염병이 쿠바에서 니카라과를 거쳐 엘살바도르까지 확산되었다고 단언하였다. 그러나 이런 논리대로라면, 굶주리던 엘살바도르 국민들이 혁명에 전염되지 않았더라면 반란은 꿈도 꾸지 않았을 것이라는 말밖에 안 된다. 그런가 하면, 레이건 행정부의 정책을 비판하던 사람들은 몇 가지 이유를 들먹이며 산디니스타민족해방전선이 파라분도마르티민족해방전선을 지원할 생각이 전혀 없었던 것처럼 얘기했다. 하지만 어느 쪽도 진실을 제대로 포착하지 못했다. 이런 와중에 미국인 수녀 네 명이 엘살바도르에서 살해당하는 일이 벌어지자, 미국의 외교 정책을 지켜보던 사람들은 중앙아메리카의 문제들을 똑똑히 자각하게 되었다. '우리가 낸 세금이 민주주의라는 미명하에 신부와 수녀들을 죽이는 총알 구입에 사용되었단 말인가?' 곧 미국의 대對라틴아메리카 정책에 반대하는 대규모 군중 시위가 일어났는데, 이는 냉전 기간 중 미국 종교단체들이 주도한 시위로는 유일무이한 것이었다.

파라분도마르티민족해방전선 게릴라들은 1980년대 내내 대부분의 엘살바도르 농촌 지역을 장악하고 있었다. 그들은 특히 온두라스 국경에 연해 있는 외진 산악 지역 주민들로부터 강력한 지지를 받았다. 파라분도마르티민족해방전선은 교량을 폭파하고 송전선을 끊었다. 또 자신들의 영토를 지나다니는 차량에 대해서는 '전쟁세'를 징수하기도 했다. 하지만 정부군을 패퇴시키지는 못했다. 엘살바도르 정부군은 미국식 군사 훈련을 받았고, 미군과 같은 장비를 갖추고 있었다. 정부군은 헬리콥터를 타고 게릴라 지역을 수색하며 섬멸 작전을 벌였다. 이들은 수도 인근에 있는 파라분도마르티민족해방전선 부대를 찾아내기 위해 화산 기슭을 기어오르기도 했고, 보는 사람이 없다고 생각될 때는 이따금씩 게릴라 지원 혐의를 받고 있는 농민들을 집단 처형하기도 했다. 예를 들어 보자. 1981년 어느 날 미군에게 훈련받은 엘리트 부대가 엘모소테라는 작은 마을로 들어가 거의 모든 주민들을, 즉 무장도 하지 않고 저항도

하지 않는 남녀와 아이들까지 수백 명을 조직적으로 학살했다. 그런데 이는 아이러니하게도 그들이 잘못된 정보를 입수했기 때문에 일어난 일이었다. 엘모소테 마을이 반군 게릴라 부대의 기지가 아니었다는 사실은 나중에야 밝혀졌다. 사실 그 당시 엘모소테 마을 주민 상당수는 미국식 복음주의 개신교로 갓 개종한 상황이었으므로, 게릴라 부대보다는 정부를 더 좋아했을지도 모르겠다. 엘모소테의 사례는 중앙아메리카의 군부 반공주의에 의해 무차별적으로 자행된 무시무시한 폭력의 실상을 잘 보여 준다. 이 당시 수만 명의 엘살바도르인들이 조국을 떠나 해외로 이주하였는데, 이 수는 후일 수십만 명으로 늘어났다. 이주민들 상당수는 미국에 정착했다.

파라분도마르티민족해방전선은 부정한 '선거 관리'를 경계하며 선거에 참여하지 않았으므로 언제나 반공주의자들이 승리를 거두었는데, 이들은 미국의 지원을 확신했다. 전쟁이 길어지고 사망자 수가 4만 명, 5만 명, 6만 명으로 계속 늘어나면서 반공주의자들의 선거 역량도 커졌다. 엘살바도르 국민들은 전쟁에 넌더리가 났지만, 1990년에 전쟁은 다시 교착 상태에 빠졌다. 혁명의 이상을 지녀 온 완강한 낙관주의자들도 이제 날이 갈수록 약해졌다. 니카라과에서는 1990년 선거로 산디니스타 혁명이 끝났고, 유럽에서는 소비에트 블록의 해체 작업이 놀랄 만큼 빠른 속도로 진행되고 있었다. 이제 파라분도마르티민족해방전선의 승리는 그 어느 때보다도 더 요원해 보였다. 또 설사 그들이 승리를 거둔다고 하더라도 평화가 깃들 것 같지 않았다. 실제로 니카라과의 경우가 그랬다. 1992년 파라분도마르티민족해방전선은 결국 평화조약에 서명하고 무기를 내려놓았다. 한편, 과테말라의 반란군들도 세력이 약화되고 있었다. 탈진 상태에서 생겨난 평화가 중앙아메리카에 깃들기 시작했다.

냉전은 끝이 났지만 라틴아메리카에는 오직 패자들뿐이었다. 1950년대와 1960년대에 라틴아메리카 전역에서 불타올랐던 혁명의 열정은 1970년대와 1980년대에 들어 식어 버렸다. 우루과이와 같은 몇몇 나라에서는 게릴라 운동으로 인해 민주 정부가 무너졌고, 브라질과 칠레 같은 나라들에서는 국가 안보 독트린의 영향을 받은 장군들이 테러를 자행했다. 라틴아메리카가 짊어지고 있던 사회적 불평등이라는 원죄를 해결할 수 있을 것이라는 희망은 결국 유혈과 환멸 속에 완전히 묻혀 버렸다. 라틴아메리카 대륙은 군대에 의해 점령되었고, 철저히 군대화되었다. 1990년대에도 콜롬비아·페루·멕시코 남부 등 일부 지역에서 게릴라 운동이 전개되었지만, 전 대륙을 휩쓸었던 혁명의 분위기는 완전히 사라져 버렸다. 세계의 다른 지역에서와 마찬가지로 라틴아메리카에서도 냉전의 종식은 한 시대의 마감을 의미했다. 이제 새로운 시대가 막 시작되고 있었다.

반대 흐름

폭력의 시대와 파블로 에스코바르

1990년대에 들어 콜롬비아의 인구가 아르헨티나의 인구보다 많아졌다. 이로써 콜롬비아는 브라질과 멕시코에 이어 라틴아메리카 제3의 인구 대국이 되었다. 하지만 콜롬비아라는 국가의 규모와 중요성에도 불구하고 이 책에서는 콜롬비아를 그리 많이 다루지 못했다. 다른 국가들과는 정치적 상황이 많이 달랐기 때문이다. 예를 들어, 신식민주의 시대에 콜롬비아를 통치했던 세력은 자유주의자들이 아니라 보수주의자들이었다. 냉전의 폭풍이 휘몰아치던 때에도 콜롬비아 군대는 국가를 직접 통치하지 않았다. 경제 성장의 희망이 사라진 시대, 이른바 잃어버린 10년이라 불리는 1980년대에 라틴아메리카 대륙은 부채와 인플레이션에 시달렸지만, 콜롬비아의 경제만큼은 여전히 탄탄했다. 이러한 반대 경향은 새천년에 들어서도 계속되었다. 냉전이 끝나고 아메리카 대륙 전역에서 혁명 세력이 물러났지만, 콜롬비아에서는 게릴라 부대들이 오히려 작전 반경을 넓히고 있었다.

유명한 포퓰리즘 지도자 호르헤 엘리에세르 가이탄이 암살되고 콜롬비아 농촌이 갈등 속으로 빠져들었던 1940년대부터 콜롬비아는 전대미문의 폭력에 시달렸다. '폭력의 시대'라 불리던 이 시기는 1950년대까지 지속되었다. 전통 정당인 보수당과 자유당이 부추긴 측면도 없지는 않았지만, 폭력의 시대는 정치보다는 농촌의 사회경제적 갈등과 관련이 있었다. 겁에 질린 농촌 주민들이 토지를 포기하거나 헐값에 처분하고 도시로 몰려들었지만, 이와는 달리 농촌에 그대로 남아서 토지를 싼 가격에 사들이는 사람들도 있었다. 사소한 비조직 범죄에서도 폭력을 사용하는 경우가 늘어났는데, 대

도시에서는 이러한 경향이 훨씬 더 심해졌다. 중산층의 경우 시내에 볼일이 생기면 여성들은 귀걸이를 빼 놓고, 남성들은 손목시계를 풀어 놓고 외출하기 시작했다. 1970년대 말 콜롬비아는 비교전국들 중에서 폭력으로 사망한 변사자의 비율이 세계에서 가장 높은 나라였다.

파블로 에스코바르가 마리화나를—그리고 나중에는 코카인을—미국에 밀매하는 새로운 사업을 개척한 것도 바로 이러한 무법천지의 상황 속에서였다. 에스코바르는 미국사 초창기의 알 카포네와 매우 비슷한 방법으로 마피아 제국을 건설한 범죄 조직의 거물이었다. 마약과 더불어 금주법으로 판매가 금지된 주류를 취급했던 알 카포네의 무대가 시카고였다면, 에스코바르의 무대는 콜롬비아의 수도 메데인이었다. 따라서 그의 마피아는 메데인 카르텔로 알려지기 시작했다. 손쉬운 돈벌이는 콜롬비아 사회에 만연한 폭력을 더욱 부채질했다. 게다가 불법 마약을 복용하는 미국의 소비자들은 콜롬비아산 마약에 엄청난 돈을 지불할 여력이 있었다. 1970년대에 마약 거래를 좌지우지했던 콜롬비아산 마리화나는 종전까지 미국에서 소비되던 멕시코산 마리화나보다 품질이 훨씬 뛰어났다. 반면 1980년대에는 주로 코카인이 거래되었다. 페루나 볼리비아에서 들여온 코카잎을 코카인으로 정제하여 수출한 것은 콜롬비아였다. 이 당시 코카인은 미국의 소비자들에게는 완전히 새로운 마약이었는데, 에스코바르의 메데인 카르텔이 엄청난 양을 미국에 풀면서 쉽게 입수할 수 있는 물건이 되었다. 재력이 권력이 되듯, 마약 밀매업자들의 거대한 부는 곧 권력으로 탈바꿈했다.

한편, 콜롬비아는 독특한 형태의 냉전에 시달리고 있었다. 폭력의 시대인 1950년대에, 특히 콜롬비아무장혁명군(FARC)에 뿌리를 둔 농촌 지역의 게릴라 부대들은 이제 자신들을 마르크스주의 혁명 세력으로 인식하기 시작했고, 다른 사람들에게도 그렇게 보이기 시작했다. '4월 19일 운동'(Movimiento 19 de Abril, 줄여서 M-19)이라고 불렸던 과감한 도시 게릴라 집단도 이런 단체 중 하나였다. 이들은 새로운 혁명을 상징하기 위해 박물관 진열장에서 탈취한 시몬 볼리바르의 칼을 치켜들었다. 우루과이의 투파마로와 마찬가지로 콜롬비아의 M-19는 홍보 가치가 높은 극적인 공격을 감행했다. 1980년에 그들은 파티 중이던 보고타 소재 도미니카 공화국 대사관을 점령했는데, 당시 대사관은 미국 대사를 비롯한 외교관들로 가득 차 있었다. 그들은 이 외교관들을 2개월 동안 인질로 잡고 있다가 쿠바로 탈출했다. 1985년에는 M-19가 콜롬비아 대법원 건물을 장악하기도 했다. 정부는 협상을 거부했고, 최후통첩 후 10시간 만에 탱크와 무장 병력을 투입했다. 이로 인해 대법관 전원을 포함하여 총 95명의 민간인이 목숨을 잃었다.

그 후 상황은 점점 더 악화되었다. 콜롬비아무장혁명군과 제2의 농촌 게릴라 부대인 민족해방군(ELN)이 지주들에게 '전쟁세' 납부를 강요했고, 지주들은 게릴라 부대와 싸우는 정부군을 지원하기 위하여 준군사 부대를 조직하기 시작했다. 이런 와중에 농촌 주민들은 자신들이 이들 사이에 끼어 꼼짝달싹 못 하게 되었음을 알게 되었다. 이들이 게릴라 부대를 지원하면 준군사 부대나 정부군의 손에 목숨을 잃게 될 것이고, 반대로 게릴라 부대를 지원하지 않으면 게릴라 부대의 손에 죽게 될 판이었다. 한편, 납치를 자금 조달의 주요 수단으로 삼은 게릴라들이 부유한 마피아 가문의 가족을 납치한다는 위험한 생각을 실행에 옮기는 바람에, 곧 마약 밀매업자들의 엄청난 폭력이 수반된 반격을 받게 되었다. 이제 메데인은 10대 소년 수백 명이 청부살인업자로 활동하는 전쟁터로 변했다. 콜롬비아 경찰과 사법 기관이 마약 밀매업자들에게 압력을 가했지만, 그들은 자신들에게 영장을 발부하려는 판사를 암살하며 기소를 피해 갔다.

에스코바르와 그의 수하들은 미국으로 송환될 위기에 직면하게 되자, '마약 테러'로 이에 대응했다. 다이너마이트를 잔뜩 실은 폭탄 트럭들이 콜롬비아 여러 도시의 거리 곳곳에서 폭발했고, 메데인 카르텔은 체포와 송환에 집단적으로 저항했다. 그들의 송환을 지지하고 나선 언론인들과 정치인들은 살해당하거나 납치되었다. 결국 에스코바르 일당은 자신들을 미국으로 송환하지 않는다면 항복하겠다고 제안했고, 1991년에 이르러서야 마침내 거래가 성사되었다. 에스코바르는 항복했고, 메데인 근처의 특별 감옥에 수감되었다. 아이러니하게도 그 감옥은 예전에 마약을 취급하던 시설이었다. 하지만 고상하지 못한 마피아 스타일의 호화 가구를 들여놓고 지낼 정도로 구금 환경이 느슨하였기에, 에스코바르는 감옥에서도 사업 관계자들을 계속 원격 조종할 수 있었다. 그런데도 그는 투옥 후 1년도 채 지나지 않아 탈옥했다. 에스코바르는 30억 달러나 되는 재산을 가지고 있었지만, 영원히 도망 다녀야 하는 비참한 신세가 되어 버렸다. 콜롬비아 경찰은 그의 아들의 전화 통화 내역을 추적해 1993년 결국 에스코바르를 찾아냈다. 경찰이 방문 앞에 도착할 때까지도 그는 여전히 통화 중이었다고 한다. 세상에서 가장 악명 높은 범죄자였던 에스코바르는 메데인 건물 옥상을 가로질러 달아나다가 수치스럽게 죽었다.

한편, 게릴라들도 에스코바르가 시작한 마약 사업을 통해 돈을 벌어들였다. 게릴라 부대가 마약 밀무역에 뛰어들었다는 것은 콜롬비아 내의 갈등이 2000년대에는 더욱 심화될 것이라는 사실을 의미했다. 콜롬비아는 한동안 세계 제3위의 미국 원조 수혜국이었다. 그러는 사이 게릴라들과 벌인 여러 차례의 협상 시도는 실패로 돌아갔고, 군사적 승리를 장담하는 강경파 알바로 우리베가 대통령으로 선출되었다. 또 전쟁터를 떠나온 가난한 난민들이 두 세대 만에 급격한 성장으로 비대해진 콜롬비아의 여러 도시로 몰려들었다. 콜롬비아의 고민은 아직 끝나지 않았다.

제10장

신자유주의

신자유주의
1990년
라틴아메리카
전역에서
신자유주의
개혁 실시
1992년
원주민
지도자들이
볼리비아의
라파스에서 회동
1994년
북미자유무역
협정 발효,
사파티스타
봉기 발발
2001년
아르헨티나,
채무 불이행 선언
2006년
룰라, 브라질
대통령에 재선
LATIN AMERICA

N e o l i b e r a l i s m

신자유주의

1990년대 라틴아메리카에서는 '정치의 추'가 민족주의를 떠나 다른 곳으로 이동했다. 마르크스주의 혁명 세력들은 대체로 투철한 민족주의자들이었고, 혁명 세력들을 탄압한 반동적 독재자들 역시—부류가 다르기는 하지만—민족주의자인 경우가 많았다. 하지만 혁명 세력이 휘두른 폭력도, 냉전 시대에 좌파를 물리치고 거둔 반동 세력의 유혈 승리도 결국 민족주의의 평판을 떨어뜨렸다. 라틴아메리카에서 민족주의는 1990년에 이미 과거의 흐름, 즉 1960년대 세대에 속한 그 무엇으로 생각되기 시작했다. 그리고 이제 지난 수십 년간 사람들의 관심 밖에 있었던 자유주의가 다시 주목을 받으며 이념의 공백을 메워 나갔다. 당시 유일한 초강대국이던 미국과의 제휴도 이런 추세에 영향을 미쳤다. 신세대 자유주의자들은 '신자유주의자들'로 불렸다. 신자유주의neoliberalism는 자유주의와 마찬가지로 자유무역, 상품 수출, 비교우위론을 강조하면서—좋든 싫든 간에—새천년을 맞이하는 라틴아메리카의 지배 이념으로 떠올랐다.

라틴아메리카는 1990년대 중반에 이미 신자유주의를 신봉하는 대통령들로 도배된 듯 보였다. 페르난두 엔히크 카르도주의 경우부터 살펴보자. 1970년대와 1980년대에 라틴아메리카와 미국의 급진적 사회학자 세대에 영감을 준 카르도주는 마르크스주의 사회학 교수이자 저명한 종속이론가였다. 하지만 1994년 브라질 대통령으로 당선될 무렵 그는 이미 신자유주의자로 변신해 있었다. 페론주의 지도자로서 아르헨티나 대통령을 두 차례나 역임했던 카를로스 메넴 역시 신자유주의자였다. 심지어 위대한 민족주의 전통의 계승자라는 제도혁명당 소속 멕시코 대통령들도 마찬가지였다. 사실 궁지에 몰린 1990년대의 제도혁명당을 이끈 카를로스 살리나스와 에르네스토 세디요는 미국의 아이비리그에서 신자유주의 경제학을 공부한 전문가들이었다. 미국 정부의 격려를 등에 업은 신자유주의자들은 세기 전환기에 일기 시작한 세계화라는 바람을 타기 위해 돛을 올렸다.

자유시장을 신봉한 신자유주의자들은 경제적 민족주의가 채워 놓은 족쇄들을 모두 풀어 버렸다. 그들은 민족주의자들이 '경제적 독립'을 외치며 라틴아메리카 전역에 세워 놓았던 국영기업과 공공 서비스를 매각하거나 민영화했다. 국가 관료주의는 세계 어디에서나 비효율적인 것으로 악명이 높지만, 라틴아메리카의 국영 전화 회사들과 석유회사들은 정말 대실패작이었다. 신자유주의자들은 자유무역을 추구했으므로, 민족주의자들이 자국 산업을 보호하기 위해 부과해 온 수입 관세도 대폭 낮추었다. 또 자본 흐름에 대한 규제도 완화했다. 일례로 다국적 기업이 한 나라에서 매년 자유롭게 빼내 갈 수 있는 수익금의 규모를 제한했던 규정이 철폐되었다. 신자유주의자들은 가난한 사람들에게 기본 식품과 공공 서비스를 제공하기 위해 책정한 정부 보조금도 줄이거나 없애 버렸다. 이 밖에도 신자유주의자들은 시장의 기능을 훼손하는 인플레이션을 억제하기 위해 총력을 기울였다.

사실 신자유주의자들에게는 새로운 아이디어가 거의 없었다. 그들이 제안한 것들은 라틴아메리카에서 1930년 이전에 이미 모두 시도되었던 것들이다. 그렇다면 신자유주의자들은 이토록 강한 추진력을 어떻게 얻었던 것일까? 앞서 살펴본 것처럼 직전 시기의 시련들로 민족주의의 매력이 떨어졌기 때문이다. 게다가 1990년대의 신자유주의자들은 1980년대의 부채 위기를 해결한 공을 인정받을 수 있었다.

많은 라틴아메리카 국가들은 1980년대 내내 외채 문제 해결에 매달렸다. 1970년대의 국제 유가 상승과 과도한 단기 차입금으로 부채는 순식간에 엄청나게 불어났다. 재정난을 견디지 못한 멕시코와 브라질이 1982년 채무 상환을 일시 중단할 정도였다. 1980년대에는 국제 이자율이 가파르게 상승하여 대규모 단기 채무의 차환借換 발행 비율이 훨씬 더 높아졌다. 같은 시기 미국이 그랬듯이 라틴아메리카에서도 국가 부채가 우후죽순처럼 늘어났다. 하지만 라틴아메리카 국가들의 채무는 주로 외국 은행에 빚을 진 '대외' 채무였다. 라틴아메리카 전체의 대외 채무는 1976년 1,050억 달러에서 1986년 3,970억 달러로 늘어났는데, 이 중 멕시코와 브라질의 채무가 가장 많았다. 대외 채무를 갚지 못한 국가들은 결국 파산하면서 국제적으로 고립되었다.

국제통화기금IMF처럼 영향력 있는 국제 대출 기관들은 라틴아메리카의 파산 문제를 해결할 길이 자유시장 정책에 있다고 생각했다. 따라서 이들은 신자유주의 정책을 장려했고, 이를 위해 라틴아메리카 각국의 대외 채무를 점차 장기 채권의 형태로 전환하여 상환 기간을 '연장'해 주었다. 부채는 1990년대에 들어서도 계속 늘어났지만, 채무국들은 이제 빚을 갚을 수 있게 되었다. 언제나 그렇듯이 국제통화기금은 사회복지 예산의 감축을 주장했고, 라틴아메리카의 빈민들은 이러한 '긴축'으로 큰 타격을 받았다. 그런 가운데 부채 위기가 끝났고, 라틴아메리카 국가들은 한고비를 넘긴 것처럼 보였다.

1990년대에 들어 신자유주의는 성공을 거두었다는 찬사를 받았다. 수십 년간 브라질과 아르헨티나를 괴롭혀 왔던 극심한 인플레이션 문제가 신자유주의 정책을 통해—일시적이긴 하지만 매우 극적으로—해소되었던 것이다. 이후 몇 년간 라틴아메리카는 미국의 투자자들에게 훌륭한 투자 기회를 제공하는 거대 신흥 시장으로 떠올랐다. 신자유주의 정책으로 수십억 달러의 외국 자본이 라틴아메리카로 유입되었다. 멕시코에서 칠레에 이르는 대도시들마다 미국 패스트푸드 체인점들이 속속 들어섰고, 1994년에는 1990년대 멕시코 신자유주의의 핵심으로 손꼽히는 북미자유무역협정NAFTA이 체결되었다. 하지만 이 협정은 미국과 멕시코 양국의 국경 지역에 거주하는 주민들에게는 불길한 징후로 보였다. 1995년에는 브라질과 아르헨티나, 파라과이, 우루과이가 '메르코수르MERCOSUR'라는 이름의 자유무역 지대를 만들었다. 1990년대의 자유무역 덕분에 멕시코시나 산티아고 같은 대도시의 중산층 아파트 거주민들은 인터넷을 사용할 수 있게 되었고, 인공위성을 통해 미국과 유럽의 텔레비전도 시청할 수 있게 되었다. 이제 그들은 초국적 경제의 열정적인 소비자가 된 것이다. 신자유주의의 관세장벽 인하 조치 덕분에 자동차, 비디오카세트리코더VCR, 휴대전화 같은 수입품들의 가격이 낮아졌고, 그 종류도 다양해졌다.

신자유주의자들은 또한 새로운 초국적 기업들을 라틴아메리카에 유치했다. 하지만 이러한 전략이 끼친 영향은 복합적이었다. 가장 흔한 초국적 기업 활동 중 하나는 예나 지금이나 마킬라도라maquiladora, 즉 주로 값싼 여성 노동력을 이용하여 수입 부품을 조립하는 공장 생산이다. 마킬라도라 생산을 가능케 하는 핵심은 바로 '저관세'이다. 예를 들어 미국과 국경을 접하고 있는 멕시코 지역에 설립된 마킬라도라는 아시아에서 부품을 들여와 조립한 후, 완성품을 국경 너머 미국 시장으로 보낸다. 저관세 덕분이다. 물론 기업체들은 마킬라도라 노동자들을 중요하게 생각하지 않는다. 예를 들어 여성들이 임신을 하게 되면, 대부분은 즉각 해고당한다. 거듭 말하지만 마킬라도라가 라틴아메리카에 있는 것은 이곳의 인건비가 낮기 때문이다. 신자유주의 정부들이 가난한 사람들의 식비와 교통 보조금을 박탈해 가면서까지 임금 상승을 억제하려고 애썼던 이유가 바로 여기에 있다.

1990년대에 들어 신자유주의가 성공을 거둔 대표적인 나라는 칠레다. 칠레가 추진한 신자유주의 경제 개혁은 독재정권 시기에 이미 시작되었는데, 시카고 대학 출신의 경제학자들, 이른바 시카고 보이즈Chicago Boys의 자문을 받은 것으로 유명하다. 1990년대에 칠레는 낮은 인플레이션과 높은 신용도, 착실한 성장세, 유럽·아시아·아메리카 국가들로 어느 정도 균등하게 나누어진 다변화된 수출 경로를 자랑했다. 칠레 경제가 꾸준하고 활기차게 성장하자, 국민 모두가 어느 정도는 그 혜택을 누리게 되었다. 물론 다른 나라에서와 마찬가지로 가장 큰 혜택을 누린 것은 중산층이었다. 이 시기 칠레는 라틴아메리카에서 부의 분배가 가장 불평등한 나라에 속했다. 결국 신자유주의가 최고로 치는 시나리오는 가장

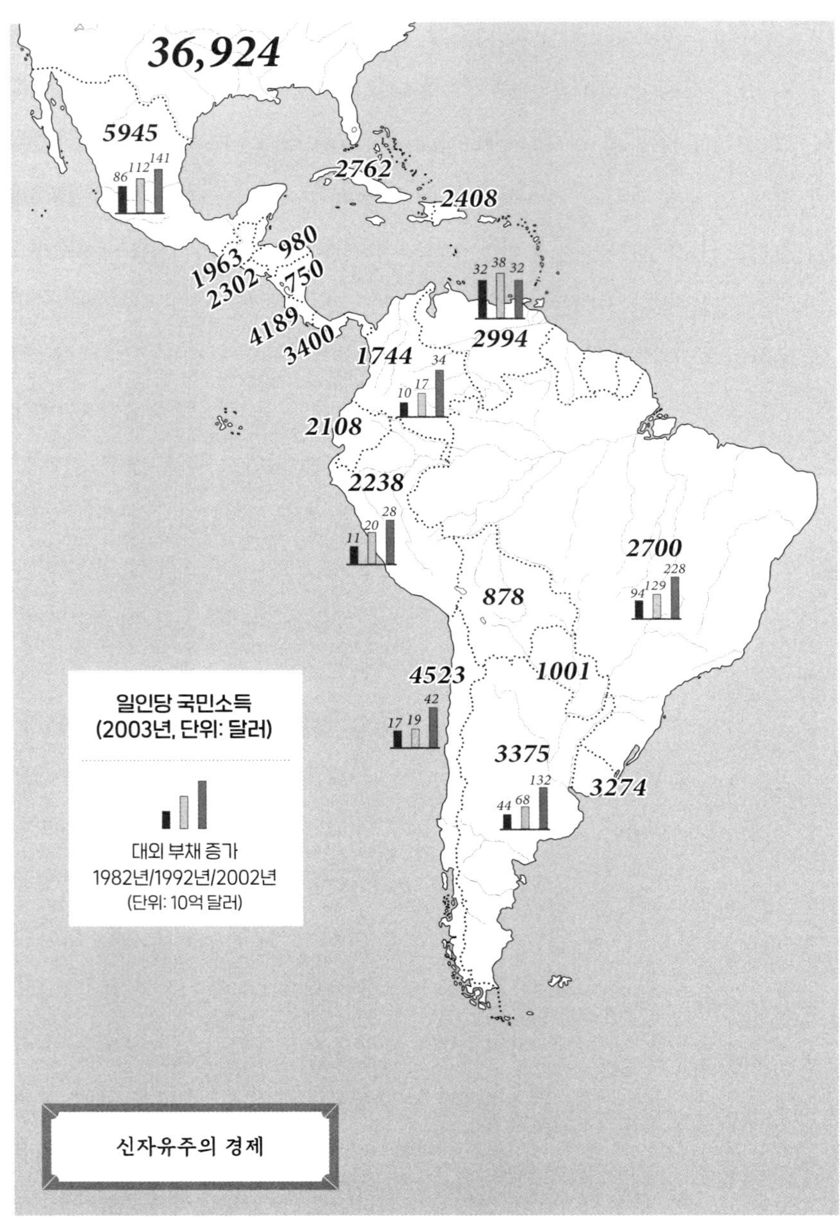
36,924
5945
86
112
141
2762
2408
980
1963
2302
750
4189
3400
32
38
32
2994
1744
10
17
34
2108
2238
11
20
28
2700
94
129
228
878
4523
1001
17
19
42
3375
44
68
132
3274
일인당 국민소득
(2003년, 단위: 달러)
대외 부채 증가
1982년/1992년/2002년
(단위: 10억 달러)
신자유주의 경제

가난한 사람들에게 가장 적은 것을 약속하는 것이다.

아주 간단히 말하자면 소비자들, 즉 주로 중산층 소비자들이 신자유주의의 혜택을 제일 많이 누렸다. 쓸 돈만 충분하다면, 관세장벽 없이 전 세계의 상품을 쇼핑하는 것이 가장 유리하다. 하지만 이와는 반대로 대부분의 생산자들은 손해를 보았다. 적어도 지금까지는 그렇다. 물론 생산자는 소비자이기도 하다. 하지만 소비 수준은 정말 천차만별이다. 가난한 라틴아메리카인들은 소비를 거의 하지 않는다. 미국의 기준에 따르면, 라틴아메리카에는 중산층보다 빈민이 훨씬 더 많다. 2009년 통계를 보면 미국의 1인당 국민소득은 4만 6천 달러였지만, 브라질·멕시코·아르헨티나의 1인당 국민소득은 8천 달러에 불과했다. 또 콜롬비아의 1인당 국민소득은 5천 달러 정도였고, 볼리비아와 온두라스의 경우에는 2천 달러도 되지 않았다.

신자유주의하에서 라틴아메리카인들이 삼류 소비자로서의 이익을 누리기는 했지만, 이는 생산자로서 잃은 손실에 비하면 아무것도 아니었다. 빈곤에 허덕이는 대다수의 라틴아메리카인들은 허름한 상점에서 파는 싸구려 옷이나 길거리 노점에서 파는 화장품을 샀다. 이번 주에는 플라스틱 그릇을, 다음 주에는 싸구려 전자시계를 구입하는 식이었다. 대다수 빈민들이 받는 쥐꼬리만 한 임금은 그날그날 필요한 쌀이나 버스표 같은 필수품을 구입하고 나면 남는 게 없었다. 그러는 사이 그간 민족주의자들이 막아 왔던 외국과의 경쟁이 격화되었고, 이로 인해 엄청난 타격을 입은 라틴아메리카 산업 전반이 붕괴되었다. 결국 수백만 명의 노동자들이 실업자로 전락하거나, 이른바 '비공식' 서비스 부문에서 장기 불완전 고용 상태에 빠지게 되었다. 이제 그들은 버스정류장에서 껌을 팔거나, 교차로에서 자동차 유리창을 닦거나, 다 부서져 가는 카트를 끌고 재활용 쓰레기를 모으는 일을 한다. 일부는 마킬라도라에서 일자리를 구했다고 기뻐한다. 하지만 마킬라도라의 일자리라는 게 궁극적인 행복을 가져다줄 수 있겠는가?

신자유주의식 개혁은 결국 국가 균형예산과 부채 감소를 위해 정부 지출을 줄이는 것이었기에, 사회적 비용의 축소라는 혹독한 희생이 뒤따랐다. 라틴아메리카에서 민족주의자들이 시작한 보조금 지원, 산업 보호, 국영기업, 대규모 관료제가 비효율적이었던 것은 사실이다. 그러나 이런 것들은 신자유주의자들에 의해 실업자로 내몰린 수백만 명에게 생계 수단을 제공해 주기도 했다. 국영기업들이 적자를 보게 된 것은 이 기업들이 극빈자들에게 전기와 수돗물을 공급해 준 때문이기도 하다. 다른 예를 들어 보자. 민영화로 사기업이 된 전화통신 사업체들은 전화기를 살 여유가 있는 사람들에게 종전보다 나은 통신 서비스를 제공했다. 하지만 상당수의 라틴아메리카인들은 전화기를 구입할 여력이 거의 없었다.

이제 이런 이야기가 익숙하게 들리지 않는가? 신자유주의 개혁의 영향이 1870년에서 1930년 사이에 추진된 자유주의 개혁의 영향과 여러모로 닮아 있기 때문이다. 기술적인 측면에서 라틴아메리카는 더욱 "근대화"되었고, 외국의 자본과 상품들도 쏟아져 들어왔다. 부자들이 누리는 혜택은 더 커졌지만, 불우한 사람들의 살림살이는 더 어려워졌다. 승자도 익숙하고 패자도 익숙하다. 1890년대를 되돌아보면 오늘날 전개되고 있는 신자유주의의 '혁신들'을 역사적인 관점에서 바라볼 수 있게 된다. 1990년대의 제도혁명당 소속 기술 관료들은 멕시코 혁명 전야에 포르피리오 디아스에게 조언을 하던 기술 관료 과학자들을 떠올리게 한다. 민족주의자들이 오랫동안 악한으로 그려 온 디아스의 이미지를 일신하기 위해 제도혁명당이 멕시코의 역사 교과서를 개정하기 시작한 것은 우연이 아니었다.

새로운 역사 교과서 역시 에밀리아노 사파타와 같은 혁명의 영웅들을 가볍게 처리했다. 하지만 1994년 북미자유무역협정이 발효된 바로 그날, '사파티스타Zapatista'라고 자칭하는 원주민 저항 세력이 새로운 무역협정에 반대하고 나섰다. 새로운 사파티스타들은 사파타가 활동했던 무대와는 멀리 떨어진 곳(과테말라 국경 근처 멕시코 마을)에 사는 마야 부족이었다. 이들은 농지와 관련된 현실적인 요구 조건들을 제시했지만, 보다 광범한 비전도 지니고 있었다. 국민들에게 민족주의의 유산을 상기시키기 위해 사파타의 이름을 빌린 이들의 대변인은 마르코스 부사령관이었는데, 스키용 마스크를 착용하고 있거나 파이프 담배를 물고 있는 그의 모습은 티셔츠에 전사轉寫되어 곧 멕시코 전역으로 퍼졌다. 신자유주의의 입장에서 보면 새로운 사파티스타들의 봉기는 '옥에 티' 같은 것이었다. 그들의 봉기가 제도혁명당 정부를 군사적으로 위협하지는 못했지만, "사업하기 좋은 곳"이라는 국가 이미지를 손상시키기에는 충분했기 때문이다. 새로운 사파티스타들은 대중 매체를 능숙하게 다루었다. 그들은 웹 사이트를 운영하였고, 이를 통해 자신들의 운동에 공감하는 유럽과 미국의 동조자들을 움직일 수 있었다. 실제로 수천 명의 동조자들이 국제 인권 감시자가 되어 사파티스타 봉기가 일어나고 있던 치아파스주를 직접 방문했고, 그곳에서 반란군을 지원하고 있다는 의심을 받고 있던 마야 부족 마을을 멕시코 정부군이 파괴하는 현장을 직접 목격하기도 했다. 멕시코 정부는 겉으로는 협상을 중시하는 것처럼 행동했지만, 실제로는 외국인 감시자들을 추방하고 봉기를 진압하는 데 몰두했다. 그리고 이를 위해 이미 유효성이 입증된 온갖 '저강도' 분쟁 기술이 총동원되었다. 반란을 제압하기 위한 마을 민병대의 조직 및 무장 같은 것이 여기에 해당되었는데, 이렇게 조직된 민병대들은 콜롬비아에서 그랬던 것처럼 매우 난폭해질 때가 많았다.

새로운 사파티스타들이 정부군을 이길 가망은 전혀 없었다. 하지만 그들은 기도회를 열었다. 16세기에 바르톨로메 델라스 카사스 수사가 몇 년간 주교로 근무했던 치아파스에서 원주민들의 주장은 여전히 가톨릭교회의 주장이기도 했다. 이곳에서 사파티스타 원주민들은 4백 년 전에 델라스 카사스가 했던 것처럼 사회의 양심을 건드렸다. 그들은 도덕이라는 강력한 힘의 화신이었다.

신자유주의에 맞선 또 다른 저항은 페루 고지대에서 시작된 '센데로 루미노소Sendero Luminoso'(빛나는 길)의 반란에서 나왔다. 센데로 루미노소의 테러 운동은 마르크스주의라는 오래된 이념보다는, 카리스마를 갖춘 지도자 아비마엘 구스만의 신비주의적 이상에서 더 많은 영향을 받았다. 센데로 루미노소는 잉카족의 부흥이라는 이미지에서 영감을 구하면서 유구한 전통을 지닌 원주민주의를 철저히 활용했다. 센데로 루미노소 요원들은 여러 해 동안 감옥에 투옥되어 있었을 때도 소속감을 잃지 않았다. 하지만 불행하게도 그들의 이런 용기와 헌신은 엄청난 폭력을 묵인하는 유사종교적 신념에 악용되었다. 센데로 루미노소는 안데스 산지의 원주민 마을에서 특히 많은 지지를 받았는데, 그들보다 더 정통이라 할 수 있는 마르크스주의 혁명 세력들조차도 이곳에서 이만한 지지를 받은 적이 없었다. 이후 이 원주민들이 고지를 떠나 대규모 이주를 시작하자 센데로 루미노소 세력은 리마까지 퍼져 나갔다. 센데로 루미노소는 고지의 본거지를 중심으로 반대쪽 방향으로도 뻗어 나갔다. 그들은 아마존강 유역으로 나 있는 안데스산맥 동쪽 경사면을 따라 내려가, 와야가강 유역의 코카 재배지로 진출했다. 이곳에서 이들은 코카 재배를 지원하고 보호해 주기 시작했다. 페루에서 활동할 자금을 마련하기 위해서였다. 하지만 1992년, 이들의 영적 지도자가 체포되면서 센데로 루미노소는 활력을 잃게 되었다.

새로운 사파티스타들은 물론이고, 어떤 면에서는 센데로 루미노소까지도 라틴아메리카 도처의 원주민들이 제기하고 있던 주장들을 실천에 옮겼다. 원주민들이 제기한 불만들은 어떻게 생각하면 500년이나 된 것이었다. 콜럼버스의 제1차 항해 500주년이 되는 1992년에 집회를 연 원주민들은 여러 선언들을 발표했다. 기념행사는 물론 애도의 분위기 속에서 치러졌다. 멀리 흩어져 살고 있던 원주민 부족(특히 마야족, 냐뉴-오토미족, 쿠나족, 체로키족, 케추아족, 타라우마라족, 아이마라족, 과이미족, 나와족) 대표자들이 볼리비아 라파스에서 열린 국제회의에 참석해, '영광스러운 아메리카의 발견'이라는 주제로 이렇게 선언했다. "지혜로운 우리 선조들이 박해받고 고문당하고 학살되었다. 우리의 경전들과 상징들도 파괴되었다. 우리는 우리의 금과 은을 도둑맞았고, 영토를 강탈당했다." 그들의 주장은 일리가 있었다. 라틴아메리카인이라면 누구도 인정하지 않을 수 없는 내용이었다.

원주민 지도자들은 농사지을 땅과 공정한 몫의 정부 보조금을 요구했다. 이러한 요구는 어느 집회에서나 똑같았다. 그들은 무엇보다도 그들의 언어와 생활 방식, 정치적 자치를 유지할 수 있게 해 달라고 요구했다. 이는 일반적으로 1990년대 서구의 다문화주의적 지식 풍토를 반영한 것이었다. 하지만 이런 요구들은 신자유주의의 맹공 속에도 살아남아 여전히 건재를 과시하고 있던 20세기 민족주의의 유산과 정면으로 충돌했다.

과거 민족주의 교육을 받았던 세대들은 자신들의 혼혈인 기원을 드러내는 상징들에 대해 존중심을 가져야 한다고 강조해 왔다. 21세기 초반까지 대부분의 라틴아메리카에서 이런 기조를 유지해 왔기에 원주민 혈통 인구의 비율이 높은 곳이라면 어디에서나—특히 멕시코와 과테말라, 엘살바도르, 니카라과, 콜롬비아, 에콰도르, 페루, 볼리비아에서—인종과 문화의 융합을 강조하는 메스티소 민족주의가 민족 정체성의 정서적 기반을 이루게 되었다. 하지만 500년에 걸친 투쟁에도 불구하고 라틴아메리카의 인종 문제는 아직 속 시원하게 해결되지 않았다. 인종주의는 이제 더 이상 존재하지 않는다고 많은 이들이 주장해 왔지만, 이는 결코 사실이 아니다. 원주민계든 아프리카계든, 피부색이 짙은 사람은 여전히 사회적 불이익을 받아 왔다. 최악의 경우, 메스티소 민족주의가 해결하려 했던 문제를 메스티소 민족주의 스스로가 부정하거나 은폐하는 경우도 이따금씩 있었다.

메스티소 민족주의는 이전에 자신들이 비난했던 인종에 따른 신분제를 청산했지만, 그와 동시에 새로운 억압을 낳기도 했다. 국가들 사이에서만큼이나 한 국가 내에서도 여러 가지 차이가 존재했다. 그런데 도대체 어느 악센트, 어느 음악, 어느 요리, 어느 피부색으로 전 국민을 대표해야 할까? 멕시코 민족주의자들의 이데올로기에 따르면, 메스티소는 이제 멕시코에서 태어난 그 누구보다도 더 멕시코적인 사람으로 간주된다. 그리고 다른 여러 라틴아메리카 국가들 역시 이러한 준準공식화된 메스티소의 자화상을 받아들였다. 메스티소 이미지는 많은—아마도 대부분의—라틴아메리카인들을 대표할 것이다. 하지만 그 이미지가 다른 사람들을 소외시키기도 한다. 예를 들어 도미니카 공화국에서는 "피부색이 너무 검어서 도미니카인으로 보이지 않는" 아프리카 혈통이 강한 사람들, 특히 아이티 출신 이주민들은 혼혈인 이미지에서 제외된다. 또 멕시코와 중앙아메리카, 안데스 산지에서도 원주민들은 메스티소 이미지에서 배제된다. 이곳 원주민들은 원주민이기를 포기하고 메스티소 정체성을 받아들여 민족적 주류에 합류하라는 압력을 받고 있다.

2000년대에 들어 사파티스타들과 다른 원주민 지도자들은 이런 압력에 이전보다 더 강하게 저항했다. 그러나 2010년 현재 라틴아메리카에서 원주민 정체성을 유지하고 있는 사람은 소수다. 원주민들의 저항은—그것이 상징적 힘을 지니고 있었음에도 불구하고—메스티소 민족주의의 균질화 압력을 근본적으로 약화시키지는 못했다. 흑인의 지위 향상과 평등권 확보를 위해 흑인과 관련된 정치적 의제를 내걸고 아프리카계 브라질인들을 결집시키려 했던 브라질에서도 이와 유사한 민족주의적 저항이 있었다.

브라질 인구의 거의 절반은 순혈 또는 혼혈 아프리카계이다. 대체적으로 보아 브라질에서 가장 가난한 사람들 중 절반이 바로 이들이었는데, 피부가 검으면 검을수록 더 가난했다. 1978년 마침내 흑인통합운동MNU이 설립되었다. '인종주의의 희생자'라는 공동의 정체성 의식을 바탕으로 흑인들을 결집시키기 위한 단체였다. 하지만 브라질 빈민들은 이 단체에 별 관심을 보이지 않았다. 브라질 빈민들이 정치 운동에는 워낙 회의적이었던 데다가, 여전히 브라질형 메스티소 민족주의에 호응하고 있었기 때문이다. '인종적 민주주의'라는 이상은 1930년대 이후 광범위한 인기를 누려 온 브라질 국민 정체성의 핵심이었다. 이미 수백 년 동안 백인 우월주의로 골머리를 앓았던 터라 이러한 사상은 큰 환영을 받았고, 모든 브라질 유색인들의 마음속에 깊이 뿌리를 내렸다. 물론 '인종적 민주주의'라는 구호는 인종주의가 존재하지 않는다는 잘못된 암시를 줄 수도 있다. 1988년 개최된 노예제 폐지 100주년 기념행사조차 만연한 인종주의를 한목소리로 비판할 기회로 삼았던 브라질 국민들이지만, 그렇다고 해서 인종과 문화의 융합이 국민 정체성의 핵심을 이룬다는 생각까지 버린 것은 아니었다.

메스티소 민족주의의 문제점이 무엇이든 간에, 그것은 백인 우월주의보다는 훨씬 더 민주적이고 포용적이다. 메스티소 민족주의는 1930년대의 라틴아메리카 인종 정치에서 한 걸음 더 나아간 발전이었으며, 오늘날에도 라틴아메리카인들, 곧 부자와 빈자, 흑인과 백인, 원주민과 메스티소 사이에서 강력한 호소력을 발휘하고 있다. 라틴아메리카 사회가 원주민계와 아프리카계까지 자신들의 민족 혼합체 속에 받아들이는 방식으로 인종주의를 극복한 것은 아니다. 하지만 라틴아메리카 사회가 미국을 비롯한 다른 많은 다인종 사회들보다는 훨씬 앞서가고 있다는 것이 많은 이들의 생각이다. 이는 라틴아메리카 민족주의의 가장 자랑스러운 요소인 동시에 가장 강력한 요소이기도 하다.

역사는 반복되지만, 똑같이 반복되지는 않는다. 신자유주의가 옛 자유주의의 기시감既視感일 수도 있지만, 자유주의가 사라진 후 라틴아메리카는 변화를 거듭했다. 물론 라틴아메리카는 사회적 착취라는 원죄에서 아직 벗어나지 못했다. 또 유럽 문화의 헤게모니도 그대로 남아 있다. 하지만 2010년 현재 라틴아메리카인들 대다수—여기에는 중산층과 심지어는 매우 부유한 사람들도 일부 포함된다—는 자신들의 원주민 유산과 아프리카 유산을 존중하고 있다. 적어도 이론상으로는 그렇다. 이는 20세기 중반에 일었던 민족주의라는 물결 덕분이다. 라틴아메리카 정체성의 원동력인 문화 변용도 계속 일어나고 있다. 예를 들어 아프로-브라질의 춤과 무술이 혼합된 '카포에이라capoeira'의 인기는 가히 전 세계적이다. 그런가 하면, 카포에이라의 본고장인 바이아에서는 흑인계 브라질 청년들이 자메이카의 레게와 미국의 소울 뮤직soul music을 자신들의 음악으로 받아들이기도 했다.

한편 브라질의 칸돔블레Candomblé나 그와 사촌지간인 쿠바의 산테리아Santería처럼 서아프리카의 종교를 변형한 라틴아메리카 신흥종교들의 신자 수도 20세기 말 이후 크게 늘어났다. 이 종교들은 저마다 특별한 능력과 결부된 신들의 판테온을 두고 있는데, 이런 점에서는 고대 그리스 종교와 다소 비슷하다. 이를테면 브라질의 바이아에서 파도타기를 즐기는 10대 서퍼는 해안을 향해 부서지며 달려오는 큰 파도 속으로 보드를 타고 들어갈 때마다 바다의 여신 예만자Yemanja에게 자신을 맡기는 것이 보통이다. 교세가 급증하고 있는 또 다른 종교인 움반다Umbanda는 아프리카적 요소와 유럽적 요소를 대놓고 뒤섞어, 온전히 브라질적인 것을 만들어 냈다. 칸돔블레와 움반다의 종교 의식에는 다른 영혼에 사로잡히는 빙의의 순간이 들어 있다. 이때 신자들은 보이지 않는 힘에 사로잡히는 것을 느낀다고 한다. 전통적 칸돔블레에서는 이런 힘들을 '서아프리카의 신들'이라고 해석하지만, 움반다에서는 '원주민과 아프리카 노예들이 포함된 브라질인들의 영혼'이라고 본다. 새로운 개종자들 중 상당수는 중산층과 백인들인데, 특히 움반다의 경우가 그러하다.

2010년 현재 라틴아메리카를 바꾸고 있는 종교적 변화의 또 다른 물결은 바로 프로테스탄티즘의 성장이다. 이런 추세는 브라질에서 특히 현저하며, 칠레에서 과테말라에 이르는 다른 지역에서도 마찬가지이다. 여러 개신교 교파 중 현재 성장 속도가 가장 빠른 것은 미국에서 시작된 오순절회와 복음주의 기독교 신앙들이다. 모르몬교는 젊고 용모 단정한 선교사들을 그 어느 종파보다도 더 지속적으로 파송하고 있다. 사실상 라틴아메리카의 모든 사람들이—적어도 명목상으로는—가톨릭교도가 된 지 400년이나 되었지만, 현재 일부 국가에서는 프로테스탄트의 비율이 25퍼센트 이상이다. 물론 멕시코나 콜롬비아 같은 일부 국가에서는 프로테스탄트가 아직 소수에 불과하다. 해방신학은 계속 약화되고 있지만, 라틴아메리카 가톨릭교도들의 종교적 열정이 사라졌다는 징후는 그 어디에도 없다. 라틴아메리카의 가톨릭교도들은 고인이 된 대중문화의 우상들을 비공식적 성인으로 여겨, 그들을 모신 도로변 사원에 헤드라이트를 비추기도 한다.

라틴아메리카를 이해하는 일이 미국에 있는 우리들에게 주어진 도전이라면, 이 도전은 아마도 갈수록 쉬워질 것 같다. 현재 라틴아메리카계 미국인의 수가 점점 늘어나고 있기 때문이다. 20세기 초반 이래 그 어느 때보다도 이주민이 많은 미국에서 가장 큰 비중을 차지하고 있는 것이 바로 라틴아메리카인 이주민들이다. 이런 관계로 현재 미국에서는 라틴아메리카 혈통을 지닌 사람들이 가장 큰 소수 집단을 형성하고 있는데, 대략 미국인 7명당 1명이 라틴아메리카계다. 이들 중 멕시코인들과 멕시코계 아메리카인들은 미국 남서부 지역에서, 푸에르토리코인들과 도미니카인들은 뉴욕에서, 쿠바인들은 플로리다에서 각각 크고 영향력 있는 공동체를 형성하고 있다. 사실 미국 라티노들Latinos(라틴아메리카계 시민들—옮긴이) 중 절반 이상은 멕시코계이지만, 지금은 다른 라틴아메리카 국가에서 온 라티노들도 어디에서나 쉽게 찾아볼 수 있다. 중요한 것은 미국 라티노들이 국적과 인종, 종족에 따라 나뉘어 있다는 사실을 인식하는 것이다. 사실 포괄적 용어인 '라티노'는 미국 밖에서는 거의 아무런 의미가 없다. 오직 미국에서만 에스파냐어를 사용하는 멕시코인·푸에르토리코인·볼리비아인이 서로를 라티노로 바라볼 뿐이다. 다만 브라질인들은 자신들을 라티노라고 여기지 않는 경우가 많다. 이는 브라질에서뿐만 아니라 미국에서도 그렇다.

라틴아메리카인들의 이주는 미국의 문화를 바꾸어 놓고 있다. 에스파냐어 출판물이 쏟아져 나오고 있고, 에스파냐어를 사용하는 텔레비전 방송국도 생겼다. 미국 슈퍼마켓 어디서든 토르티아tortilla와 실란트로cilantro, 플랜틴plantain을 구입할 수 있다. 미국 남부의 시골에는 농장 일꾼들이 자주 찾는 조그만 멕시코 상점들이 여기저기 흩어져 있다. 사람들의 입맛도 바뀌고 있다. 매콤한 살사 소스 판매량이 오랫동안 미국인들이 좋아해 온 케첩 판매량을 넘어섰다. 또 다른 종류의 살사라 할 수 있는 현란한 폴리리듬 댄스 음악polyrhythmic dance music은 뉴욕에 거주하는 쿠바계 주민들에 의해 만들어져 카리브해 전역으로 퍼져 나갔다. 하지만 대부분의 미국 무용수들에게 살사는 무리다. 다행스럽게도 1980년대에 도미니카인들이 대규모로 이주해 오면서 보다 단순한 리듬 음악인 메렝게merengue를 함께 들여와, 미국 무용수들이 좀 더 쉽게 배울 수 있게 되었다.

대규모 이주는 여러 가지 문제를 야기하기도 한다. 더 나은 삶과 더 나은 일자리를 찾아 위험천만한 사막을 건너 미국으로 이주하는 사람들이 수만 명에 달하면서, 이주 도중에 그리고 도착지에서 온갖 종류의 문제들이 생겨났다. 최근 이주민들의 상당수가 이제까지 이주민들을 거의 받아들이지 않았던 지역, 특히 노스캐롤라이나와 사우스캐롤라이나 같은 남동부의 주들로 향하면서 인구가 줄어들고 있는 이 지역 소도시들의 문화 경관을 크게 바꿔 놓고 있다. 불확실성이 큰 갈등의 세계에서 급격한 이주로 생겨난 이런 변화는 두려움과 함께 반발을 불러일으키기 마련이고, 온갖 부류의 정치적 기회주의자들은 으레 그렇듯 이런 두려움을 이용하려 든다. 그러나 그 결과는 좋지 않다. 이주를 막기 위해 미국-멕시코의 국경을 따라 엄청나게 긴 장벽을 쌓자는 주장도 생겨났고, 이미 미국에 입국한 이주민들을 조직적으로 추방하는 법을 제정하자는 주장도 터져 나온다. 그중 최악은 이주민들을 희생양으로 삼아, 이주민들과 그 자녀들에게 제공하는 의료 서비스와 교육을 제한하자는 주장이다. 그렇다면 이들을 이주로 내몬 세계 경제 현실에 대한 책임이 이주민 개개인에게 있다는 것인가? 심지어 국경을 직접 순찰하거나, 거실에 앉아 인터넷 조종이 가능한 원격감시 카메라로 국경을 감시하는 일에 발 벗고 나선 열성분자들도 있다. 이 모든 것들이 비미국적인 것으로 보이지만, 사실은 그렇지가 않다. 예전에 이주민이었던 사람이 몇십 년이 지나 이제 다른 사람들의 이주를 두려워하고 그것에 반발하는 것보다 더 미국적인 것이 또 어디 있겠는가? 혼란스럽기는 하겠지만, 사실 이런 일이 가능한 곳은 미국을 제외하고는 그 어디에도 없다.

한편으로 라틴아메리카는 또 다른 문제들, 특히 환경 문제에 직면해 있다. 환경 파괴는 선진국보다 개발도상국에서 훨씬 심각하다. 환경 파괴를 막거나, 파괴된 환경을 복원하는 데 많은 비용이 들기 때문이다. 게다가 라틴아메리카는 다국적 기업들을 유치하기 위해 오염 물질의 방출을 허용하는 정책을 택했다. 이로 인한 문제는 미국-멕시코 국경에 산재한 마킬라도라 생산 지역에서 쉽게 확인할 수 있다. 그러나 라틴아메리카에서 가장 널리 알려진, 그리고 가장 큰 환경 문제는 역시 아마존 열대우림의 파괴일 것이다.

아마존 우림의 상당 부분은 이미 파괴되었다. 하지만 베네수엘라, 콜롬비아, 에콰도르, 페루, 볼리비아의 일부 지역과 브라질 영토의 3분의 1 가량은 아직 열대우림으로 뒤덮여 있다. 아마존 일대는 분명 세계 최대의 열대우림 지역이다. 1960년대까지는 인류의 활동이 아마존 우림에 거의 아무런 생채기도 내지 않았다. 그곳은 원주민들이 거의 아무런 방해도 받지 않은 채 부족 문화를 이루며 살아가던 곳이었다. 정착민들은 큰 강을 따라 드문드문 살고 있었는데, 그들 중 상당수는 1900년경 그곳에 정착한 고무나무 수액 채취자들의 후손이었다. 그 후 1960년대와 1970년대에 세계은행World Bank의 지원을 받은 브라질 군사정부가 대규모 개발 사업에 착수하면서 아마존 우림의 나무를 베어 내고 도로를 건설했다. 이들은 아마존의 살갗을 벗기고 파헤치는 대규모 채광(철과 금, 망간, 니켈, 구리, 보크사이트) 사업을 추진했고, 수천 제곱킬로미터의 땅이 수몰될 수밖에 없는 초대형 수력발전용 댐을 건설했다. 금 채굴의 부산물인 맹독성 수은 같은 오염 물질 수십만 톤이 아마조니아Amazonia(아마존강 유역의 총칭―옮긴이)의 하천으로 흘러 들어갔다. 외진 아마존 국경을 위험 지역으로 분류한 브라질 군사정부는 원주민이 아니라 "진정한 브라질인들"을 그곳으로 이주시키는 데 심혈을 기울였다. 에콰도르령 아마조니아는 석유 채굴로 환경이 파괴되었고, 숲속에 거주하던 부족들은 질병으로 떼죽음을 당했다. 불과 몇 년 사이에 완전히 사라져 버린 부족도 있다.

그런데도 브라질과 에콰도르 정부는 아마조니아의 자원을 개발하기로 결정했다. 그들의 지적처럼 미국 중서부의 비옥한 농지도 한때는 원주민들이 거주하던 삼림이었다. 하지만 열대우림은 다른 삼림 지대들과는 다르다. 세상에서 가장 오래된 생물 서식지 중 하나인 열대우림만큼 완벽하게 생물 다양성을 유지·발전시켜 온 곳은 그 어디에도 없다. 열대우림의 생물들은 구석구석을 파고드는 공생의 관계망 덕분에 다른 어느 지역에서보다도 더 고도로 분화되었고, 서로 복잡하게 얽혀 있다. 하지만 이러한 상호의존으로 인해 열대우림의 생태계는 파괴되기도 매우 쉽다. 방대한 삼림을 벌채하고 나면 일부 수종들은 다시 자라나지만, 원래의 생물 다양성은 영원히 사라지고 만다. 또 다른 문제는 보호수가 사라진 후 폭우가 쏟아지면 아마조니아의 얇은 토양이 쉽게 유실된다는 점이다. 그 결과 개간지는 쉽게 침식되어 금방 쓸모없는 땅이 되어 버린다.

1980년대에 들어 벨기에 국토 면적과 맞먹는 삼림이 매년 연기 속으로 사라지기 시작했는데, 이러한 아마조니아 개발이 파국적 결과를 초래하고 있음은 이미 명백하게 밝혀졌다. 볼리비아와 국경을 맞대고 있는 브라질 서부 지역의 혼도니아주는 한때 정부가 추진한 농업 식민화의 대표적인 모델로 부각된 적이 있었다. 당시 정부는 이곳을 "북서극Northwest Pole"이라고 떠들썩하게 선전해 댔다. 하지만 매년 수십만 명씩 몰려든 가난한 정착민들에게 토지를 할당해 주었는데도 아마조니아의 식민화는 이뤄지지 않았다. 식민지 개척 지망자들이 기대만 높았을 뿐, 준비는

되어 있지 않았기 때문이다. 게다가 농지로 적합한 땅은 혼도니아주 전체 면적의 10퍼센트도 안 되는 것으로 드러났다. 이삼 년이 지나자 대부분의 정착민들은 개간을 포기했고, 이들이 포기한 땅은 부유한 목장주들이 사들였다.

목축은 엄청나게 큰 땅을 쓰지만, 인력 고용은 거의 없다. 아마조니아 삼림을 파괴한 책임의 상당 부분은 바로 이 목축에 있다. 목장주들은 생계를 위해서가 아니라 사업으로 목축을 하는 대형 투기꾼인 경우가 많다. 도시에 거주하고 있는 이들은 현지 관리인들에게 목장 경영을 맡겨 놓고, 자신들은 에어컨이 가동되는 시원한 사무실에 앉아 있는 경우가 대부분이다. 이들은 광활한 토지를 사들여 불도저로 밀어 버린 다음, 소 떼를 풀어놓는다. 이윽고 토질이 나빠지고 초목이 메말라 더 이상 소를 기를 수 없게 되면, 그 땅을 팔고 다른 곳으로 간다. 결국 이들은 돈벌이에 뛰어든 사업가일 뿐이다. 신자유주의는 이윤 추구라는, 자유시장을 추동하는 자연스러운 동기를 절대로 억제하지 못한다.

이제 이 장을 시작하면서 얘기한 '정치의 추' 비유로 다시 돌아갈 때가 되었다. 추의 비유는 정치 경향의 중대한 전환을 시각적으로 보여 주는 효과가 있지만, 일정한 거리를 왕복하는 반복 운동을 암시한다는 점에서 오해를 불러일으킬 수도 있다. 하지만 2010년대에 들어 신자유주의 모델은 기진맥진한 징후가 뚜렷한 반면, 민족주의는 다시 기운을 회복하고 있다.

사실 신자유주의의 장미꽃은 뉴욕의 세계무역센터 빌딩이 테러 공격으로 붕괴되던 2001년 9월 11일에 이미 시들어 버렸다. 멕시코의 대통령으로 신자유주의를 신봉했던 카를로스 살리나스는 행정부의 부정부패로 인해 국제적인 망신을 당했으며, 1994년과 1995년에는 수십 년 만에 최악의 경제 위기를 겪었다. 멕시코의 수도와 지방 대도시에서는 도시형 범죄가 다시 기승을 부렸고, 사상 최대 규모의 항의 시위들이 잇달아 일어났다. 중산층은 새로운 자동차와 컴퓨터를 즐겼지만, 세계화가 보편적인 번영을 이뤄 내지 못하자 1990년대의 낙관주의는 라틴아메리카 대부분의 지역에서 자취를 감추었다. 아르헨티나는 국제통화기금이 제시한 엄격한 권고 사항들을 모두 이행했지만 2001년 12월 파산하였고, 채무 불이행을 선언했다. 부에노스아이레스는 20세기 역사상 그 유례를 찾아볼 수 없을 정도로 극심한 빈곤과 노숙 문제에 시달렸다.

라틴아메리카의 유권자들은 점차 신자유주의가 주창하는 자유시장 지상주의를 거부했고, 민족주의적인 성향이 두드러진 인물들을 대통령으로 선출하기 시작했다. 미국 언론은 이렇게 선출된 대통령들을 흔히 좌파로 묘사했지만, 그들 중 사회주의 경제 정책으로 확실하게 돌아선 사람은 거의 없었다. 그들은 오히려 민족주의적 반제국주의와 큰 정부를 부활시켰다. 그들은 자본주의적 세계화라는 개념 자체를 거부하지는 않았지만, 자국의 영토 내에서는 세계화의 충격을 완화시키겠다는 결의를 밝혔다. 또한 국제포럼 등을 통해 미국이 설정해 놓은 어떤 정책 노선도 따르지 않을 것임을 단호하고도 분명하게 표명했다. 2010년까지 라틴아메리카의 대통령들 대다수는 대체로 이런 노선을 유지하며 통치했다.

2002년 브라질 사람들은 금속 노동자로 일하면서 노동조합 위원장을 역임한 바 있는 루이스 이나시우 룰라 다 시우바, 곧 '룰라Lula'를 대통령으로 선출하여 라틴아메리카에서 면적이 제일 넓고 인구도 제일 많으며 경제도 가장 역동적인 브라질을 다스리게 했다. 대통령이 되기 전 20년간 룰라는 응집력 있고 민주적인 노동자당을 만드는 데 애써 왔다. 그는 대통령 선거에도 여러 차례 출마했는데, 결국 네 번째 도전에서 성공을 거두었다. 그의 입장에서 가장 시급한 목표는 단 한 명의 브라질인도 굶주리지 않게 하는 것이었다. 하지만 브라질은 엄청난 채무를 지고 있었기 때문에 이러한 기아 퇴치 계획의 달성은 쉽지 않았다. 그는 채무 이행을 공언하며 사회적 목표들을 조심스레 실천해 나갔다. 보다 급진적인 지지자들은 그의 이런 조심성에 실망감을 드러내기도 했다. 하지만 노동자당 정부가 마련한 '가족 장학금 제도'(자녀들이 학교에 다니는 동안 빈곤 가정에 소득 보조금을 지원하는 제도) 덕분에 가난은 줄어들기 시작했다. 빈민층 유권자들의 지지를 받은 룰라는 2006년 재선에 성공하였고, 브라질 경제 역시 2008년 시작된 세계적 불황 속에서도 놀라운 회복력을 보이며 개선되었다. 요컨대 브라질에 다시 등장한 민족주의 정부는 미국과 세계무역기구가 권장한 노선을 따르는 신자유주의적 지배 구조에 대한 실질적 대안이 무엇인지를 똑똑히 보여 주었다.

군 장교 출신인 우고 차베스 베네수엘라 대통령은 또 다른 방식으로 민족주의적 대안을 제시했다. 대담하고 무모하며 직설적인 차베스는 모든 면에서 룰라와 대조적이었다. 그는 1992년에 쿠데타를 시도하였다가 실패한 적이 있고, 대통령으로 재임 중이던 2002년에는 반대로 쿠데타를 당했으나 이를 극복하고 집권을 이어 갔다. 차베스는 자신의 정치 계획들을 지지해 준 대가로 가난한 국민들에게 후원 형태의 재정적 지원을 베풀었다. 처음에는 이런 방식을 탐탁지 않게 생각했던 빈민들도 결국 차베스에게 강력한 지지를 보냈다. 차베스 정부가 제공한 지원금이 과거 그들이 받았던 것보다 훨씬 더 많았기 때문이다. 하지만 정적들에 대해서는 달랐다. 차베스는 정적들에게 격렬한 비난을 쏟아부으며 공권력을 마구 휘둘렀다. 그는 결국 중산층의 철천지원徹天之冤에 직면하게 되었지만, 국제무대에서는 라틴아메리카의 다른 어떤 새로운 민족주의 대통령들보다도 더 큰 관심을 받았으며, 여러 가지 지역 통합 정책에도 적극적인 행보를 이어 갔다. 2009년 그는 대통령 연임 제한을 폐지하는 국민투표에서 승리를 거두면서, 재임 횟수에 관계없이 대통령이 될 수 있는 가능성을 열었다.

새로운 민족주의 대통령들 중 세 번째로 주목해 볼 만한 인물은 2006년에 볼리비아 대통령으로 선출된 에보 모랄레스이다. 아이마라Aymara 부족 원주민 출신인 그는 에스파냐 정복 시대 이후 원주민들이 대다수를 이루고 있는 볼리비아를 통치하게 된 최초의 원주민 대통령이기도 하다. 소년 시절 모랄레스는 라마 떼를 몰았고, 청년 시절에는 코카 재배업자 조합을 이끌었다.(코카잎은 원주민들이 태곳적부터 즐겨 왔던 것으로, 코카인의 원료로 사용되기도 한다.) 그는 자신을 추종하는 이들의 생계 수단인 이 작물을 근절하려는 시도—물론 미국의 영향을 받은 것이다—에 저항하면서 정계에 입문했다. 대통령이 된 모랄레스의 주요 지지 기반은 원주민 밀집 지역인 안데스 고지대였기에, 볼리비아 경제 성장의 주요 거점인 산타크루스 주변의 동부 저지대에서는 조직적인 반대에 직면했다. 이들의 반대는 지역의 경제 문제 때문이기도 하지만, 모랄레스를 지지하는 아이마라 부족과 케추아 부족의 정치적 역량 강화 시도를 우려하는 산타크루스 주변 사람들의 적대감 때문이기도 하다. 모랄레스는 이러한 반대에도 불구하고 제헌의회를 소집하여 새로운 헌법을 제정하는 데 성공했다. 2009년

발효된 이 헌법에는 오랫동안 억압받아 온 다수 원주민들의 처우를 대폭 개선하는 내용이 포함되었다.

라틴아메리카 국가들 중 제2의 인구 대국인 멕시코와 제3의 인구 대국인 콜롬비아는 2001~2009년에 라틴아메리카에서 일어난 민족주의자들의 복귀 사례에 해당하지 않는 예외 국가들이다. 이 기간 동안 이들 나라에서는 미국의 이해와 밀접한 관련을 맺고 있는 신자유주의적인 성향의 대통령들이 집권했다. 칠레에서는 2006년에 좌파 대통령이 당선되었지만, 2010년에는 다시 신자유주의적인 기업가가 대통령직에 올랐다.

세계화가 라틴아메리카의 근본 문제인 사회적 불평등을 해결해 낼까? 그런 일이 일어날 조짐은 눈곱만큼도 없다. 라틴아메리카의 유권자들은 규제가 전혀 없는 자유시장의 힘에 대해 강한 의구심을 품어 왔다. 그런데도 그들은 자유시장 자본주의를 완전히 거부하지는 않았다. 또 버락 오바마가 대통령으로 선출되면서 미국을 대하는 라틴아메리카인들의 태도도 상당히 부드러워졌다. 1980년대 이후 일어났던 민족주의의 갑작스런 퇴조가 주목할 만한 일이긴 하지만, 그것 역시 일시적인 것이었음이 밝혀지게 될 것이다. 최근 발생한 세계 경제 위기는 규제가 없는 시장의 폭발적 성장이 이로울 수도 있지만, 동시에 파괴적일 수도 있다는 사실을 모든 이에게 상기시켜 주었다. 자유주의도, 민족주의도 그 자체만으로는 끈질기게 이어지고 있는 '원죄', 즉 500여 년 전 피와 불 속에서 태어난 출생의 결과로부터 라틴아메리카 사회를 해방시키지 못했다. 앞으로는 어떻게 될까? 이 질문에 대답할 수 있는 역사책은 없다. 그러니 뉴스를 지켜보며, 뜻밖의 사태에 대비하자.

용어 사전

Americanos(아메리카노): 독립전쟁 시기에 사용된 토착 용어로, 에스파냐인과 포르투갈인에 맞선 아메리카 태생의 주민들을 일컫는다.

Bandeirantes(반제이란치): 주로 상파울루를 중심으로 활동하던 식민지 브라질의 무장 개척단. 주요 활동은 노예사냥이었다.

Cabildo(시의회): 식민지 정부의 가장 중요한 통치기관. 에스파냐령 아메리카에서는 독립전쟁을 개시한 1810년 무렵에 독립을 향한 첫걸음으로 개방의회(cabildos abiertos)를 구성했다.

Caste system(신분 제도): 실제적인 것이든 상상의 산물이든 선천적 특징을 토대로 하고 있으며, 법으로 제도화된 사회적 위계. 식민지 시대 라틴아메리카의 신분 제도는 이른바 '인종'과 대체로 일치했다. 신분은 '계급'과는 다르다. 계급은 신분에 비해 사회적·경제적 요소를 더 중시한다.

Caudillo(카우디요): 추종자들의 개인적 충성심을 장악한 강력한 정치 지도자. 카우디요 정치의 전성시대는 19세기 중엽이었다. 브라질에서도 강력한 지도자가 없지는 않았지만, 카우디요 정치는 에스파냐어권 아메리카에서 훨씬 활발하게 펼쳐졌다.

Científicos(과학자들): 'Porfiriato(포르피리아토)' 참조.

Clients(피후견인): 내전이나 선거에서 충성을 바친 대가로 후견인으로부터 공직이나 보호 등의 혜택을 받는 사람을 일컫는 정치 용어.

Comparative advantage(비교우위): 자유시장 경제학자들이 주장한 개념. 각각의 생산자가 비교우위를 가진 상품을 특화한다면, 이론상으로 관계자들 모두 자유무역을 통해 최대의 이익을 얻게 된다. 민족주의 경제학자들은 이와 반대로 수입대체공업화 전략을 추진했다.

Core/fringe(중심 지역과 변두리 지역): 방대한 사회 체계를 지리적으로 구분하기 위한 분석적 개념. 멕시코, 페루, 브라질 북동부 일대 같은 에스파냐 식민지와 포르투갈 식민지의 중심 지역은 인구가 많고 수출품의 수익성이 좋은 반면, 변두리 지역은 중심 지역보다 상대적으로 더 가난하고 식민지 정착민의 수도 적었다. 이와 유사한 '중심부와 주변부(center/periphery)' 개념은 국제적인 경제 관계를 지리적으로 구분하기 위해 사용된다.

Costumbrismo(풍속주의): 19세기 중엽에 민족의 관습과 생활방식을 묘사하고 정의하는 데 전념한 문학과 예술의 사조.

Criollo(크리오요): 아메리카에서 태어난 에스파냐인들의 후손. 브라질에서 태어난 포르투갈인들은 그냥 브라질인이라고 불렀다. 'Peninsular(페닌술라르)' 참조.

Decent people(고상한 사람들): 에스파냐어권 아메리카에서는 '푸에블로(pueblo)'라 불리고 브라질에서는 '포부(povo)'라 불리던 가난한 원주민·아프리카인·혼혈인들과 달리, 유럽의 혈통과 문화를 자랑하는 부유한 사람들을 일컫는 용어로, 주로 19세기에 사용되었다.

Dirty war(더러운 전쟁): 스페인어로는 '게라 수시아(guerra sucia)'이다. 1970년대에 아르헨티나 군부가 좌파 게릴라와 그 동조자들을 상대로 벌인 테러 작전. 칠레와 우루과이, 브라질의 군부들도 같은 시기에 규모가 작기는 하지만 이와 유사한 작전을 벌였다.

Ejido(에히도): 소도시나 마을의 공유지. 멕시코 혁명을 통해 1920년대와 1930년대 토지 개혁 시기에 에히도를 회복하거나 신설했다.

Enclave(고립 지대): 봉쇄된 지역. 라틴아메리카 역사에서 가장 유명한 고립 지대들은 광업 회사와 바나나 회사 같은 외부 세계의 경제적 이익을 위해 건설되었다.

Encomienda(엔코미엔다): 원주민 집단을 에스파냐인 정복자에게 법률적으로 '위탁하는' 제도. 이렇게 위탁된 원주민들은 정복자에게 노동력이나 공납을 제공해야만 했고, 엔코미엔다를 보유한 엔코멘데로(encomendero)는 원주민들에게 가톨릭교를 가르쳐야 했다.

Estado Novo(신국가): 제툴리우 바르가스가 만들어 낸 브라질의 국가 체제(1937~1945년). 신국가의 공업화 정책과 정부 활동 증대가 20세기 중반 민족주의 운동의 전형이 되었다.

Foco(거점): 인접 지역에 혁명적 상황을 조성하기 위한 게릴라 활동의 중심지. 라틴아메리카에서는 체 게바라가 이 거점이론 전략을 주창했다.

GNP, GDP(국민총생산과 국내총생산): 국민 경제 활동을 측정하는 두 가지 지표. 국민총생산은 좀 더 포괄적인 의미로, 해외에서 활동하는 기업의 이윤도 포함한다.

Hacienda(아시엔다): 일반적으로 에스파냐 혈통의 가문이 보유한 대규모 농장. 브라질의 사탕수수 플랜테이션과 달리 아시엔다에서는 수익성이 높은 수출 작물을 재배하지 않았다.

Hegemony(헤게모니): 지배 계층이 다른 계층을 이념적으로 지배하는 사회 통제의 기본 원리. 헤게모니는 지배를 자연스럽고 불가피한 것으로 받아들이게 만들어 물리력 사용을 최소화한다. 헤게모니에는 대개 어느 정도 타협의 여지가 존재한다.

Iberia(이베리아): 유럽의 남서쪽 끝에 위치한 반도로, 프랑스 쪽 경계에 피레네산맥이 있다. 에스파냐인과 포르투갈인 모두 이베리아인이다. 따라서 '이베리아인'이란 용어는 에스파냐인과 포르투갈인의 아메리카 식민 지배를 아울러 이야기할 때 주로 사용된다.

Indigenismo(원주민주의): 19세기 말에 시작되어 20세기 민족주의의 대표적 특징으로 떠오른 문학·예술·정치 분야의 운동. 원주민들의 유산을 기리면서도 원주민들을 국민의 일원으로 동화시키는 데 초점을 두었다.

ISI, Import-Substitution Industrialization(수입대체공업화): 수입에 의존하던 제품을 국내에서 생산하기 위한 공업 육성 정책. 라틴아메리카의 수입대체공업화는 주로 20세기 중엽에 일어났으며, 국제 무역 중단과 민족주의 경제 정책에 의해 육성되었다.

Legitimacy(정통성): 피치자들로부터 적절하고 합법적인 것이라고 인정받는 정부의 자질.

Liberalism(자유주의): 시민적 자유와 정치적 자유, 경제적 자유 등 다양한 '자유'를 강조하는 정치사상. 라틴아메리카의 자유주의는 처음에는 유럽 모델을 따랐지만, 나중에는 미국 모델을 추종했다.

Liberation theology(해방신학): 1960년대 말에 시작된 라틴아메리카 가톨릭교회 내의 풀뿌리 운동. 운동의 규모는 작았지만 영향력이 있었다. 가난한 사람들의 의식 함양과 사회적 조직화가 해방신학의 주된 임무였다.

Managed elections(부정 선거): 결과에 영향을 미치기 위해 정부가 일부 조작을 가한 선거. 이런 선거는 20세기 중반까지 라틴아메리카 농촌 어디에서나 일반적으로 볼 수 있는 현상이었다.

Manifest Destiny(명백한 운명): 19세기 중반 미국의 영토 확장 비전. 이 비전에 따르면, 미국은 역사의 법칙에 따라 필요하다면 무력을 동원해서라도 아메리카 원주민의 땅과 멕시코 땅을 점령하여 그 영토를 태평양까지 확대해야 했고, 이것이 '명백한' 운명이었다.

Mestizo(메스티소): 혼혈인, 특히 아메리카 원주민과 유럽인의 피가 섞인 혼혈인. 이 단어에 상응하는 포르투갈어 메스치수(mestiço)는 흔히 아프리카인과 유럽인의 피가 섞인 혼혈인을 지칭한다. 이 책에서는 전자의 메스티소를 사용한다. 메스티사헤(mestizaje)는 '인종 혼합'을 의미한다.

Mita(미타): 잉카 제국이 실시한 노동력 징발 제도. 정복 이후에는 안데스 지역의 에스파냐인 식민 통치자들이 이 제도를 실시했다. 식민지 시대 미타 노동자들은 대개 은광에서 일을 했는데, 포토시 은광이 제일 유명했다.

Monroe Doctrine(먼로 독트린): 미국 대통령 제임스 먼로가 1823년에 처음으로 발표한 외교 정책. 미국은 이 독트린을 통해 유럽인들이 아메리카 대륙에서 "손을 떼야" 한다고 주장했다. 이는 물론 해당 지역에서 미국의 영향력을 강화하기 위한 것이었다. 이 독트린은 미국 해군력이 강화되는 1890년대 이전에는 거의 거론되지 않았다.

Roosevelt Corollary to the Monroe Doctrine(먼로 독트린에 대한 루스벨트의 추론): 1905년에 시어도어 루스벨트가 먼로 독트린에 덧붙인 추가 사항. 유럽과 미국의 경제적 이익을 보호하기 위해 미군이 아메리카 대륙의 경찰 구실을 하겠다는 내용을 담고 있다.

Nationalism(민족주의): 강력한 국가와 국민적 자부심, 경제 발전을 옹호하는 20세기 중엽의 정치 운동. 라틴아메리카 민족주의자들은 외세의 '제국주의적' 영향에 반대했다. 민족주의자들은—항상 그랬던 것은 아니지만—대개는 빈민 대중을 보호하는 데 실제적인 관심을 기울였다.

Mestizo nationalism(메스티소 민족주의): 혼혈 개념에 입각한 라틴아메리카의 민족 정체성. 이는 20세기 중엽 라틴아메리카의 상당수 국가가 채택한 공식적인 민족 정체성이었다.

Nativism(토착주의): 토착민들이 다른 곳에서 출생한 사람들과 겨루는 정치적 태도. 독립전쟁 시기에 독립 운동가들이 불어넣은 토착주의 사고방식이 초창기 민족주의의 일부를 구성했다. 토착주의는 아르헨티나나 미국의 역사에서처럼 가난한 이주민들을 바라보는 데 편견으로 작용할 수도 있다.

Neocolonialism(신식민주의): 1880년에서 1930년 사이에 외부 열강들이 라틴아메리카를 상대로 벌인 비공식적 '식민화'. 이 시기에 라틴아메리카 국가들은 정치적 독립 국가였음에도 불구하고 영국·프랑스·미국으로부터 경제적·문화적 영향을 받았고, 더러는 군사적 개입을 경험하기도 했다.

Neoliberalism(신자유주의): 냉전에 대한 반동과 군부 통치 시기의 뒤를 이은 1990년대에 라틴아메리카를 휩쓴 최신판 자유주의.

Oligarchy(과두제): '소수에 의한 통치'를 의미하는 그리스어에서 유래. 일부 유력 가문들이 사회적·경제적 영향력을 통해 지역 및 지방 정부나 중앙정부를 지배하는 통치 체제. 라틴아메리카에서는 독재가 제일 흔한 대안으로 떠오른 1880년에서 1930년 사이에 대지주 과두 세력들이 상당수 국가들을 지배했다.

Patronage(후견제): 부유하고 권력이 센 후견인이 자신보다 계층이 낮은 사람에게 혜택을 베푸는 제도. 피후견인은 여러 가지 봉사와 충성으로 보답한다. 'Clients(피후견인)' 참조.

Peninsular(페닌술라르): 독립 시기에 아메리카 대륙에 거주했던 에스파냐인. 이 시기에 페닌술라르와, 라틴아메리카에서 태어난 크리오요 간의 갈등이 주요 문제로 떠올랐다.

Peon(일꾼): 에스파냐령 아메리카의 아시엔다 같은 대농장에 거주하며 일하는 농업 노동자. 노예는 아니었지만 채무로 인해 아시엔다에 얽매이게 되면서 이동의 자유를 잃어버리는 경우가 많았다.

Populism(포퓰리즘): 포퓰리즘 연합을 이루고 있는 도시 노동자 계급과 중산 계급에 호소하는 정치 방식. 1945년 이후에 가장 활발했던 포퓰리즘은 일반적으로 민족주의를 채택하고 수입대체공업화를 추진하였다.

Porfiriato(포르피리아토): 멕시코의 포르피리오 디아스가 장기 집권한 시기(1876~1911년). 라틴아메리카에서는 흔히 신식민주의의 대표적 사례로 인용된다. 디아스는 정치적 통제를 엄격히 하고, 유럽과 미국의 투자를 장려했으며, 과학자들이라고 불린 실증주의 사상가 집단에 크게 의존했다.

Positivism(실증주의): 신식민주의 시대 라틴아메리카에 엄청난 영향력을 미친 사회 철학으로 프랑스 사상가 오귀스트 콩트와 밀접한 관련이 있다. 실증주의자들은 '진보'를 중심 주제로 하는 '사회과학'을 개발했다. 실증주의는 실제로 과학적 원칙들을 유럽 중심적 용어로 정의했다. 이를테면 '과학적 인종주의'가 실증주의 사상을 구성하는 한 가지 요소였다.

Postcolonialism(탈식민주의): 공식적으로 독립한 국가에 남아 있는 식민화의 잔재. 라틴아메리카에서는 에스파냐와 포르투갈의 식민지 정착민들이 이식한 언어와 법률, 종교, 사회 규범이 1825~1850년에도 거의 그대로 이어져 내려왔으므로 신생 국가들은 정치적으로는 독립했다 하더라도 문화적인 측면에서는 여전히 탈식민 국가로 남아 있었다. 'Neocolonialism(신식민주의)' 참조.

Progress(진보): 자본주의화로 대표되는 19세기와 20세기에 진보는 대개 선진 기술 적용, 유럽이나 미국의 물질문화 수입, 유럽 모델이나 미국 모델을 따라가는 라틴아메리카 사회의 변화를 의미했다. 특히 1930년 이전까지 진보는 아프리카 문화와 아메리카 원주민 문화를 원시적인 것으로 낙인찍을 때 사용하는 용어인 '야만주의'의 반대말, 곧 '문명화'와 동의어였다.

Proxy force(대리 부대): 전투에 공식적으로 개입하지 않은 국가의 이익을 대변하는 군부대. 라틴아메리카에 개입한 미국의 대리 부대로는 1980년대에 니카라과를 공격한 콘트라 반군이 널리 알려져 있다.

Quilombo(킬롱부): 브라질에서 노예 소유주의 통제를 벗어난 도망 노예들이 거주하던 취락. 브라질에서 규모가 제일 크고 또 널리 알려진 킬롱부는 '파우마레스'였다. 이런 취락은 카리브해 지역에도 존재했는데, 이곳에서는 '팔렝케'(palenques)라고 불렸다.

Quinto Real(5분의 1세): 에스파냐 왕실이 식민지 광산업에 물린 세금으로, 세율은 20퍼센트였다.

Sedentary(정착 생활): 주로 고지 환경에서 찾아볼 수 있는 원주민들의 생활양식. 정착민들은 지속 가능한 농업을 발전시키고 도시를 건설하였으며, 크고 복잡한 사회 조직을 만들었다. 아스테카, 잉카, 마야 같은 경우에는 정착민들이 큰 제국을 건설했다.

Semisedentary(준정착 생활): 숲속에서 전형적으로 찾아볼 수 있는 원주민들의 생활양식. 준정착민들은 이동하며 농사를 지었고, 몇 년마다 마을을 옮겨 다녔다. 이들은 부족이나 씨족 중심이었으며, 집단 구성원도 수천 명을 넘지 않았다. 브라질과 파라과이의 투피족을 그 예로 들 수 있다.

Nonsedentary(비정착 생활): 목초지, 특히 건조지에서 전형적으로 찾아볼 수 있는 원주민들의 생활양식. 비정착민들은 식량을 수렵과 채취에 의존했다. 이들은 끊임없이 이동했으며, 사회 조직도 단순했다. 멕시코의 치치메카족과 아르헨티나의 팜파스족을 그 예로 들 수 있다.

Senhor de engenho(제분소 영주): 축어적으로는 사탕수수를 가공하는 '제분소의 주인'을 뜻한다. 그러나 사탕수수 플랜테이션 농장을 소유하기도 한 제분소 영주들은 식민지 브라질 사회의 지배자들이었다.

State(국가): 정치적 의미에서 법원, 학교, 관료, 경찰, 군대를 포함하는 정부 권력기구들의 총칭. 따라서 국가 안에 거주하는 사람들이 느끼는 공동의 정체성인 'nation'과는 차이가 있다.

Transculturation(문화 변용): 두 문화의 창조적 상호작용으로 생겨나는 새로운 문화. 유럽인과 아프리카인, 아메리카 원주민들의 문화 변용으로 독특한 라틴아메리카 문화가 생겨났다.

Ultramontanism(교황지상주의): 왕이나 국가의 권위에 대한 충성보다 교황에 대한 충성을 강조하는 일부 가톨릭 성직자들의 성향. 예수회는 교황에 절대적 충성을 바치는 것으로 유명했다.

Virreinato(부왕령): 에스파냐 제국과 포르투갈 제국에서 규모가 제일 큰 행정 단위. 국왕을 대신해 부왕이 이곳을 다스렸다.

인명 및 지명 원어 병기

인명

가브리엘 가르시아 마르케스 Gabriel García Márquez | 가브리엘라 미스트랄 Gabriela Mistral | 고이아스(공작) Goiás | 곤살로 피사로 Gonzalo Pizarro | 과만 포마 Guaman Poma | **나**폴레옹 보나파르트 Napoleon Bonaparte | 니콜라스 기옌 Nicolás Guillén | **다**니엘 오르테가 Daniel Ortega | 도미틸라 지 카스트루 Domitila de Castro | 도밍고 파우스티노 사르미엔토 Domingo Faustino Sarmiento | 도밍구스 조르지 벨류 Domingos Jorge Velho | 돈 미겔 Don Miguel | 디에고 리베라 Diego Rivera | 디에고 포르탈레스 Diego Portales | **라**사로 카르데나스 Lázaro Cárdenas | 라울 카스트로 Raúl Castro | 라울 프레비시 Raúl Prebisch | 라파엘 카레라 Rafael Carrera | 라파엘 트루히요 Rafael Trujillo | 랠프 왈도 에머슨 Ralph Waldo Emerson | 러디어드 키플링 Rudyard Kipling | 레오폴디나(황후) Leopoldina | 레온 트로츠키 Leon Trotsky | 로널드 레이건 Ronald Reagan | 루벤 다리오 Rubén Darío | 루이 파스퇴르 Louis Pasteur | 루이스 이나시우 룰라 다 시우바 Luiz Inácio da Silva | 뤼미에르 형제 Lumière brothers | 르 코르뷔지에 Le Corbusier | 리고베르타 멘추 Rigoberta Menchú | **마**누엘 몬트 Manuel Montt | 마누엘 불네스 Manuel Bulnes | 마누엘 이시드로 벨수 Manuel Isidro Belzú | 마누엘라 데 로사스 Manuela de Rosas | 마누엘라 벨트란 Manuela Beltrán | 마누엘리타 Manuelita | 마르마두케 그로베 Marmaduke Grove | 마르셀로 알베아르 Marcelo Alvear | 마르케사 지 산투스 Marqueza de Santos | 마르코스(부사령관) Marcos | 마르코스 페레스 히메네스 Marcos Pérez Jiménez | 마리 앙투아네트 Marie Antoinette | 마리아 그레이엄 Maria Graham | 마리아 헤르트루디스 보카네그라 델 라소 델라 베가 María Gertrudis Bocanegra de Lazo de la Vega | 마리오 바르가스 요사 Mario Vargas Llosa | 막시밀리아노 에르난데스 마르티네스 Maximiliano Hernández Martínez | 막시밀리안(황제) Maximilian | 만사 무사 Mansa Musa | 말린체 Malinche | 말린친 Malintzin | 말콤 엑스 Malcolm X | 멜초르 오캄포 Melchor Ocampo | 모렐로스 Morelos | 목테수마 Moctezuma | 미겔 앙헬 아스투리아스 Miguel Ángel Asturias | 미겔 이달고 Miguel Hidalgo | 미카엘라 바스티다스 Micaela Bastidas | **바**르톨로메 델라스 카사스 Bartolomé de las Casas | 바르톨로메 미트레 Bartolomé Mitre | 바르톨리나 시사 Bartolina Sisa | 벵자맹 콩스탕 보텔류 지 마갈량이스 Benjamin Constant Botelho de Magalhães | 버락 오바마 Barack Obama | 베니토 후아레스 Benito Juárez | 베르나르도 데 사아군 Bernardino de Sahagún | 베르날 디아스 Bernal Díaz | 베르타 루츠 Berta Lutz | 비센테 게레로 Vicente Guerrero | 비올레타 차모로 Violeta Chamorro | 비올레타 파라 Violeta Parra | 빅토르 라울 아야 델 라 토레 Victor Raúl Haya de la Torre | 빅토르 위고 Victor Hugo | **살**바도르 아옌데 Salvador Allende | 성 비투스 Saint Vitus | 세바스티앙(왕자) Sebastião | 시로 알레그리아 Ciro Alegría | 시몬 볼리바르 Simón Bolívar | 시어도어 루스벨트 Theodore Roosevelt | 시카 다 실바 Xica da Silva | **아**구스틴 데 이투르비데 Agustín de Iturbide | 아나스타시오 소모사 가르시아 Anastasio Somoza García | 아나스타시오 소모사 데바일레 Anastasio Somoza Debayle | 아비마엘 구스만 Abimael Guzmán | 아우구스토 세사르 산디노 Augusto César Sandino | 아우구스토 피노체트 Augusto Pinochet | 아타왈파 Atahualpa | 안드레스 데 산타 크루스 Andrés de Santa Cruz | 안토니오 로페스 데 산타 안나 Antonio López de Santa Anna | 안토니우 비에이라 Antônio Vieira | 안토니우 콘셀례이루 Antônio Conselheiro | 알 카포네 Al Capone | 알레이자징유 Aleijadinho | 알레호 카르펜티어 Alejo Carpentier | 알렉산더 그레이엄 벨 Alexander Graham Bell | 알렉산더 폰 훔볼트 Alexander von Humboldt | 알렌 덜레스 Allen Dulles | 알바로 우리베 Alvaro Uribe | 알프레도 스트로에스네르 Alfredo Stroessner | 애매 드 봉플랑 Aimé de Bonpland | 앨프리드 비버리지 Alfred J.

지명

고이아스 Goiás | 과나후아토 Guanajuato | 과야킬 Guayaquil | **나**바라 Navarra | 나이저강 Niger River | 누에바그라나다 Nueva Granada | 누에바에스파냐 Nueva España | **라**파스 La Paz | 레온 León | 리마 Lima | 리오델라플라타 Río de la Plata | **마**나과 Managua | 마나우스 Manaus | 마투그로수 Mato Grosso | 말비나스 제도 Malvinas | 메데인 Medellín | 미나스제라이스 Minas Gerais | 미초아칸 Michoacán | **바**베이도스 Barbados | 바야돌리드 Valladolid | 바이아 Bahia | 발파라이소 Valparaíso | 벨리즈 Belize | 빌라히카지오우루프레투 Vila Rica de Ouro Preto | **사**우바도르 Salvador | 사카테카스 Zacatecas | 산타카타리나 Santa Catarina | 산티아고 데 콤포스텔라 Santiago de Compostela | 산프란시스코데키토 San Francisco de Quito | 상세바스티앙두히우지자네이루 São Sebastião do Rio de Janeiro | 상프란시스쿠강 São Francisco River | 시에라마에스트라 Sierra Maestra | **아**네네쿠일코 Anenecuilco | 아라곤 Aragón | 아순시온 Asunción | 아야쿠초 Ayacucho | 아타카마 사막 Desierto de Atacama | 알토페루 Alto Perú | 엘모소테 El Mozote | 오리노코강 Orinoco River | 오악사카 Oaxaca | 오우루프레투 Ouro Preto | 와야가강 Huallaga | 욱스말 Uxmal | **체**서피크만 Chesapeake Bay | 추키사카 Chuquisaca | 치아파스 Chiapas | 치와와주 Chihuahua | **카**누도스 Canudos | 카디스 Cádiz | 카라카스 Caracas | 카스티야 Castilla | 코차밤바 Cochabamba | 코치노스만 Bahía de Cochinos | 코파카바나 Copacabana | 코판 Copán | 콜리마 Colima | 쿠스코 Cuzco | 키토 Quito | **테**노치티틀란 Tenochtitlan | 토두스우스산투스만 Baía de Todos os Santos | 툴룸 Tulum | 틀락스칼라 Tlaxcala | 티칼 TiKal | 팀북투 Timbuktu | **파**라나 Paraná | 페르남부쿠 Pernambuco | 포클랜드 제도 Falklands | 포토시 Potosí | 푸에블라시 Puebla | 피그스만 Bay of Pigs | **헤**시피 Recife | 히스파니올라 Hispaniola | 히우그란지두술 Rio Grande do Sul | 히우지자네이루 Rio de Janeiro

색인

ㄱ

ㄴ

ㄷ

ㅅ

ㅇ

ㅈ

ㅌ

ㅍ

ㅎ

숫자

옮긴이의 말

사실 예전에는 라틴아메리카 역사에 대해 그렇게 큰 관심을 갖고 있지 않았다. 라틴아메리카 세계에 관심을 갖기 시작한 것은 순전히 타의에 의해서였다. 라틴아메리카 역사를 공부하겠다고 나선 대학원생들 덕분이었다. 이 책을 함께 번역한 강동조 선생이 첫 학생이었다. 벌써 15년 전의 일이다. 그사이 석사학위자 세 명을 배출했다. 그들 모두 공부를 더 하려고 박사과정에 진학했다. 현재 한 명은 칠레에서, 다른 한 명은 멕시코에서 유학하고 있고, 강 선생은 이곳에서 박사과정을 수료했다.

라틴아메리카 하면 으레 신비롭고 이국적인 마야 문명과 아스테카 문명, 잉카 문명을 상상하게 되고, 에스파냐와 포르투갈의 식민 통치와 군부 독재, 가난을 떠올리게 된다. 잘 알다시피 지구 중심축을 기준으로 우리나라와 대척점에 위치한 우루과이가 바로 라틴아메리카에 속해 있다. 이러한 지리상의 거리만큼이나 멀게 느껴지던 라틴아메리카 세계가 근래 들어 우리에게 매우 가까워졌다. 여기에는 여러 가지 요인이 작용했을 테지만 우리나라와 칠레의 자유무역협정으로 대표되는 라틴아메리카와의 교역 증대가 아마도 제일 큰 영향을 미쳤을 것이다.

최근 들어 중국도 라틴아메리카 국가들과 관계를 증진하는 데 뛰어들었다. 양 측은 2015년 베이징에서 장관급 회의를 갖고 라틴아메리카와 포럼을 추진한 바 있다. 중국과 라틴아메리카 세계가 정치와 무역, 투자, 과학기술, 재난방지 등 다양한 분야에서 교류와 협력을 확대해 나가는 모양새다.

세계화 시대를 살아가는 우리들은 라틴아메리카에 부쩍 많은 관심을 갖고 있다. 체 게바라를 좋아하거나 쿠바 혁명이 궁금해서, 라틴아메리카 출신 문인들을 좋아하거나 라틴아메리카 미술과 라틴 댄스에 심취해서, 커피를 좋아해서, 현실적인 교역과 교류를 위해서 등 관심을 보이는 이유도 저마다 다양하다. 최근 들어 전개되는 라틴아메리카의 여러 사건들과 동향들은 이러한 우리의 관심들을 한층 더 일깨워 준다.

이런저런 이유로 라틴아메리카의 역사와 문화를 소개해야겠다고 마음먹은 지도 벌써 여러 해가 되었다. 그동안 두 권의 책(『아메리카노』와 『현대 라틴아메리카』)을 번역하는 작업에 공동으로 참여했다. 앞의 책은 19세기 초 라틴아메리카 세계의 독립 운동을 다룬 책이고, 뒤의 책은 각 국가별 사례 연구에 중점을 둔 책이다.

이 책 『피와 불 속에서 피어난 라틴아메리카』는 2001년에 처음 출판되었다. 그 후 판을 거듭하여 출판되고 있다. 이 책은 2011년에 출판된 제

3판을 번역했다. 저자 존 찰스 채스틴은 1978년에 미국 그린즈버러 노스캐롤라이나 대학을 졸업하고 1988년에 채플 힐 노스캐롤라이나 대학에서 박사학위를 받았다. 1990년에 같은 대학 사학과에 취직한 이래 지금까지 교수로 재직하면서 19세기 라틴아메리카, 특히 브라질과 리오델라플라타 지역의 정치 문화와 대중문화를 연구하고 있다.

채스틴은 이 책에서 네 가지 목표를 달성하고 있다. 첫째로, 방대한 라틴아메리카 역사 이야기를 400여 페이지에 잘 풀어냈다. 식민지 시대의 역사는 물론이고 유럽인들에 의해 정복되기 이전의 역사와 독립 이후의 역사, 심지어는 최근의 외채 위기와 사파티스타 운동, 콜롬비아의 마약 귀족, 아마존 열대우림의 파괴 이야기까지도 아우르는 방대한 내용을 훌륭하게 잘 정리했다. 따라서 한 권의 책으로 라틴아메리카 역사의 이모저모를 제대로 파악할 수 있다.

둘째로, 주제 중심으로 서술하면서도 20개가 넘는 나라와 지역들로 이루어진 라틴아메리카의 다양성과 복합성, 혼종성을 잘 살려 냈다. 접촉, 식민지의 시련, 독립, 탈식민의 블루스, 진보, 신식민주의, 민족주의, 혁명, 반동, 신자유주의 등 라틴아메리카 국가들 다수가 공유하는 주제를 시간의 흐름에 따라 살펴보면서도 특정 시기에는 특정 국가와 특정 지역의 특수성을 엿볼 수 있게 해 준다. 그 덕분에 사실들의 숲에서 길을 헤맬 염려가 전혀 없다. 이는 배경지식이 없는 초보자들에게도 마찬가지이다.

셋째로, 정치와 경제 분야에 치우치지 않고 종교와 젠더, 인종, 대중문화 등 다양한 분야를 아울러 조명하여 라틴아메리카의 복잡성을 잘 드러냈다. 따라서 라틴아메리카를 알고 싶은 초보 수준의 다양한 욕구를 채워 주기에 부족함이 없어 보인다.

마지막으로, 특정 인물들의 개인 이야기를 서술하여 무거운 주제의 지루함을 덜어 주고 생동감과 흥미를 더해 준다. 가령 라틴아메리카 민족주의의 일반적 특징들을 다루고 나서 디에고 리베라와 프리다 칼로, 호세 바트예 이 오르도녜스, 이폴리토 이리고옌, 빅토르 라울 아야 델라 토레의 이야기들을 소개한다. 식민지를 정복한 에르난 코르테스의 이야기는 물론이고 독립을 부르짖은 시몬 볼리바르와 쿠바 혁명에 뛰어든 체 게바라의 이야기들도 등장한다. 이들에 대한 저자의 이야기를 따라가다 보면 어느 새 한 장이 끝난다.

물론 이 책에 대한 비판이 없지는 않다. 군소 국가들의 이야기에 비해 규모가 큰 멕시코와 브라질, 아르헨티나의 이야기를 주로 서술했다든가, 독립 이후 미국이 라틴아메리카에 미친 부정적 영향을 가볍게 처리했다든가, 미국의 대학생 독자들을 염두에 두고 서술했다는 지적들이 있다. 그런 경향이 없지는 않으나 크게 문제 삼을 정도는 아니다.

이 책은 미국 대학생들의 라틴아메리카 역사 입문서로 집필되었다. 1990년대 이전에는 영어권에서도 마땅한 라틴아메리카 역사 입문서가 없었다. 1995년부터는 채스틴이 영어로 번역한 툴리오 알페린 동기의 저서『라틴아메리카 현대사』가 입문서 구실을 했다. 그러다가 2000년을 전후로 몇 권의 책이 더 출판되었다. 그 가운데 하나가 이 책이다. 최근 들어 우리나라에서도 라틴아메리카 역사 번역서가 나오고 있다. 다행스러운 일이다.

이 책은 앞서 얘기한 장점들 덕분에 대중 교양서와 대학 교재로 안성맞춤이다. 번역 과정에서 라틴아메리카의 주요 제도나 기구에 대한 우리

말 번역어가 제대로 정립되어 있지 않아서 적절한 용어를 찾는 데 어려움이 있었다. 하지만 낯선 라틴아메리카 세계를 알아 가는 기쁨에 비하면 그건 아무것도 아니었다. 아무쪼록 이 책이 라틴아메리카 세계와 라틴아메리카 사람들을 이해하는 좋은 입문서가 되기를 바란다.

부족한 원고를 가지고 좋은 작품을 만들어 준 경북대학교출판부의 김용훈 실장과 편집진에게 감사의 말씀을 드린다.

2020년 7월

복현골에서

황보영조